高等学校财务会计专业教材

会计信息系统教程

（第5版）

沈文华
吴扬俊 编著

電子工業出版社
Publishing House of Electronics Industry
北京·BEIJING

内 容 简 介

本书分上、下两篇，共 11 章，另有 3 个附录。上篇（1～7 章）会计信息系统基础，包括会计信息系统概论、账务处理系统、报表处理系统、其他核算管理系统、会计信息系统的实施与管理、会计信息系统的开发、ERP 沙盘模拟与财务软件设计。下篇（8～11 章）会计软件的操作使用，介绍在我国广泛使用的用友软件股份有限公司 U8V10 软件、金蝶软件集团有限公司 KIS7.5 软件，重点介绍其中的账务处理系统和报表处理系统的操作使用方法。各章都附有复习思考题，并在附录中提供了上机综合练习资料和综合模拟试题。

本教材是为高等院校（包括本科和大专）财务会计、经济管理、信息管理等各类专业教学需要而编写的，也可作为财会人员培训和自学的教材。

图书在版编目（CIP）数据

会计信息系统教程 / 沈文华，吴扬俊编著. —5 版. —北京：电子工业出版社，2015.5
高等学校财务会计专业教材
ISBN 978-7-121-26024-7

Ⅰ. ①会… Ⅱ. ①沈… Ⅲ. ①会计信息－信息系统－高等学校－教材 Ⅳ. ①F232

中国版本图书馆 CIP 数据核字（2015）第 097812 号

策　　划：陈晓明
责任编辑：郭乃明　　特约编辑：范　丽
印　　刷：北京盛通商印快线网络科技有限公司
装　　订：北京盛通商印快线网络科技有限公司
出版发行：电子工业出版社
　　　　　北京市海淀区万寿路 173 信箱　邮编　100036
开　　本：787×1092　1/16　印张：17.5　字数：448 千字
版　　次：2004 年 2 月第 1 版
　　　　　2015 年 5 月第 5 版
印　　次：2022 年 2 月第 5 次印刷
定　　价：39.00 元

凡所购买电子工业出版社图书有缺损问题，请向购买书店调换。若书店售缺，请与本社发行部联系，联系及邮购电话：（010）88254888。

质量投诉请发邮件至 zlts@phei.com.cn，盗版侵权举报请发邮件至 dbqq@phei.com.cn。

服务热线：（010）88258888。

第5版前言

承蒙广大读者厚爱，本教材自2002年1月出版发行第1版，迄今已有13年，社会需求量很大，2011年修订出版第4版已经印刷8次，印数近3万册。受此鼓舞，我们进行教材第5版的修订，以满足社会大众对本教材的期望。作为本书的编著者，我们衷心感谢院校老师、学生和社会各界对我们教材的信任和支持。

回想2002年教材第1版到2011年第4版的编写初衷和修订思路，我们寄希望于用会计信息系统的理论和方法取代比较单一的“会计电算化”教学操作过程，用易于入门的国内两大会计核算软件（用友软件和金蝶软件），帮助师生在教学过程中完成“做中学”，在操作中加深对电算化会计的全面掌握和理解。伴随企业信息化的发展，我们也希望读者能更深入理解会计信息系统的内涵和外延，能在企业信息化建设中，进一步了解会计信息的主体地位和重点作用，从更高层面理解企业信息化与会计信息制度环境的建设与互动。

经过近20年的建设与发展，我国会计电算化普及阶段已经顺利结束，为会计电算化建设奠定基础的财政部关于会计电算化管理办法、核算软件评审规则、软件基本功能规范等四个文件已完成历史使命，取而代之的是国务院和财政部陆续发布的各种更为规范的国家信息化标准规定。其中，财政部2013年12月6日发布的财会[2013]20号文件《企业会计信息化工作规范》（以下简称“工作规范”），从更新的视野和更广的角度，为会计信息化发展指明了方向，也为本教程第5版提供了很好的修订依据。

会计信息系统的建设，使企业会计工作的基础环境发生根本变化，由此带来会计使命、会计核算工作、会计监督与会计管理模式新的变革。本教程将在第1章“会计信息系统的发展过程和发展趋势”中有新的论述和补充。

“工作规范”突破了会计软件必须参加评审的规定，取消了与手工会计核算过程并行的要求，改指令性要求为引导性发展思路，由企业根据自身情况决定会计信息化工作内容和进度。同时从会计核算、会计管理、会计监督等诸多方面提出新要求，提倡把会计信息化置于企业整体经营管理环境中，重视会计与其他业务活动的有机联系，强调会计信息化带来工作流程和模式的革新，这些改革与发展思路及管理理念，在第2章和第5章修订中有所体现。

“会计软件的操作使用”内容和方法已经越来越成熟，为了让院校师生能更加全面地理解并完成对软件的应用操作，对上机综合练习资料进行了新的补充和修订，按新的会计准则核算要求增加了一些内容，在操作上更注重记账凭证的自动生成和部分科目的自动结转。在会计软件的版本上，从应用广泛的用友软件U8.52、跨越了U8.6和U8.7，直接采用了用友软件市场当前的主导产品U8V10.1，增加了对新版本、新特性以及安装的介绍，但所有的操作练习在原有的应用版本上仍可顺利完成。此外，第4章新增了“网上报销”模块的入门介绍。

第5版由沈文华教授负责全书修订和编审。受编者水平所限，书中有不妥之处敬请读者批评指正，以便今后的进一步改进！

编著者

2015年1月

目　录

上篇　会计信息系统基础

下篇　会计软件的操作使用

上篇 会计信息系统基础

第 1 章 会计信息系统概论

本章详细阐述了会计电算化与会计信息系统、计算机信息系统、会计信息系统与管理信息系统的基本概念。讨论了会计信息系统的基本特征、会计信息系统的作用、会计信息系统的分类及国内外会计信息系统的发展过程和发展趋势，最后对如何教好和学好本课程提出了我们的建议。

1.1 会计信息系统的基本概念

在我国，“会计电算化”一词已被人们广泛认可。但什么是“会计电算化”；本教材的名称为什么不使用《会计电算化教程》，而使用《会计信息系统教程》；会计电算化与会计信息系统之间是什么关系？这是本节要回答的第一个问题。会计信息系统是一个企事业管理信息系统的一个子系统，而管理信息系统又是计算机信息系统的一种类型，那么什么是计算机信息系统，会计信息系统与管理信息系统之间又是什么关系？这是本节要回答的第二个问题。

1.1.1 会计电算化与会计信息系统

据调查，在我国“会计电算化”一词最早来源于 1981 年 8 月，在财政部、第一机械工业部、中国会计学会的支持下，中国人民大学和长春第一汽车制造厂联合召开了“财务、会计、成本应用电子计算机问题讨论会”，在这次会上第一次提出“会计电算化”的概念，当时是把“电子计算机在会计业务处理工作中的应用”简称为“会计电算化”。

从字面上讲，“会计电算化”是指会计业务处理电子计算机化，即会计业务处理工具由原来的算盘转变为用电子计算机及其软件来完成，其中的“化”字是一个动词，是指用电子计算机这个现代化的工具替代算盘、计算器的一个过程。“会计电算化”一词如同“工业自动化”、“农业机械化”、“社会信息化”等词一样，是一种概括性的通俗提法，人们很容易理解和接受，但对其内涵和外延并没有明确的定义。

近二十多年来，“会计电算化”作为一种事业或一种奋斗的目标，对促进我国计算机在会计业务处理中的应用起到了很大的作用，使我国的“会计电算化”事业从无到有，从低级到高级，从简单到复杂，得到了很大的发展。随着计算机技术的深入发展和广泛的应用普及，尤其是计算机技术与通信技术的结合而产生的计算机网络技术的飞速发展，计算机科学对会计学科已经产生了深刻的影响。现在再来讨论“会计电算化”一词的含义可以发现，它的含义已经得到了深化和延伸。现在人们所说的“会计电算化”与原来所指的含义和字面上的解释已经发生了很大的变化。现在所说的“会计电算化”常有狭义和广义之分，狭义会计电算化，是指用计算机替代算盘、计算器来完成会计业务处理，替代手工完成账务处理、财务报表处理、工资核算、固定资产核算、销售核算以及对会计数据的具体分析等；广义的会计电算化还应该包括一个单位的会计信息系统工作的规划与组织、会计信息系统的实施与管理、会计信息系统制度的建立、会计信息系统人员的培训等内容，还涉及会计核算、会计管理、财务决策和计算机审计等理论和方法的研究。它已经发展成为现代会计学与计算机技术交叉的一门边缘学科。在这种情况下，“会计电算化”一词已经不能包含这个领域的内容了，特别是“会计电算化”作为一个学科的名称或一门课程的名称都是不合适的。

我们主张用“会计信息系统”这个名称，其理由有以下几点。

（1）会计信息系统有明确的含义，它是管理信息系统的一个重要的子系统，是属于计算机信息系统的一部分。详细的说明在 1.1.2 节中阐述。

（2）众所周知，计算机已在各行各业得到广泛的应用，如银行、电力、交通、邮电、税收等计算机的应用已达到较高的水平，他们的业务工作、管理工作都离不开计算机。他们都使用“银行信息系统”、“税收信息系统”等名称，会计也是社会中的一个行业，我们使用“会计信息系统”的名称可与其他行业保持一致。

（3）使用“会计信息系统”与国际上通用的会计信息系统 AIS（Accounting Information System）的概念保持一致，这样便于国际上的交流。

从会计信息系统的角度，我们可以把“会计电算化”理解为一种事业和一种过程，这种事业是通过会计信息系统的研制、推广和应用来实现的，其过程经历了模拟手工记账的探索起步阶段、与其他业务结合的推广发展阶段、引入会计专业判断的渗透融合阶段。近年来有不少人使用“会计信息化”一词，我们认为“会计信息化”比“会计电算化”的内涵和外延更加拓展了，它更加强调计算机与网络通信技术的融合，更加突出会计信息系统的全面发展建设，也更加注重会计核算系统、会计管理系统和会计决策支持系统与企事业单位其他经营管理活动的有机结合。因此，“会计信息系统”与“会计电算化”、“会计信息化”之间存在着内在的紧密联系。

1.1.2 计算机信息系统

1.1.2.1 业务系统与信息系统

任何一个单位或组织，都有自己的业务系统，与业务系统同时存在的必定有一个信息系统。例如，一个工厂，它的业务系统是生产、制造机器或产品；一所高等学校的业务系统是组织全体教职工和学生进行教学和科学研究，为社会培养人才，创造科研成果。为了完成本单位业务系统的任务，各单位都设置一套组织管理机构和人员，他们组成这个单位的信息系统，专门从事数据处理和监督管理工作。一个单位的业务系统与信息系统之间的关系可以用图 1-1 来表示。

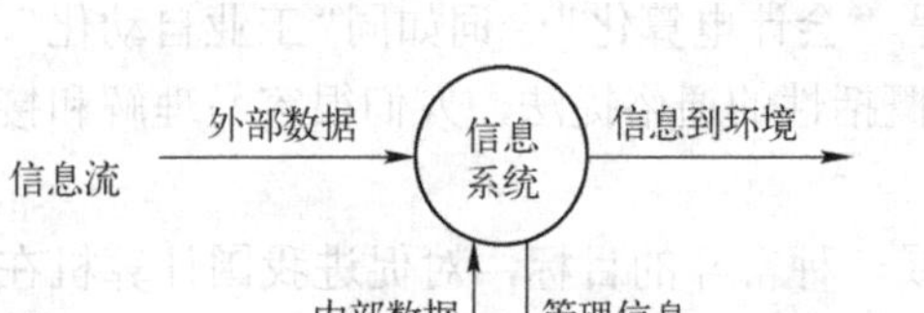

图 1-1

下面以一个工厂为例，来说明业务系统与信息系统的概念及它们之间的联系。一个工厂要生产或制造产品，它必须从市场购进各种原材料、能源，经过工厂内部各车间的加工、装配和检验，最后的产品到市场进行销售。在这个过程中，原材料等物质的形态发生了一系列的变化和流动，我们称这种物质变化的流动过程为“物流”。伴随着“物流”的产生，一定存在着相应的信息的流动。例如，购进原材料时，卖方会给买方开一张发货票，在发货票上写明原材料的名称、规格、数量、单价、金额等数据，以便办理材料入库登记和财务报销等手续。在产品的生产过程中，工厂的管理部门为了及时掌握生产情况、产品质量情况、生产费用情况、员工的出勤情况等，都要求下级部门和车间及时进行统计，并向管理部门上报，这些数据就是图 1-1 中从业务系统输入到信息系统的“内部数据”。管理部门又根据企业决策层的意见和当前工厂的实际情况，要向下级和车间发布有关的文件或指示，这就是图 1-1 中从信息系统输出到业务系统的“管理信息”，通过“管理信息”对业务系统的生产过程进行控制与管理。总之，伴随着“物流”，存在着相应的“信息流”。这种“信息流”是由工厂的信息系统进行处理和管理的。

从上面的分析可以看出，一个单位的信息系统是这个单位的指挥管理系统，有人称它为“神经系统”，而业务系统是根据信息系统的指挥进行实施和执行的系统。当计算机还没有应用到这个单位的管理工作时，这个信息系统是手工信息系统；当计算机全面应用到这个单位的管理工作时，这个信息系统是计算机信息系统。

1.1.2.2 计算机信息系统的定义

计算机信息系统是计算机应用中的一个重要领域。什么是计算机信息系统呢？计算机信息系统 CIS（Computer Information System）是由人和计算机硬件系统、软件系统组成的，能够及时地收集和输入有关的数据，并对数据进行加工处理，为用户提供有用的信息，以支持一个组织的有效运行和辅助管理决策的人机结合的系统。计算机信息系统的概念可以用图 1-2 来表示。

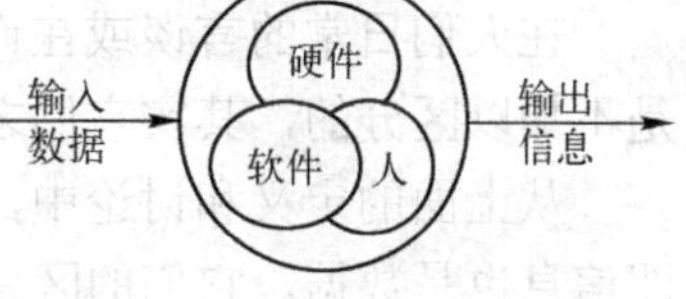

图 1-2

为了进一步深入理解计算机信息系统的概念，下面分别对系统、数据、信息、计算机硬件系统、计算机软件系统和计算机系统中的人员等概念进行解释。

1. 系统（System）

按系统论的观点，世界上任何事物都处在一个系统之中。那么什么是系统？系统是由相互作用和相互联系的若干部分组成的一个有机的整体，它具有某种特定的功能，它也是更大系统的子系统。

从上述系统的概念，我们可以知道，任何一个系统都有系统的结构。所谓系统的结构，是指系统是由哪些部分组成及这些部分之间是怎样联系和怎样相互作用的。“一盘散沙”不是一个系统，因为它们的组成成分之间不存在相互联系和相互作用的关系，也没有形成一个整体的功能。计算机信息系统的结构是由计算机硬件系统、软件系统和有关人员组成的，它们之间存在着紧密的联系。

一个系统的范围可大可小，我们在讨论一个特定系统时，首先应当确定该系统的组成成分，明确系统的边界及边界以外的空间，这些称为系统的环境。系统从环境中得到数据的输入，数据经过系统内部的加工处理，再向环境进行输出。计算机信息系统的整体功能表现为它要求从环境中得到各种数据的输入，经过信息系统内部的加工处理，向环境输出有用的信息。

2．数据（Data）

数据是记载客观事物的属性、数量及相互关系的符号。数据有各种不同的类型，可以有数值型、字符型、图形、图像、声音等形式。

数据是信息系统的处理对象。任何一个信息系统都必须输入大量的有关数据，没有或缺少原始数据的输入，就好像一个工厂缺乏原材料的供应，这个工厂就无法生产出所需要的产品。

3．信息（Information）

目前对"信息"的概念还没有一个公认的定义，一般可理解为，信息是一种经过加工和解释的数据，是对人们的行为和决策具有实用价值的数据。简言之，信息是经过加工和解释的有用数据。数据与信息之间的关系，常常被比喻为原材料与产成品之间的关系。

在当今的信息化社会，人们已经认识到信息与物质、能源一样，都是人类社会的资源，而且在某些情况下，信息是更为重要的资源。信息的有用性或称为信息的价值，通常表现为以下三点。

（1）信息可以帮助人们认识事物的当前状态和特征，或者说，信息能够提高人们的知识水平，提高人们洞察客观事物的能力。

（2）信息可以帮助人们控制当前事物的发展过程，使目前正在进行的事物朝着人们期望的方向发展，使其达到人们预期的目标。

（3）信息可以帮助人们预测事物未来的发展趋势，是人们进行科学决策的基础。

在人们日常的言谈或在许多报纸杂志的文章中，对"数据"和"信息"这两个概念常常是不加以区分的，其实它们之间既有紧密的联系，又有本质的区别。

从上面的定义和讨论中，我们可以看出，它们的紧密联系表现在信息是用数据来表示的，即信息也是数据。它们的区别表现在以下两点。

（1）数据是客观存在的，它不以人们的主观意志为转移。而信息是带有主观性的，同样一条消息（数据），经过某人的解释，对某人来说很有用处，很有价值；但对另外一个人，他可能不关心这条信息，这条消息对他没有任何价值，所以信息是带有主观性的。

（2）数据在计算机外部可以用数据的字数、页数等来表示其数据量的大小，在计算机内部可以用字节 B（Byte）或 KB、MB、GB、TB 等单位来表示数据量的大小。而信息的信息量的表示是一个非常复杂的问题。因为数据量大的数据，它的信息量不一定大。相反，数据量小的数据，它的信息量不一定小。例如，短短几个字的一份电报，可能包含着非常重要的信息。

某一消息（数据或资料）中包含的信息量的大小是根据该消息能消除人们认识的不确定程度来决定的。人们在获得某一消息之前，他对某事物的认识总是存在某些不确定性，当获得消息后，就有可能消除这种不确定性。某消息所消除的不确定性越大，则它的信息量就越大；反之，就越小。如果得到的消息是我们早就知道的，那么这个消息的信息量就等于零。换一个角度，我们用概率论的观点来解释信息量的概念，如果某一消息所描述的内容称为事件，当该事件出现的概率是百分之百，即该消息就是我们早就知道的消息。事件出现的概率越小，则该消息所包含的信息量越大；反之，事件出现的概率越大，则该消息所包含的信息量越小。即事件的信息量等于该事件出现概率的倒数。有关信息量的定量化度量，在有关"信息论”的著作中有专门的讨论。有兴趣的读者可参考“信息论”中有关的内容。

4. 计算机硬件系统（Hardware System）

计算机硬件系统是计算机信息系统的物质支撑系统。根据系统规模的大小，可分为单机系统和计算机网络系统。单机系统包括计算机主机、外部设备和外围配套设备等装置。计算机网络系统是计算机技术与通信技术相结合的产物，根据系统覆盖的地理范围，可分为局域网、城域网和广域网等结构。一个计算机网络的硬件系统包括各种服务器、工作站（或智能终端）、通信线路和网络的各种连接设备。

5. 计算机软件系统（Software System）

计算机信息系统中的软件系统包括系统软件和应用软件两部分。系统软件中最重要的是操作系统和各种计算机语言、开发工具等。计算机网络系统必须有相应的网络操作系统和支持软件。应用软件也包括两大类：一类是在软件市场上可以购买到的通用商品化软件；另一类是只适用于本单位的自己组织开发的软件。

6. 计算机信息系统中的人员

计算机信息系统并不是一个完全自动化的系统，这种系统不论在开发过程或在使用过程中，都必须有各种人员参加，他们与计算机硬件系统和软件系统相互配合，又发挥各自的作用。这些人员包括系统的主管人员、系统开发人员、系统维护人员和系统操作人员等。他们都必须同时具备一定的计算机知识和相关的业务知识。

1.1.2.3 计算机信息系统的基本功能

在各行各业中，由于他们的业务系统是各种各样的，所以所建立的信息系统也是多种多样的。但他们都具有相同的基本功能，这些基本功能可以概括为数据的收集、数据的输入和存储、数据的加工处理、数据的输出和传递、数据的应用五个方面。

1. 数据的收集

根据数据的来源，数据可分为内部数据和外部数据。内部数据是指系统内部发生的数据。外部数据是指来自系统环境的数据。原始数据可分为历史数据和实时数据。历史数据是指事物已经发生或已经被记录在纸介质上的数据，当这种数据被收集以后，要经过核实，然后将其转化为计算机可以接受的格式，再通过输入设备，把这些数据输入到计算机中。另一类是实时数据，即通过联机的终端或专用数据站，自动地把发生在当时当地的数据，通过传输线路，直接输入到计算机中。一般在自动控制系统中的数据是实时数据，而在计算机信息系统中的数据大多数是历史数据，但也有些是来自实时数据。例如，在大型商场的管理信息系统中，销售台的销售数据可直接传送到后台的计算机主机中，商场的经理可以做到实时监控本商场的销售情况。

2. 数据的输入和储存

计算机信息系统的第二个基本功能是把收集到的原始数据，通过输入设备输入到计算机中，根据数据的不同类型，可选择不同的输入方式。常用的数据输入设备有键盘、鼠标、扫描仪、语音输入设备、摄像机等。

在输入原始数据时，要采取有力的措施来保证输入数据的正确性，这些措施包括人员培训、技术措施和管理制度等。如果输入的原始数据是错误的，经过加工处理后输出的信息也不可能是正确的，即所谓“输入是垃圾，则输出也是垃圾”。

信息系统要把输入的数据组织成各种数据文件，储存在计算机外存储器中。目前大多数信息系统都把数据文件组织成数据库文件的格式。

3．数据的加工处理

不同的信息系统，需要采用不同的数据加工处理方法，常用的数据加工处理包括数值型数据的加工处理和非数值型数据的加工处理。数值型数据的加工处理包括算术运算、统计运算、运筹学的优化等；非数值型数据的加工处理包括字处理、排序分类、图像处理等。

4．数据的输出和传递

经过计算机加工处理的数据，按照程序的控制，通过各种输出设备进行输出，常用的输出设备有显示器、打印机和音响设备。数据输出是计算机信息系统功能的体现，用户通过输出的数据，获得有用的信息。常用的有两种基本数据输出方式：一是用户使用系统中的各种查询功能，在显示屏幕上获得查询结果，或通过打印机把查询结果打印出来；二是用户使用系统中的各种统计报表输出功能，把需要的统计报表打印出来。

输出的数据还必须及时地传递给数据的用户。常用的传输方式有以下三种。

（1）人工方式传送各种文件。

（2）传送或邮寄数据软盘或光盘。这种方法常用于尚未联网的情况，上级要求下级报送有关的统计报表软盘或光盘，由于上下级的数据格式是一致的，上级接到下级报来的软盘后，可以直接在计算机上进行报表文件内容的汇总，不必进行二次人工的输入，这样可以减少再次输入的差错，也大大提高了工作效率。

（3）通过计算机网络，实现数据的自动传送。

5．数据的应用

这是计算机信息系统的目的，管理人员根据计算机信息系统提供的有用信息，及时地调整和控制有关的业务系统的过程，以达到改善企业的经营效益，提高管理水平。

1.1.3 会计信息系统的定义

从会计学原理中我们已经知道，会计是以货币为主要单位，运用专门的方法，对企事业单位的经济活动过程进行系统的核算和监督的一种管理活动。它是经济管理的重要组成部分。随着经济的不断发展和管理理论水平的不断提高，会计的职能不仅包括核算和监督经济活动过程，而且还包括参与经济活动的管理控制和预测决策。

会计信息系统 AIS（Accounting Information System）是以计算机为主要工具，利用现代信息技术，对各种会计数据进行收集、处理、存储和分析，并为用户提供连续、系统、全面、综合的会计核算信息和财务管理信息，为企事业管理和决策提供重要依据。它与其他信息系统的主要区别在于它的处理对象是会计数据。简言之，会计信息系统就是以会计数据为处理对象的计算机信息系统。同理，人事信息系统是以人事数据为处理对象的计算机信息系统，生产信息系统是以生产数据为处理对象的计算机信息系统等。

1.1.4 会计信息系统与管理信息系统

一个企事业单位的管理信息系统 MIS（Management Information System）是根据系统的管理目标而建立的计算机信息系统，它有机地集成了企业各个信息子系统，消除了各子系统的“信息孤岛”问题，它可以全面地支持一个组织的信息服务、事务处理、管理控制和辅助决策。管理信息系统中各个子系统之间存在紧密的数据关联关系，共享系统的数据资源，为实现系统的总体目标协调地进行工作。企业的管理信息系统的一般功能结构，如图 1-3 所示。

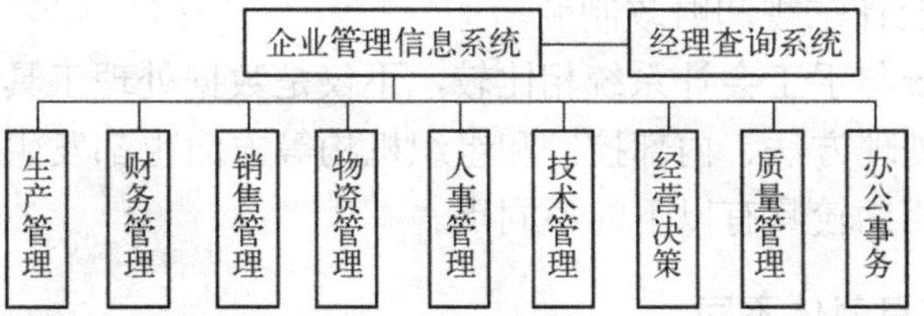

图 1-3

从图中可以看出，财务管理系统是管理信息系统中的一个子系统。所谓财务管理，就是对企业资金进行管理的活动。在企业的经济活动过程中，不仅表现为物资的运动过程，也表现为资金的运动过程。广义的会计管理职能就是对企业资金运动过程的全面管理，图中的财务管理系统，也就是会计信息系统，也可称为会计管理信息系统。

在企业的经济活动过程中，会计信息系统与其他子系统之间存在着紧密的数据输入与输出关系，如图 1-4 所示。

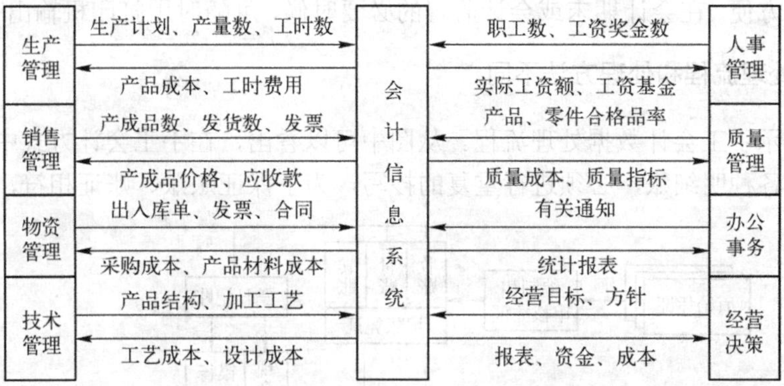

图 1-4

1.2 会计信息系统的基本特征

从 1.1.3 节的会计信息系统的定义可知，本书所指的会计信息系统是指以计算机为主要工具的系统，一个单位在没有应用计算机之前，仍然存在会计信息系统，我们称它为“手工会计系统”。本节要讨论的会计信息系统的基本特征是指以计算机为主要工具的会计信息系统与手工会计系统相比较，它们之间存在哪些基本共同点和主要的区别；另外，会计信息系统又是管理信息系统的一个子系统，本节还要讨论会计信息系统与其他管理信息子系统相比较，具有哪些特点。

1.2.1 会计信息系统与手工会计系统

因为会计信息系统是在手工会计系统的基础上发展起来的，所以它们保持着如下的基本共同点。

（1）系统的目标是一致的。它们都是要进行会计核算，为管理人员提供财务信息，为加强经营管理，提高企业管理水平服务的。

（2）遵循基本的会计理论和方法。

（3）遵守国家的会计法规和财政制度。

由于会计信息系统与手工会计系统相比较，不仅是数据处理工具的改变，而且随之而来的在数据处理流程、处理方法、内部控制和组织机构等方面也都发生了变化，所以会计信息系统与手工会计系统相比较具有以下的不同点。

1. 运算工具和信息载体不同

手工会计系统的运算工具是算盘或计算器，不能实现数据处理自动化，速度慢，容易出现差错。会计信息系统的主要运算工具是计算机，它与算盘相比运算速度快，能随时存储运算的中间结果和最终结果。

手工会计系统是以纸张为信息的载体，按照传统规定和会计电算化过渡期规定，企业必须把会计资料输出为纸面文件，日记账、总账要订本成册，各类明细账要用活页账册，保守估计，全国企事业单位每天用于各类会计记录的纸质打印成本高达百万元。会计信息系统除了必要的记账凭证外，都以电子数据的形式存储在磁盘或光盘中，它的好处是占用的空间小，信息查找十分方便。在会计期末或会计监督的必要时候，可随时用打印机输出有关纸质账册。

2. 数据处理流程和处理方法不同

图 1-5 表示手工会计数据处理流程。从图中可以看出，在手工会计方式中，为了登记日记账、总账和各种明细账，必须进行重复的抄写，为了保证账账、账证相符，要经常对三套

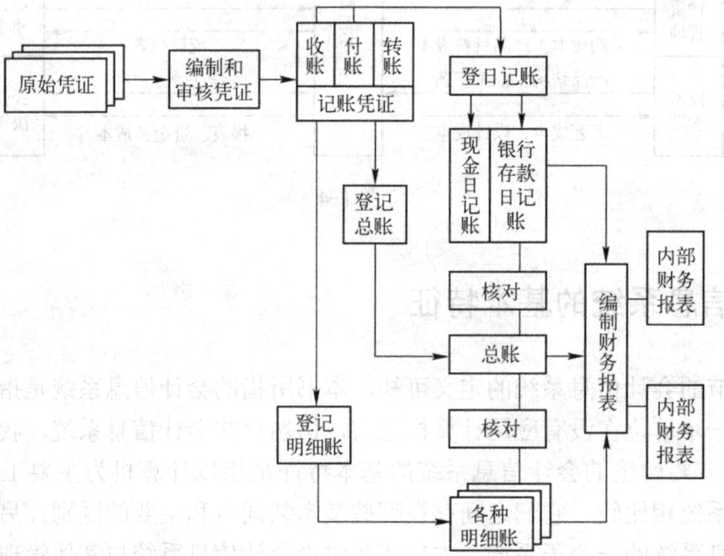

图 1-5

账进行相互核对。尤其在会计期末，为了编制各种财务报表，要从各种账册和资料中摘取有关的数据，然后进行小计、合计、审核等处理，如果编制的报表不平衡或有差错，又需要重复以上过程，工作量非常大。

图 1-6 表示会计信息系统数据处理流程。在会计信息系统的数据处理流程中，主要操作是输入记账凭证，其他的记账、结账和编制财务报表都是由计算机自动完成的，只要输入的记账凭证是正确的，日记账、总账和明细账一定是正确的，不必进行相互核对，大大减少了工作量。

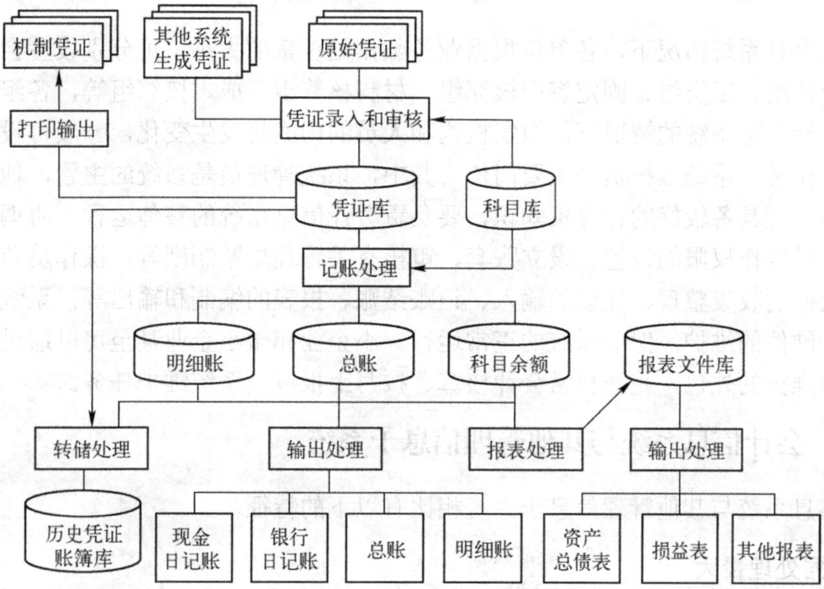

图 1-6

3. 系统内部控制方式不同

在手工会计系统情况下，根据会计准则，有一套完整的控制方法，主要是依靠账簿之间的相互核对来保证会计数据的正确性和有效性。在会计信息系统情况下，仍然需要有严格的系统内部控制方法来保证数据的正确完整和安全，但由于数据的处理流程、处理方法、组织机构和人员的分工等都发生了变化，所以会计信息系统的控制方法与手工会计系统的控制方法不同。它采取计算机系统控制、人工控制和组织管理措施相结合的方法，常采用如下的一些内部控制方法。

（1）在会计业务处理流程方面。各软件公司的财务软件产品对流程的控制程度是不同的，但对某些流程都有严格的控制。例如，记账凭证的输入必须在科目定义之后；科目的期初余额输入完毕，并确认试算平衡后，不允许再修改期初余额；经记账后的凭证，不能再进行修改等。

（2）凭证的输入和审核方面。以操作人员的权限和口令来控制非法人员参与填制记账凭证；记账凭证的序号，由计算机自动生成，可防止操作人员的重复输入；若一张凭证的借贷方不平衡，计算机拒绝接收这张凭证的输入；没有经过审核人签字的记账凭证不能进入记账。

（3）记账和结账过程中的控制。一般账务处理软件都有模拟记账功能，供记账前检查凭证输入的正确性；在记账过程中要检查每个账户的明细账余额之和是否与总账余额一致；检查结账后损益类账户的余额是否为零。

（4）生成财务报表方面的控制。对财务报表的计算公式，计算机要有一套语法正确的检查功能，对语法错误的公式应给予提示并拒绝接受该公式。因此，只要报表的计算公式是正确的，则财务报表的数据就是正确的。

（5）日常管理和使用中的控制。对各种操作人员都要设置相应的权限分工和口令；对操作人员上岗前都要进行严格的训练；要制定一系列的管理规章制度，并要求严格执行。

4．组织机构和人员的组成不同

在手工会计系统情况下，各单位根据业务数据处理量的大小，可分别设置会计主管、现金出纳、会计组、工资组、固定资产核算组、材料核算组、成本核算组等，各组的人员可多可少。在会计信息系统的情况下，组织机构和人员的构成将发生变化，一般可设置系统管理员、系统操作员、系统维护员等主要岗位。其中，系统管理员是系统的主管，他们除了熟悉会计业务外，应具备较好的计算机知识，要负责会计信息系统的整体运行、协调组织管理、进行会计人员操作权限的设置、设立账套、审核有关管理规章制度等；操作员负责日常的操作，包括数据的收集整理、凭证的输入、记账结账、报表的编制和输出等；系统维护员负责计算机软、硬件的维护，保证系统的正常运行。小企业和微小企业甚至可以通过财会核算外包和软硬件维护的外包，完成日常会计核算、按月上报以及系统维护任务。

1.2.2 会计信息系统与其他管理信息子系统

会计信息系统与其他管理信息子系统相比有以下的特征。

1．数据处理量大

在一个单位中，每笔现金、银行存款、应收款和应付款项的收支变动，每项物资、设备、工具等的数量增减和规格变化，不论大小，都必须在会计信息系统中进行登记，参与系统的核算，所以会计信息系统的数据处理量特别大，有人估计会计数据要占管理信息系统全部数据的60%～70%。

2．数据结构复杂

会计信息系统对经济活动的反映是从资产、负债、所有者权益、成本和损益五个方面进行的，这五个方面又分很多项目，这些项目既有呈现层次树状结构的数据内容，又有呈现网状结构的数据内容。数据的增减又呈现相互联系的网状结构，所以会计信息系统的数据结构十分复杂。

3．数据处理方法要求严格

在会计工作中，对各项经济业务的处理，都必须严格遵守会计准则和有关的规章制度。例如对工资、成本、利润、折旧、税金等的计算，在有关的规章制度中都有详细的规定。当这些规章制度变化时，相应的数据处理方法也应根据新的规章制度进行修改。

4．数据的真实性、准确性和安全性要求高

会计数据的真实性和准确性，不仅关系到是否能正确反映企业经济活动的真实情况，而且影响到国家、企业和职工之间利益的分配，所以要求会计数据十分真实和准确，在数据处

理过程中，对每项数据都要进行验证和审核。

会计数据之间的关系比管理信息系统其他任何子系统的数据都要求更准确。例如，账户借方发生额与贷方发生额之间、借方余额与贷方余额之间、资产负债表中的资产合计与负债及所有者权益合计都必须完全相等，不允许出现丝毫的差额。

会计数据是企业重要的经济信息，有一定的保密性，一般不能泄露，因而对会计数据应采取一定的安全保密措施。

5. 与其他子系统的数据关联密切

会计信息系统是管理信息系统中的一个子系统，它与其他子系统之间有着数据输入和输出的紧密关系，它不仅要完成会计的核算过程，更需要与企业的订单销售链、物质采购链、生产过程链、物流存储运输链、信息交换链紧密结合，成为企业现代管理系统（ERP）的重要组成部分，是 ERP 运行中的中心和重心。

1.3 会计信息系统的作用

建立在以计算机为应用工具的会计信息系统，有效地提高了会计工作的效率、质量。它将促进企事业的内部改革，提高管理水平，为企事业的管理现代化奠定了基础。会计信息系统的具体作用主要体现在以下五个方面。

1. 减轻财会人员的劳动强度，提高会计工作效率

当计算机应用于会计业务处理，建立了会计信息系统以后，财会人员的主要基础工作是根据原始凭证，在计算机上编制和输入记账凭证，记账凭证一经审核，其后的记账、结账和各种财务报表处理等工作，都是由计算机自动完成的，可以使会计人员从繁重的数据处理事务中解脱出来。但要指出的是，在系统应用初期和并入企业管理信息系统以后一段时间内，会计人员的初始学习强度和衔接操作适应工作量会不减反增，只要系统进入稳定运行以后，其工作效率就会明显地体现出来。有统计资料表明，会计信息系统实施以来，企业的财会人员编制，可以从原有占企业职工总数 5%下降到 2%左右，不仅可以大幅度降低企业运营成本，而且大大提高了财务核算的运行效率。

2. 提高会计工作的质量，促进会计工作的规范化

当一个单位应用了会计信息系统以后，一方面解决了手工操作时对同一笔业务的数据，需要反复抄写，容易产生差错、遗漏等问题；另一方面，由于所使用的会计软件是经过许多专家的严格评审通过的，系统运行时的数据处理过程是在软件严格的控制下进行的，它能保证数据处理的正确性；再一方面，应用会计信息系统以后，计算机所输出的财务报表都比较美观、清晰，信息的查询都十分方便，这些都体现了会计工作质量的提高。

由于会计信息系统在对数据的输入、处理和输出的全过程中，都有一系列的规范化要求，系统内部有严格的控制手段，操作人员必须按规范化要求进行操作，不允许逆向操作。当出现操作错误时，系统会出现警告提示或拒绝接受该操作。这样，在很大程度上解决了手工操作时的不规范等问题。

3．促进会计工作职能的转变，提高会计人员的素质

会计的职能应具有事后的核算监督和事中的管理控制两大功能。在手工会计情况下，会计人员整天忙于繁重的数据处理事务，没有精力去参与企业的财务管理控制问题，只有应用了会计信息系统以后，才能促进会计工作向管理控制的职能转变。财务的管理控制不仅需要及时地利用本期发生的各种数据，还要利用历史年度的数据。在手工操作情况下，要查找历史的会计数据是十分麻烦的，工作量也很大，应用了会计信息系统以后，数据的查找就成为一件非常容易的事情。会计人员不仅要求会记账、算账，还要求具备企业的全局视野、决策能力、财务管理能力、风险控制能力等综合素质。会计人员不仅可以通过企业的物资链、资金链和信息链的相关信息，及时发现企业运行中的问题，参与企业的事中管理控制，还有可能参与事前的预测决策工作。

4．促进会计学科理论的深入研究

会计信息系统的应用不仅是会计数据处理工具的改变，更在会计数据处理流程、处理方法、系统内部控制方式和会计工作的组织机构等方面发生变化，这些变化对会计理论和方法都产生巨大影响，从而推进会计理论的研究和深入发展。例如，系统内部控制方式的变化，会计核算资料既要实施无纸化管理，又要保证会计事项可追溯、可证明，将导致审计线索和审计程序发生变化；会计软件评审制度取消后，如何进一步加强对会计软件的监管问题；在简化、宽松政府对企业指令性行政管理同时，如何深入推进企事业单位内部控制，努力为政府的公共资金装上“安全锁”、“防盗门”，这些都需要在理论与方法上进行深入的研究。

5．为企业的管理现代化奠定基础

企业的管理现代化包括管理思想、管理理论、管理方法和管理手段的现代化。企业的计算机管理信息系统水平是企业现代化程度的综合标志，而企业的会计信息系统是管理信息系统的重要组成部分。据统计，一个企业的财务信息约占企业管理信息的60%～70%，并从实物形态（如产品数量、质量等）到货币资金形态（如收入、支出、成本、利润等）全面反映了企业的概貌，描述了企业的经营状态。而且财务信息比其他信息更严密和精确。企业全面实施了会计信息系统，就能推动企业管理信息系统的建立，也为企业的管理现代化奠定基础。

1.4　会计信息系统的分类

从不同的视角，会计信息系统有各种不同的分类方法，从会计信息系统中会计软件的适用范围，可分为通用系统和专用系统；从会计信息系统中计算机硬件系统的结构，可分为单机系统和网络系统；从会计信息系统的不同发展阶段和应用的深入程度，可分为面向财务部门级的会计核算系统、面向企业级的财务业务一体化的全面应用系统和面向企业集团级的综合应用系统。

在本节中，我们从财务软件本身的功能角度，将会计信息系统分为核算型、管理型和决策型三类。但究竟什么是核算型、管理型和决策型的会计信息系统呢？本节将对此进行明确的探讨。首先在理论上阐述一般会计信息系统的三个层次模式之间的联系，并深入地从服务对象、系统的基本功能、数据源、决策支持功能、系统结构和系统的驱动模式等来探讨三个模式的基本特征和区别。

在理论上我们已经知道，一个计算机信息系统，从其发展过程或从其服务的主要对象，可分为数据处理系统 DPS（Data Processing System）、管理信息系统 MIS（Management Information System）和决策支持系统 DSS（Decision Support System）。与此相对应，我们可以把会计信息系统的三个层次类型分别称为核算型、管理型和决策型会计信息系统。它们之间的相互关系可用图 1-7 来表示。

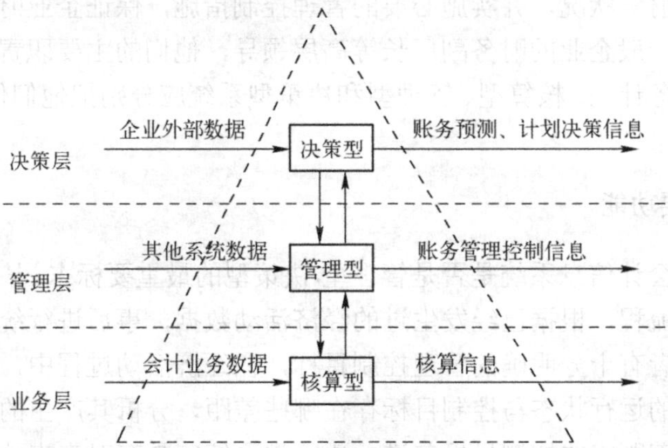

图 1-7

图中表示的三个层次系统都有各自的输入数据，经过系统内部的处理，为不同层次的管理人员提供了不同的业务处理功能，输出不同的信息。其中最底层的核算型系统，主要数据源是来自会计部门内部的原始凭证和记账凭证，输出的信息是各种会计账表。下一个层次系统的输出，除了满足日常业务的需要外，部分还作为上一层次系统的数据输入。上一层次系统的输入数据除了来自下一层次系统的输出外，还要根据系统的目标要求，输入企业内部其他子系统的一些数据，有的需要输入企业外部的有用数据和上一级的指令。这样三个层次系统构成了一个有机的会计信息系统整体。

在实际系统中，三个层次系统之间的界限不是绝对的，可能比较模糊，存在交叉的功能，但绝不能以"核算本身也是管理"、"管理的核心是决策"等概念，把三者混为一体。三者之间的界限虽不能绝对分隔，但它们之间都具有各自的明显特征，这对于我们在分析目前会计信息系统的状态，研制开发会计信息系统和探讨未来会计信息系统的发展方向都具有指导性的意义。

三个层次系统的区别和基本特征可以归纳总结如表 1-1 所示。下面分别对表 1-1 中的内容做如下说明。

表 1-1　会计信息系统三个层次的比较

分　类	核　算　型	管　理　型	决　策　型
1. 主要服务对象	业务操作人员	财务管理人员	财务计划人员
2. 系统的主要功能	事后核算和分析	事中管理与控制	事前预测、决策
3. 主要数据源	会计内部记账凭证	会计内部数据和其他子系统的数据	企业内部和外部数据并重
4. 追求的主要目标	提高会计工作的效率	提高经营效益	提高决策有效性
5. 决策支持功能	提供信息支持	支持结构化决策问题，提供决策方案	支持半结构化决策问题，知识支持，提供决策咨询
6. 系统结构的核心	各种数据库	数据库与模型库	模型库与知识库
7. 系统的驱动模式	数据驱动	目标驱动	问题与用户等多因素驱动

1．主要服务对象/主要用户

在实际系统中，管理人员按他们的职责和权限一般可分为业务操作层人员、管理控制层人员和计划决策层人员。业务操作层人员主要从事会计、现金出纳和编制财务报表等具体业务；管理控制层人员相当于企业的财务科长/处长，他们的主要职责是根据企业的财务目标，及时掌握本企业的财务状况，并实施必要的管理控制措施，保证企业财务目标的实现；计划决策层人员相当于一般企业的财务副厂长等高层领导，他们的主要职责是负责制定本企业的财务发展目标和财务计划。核算型、管理型和决策型系统应分别把他们作为主要的服务对象，满足他们的需求。

2．系统的主要功能

这是判断一个会计信息系统是否是管理型/决策型的最重要标志。核算型系统一般只是模仿手工操作的处理流程，根据已经发生过的经济活动数据，事后进行统计分析。所谓事中管理控制，是指管理者有十分明确的管理控制目标，在经济活动过程中，他们可以实时地从信息系统中掌握目前的运行状态与控制目标存在哪些差距，分析其产生的原因，并及时采取控制措施，使系统朝着既定的控制目标前进。决策型系统应具有对未来关心的重要问题进行预测分析，并辅助决策的功能。

3．追求的主要目标

核算型系统主要是为了减轻会计人员繁重的数据处理业务，提高工作效率。而管理型系统不仅是为了提高工作效率，更主要的是为了提高企业的经营效益。决策型系统的最主要目标是保证财务决策的科学性和有效性。

4．决策支持功能

一个计算机信息系统对管理者来说都应当有支持决策的功能，但不同类型的信息系统，支持决策的能力和角度是不同的。核算型系统它只是从提供信息角度帮助管理者，至于决策问题的提出、可行方案的构筑及最终决策方案的确定等都是由管理者来完成的。管理型系统要对结构化的决策问题提供决策方案（有关结构化/半结构化决策问题的概念可参考决策支持系统有关文献）。决策型系统要具有对半结构化的决策问题提供决策咨询和知识支持的功能。

5．系统结构的核心

从系统设计角度讲，核算型系统结构的核心是各种数据库，它是围绕数据库数据的输入、查询和报表输出等构成的。管理型系统不仅有数据库还应当有模型库，以实现支持结构化问题的决策功能。决策型系统为了支持半结构化或非结构化问题的决策，最好应引入人工智能中的专家系统技术，建立相应的知识库和推理机，这样决策型软件的结构不仅有数据库、模型库，还有知识库。

6．系统的驱动模式

开发和使用核算型软件的原因是实际系统中已经存在大量的数据，希望通过先进的计算机使用，提高工作效率，称为数据驱动。而开发和使用管理型软件的目的是为了解决财务管理中提出的问题，这些问题往往都表现为对某个财务目标的差距，或者说，开发和使用管理型软件的目的是为了实现财务管理的目标，所以称为目标驱动。而开发和使用决策型软件的目的可能是多方面的，一方面可能是实际系统中存在某些比较复杂又重要的决策问题，需要计算机帮助决策，这可称为问题驱动；另一方面，决策型软件的主要用户是决策者，从决策问题的提出到决策方法的选择、决策方案的确定，在整个决策过程中，决策者始终是起核心作用，不同决策者对同一个决策问题也会有不同的决策方案，这就称为用户驱动。

1.5 会计信息系统的功能结构

一个会计信息系统的结构应当包括系统的硬件结构、软件结构和功能结构。会计信息系统的硬件结构和软件结构是根据系统的规模及企业的管理信息系统结构来确定的，对于中小型企事业单位可采用单机系统结构；对于大中型企事业单位则要采用局部网络结构；对于大型集团公司或跨国公司则要采用基于 Internet/Intranet 平台的网络结构。本节是从应用角度，讨论会计信息系统的功能结构，即讨论会计信息系统是由哪些功能子系统和哪些功能模块组成的。

一个完整的会计信息系统应当由会计核算系统、财务管理系统和财务决策支持系统组成，如图 1-8 所示。他们分别满足业务操作层、管理控制层和计划决策层的用户需求。财务管理系统和财务决策支持系统涉及的因素较多，他们与企业管理信息系统的结构有密切关系。本节着重讨论会计核算系统的功能结构。

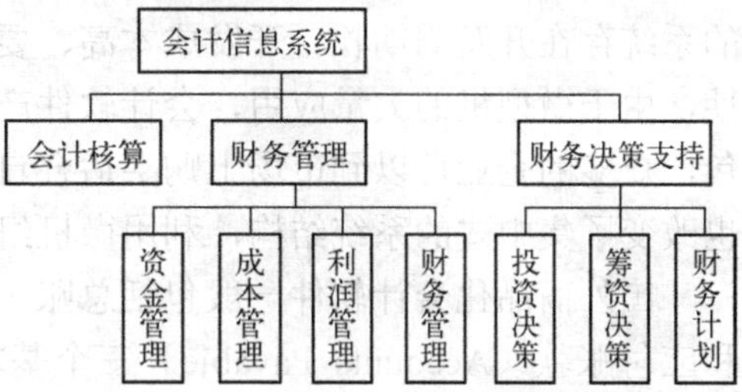

图 1-8

在我国，会计核算系统已有许多成熟的商品化软件，不同行业的会计信息系统功能结构是有区别的，工业企业会计信息系统的主要功能模块一般包括：账务处理、报表处理、往来核算、材料核算、工资核算、固定资产核算、产品销售核算、成本核算、财务分析、领导查询和系统管理等模块。各模块又可有某些下级的功能模块，形成一个完整的功能模块体系，如图 1-9 所示。

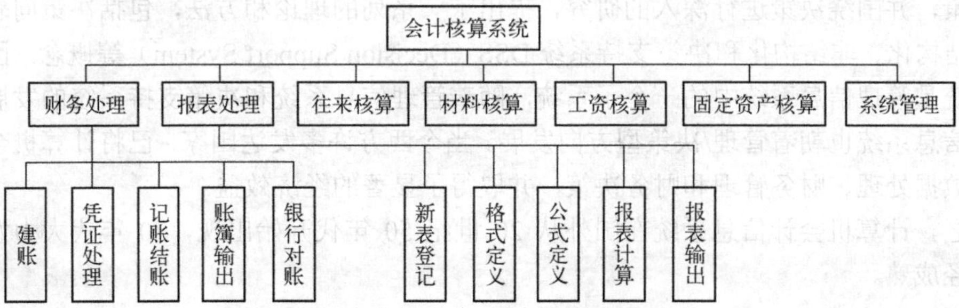

图 1-9

1.6 会计信息系统的发展过程和发展趋势

1.6.1 国外会计信息系统的发展概况

1946 年，在美国产生了世界上第一台电子计算机，当时主要是用于数值计算，解决航天、军事等研究项目的复杂计算问题。进入 20 世纪 50 年代中期，西方的发达国家就开始把计算机应用于经济管理，也用于会计业务处理。例如，用于职工工资的核算、库存材料的核算和现金的收支核算等。但由于当时的计算机硬件价格十分昂贵，软件系统还没有操作系统和高级语言，程序设计十分复杂，只有少数计算机专业人员才能掌握，所以计算机的应用还不普及。到了 20 世纪 70 年代，随着大规模集成电路在计算机中的应用，出现了价格便宜的微型机，在软件系统方面，不仅有了功能强大的操作系统，而且有了数据库管理系统，计算机在企事业管理上的应用得到了普及。许多企业建立了计算机管理信息系统（MIS），把生产管理、财务管理、人事管理、设备管理、销售管理与办公自动化等综合成一个整体。系统的总体目标是为了提高工作效率，改善管理水平。而会计信息系统是属于财务管理的一部分，是管理信息系统的一个重要子系统。当时的系统结构多采用集中式，即企业建立了专门的信息部门，把各个业务部门的数据集中起来，建立统一的数据库，这样的信息系统可以使各子系统产生的数据实现共享。例如，仓库管理系统产生的材料收发数据，可以提供给账务处理系统调整应付账款的余额，为生产系统调整生产计划，为销售系统计算产品的生产成本等。但集中式的系统存在开发周期长、开发成本高、要求有高水平的技术人员等缺点。20 世纪 70 年代后期，由于微型机的大量应用，会计软件产业也得到了迅速的发展，市场上出现各种会计软件包，众多的企业可以到市场上购买适合自己需要的会计软件包。大中型企业的会计信息系统也改变了集中式的系统结构，利用微机组成的局部网络等技术实现分布式的系统结构。

国外商品化会计软件一般包括总账（Gengeral Ledger）、应收账款（Accounts Receivable）和应付账款（Accounts Payable）三个基本功能模块。比较复杂的会计软件还包括存货控制（Inventory control）、工资（Payroll）、购买（Purchasing）、销售（Sales）、固定资产（Fixed Assets）、作业成本（Job Costing）、报表（Report）等。功能较强的会计软件都包含了一些非会计数据处理的功能，模块之间的关系紧密，数据相互利用，集成度高。

随着企业管理信息系统的普及和深入发展，要求信息系统具有辅助决策的功能。同时由于管理科学中出现了以西蒙（Herbert.A.Simon）为代表的决策科学学派，他们认为管理的核心是决策，并围绕决策进行深入的研究，提出了一系列的理论和方法，包括决策问题的结构化、半结构化、非结构化和决策支持系统 DSS（Decision Support System）等概念。因为会计信息系统是管理信息系统中的一个子系统，随着管理信息系统和决策支持系统的发展，国外的会计信息系统也朝着管理/决策型方向发展。当今西方许多发达国家，已将计算机全面应用于会计数据处理、财务管理和财务决策，并取得了显著的经济效益。

总之，计算机会计信息系统在国外从 20 世纪 50 年代开始出现，70 年代大力发展，80 年代已经成熟。

1.6.2 国内会计电算化/会计信息系统的发展概况

我国把计算机应用于会计数据处理开始于 20 世纪 80 年代初，与国外先进的国家相比，起步较晚，但发展很快，回顾二十多年来的发展过程，可将其划分为四个阶段，即起步阶段、行政推广阶段、会计软件商品化阶段和会计软件成熟及提高阶段。

1．起步阶段（1979～1983）

1979 年，长春第一汽车制造厂从前联邦德国进口计算机，并进行了计算机在会计业务中的应用试验，这是我国计算机在会计业务中应用起步的标志。不久，引起国内一些大中型企业的关注，例如首都钢铁公司组织开发了一套会计软件，能系统地完成账务处理、报表编制、内部往来核算、成本控制、利润预测等日常会计业务工作，还有许多企业也开始了这方面的尝试，并取得了不同程度的效果。与此同时，在理论界也开始了这方面的研究，1981 年 8 月，在长春召开的“财务、会计、成本应用电子计算机问题讨论会”上提出“会计电算化”的概念，并在会后筹建了“会计电算化研究会”，进行有关专题的研究。

在此期间，由于我国的计算机技术尚未普及，计算机硬件的价格还比较昂贵，广大财会人员的计算机知识水平还比较低，所开发的会计软件也存在不少问题，所以这一阶段的进展是缓慢的。

2．行政推广阶段（1983～1988）

这一阶段我们称它为行政推广阶段，也称它为自发发展阶段。

经过了起步阶段以后，许多企业领导，尤其是有些行业主管部门的领导，认识到了计算机在会计业务上应用的意义，它不仅可以减轻财务人员繁重的数据处理工作，而且能提高管理水平。所以，一些行业的领导开始组织本行业内的技术力量，开发出适合本行业的会计软件，并在本系统内进行推广。另外，微型机已在国内市场上大量出售，价格也比较适宜，一般企业都能买得起，这些为计算机在企业管理上的应用创造了良好的条件。例如，在建工、石化、纺织、铁道等行业部门，都相继开发了适合本行业的会计软件。计算机在会计工作的应用有了较大的发展。根据 1988 年初，财政部对全国三万多个大中型企业单位进行的一次调查，发现已经有 13.99%的单位开展会计电算化工作。在已开展的 4619 个单位中，开发 1～2 个单项业务处理的单位占 73.54%，开发 3～4 个单项业务处理的单位占 19.01%，开发 5 个以上单项业务处理的单位占 7.45%。

在这一阶段，我国的经济体制仍然是以计划经济为主，由行业主管部门组织开发会计软件，并采用行政手段在本行业内进行推广，适合本阶段经济体制的特点，也取得了一定的效果，但也存在不少问题。主要的问题是不能“甩掉手工账”，存在“计算机账”和“手工账”同时运行的情况，这样不仅不能减轻财会人员的劳动强度，反而增加了财会人员的许多工作量。不少单位经过一段时间的试验后，就放弃了计算机的使用，又重新回到手工处理。究其原因，主要有以下三点。

（1）企业内部管理工作不规范，还不能适应计算机的应用。

（2）会计软件的质量差和缺乏软件使用过程中的技术服务。产生这些问题的原因，一方面是不少主管部门在组织计算机技术人员开发会计软件的时候，缺乏软件开发的经验，造成软件的适应性差。另一方面是参加开发软件的技术人员在软件编制完成以后，各自回到自已的工作单位，开发队伍就解散了，对用户在软件的使用过程中提出的问题，缺乏后期技术服务的队伍。

（3）会计人员的计算机知识水平较低，不少会计人员对所使用的会计软件无法独立完成系统的初始化和日常的系统维护工作。

3. 会计软件商品化阶段（1988～1998）

有人称这一阶段为稳步发展阶段。

随着我国经济体制从计划经济向社会主义市场经济的过渡，一些专门从事会计软件开发和销售服务的软件公司应运而生。最早成立的有北京先锋集团公司和用友电子财务技术有限公司等。根据财政部有关文件的规定，为了保证会计软件的质量，各软件公司开发的会计软件必须通过财政部或省市财政厅组织的评审方可上市销售，到 1999 年，全国各地先后开发出数百个财务软件，经评审通过并在市场销售的会计软件也有近百个，各财务软件公司的代理和销售服务商遍布全国各地，初步形成了有中国特色的会计软件市场和会计软件产业。在中国的计算机应用软件中，会计软件已成为发展最快、市场销售量最大的一个领域。各单位使用商品化会计软件后，都收到了很好的效果，“甩掉手工账”的脱账率与前两个阶段相比有了较大幅度的增长，会计信息系统的应用在我国得到了健康和稳步的发展。

这一阶段商品化财务软件产品发生了一系列的变化，主要有以下三点。

（1）软件的环境上，从低档的微型机 PC/XT，PC/AT，使用 Basic、FoxBase、COBOL 等编程语言，发展到高档微型机，中小型机，使用 Oracle、Sybase、Informix、DB2 等大型数据库，使用 VC、VB、Visual Foxpro、Delphi 等可视化编程工具。

（2）开发平台从 DOS 和 16 位 Windows 发展到 32 位 Windows 和 UNIX 平台，支持 Internet，运行在浏览器/服务器平台上的财务软件也已经由一些财务软件公司推向市场。

（3）发展了近 10 年的财务软件产品基本上都是属于模仿手工会计处理过程的事后核算型的软件，比较成熟的功能模块有账务处理、财务报表处理、工资核算、固定资产核算等，主要适用于中小型企事业单位。随着 1998 年财政部颁布企业会计《现金流量表》，国内各主要财务软件公司均在软件中增加自动制作“现金流量表”的功能。1998 年也开始出现“管理型”财务软件，但还不够成熟。

回顾这一阶段的发展过程，总结这一阶段之所以能健康和稳步发展，其原因有以下几点。

（1）由于引入市场竞争机制，各财务软件公司为了争取得到更多的用户，都集中了一批优秀的技术人员，这些人员既懂计算机技术，又熟悉会计业务。一方面，他们不断提高软件产品的质量，满足各种用户的要求；另一方面，他们都认真做好软件售后的服务工作，解决软件使用过程中的各种问题。

（2）在这一阶段，财政部和各地的财政主管部门对会计电算化工作加强了组织管理，1989 年 12 月，财政部及时地颁布了《会计核算软件管理的几项规定（试行）》，接着于 1990 年 7 月又制定了《关于会计核算软件评审问题的补充规定》，1997 年颁布了《会计电算化工作规范》，使会计软件市场步入有指导的健康发展道路。

（3）全国逐渐掀起了会计电算化人才的培训高潮，各高等院校纷纷开设《会计信息系统》或《会计电算化》课程，也为社会大量培训计算机在会计上的应用人才，尤其是 1995 年 4 月，财政部颁布的《会计电算化知识培训管理办法（试行）》和《会计电算化初级培训大纲》，在社会上掀起了会计电算化人才的培训高潮，大大提高了财会人员的计算机应用知识水平，保证了会计电算化工作的顺利进行。

4. 会计软件成熟及提高阶段

大约在 1998 年以后，我国的会计软件已经基本成熟，其中比较成熟的功能模块有账务处理、工资核算、材料核算、固定资产核算和报表处理等。财务软件公司为了适应不同行业管理的需要，开发出适合制造业、商业、服务业、行政事业等不同行业的会计软件。为了适应不同企业规模用户的需要，也开发出适合中小型企业、大型企业及跨国集团公司等不同规模企业的会计软件。

在此期间，一些大的财务软件公司不仅继续完善和提高它们的会计软件质量，也开始在会计软件的基础上，开发和销售企业管理软件，并逐渐形成三种层次的会计信息系统，即部门级、企业级和集团企业级的会计信息系统。部门级会计信息系统是指企业财会部门专用的信息系统，它在物理上独立于企业其他部门的信息系统，会计信息系统与其他业务信息系统之间形成相互独立的“信息孤岛”；企业级会计信息系统（有人称为“财务业务一体化系统”）是企业整体管理信息系统（或企业资源计划系统，ERP）的一个有机子系统。会计信息系统与其他业务系统进行信息集成，其最显著的功能是在业务系统中实时并自动地采集会计原始数据，并自动生成记账凭证和完成自动记账，从而克服“信息孤岛”的弊端，大大提高工作效率和信息的准确性，也可实现信息的实时共享。集团企业级会计信息系统是运行在集团企业协同网络平台上集团企业管理信息系统的一个子系统，此时会计信息系统的最大特征是其目标具有双重性，即一方面要满足单个企业财务管理的需求，另一方面还要满足集团企业整体财务管理的需求。

5. 会计软件规范化阶段

随着全国财税系统、工商管理系统对企事业单位电算化要求的全面普及，我国会计电算化普及推广阶段基本完成，与手工会计并轨过渡阶段也基本结束。2013 年 12 月财政部发布“关于印发《企业会计信息化工作规范》的通知”，从国家制度管理的层面，对企业会计软件功能提出了进一步的规范化要求。该工作规范制定的重要原则是：凡是市场能够解决的问题，如会计软件的易用性、便利性，减少差错等软件功能设计，不再强制规定。强调指出的是：会计软件功能已经成为国家对企业会计管理和监督的重要一环，会计软件必须保障企业按照国家统一的会计准则制度开展会计核算，并接受国家和投资者、第三方的监督和查询，不得有违背国家统一会计准则制度的功能设计；工作规范对会计记录和会计档案的保存、记账环节不可逆的控制、电子签名的确认，提出了 49 条十分明确的规定，为会计软件在新形势下的规范化发展指明了方向。

1.6.3 我国会计信息系统的发展趋势

1. 多层次的会计信息系统将长期并存

由于我国的企事业单位众多，企业的规模大小差别很大，各企业的信息化水平也很不同，为了适应不同企业管理的需要，多层次的会计信息系统将长期并存，即面向企业财务部门的会计信息系统、面向企业全面应用的会计信息系统和面向集团企业的综合应用会计信息系统将长期并存。目前我国绝大多数企业已经基本完成会计核算电算化过程，新创立的微小企业也必须使用会计软件进行会计业务核算，更多的企事业单位开始逐步应用 ERP 的企业信息化管理系统。但是，在管理信息化建设过程中，不少单位的会计核算系统还处于“信息孤岛”状态，数据在各子系统之间不能共享，信息还不畅通。所以，各类企事业单位应在会计信息系统的基础上努力促进管理信息系统的建立。

2．要正确处理好会计信息系统与审计的关系

会计信息系统的诞生不仅给传统会计带来革新，也给传统的审计工作带来许多问题，主要表现在：会计信息系统使用后，手工明细账、日记账不存在了，记账凭证数据存储在磁性介质上，财务处理过程在计算机内自动完成，肉眼可见的审计线索大大减少，过去使用的纸质版的证账、账账核对的办法现在不能用了，这无疑给审计工作者带来了困难。另外，会计信息系统中除凭证审核与保留要由人工完成外，其余处理都通过计算机来记录并完成，人工干预越来越少，过去靠人为分工的监督管理制度也不适用了。加上会计信息系统本身的故障、不可预计的环境灾害、人为无意的差错和有意的篡改、舞弊、黑客入侵等都可能给系统造成无法估计的危害。因此，我们应该在研究开发会计信息系统的同时，重视研究使用计算机辅助审计的工作，满足审计的要求，以减少系统的风险。从国家对国有资金的监管层面看，会计信息系统不仅要满足企事业单位内部的核算与管理需要，今后将更加强调国有资金的安全有效运行，要从出资人角度研究相关分析功能；从企业追求经济效益层面看，如何通过会计信息系统的实施，有效降低营运成本；通过会计信息系统强化管理会计职能，做好成本效益分析工作，这些都对会计信息系统发展提出了全新的要求。

3．发展国际化和网络化的财务软件系统

随着经济向全球化方向发展，我国对外贸易不断增加，国际间的合作交流不断增强，外资企业的进入和国资、民营企业的境外投资，都迫切需要我国的财务软件具备多国语言、多种货币的处理能力，在会计核算和财务管理方面有些不符合国际惯例和国际会计准则，还有更深层次的会计文化问题亟需引起重视并改进提高，使我国财务软件能满足现代跨国企业经营的需要。另外，我国的大型企业集团和跨国公司迅速发展，它们的分支机构分布在国外或全国各地，这些单位迫切需要进行基于远程网络通信，基于手机等移动通讯工具与会计信息系统的可靠衔接和安全处理，在此基础上满足跨国、跨区域的财务核算、财务管理和财务监督需要，也由此对国际化、网络化、安全化的财务软件系统发展提出了更高、更新的要求。XBRL（eXtensible Business Reporting Language）是一种新兴的电子财务报告格式，它是一种基于互联网、跨平台操作、专门应用于财务报告编制、披露和使用的计算机语言。它以 XML（可扩展标记语言）为基础，统一了描述财务报告的语义和语法，可以有效解决财务报告在不同计算机操作系统、不同财务软件平台上的重复编报、重复录入等问题，实现对财务报告的自动分析和跨系统的信息交换，能有效降低会计信息生产和使用成本，深度挖掘会计信息价值，因而进入 21 世纪以来，在全球范围得以广泛采用。《工作规范》明确提出，鼓励软件供应商在会计软件中集成 XBRL 功能，使企业能够生成符合国家统一标准的 XBRL 财务报告。

4．向决策型和智能型会计信息系统发展

目前我国多数单位的会计信息系统还处于核算型，它可以根据已经发生过的经济活动数据，进行事后统计分析。一部分信息化管理和发展比较先进的单位，可以实现事中管理控制，但能够实现事前预测决策功能的系统很少。作为一个单位主要领导的职责，是对该单位的重

要问题进行预测和决策，所以他们都非常希望信息系统能提供决策支持，帮助他们提高决策能力，因此，会计信息系统向决策型和智能型方向发展成为必然趋势。

从理论上讲，任何一个成功的计算机信息系统对管理者都有支持决策的功能，但不同类型的信息系统，支持决策的能力和角度是不同的。核算型系统只是从提供信息角度帮助管理者，至于决策问题的提出、可行方案的构筑及最终决策方案的确定等都是由管理者自己来完成的。管理型系统要对结构化的决策问题提供决策方案，而决策型系统要具有对半结构化的决策问题提供决策咨询和知识支持的功能。企业财务方面常见的决策支持系统有财务计划决策支持系统、销售利润分配决策支持系统、产品价格决策支持系统、投资决策支持系统等。在实际中还有一些很难建立数学模型的非结构化决策问题，要解决这类问题，最好引入人工智能中的专家分析系统，所以决策型信息系统在结构上，不仅有数据库、模型库，还应该有知识库和推理机等。

1.7 如何教好和学好本课程

会计信息系统是会计科学与计算机技术相结合的学科，它有自身的特点，下面谈谈我们对如何教好和学好本课程的一些看法。

1.7.1 写给教师

为了教好本课程，我们认为教师应当做好以下的几项工作。

1. 确定好课程的目标和教学内容

本课程要求学生先修计算机基础和会计学原理。由于全国各院校、各专业对本课程的培养要求、学生基础和安排的教学时数都不尽相同，所以在制定本课程的教学大纲时，首先要确定好本课程的目标。本教材的教学目标设计为基础、中级和高级三个层次，基础目标是使学生了解会计信息系统的基本知识，掌握一种商品化会计软件的操作使用技能，大约 30 学时；中级目标是除了基础目标外，比较全面地了解几种会计软件的功能，能组织本单位会计信息系统的规划、实施和实施后的管理维护工作，大约 40～50 学时；高级目标是除了基础目标、中级目标的要求外，还要掌握会计信息系统开发的知识，通过学习和训练达到能参与会计软件开发过程中的系统分析与设计，经过学生自己的努力和实践，也可从事会计软件的开发工作，大约 60~70 学时。

基础目标的教学内容，主要学好上篇的第 1、2、3 章和下篇的一种软件的操作使用方法。可适当介绍第 5 章的基本内容。中级目标的主要教学内容包括：上篇的第 1、2、3、5 章和下篇的一种软件的操作使用方法，除了比较熟练掌握账务处理系统和报表处理系统的操作使用技能外，可增加第 4 章中其他核算管理系统的内容，还可介绍其他软件公司的产品性能和特点。高级目标的教学内容除了中级目标的内容外，要重点学好第 6 章会计信息系统的开发和更多的上机编程训练。目前市场上销售的商品化财务软件，其基本功能都比较成熟，软件中包含了许多先进的设计思想和先进的设计方法，对于要求达到高级教学目标的师生，从软件设计角度，认真地熟悉 1～2 种商品化软件的性能和操作使用方法，对提高软件设计水平是非常有益的。甚至可以先模仿一种软件的性能进行深入地学习和设计，这是一种非常有效的学习方法。

2. 选择好教学软件

在本教材的下篇，介绍了在我国正在广泛使用的用友公司的 ERP U8V10.1 和金蝶公司的 KIS7.5 软件。这些软件的基本功能都很成熟，也各有特点，它们要求的运行环境各不相同（详见下篇的内容），但都是基于国内中型企业会计信息系统建设的优秀管理软件，不仅能够向下兼容一般小、微企业会计电算化知识，同时能够拓展中高级财务核算与企业综合管理的功能。各学校可根据学生上机的环境，选择一种合适的教学软件进行教学。

我们建议教师在备课时，应该根据本教材附录提供的上机综合练习资料（有两套），认真地操作使用一遍，检查安装的软件是否正常运行，并估计在教学过程中，学生可能遇到的问题和学习的难点。由于教材的篇幅有限，对每个软件的操作使用方法不可能都详细地介绍，很多问题可以通过系统提供的“帮助”功能得到解答，对于教师最好应准备一本软件公司提供的软件操作使用手册或培训教材。

3. 处理好课堂讲授与学生上机操作练习的关系

由于本课程是一门理论与实践紧密结合的课程，通过本课程的教学，不仅要使学生掌握有关的基本概念、基本思想和方法，还要使学生掌握上机操作使用的技能。所以教师在备课的过程中，应该安排好课堂讲授和学生上机操作练习的内容和时间。一般课堂讲授与学生上机的时间比例可按 1:1 安排。从教育教学改革的趋势看，本课程更适合采用“翻转课堂”教学理念和教学方法，基于“数字布鲁姆教学目标分类”，从教学任务和教学目标入手，完成基本教学和操作引导之后，按照实验实践在先、理论教育在后；举例出题在先，方法结论在后；学生总结在先，教师引导解释在后的课堂教学与实验教学方法，使教学形成双向交流；坚持鼓励学生进行自主式学习、体验式学习和协作式学习，使学生在自我学习和操作练习过程中，完成对本课程知识的系统掌握和操作技能的熟练应用。

1.7.2 写给学生

会计信息系统是会计理论方法与计算机技术相结合的一门边缘学科。对于不同专业，本课程的地位可能是不同的，对于财会专业，它是一门专业课；而对于经济管理、信息管理等专业，它可能是一门专业基础课。本课程要求学生在此之前，先修会计学原理和计算机基础等课程。通过本课程的学习，一方面可以对先修课程进行巩固和提高，更重要的是根据本课程的不同培养目标，可以分别达到三个不同层次的要求。总之，本课程是一门非常实用的课程，它不仅能充实自己的知识库，也能提高自己的能力，同时扩大了学生的就业门路。希望学生认真地学好这门课。

为了使学生更好地学习本课程，我们提出以下的建议。

1. 要根据已经确定的课程目标，制订自己的一个学习计划

在学校里，要学好一门课程，除了教师的作用外，学生本人的主观能动性总是起关键作用。如果学生本人处于被动学习状态，或者只是为了应付课程的期末考试，那么这个学生的学习收获是微小的。只有学生本人的学习目标非常明确、具体，再加上自己积极主动地学习，才有可能取得丰硕的成果。所以希望学生在本课程学习开始后，要制订好自己的学习计划。

2. 要认真参加实践的教学环节

会计信息系统是一门实践性很强的课程，学生在学习过程中要以高标准要求自己，积极主动、认真地完成上机操作练习。如果有条件，应争取到企事业单位参加社会实践和财会实习，这对自己主动适应社会、开阔眼界、提高财务核算能力、增强团队协作意识是非常有用的。

3. 要注意学习方法

从认识论讲有两种学习方法：一种是从一般到特殊；另一种是从特殊到一般。在学习会计信息系统的基础知识时，可采用从一般到特殊，即先学好总账的概括性知识，然后结合具体核算方法和管理措施加深理解。而在学习财务软件的操作使用时，应深入学好一种产品的操作使用方法。虽然，各种财务软件产品都有各自的特点，但它们之间存在许多共性的地方，只要学好一种产品的操作使用，对其他公司的产品，借助系统提供的“帮助”功能或产品使用说明书，通过自己的摸索，都是很快就可以学会的。

复习思考题 1

一、填空题

1.1 在我国第一次提出“会计电算化”的概念，是在______年。

1.2 会计信息系统 AIS 是英文__________________________的缩写。

1.3 计算机信息系统 CIS 是由________、________和________组成的，它从外界输入______，经系统的加工处理，给用户提供______。

1.4 核算型信息系统的主要服务对象是____________，主要功能是____________；管理型信息系统的主要服务对象是____________，主要功能是______________；决策型信息系统的主要服务对象是______________，主要功能是_________________。

1.5 我国的会计信息系统发展过程，可划分为四个阶段，即起步阶段、行政推广阶段、会计软件商品化阶段和会计软件________________。

二、思考问答题

1.6 请阐述会计电算化一词的来源及其基本含义。

1.7 请举例说明一个单位的业务系统与信息系统之间的关系，以及您对信息系统是该单位的“神经系统”的理解。

1.8 什么是计算机信息系统？它是由哪些基本部分组成的？

1.9 阐述一般计算机信息系统的基本功能。

1.10 什么是会计信息系统？它与管理信息系统是什么关系？

1.11 会计信息系统与手工会计系统相比较，有哪些基本特征？

1.12 会计信息系统与管理信息系统其他子系统相比较，有哪些特点？

1.13 一个单位应用会计信息系统有什么作用？

1.14 综述核算型、管理型和决策型的信息系统各有哪些基本特征？

1.15 说明我国会计信息系统的发展过程和发展趋势。

第2章　账务处理系统

2.1　账务处理系统概述

2.1.1　账务处理系统在会计核算系统中的地位与作用

会计核算系统是一整套互相联系、互相贯通、紧密结合的核算方法体系，它包括设置账户、复式记账、填制与审核凭证、管理账簿、账产清查、成本计算、编制各种报表等专门方法。它涉及日常各种资金往来的总账、明细账的账务处理；涉及项目、部门、单位、个人的资金往来；涉及工资、材料、固定资产、产成品的成本与销售核算等方面的具体核算。

账务处理系统是会计核算系统中最主要也是最重要的一个模块。在手工会计的方式下，会计核算工作是以业务的种类和工作量的大小进行分工的，并不明确强调账务处理这个概念，由于会计信息系统强化了各种会计核算之间的联系，为了充分发挥计算机的先进功能，便于进行数据处理，把账户设置、填制审核凭证、管理账簿等功能集中于一个核算模块，统称为账务处理系统，在会计核算软件中，常以“总账”模块显示。该系统经历了填制会计凭证到编制会计报表的整个会计业务处理过程，承担着会计核算工作中大部分的工作量，是电算化会计核算系统中的重要一环。又由于会计信息资料的数据来源于账务处理之后的分类数据，所以账务处理系统也是整个会计信息系统的基础。

完整的账务处理系统功能模块包括总账、报表两大核心模块和下列其他管理模块。总账模块与各种应收、应付往来核算，工资核算，进销存的材料与费用核算，固定资产核算，产成品成本核算，销售核算，以及财务分析、预算管理、项目管理、决策支持系统等功能模块既有密切联系，又有明显区别。它可以独立运行，能综合、概括地反映企业全部经济业务的综合信息，同时又是会计核算系统、管理系统的控制中心，是其他各个功能模块的传输中心、信息存储与汇总中心，各种功能模块产生的信息资料必须经过账务处理系统才能实现信息的交换、汇总和存储。账务处理系统的优劣是评价一套会计应用软件好坏的基础，它与各种应用模块之间的控制方式与接口的好坏，也直接影响到会计信息系统性能的有效性和稳定性。因此，账务处理系统在会计信息系统中处于核心地位。

账务处理模块与其他各种核算模块之间的关系如图2-1所示。

2.1.2　账务处理系统的主要内容

由于账务处理系统要涉及整个会计核算系统中的记账、算账、报账过程，涉及会计业务处理中国家统一规定的凭证、账簿和报表格式，因此，不管是何种会计软件，都必须符合国家现行会计制度的要求。尽管各单位账务处理工作的程序基本一致，但不同行业、不同单位账务处理的内容毕竟各有差异，一个完整、通用的账务处理系统应具有如下功能。

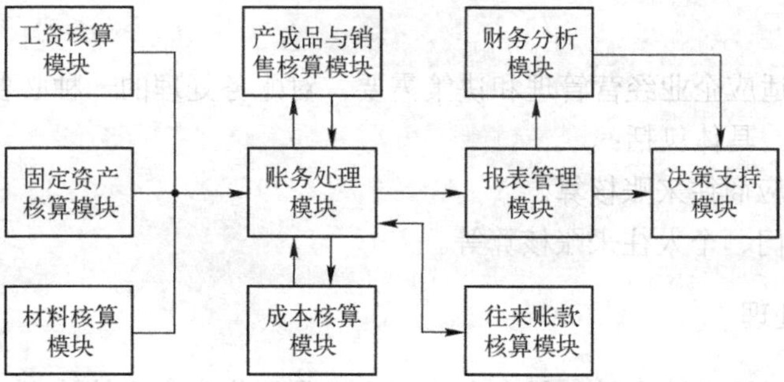

图 2-1

1. 系统初始化

系统初始化是指系统首次开始使用时，要根据企事业单位的实际情况进行参数设置，并录入基础档案与初始数据的过程。系统初始化的内容具体包括：

（1）建立核算单位，启用新的核算账套。

（2）实行财务分工，设置操作权限，实行操作员管理和辅助核算的核算类别、核算级数。

（3）设置会计核算科目、核算类别、核算级数。

（4）设置辅助核算档案。

（5）设置凭证类别。

（6）设置外汇汇率和自动转账、结账科目。

（7）设置结算方式。

（8）输入核算科目与辅助核算科目的期初余额，并试算平衡。

2. 日常业务处理

日常处理是指在每个会计期间内，企事业单位日常运营过程中重复、平凡发生的业务处理过程，具体包括：

（1）填制（生成、调用）凭证、修改凭证。

（2）审核凭证。

（3）作废/恢复凭证、冲销凭证。

（4）查询凭证、整理凭证、汇总凭证。

（5）凭证记账。

3. 账簿管理

会计账簿是指由一定格式账页组成的，以经过审核的会计凭证为依据，全面、系统、连续地记录各项经济业务的账册。电算化条件下的账簿管理，可以通过财务软件系统逆向快捷查询已经审核、记账的任何一笔日常业务。具体包括：

（1）总账查询与输出。

（2）余额表查询与输出。

（3）明细账查询与输出。

（4）多栏账和日记账查询与输出。

4．辅助核算

辅助核算是为适应企业经营管理和决策需要，对账务处理的一种必要补充，一般通过辅助核算项目来实现。具体包括：

（1）客户、供应商往来账核算。

（2）项目、部门、个人往来账核算等。

5．期末业务处理

期末业务处理时至会计人员在每个会计期末必须要集中完成的计提、分摊、结转、对账、试算平衡和结账等特定业务。具体包括：

（1）银行对账、编制银行存款余额调节表。

（2）自动转账，定义并生成转账凭证。

（3）对账检查。

（4）月末结账。

6．会计数据维护

电算化环境下的会计数据严重依赖于计算机环境，经常会受到诸如人为因素、硬件故障、软件缺陷、病毒等问题的干扰破坏，为避免会计数据的丢失和损毁，必须随时和定期做好会计数据的管理与维护。具体内容包括：

（1）账套数据备份。

（2）账套数据恢复。

（3）删除往年数据。

（4）远程数据传输。

2.1.3 账务处理系统的计算机处理与手工处理的区别

会计核算过程由手工处理发展为计算机处理，体现了科技进步，它是会计发展历史中的一场革命。从账务处理过程来看，从会计原始资料的收集、加工整理、报表编制到会计资料的存储、查询都发生了重大变化。

1．从数据录入方式看

手工处理时，不管是填制记账凭证、登记各种账簿、编制各种报表，都只能依靠手工方式一次次填制，不断地重复转抄，往往只因一时的疏忽或长时间工作的劳累，就会出现差错，导致从头再来。计算机处理数据时，除了一部分原始凭证和记账凭证上的数据需要用计算机键盘进行直接输入外，有一部分原始凭证可以通过扫描的方式进行输入，还有一部分转账凭证可以通过账务处理系统的事先设定、通过其他核算系统由计算机自动生成机制凭证。当记账凭证录入完成后，不管记账凭证的数量有多少，再也不需要通过定期汇总记账凭证或通过科目汇总表登记总账，而总账、明细账、日记账的登记工作只需简单的选择计算机按键即可宣告完成。

2．从凭证审核方式看

手工处理时除了凭证编制人员进行自查以外，只能通过记账人员在记账过程中予以审核。计算机处理中，凭证的审核必须通过专门设定的审核人员，且审核人与制单人不能是同一人，通过对已录入的凭证进行电子签字审核，未经过审核签字的凭证是不能进行记账的，保证了对会计资料差错的防范。

3．从记账结账的方式看

手工记账结账是一项工作量十分繁重的工作，尤其是到月末、年末，涉及各种核算科目和分类账簿的结转，工作量尤其显得繁重。用计算机进行记账转账时，对记账凭证既可以根据需要进行实时处理，也可以进行成批处理，特别是利用总账系统的自动转账功能，可以把原来过程复杂、费时费力、特别容易出错的期末明细核算、成本核算、部门核算、项目核算、期末损益核算等手工计算、分摊和结转，通过自动转账的多种转账定义予以设置，每个月末或年末只要执行自动转账功能，即可由计算机快速生成转账凭证。由于期末大量结转科目记账凭证的自动生成，凭证审核和结账前的过程审核能够通过软件校验结合人工核对双重检查，记账过程和结账过程显得十分简单，可以说，自动转账和期末结账功能是最能体现电算化会计快速、便捷、准确的功能，它不仅减少会计人员期末记账过程的简单重复劳动，而且能显著降低手工登记账簿中极易产生差错的概率，极大地提高了会计资料的准确性。

4．从会计信息的输出方式看

手工处理只能通过翻阅凭证、账簿和有固定格式的会计报表进行查看，在庞杂的手工纸质会计记录资料中进行有联系的数据查询显得尤为费时费力。计算机处理则可以根据需求，随时调用部分或全部的会计信息在计算机屏幕上进行浏览，还可以根据会计记录与核算必须留有痕迹的安全要求进行逆向追踪查询，如果需要，可以通过授权登记，对所需查看的记账凭证、总账、明细账、日记账进行打印输出，或通过软盘、光盘等介质进行输出。

5．从会计数据的存储方式看

手工处理时需要保存大量纸质的凭证、账簿、报表，数量大，装订工作繁重，为适应保管的要求，对登记书写有严格的要求，一旦损毁不易恢复。计算机处理后的会计数据，可以分别保存于硬盘或光盘的数据库文件中。由于现在的外部存储器质量稳定，存储容量大、易于保存，可根据需求调用、备份和恢复。

账务处理系统由手工处理发展到计算机处理，不仅体现在具体会计业务处理工具和处理方式上的变化，还反映在对整个会计处理流程、对会计科目编码的科学性、对会计职能、对会计内部控制机制等方面。以会计科目编码为例，在计算机对会计账务处理的过程中，一套科学的会计科目编码，不仅对会计科目的使用，会计数据分类、查找带来极大的方便，对于提高整个系统的输入效率、处理效率，输出详细而又完整的会计核算资料都有着极为重要的意义。

2.2 建立账务处理系统的准备工作

2.2.1 会计资料的准备

会计资料的规范化和代码化是会计信息系统重要的基础工作，它对系统是否能顺利运行起着决定性的作用。规范化的会计资料能够加速会计资料的录入速度，减少会计程序的无效运行。具体地说，需要在会计资料收集、录入、输出三方面实现规范化。

（1）由于不同企事业单位对会计核算功能与管理功能需求不同，因此，必须根据会计信息系统的功能及本单位的实际情况，检查现有会计资料能否满足信息化建设发展的需要，考虑还需要补充哪些内容，以及如何扩大数据的收集与信息的挖掘。从会计信息系统的发展现状和发展趋势看，其核算功能和管理功能已日益紧密地结合起来。因此，在会计资料准备中，第一，应该把内部管理的核算单位细化到哪一层、哪一级，作为事先规划设计的一项重要内容。第二，对各级各类核算单位和核算科目编制必要的代码或助记码，以便于以后的快速录入。第三，对核算单位原有的凭证类别进行规范，对凭证上应有的内容，如数量、单价、金额、结算单位、结算方式、结算号等不规范的做法进行纠正，必要时应进行重新设计。对凭证上不具备，但又是今后管理上必需的内容，如客户与供应商等往来单位、个人的姓名、联系地址、电话、信用程度等内容，采取必要的措施在辅助档案中予以补充，使其制度化、规范化。初始设置是工作量最大、也是最为重要的一项工作，初始设置越全面，今后的财务管理工作就越方便、越规范。

（2）会计资料的数据录入，应有输入速度要求和规范化输入的要求。第一，要达到工作的高效率，要求计算机操作者或制单人必须有比较熟练的键盘操作技能，就像原来要求财会人员上岗必须达到一定的珠算等级标准一样。快捷、准确、标准的小键盘输入，是会计原始资料输入质量的重要保证，也是衡量会计电算化操作人员业务水平的重要尺度。第二，在记账凭证的输入过程中，应对凭证摘要予以规范化。凭证摘要的作用是简明扼要地说明经济业务的内容，不同的会计软件对凭证摘要的限制不同，有的对摘要的文字长度有限制；有的设有凭证摘要库，存放事先设定的常用凭证摘要，使用时通过编码或帮助功能予以自动输入，这就要求对会计凭证的摘要予以规范化。

（3）会计资料的输出，应符合《企业会计准则》和行业会计制度对账簿资料与财务报表的格式及内容的有关规定。现在多数商品化会计软件的报表管理子系统都提供了相应的报表模块，内含各种会计表格的计算公式，允许用户根据本单位、本行业会计报表的格式要求确定报表数据的计算公式。各单位应根据行业会计制度对财务报表的严格规定，结合本单位的具体情况，确定报表要素的数据来源、取值范围和运算关系，确保准确合格的前提下，将报表的生成步骤打印出来，作为会计报表的档案材料予以保存。对于管理会计的各种内部报表，其规范化的要求主要依据核算单位内部各管理层对会计信息的要求来确定，一般包括两方面：第一，确定电算化条件下管理报表的种类、格式和内容；第二，设置规范化的报表格式和计算公式。

2.2.2 企业基本档案的整理

会计信息系统由若干个子系统所构成，这些子系统在运行中需要企业各方面的基础信息资料，协调与规范这些基础信息，是系统顺利运行的必要前提，因此，在建立会计账务处理系统之初，必须认真做好企业基本信息的收集、补充和整理工作，将其形成编码统一、填写规范、数据准确的基础档案。

企业基础信息构成之间存在前后承接关系，在基础档案整理过程中，应遵循一定的顺序，比如先编码、后分类，先分类、后设档，从上往下、从内而外地编写顺序。就企业整体而言，要确定哪些方面需要分类，每类需要分几层，每层最大位数是多少。比如企业规模较大、经营范围较广，则需要对企业的部门、往来客户、供应商等进行必要分类，便于分门别类进行管理。以客户分类为例，可以按客户的分布，分为本地客户、区域客户、国内客户和国际客户；也可以按照客户所处位置进一步分为东北、华北、西北、华中、华东、华南、西南等地区；还可以按客户规模大小、所有制不同进行分类。分类层数越多，每层编码的位数越少，合理分类之后再进行具体档案的设立。在设置职工档案之前，应先按内部的机构、层次，自上而下进行部门设置。

2.3 账务处理系统的初始设置

任何单位首次使用会计核算软件时，都必须经过账务初始设置阶段，通过这个阶段的工作，可以把核算单位的会计核算规则、核算方法、应用环境及基础数据输入计算机，完成将通用的账务处理系统向适合本单位实际情况的专用账务处理系统的转化工作。一个优秀的账务处理软件的初始化模块应具有设置灵活、能适应各种核算单位具体环境条件变化的优点。

初始设置的内容一般包括设置系统参数、设置会计科目、设置凭证类型、输入期初余额等工作。

2.3.1 系统的参数设置

系统参数设置是在系统安装完成后，由系统管理员（一般是本单位的财务主管人员）根据本单位的实际情况负责设置的。具体包括以下几部分。

1. 确定财务主管的姓名及进入账务处理系统的密码

根据系统安全性的要求，只有财务主管具有首次进入系统的权力，也只有财务主管具有赋予其他操作人员职责的权力。当财务主管掌握系统赋予的默认口令后，应尽快将默认口令更改为自己新的口令，并完成对其他操作人员的赋权。

2. 设置账务处理系统开始启用的时间、会计年度、会计结账时间

系统启用时间是核算软件某种账套开始使用的时间。启用日期一旦确定，在该账套的使用中将不允许改动。启用时间设置的不同将影响建账初期的工作。如果启用日期设在 1 月 1 日，以后输入初始余额时只需输入各科目的年初余额即可。如果启用时间为 5 月 1 日，则不仅需要输入各科目的年初余额，而且需要输入 1～4 月份的各科目借、贷方的累计发生额，或需要结转 1～4 月份的月末余额，从而得出 5 月初的余额。在会计使用时间的设定中，一要保证计算机系统时间设定的正确性，若与现实时间不符应及时进行修改。二要注意核算单位的会计年度是否属于一年 12 个月的自然年度，因为在国外会计核算中有 13 个月为一年的会计核算年度。某些核算软件中有对结账日期的设定，在初始设定中可以规定月末结账的日期要求，若规定每月 25 日为结账日期，26 日到月底发生的经济业务就作为下月的业务记入下月的账簿中。有的核算软件允许未结账跨月处理记账凭证，对结账日期不再作具体规定。

3. 确定使用单位

不少通用账务处理系统允许在一个系统中同时建立多个账套，供单位管辖范围内多个独立核算单位或部门同时使用，每个核算单位都拥有一套完整、独立的账簿体系，这就需要在使用账务处理系统之前对具体的使用单位进行确认，确保每个使用单位都有唯一的账套。在

使用单位的有关资料录入中，包括账套代码、核算单位名称、单位性质、所属行业、会计主管姓名、单位地址、邮政编码、税务登记号等内容。

4．设置科目级数

Windows 平台下的通用账务处理系统，对会计科目的核算、部门核算、往来核算、项目核算采用科学的科目编码规则，其作用如下。

（1）便于反映核算科目之间的逻辑关系。通过科目的树形结构，能够十分清楚地了解科目与科目之间的从属关系、总账与明细账之间的关系。

（2）促进会计核算的规范化和标准化。对于会计科目，核算单位一般都采用本行业会计制度中规定的科目编码，统一的会计编码不仅便于计算机系统对会计科目的识别和处理，能加速计算机检索、分类、汇总的处理速度，而且易于会计人员的判断、理解和记忆。

（3）深化企事业单位的内部管理。将部门核算、往来核算、项目核算同时纳入科目编码规则，使会计核算从仅是财务部门的资金核算工作，深入到各部门、各单位，甚至个人的核算。虽然在账务处理中增加了一部分初始设置的工作量，深化的却是企事业单位全面的内部管理改革，会形成人人关心成本，关心核算，关心效益的局面，促进责任会计的形成。

企事业单位的会计科目应依据财政部最新公布或修订的《企业会计准则——应用指南》规定制定，在不违反会计准则中确认、计量和报告规定的前提下，可以根据本单位的实际情况自行增设、分拆、合并会计科目。财政部提出的会计科目及一级科目编码可供企业填制会计凭证、登记会计账簿、查阅会计账目和编制会计核算软件时参考使用，同时允许企业结合实际情况自行确定本单位的会计科目编码，对企事业单位不存在或不会发生的会计科目，可以不予设置。跨国公司、集团使用国际通用的核算软件，应当提供符合国家会计准则要求的会计科目分类和编码功能，这并非要求外资、合资企业和中资在国外投资企业的会计科目及其代码都与财政部发布的会计科目表相一致，而是要求会计软件具有与会计准则制度相符合的科目分类和编码方式，也就是说，会计科目应当按资产、负债、所有者权益、成本、损益等项目划分一级科目类别，同时科目编码也应当采用数字，通过首位数可以区分科目所属会计要素类别。

科目编码规则是编制科目编码必须遵守的方法和原则，在账务初始化过程中，主要是设定科目的级数和各级科目的级长。级数是指核算科目允许最多设置到几级科目，对会计科目的设定，一般企事业都采用 3～4 级核算，通用账务处理系统最多允许设置到 5 级。级长是指每级科目的编码位数。按照财政部最新颁发的会计科目编码，一级级长为四位数，二级级长、三级级长可以自定，一般都为两位数。

如果科目编码采用 4-2-2 结构，则一级科目为四位数，二级明细科目为两位数，三级明细科目为两位数，科目编码总级长为八位数，如表 2-1 所示。

表 2-1　科目编码

科目代码	科目名称	科目级别
2221	应缴税费	一级
222101	应缴增值税	二级
22210101	进项税额	三级
22210102	销项税额	三级
222102	应缴所得税	二级

2.3.2 账簿的初始化与设置会计科目

账簿初始化，即建立新的账套，是在完成系统参数设置后的一个必要步骤，也是账务处理系统中的一个重要功能。它用来建立账务处理所需的各种数据文件，如同手工操作时必须具备并准备好各种空白的记账凭证、各种空白账册，登记完成必要的封面文字。

账簿初始化过程十分简单，是由计算机自动完成的，每当跨入新的年度，系统都会提示，是否建立新年度的账套，如果执行，系统将自动复制上一年度的各种基础数据文件，如会计科目、凭证类别、各种参数设置等，并将上一年度的期末余额自动结转到新年度作为年初余额。账簿初始化后，上年度的其他各种数据文件被归为档案文件，可以通过查询功能进行查阅。

会计科目对具体的会计核算内容进行分类，是组织会计核算的重要依据。第一次使用账务处理系统时，必须进行会计科目的设置，其基本内容包括设置科目代码、科目助记码、科目名称、科目类别、账户格式、辅助账等。各核算单位应根据自身的业务特点和管理的需要，认真准备，做好这一基础性的工作。

1. 科目代码

现在不少通用的会计应用软件都在核算系统内预装了分行业的会计一级科目和二级科目，可在初始化的同时供安装使用者直接调用。如果直接调用会计一级科目，应进行仔细检查，看是否完全符合本单位核算的要求，有无遗漏，编码设置有无错误。

根据企业会计准则应用指南的更新要求，2014年可供参考的会计一级科目如表2-2所示。

表2-2 我国会计一级科目表（2014年通用）

一、资产类

序号	科目代码	科目名称	适用范围	序号	科目代码	科目名称	适用范围
1	1001	库存现金		18	1211	应收分保账款	保险专用
2	1002	银行存款		19	1212	应收分保合同准备金	保险专用
3	1003	存放中央银行款项	银行专用	20	1221	其他应收款	
4	1011	存放同业	银行专用	21	1231	坏账准备	
5	1012	其他货币资金		22	1301	贴现资产	银行专用
6	1101	短期投资		23	1302	拆出资金	
7	1102	短期投资跌价准备		24	1303	贷款	银行和保险共用
8	1021	结算备付金	证券专用	25	1304	贷款损失准备	银行和保险共用
9	1031	存出保证金	金融公用	26	1311	代理兑付证券	银行和证券共用
10	1101	交易性金融资产	金融公用	27	1312	代理业务资产	
11	1111	买入返售金融资产	金融公用	28	1401	材料采购	
12	1121	应收票据		29	1402	在途物资	
13	1122	应收账款		30	1403	原材料	
14	1123	预付账款		31	1404	材料成本差异	
15	1131	应收股利		32	1405	库存商品	
16	1132	应收利息		33	1407	商品进销差价	
17	1201	应收代位追偿款	保险专用	34	1411	周转材料	

续表

序号	科目代码	科目名称	适用范围	序号	科目代码	科目名称	适用范围
35	1412	包装物		55	1603	固定资产减值准备	
36	1413	低值易耗品包装物		56	1604	工程物资	
37	1241	消耗性生物资产	农业专用	57	1605	在建工程	
38	1431	贵金属	银行专用	58	1606	在建工程减值准备	
39	1441	抵债资产	金融共用	59	1607	固定资产清理	
40	1451	损余物资	保险专用	60	1611	未担保余值	租赁专用
41	1461	融资租赁资产	租赁专用	61	1621	生产性生物资产	农业专用
42	1471	存货跌价准备		62	1622	生产性生物资产累计折旧	农业专用
43	1501	持有至到期投资		63	1623	公益性生物资产	农业专用
44	1502	持有至到期投资减值准备		64	1631	油气资产	石油天然气开采专用
45	1503	可供出售金融资产		65	1632	累计折耗	石油天然气开采专用
46	1511	长期股权投资		66	1701	无形资产	
47	1402	长期债券投资		67	1702	累计摊销	
48	1512	长期投资减值准备		68	1703	无形资产兼职准备	
49	1521	投资性房地产		69	1711	商誉	
50	1531	长期应收款		70	1815	未确认融资费用	
51	1532	未实现融资收益		71	1801	长期待摊费用	
52	1541	存出资本保证金	保险专用	72	1811	递延所得税资产	
53	1601	固定资产		73	1821	独立账户资产	保险专用
54	1602	累计折旧		74	1901	待处理财产损溢	

二、负债类

序号	科目代码	科目名称	适用范围	序号	科目代码	科目名称	适用范围
75	2101	短期借款		94	2241	其他应付款	
76	2102	存入保证金	金融共用	95	2251	应付保单红利	保险专用
77	2103	拆入资金	金融共用	96	2261	应付分保账款	保险专用
78	2104	向中央银行借款	银行专用	97	2311	代理买卖证券款	证券专用
79	2011	吸收存款	银行专用	98	2312	代理承销证券款	证券和银行专用
80	2012	同业存放	银行专用	99	2313	代理兑付证券款	证券和银行专用
81	2021	贴现负债	银行专用	100	2314	代理业务负债	
82	2101	交易性金融负债		101	2401	递延收益	
83	2102	卖出回购金融资产款	金融共用	102	2501	长期借款	
84	2201	应付票据		103	2502	应付债券	
85	2202	应付账款		104	2601	未到期责任准备金	保险专用
86	2203	预收账款		105	2602	保险责任准备金	保险专用
87	2211	应付职工薪酬		106	2611	保户储金	保险专用
88	2153	应付福利费		107	2621	独立账户负债	保险专用
89	2221	应缴税费		108	2701	长期应付款	
90	2176	其他应交款		109	2702	未确认融资费用	
91	2231	应付利息		110	2711	专项应付款	
92	2232	应付股利		111	2801	预计负债	
93	2171	应缴税金		112	2901	递延所得税负债	

三、共同类

续表

序号	科目代码	科目名称	适用范围	序号	科目代码	科目名称	适用范围
113	3001	清算资金往来	银行专用	116	3201	套期工具	
114	3002	货币兑换	金融共用	117	3201	被套期项目	
115	3101	衍生工具					

四、所有者权益类

序号	科目代码	科目名称	适用范围	序号	科目代码	科目名称	适用范围
118	4001	实收资本		122	4103	本年利润	
119	4002	资本公积		123	4104	利润分配	
120	4101	盈余公积		124	4201	库存股	
121	4102	一般风险准备	金融共用				

五、成本类

序号	科目代码	科目名称	适用范围	序号	科目代码	科目名称	适用范围
125	5001	生产成本		129	5401	工程施工	建造承包商专用
126	5101	制造费用		130	5402	工程结算	建造承包商专用
127	5201	劳务成本		131	5403	机械作业	建造承包商专用
128	5301	研发支出					

六、损益类

序号	科目代码	科目名称	适用范围	序号	科目代码	科目名称	适用范围
132	6001	主营业务收入		149	6421	手续费及佣金支出	金融共用
133	6011	利息收入	金融共用	150	6501	提取未到期责任准备金	保险专用
134	6021	手续费及佣金收入	金融共用	151	6502	提取保险责任准备金	保险专用
135	6031	保费收入	保险专用	152	6511	赔付支出保险专用	
136	6041	租赁收入	租赁专用	153	6521	保户红利支出	保险专用
137	6051	其他业务收入		154	6531	退保金	保险专用
138	6061	汇兑损益	金融共用	155	6541	分出保费	保险专用
139	6101	公允价值变动损益		156	6542	分保费用	保险专用
140	5201	投资收益		157	6601	销售费用	
141	6201	摊回保险责任准备金		158	6602	管理费用	
142	6202	摊回赔付支出	保险专用	159	6603	财务费用	
143	6203	摊回分保费用	保险专用	160	6604	勘探费用	
144	6301	营业外收入		161	6701	资产减值损失	
145	6401	主营业务成本		162	6711	营业外支出	
146	6402	营业税金及附加		163	6801	所得税费用	
147	6403	其他业务支出		164	6901	以前年度损益调整	
148	6411	利息支出	金融共用				

2. 设置科目名称与助记码

会计科目名称是指科目的汉字名称。设定的科目汉字名称将在核算单位的各种凭证、账册、报表上显示或打印出来，因此，科目名称的设定应按照会计制度的规定，做到规范化、标准化。助记码是除科目编码以外的另一种简单易记的科目调用方法，一般可以用汉语拼音或英语作为科目的助记码，如人民币的助记码为 RMB，现金的助记码为 XJ，银行存款为 YHCK，只要掌握汉语拼音，用会计科目汉字的简拼就能简单地设定和方便地查找。

3. 设置科目性质和账户格式

按照会计制度规定，会计科目按其性质划分可分为 5 种类型，即资产类、负债类、所有者权益类、成本类和损益类，此外还有一种共同类项目，包括清算资金往来、货币兑换、衍生工具等工具类科目。

一级科目统一设定科目编码的第一位数，分别为 1、2、3、4、5，代表了上述五种会计科目。通过科目编码就能反映出会计科目的不同类型，因此，在设定科目类型时，必须注意会计科目的类型与会计科目编码第一位的一致性。

账户格式是指设置的会计科目用何种形式表现，一般可分为普通三栏式、复币式、数量金额式等格式。其中复币式是指同一科目用人民币和外币两种方法进行核算，核算单位有用外币进行交易或结算的科目，可以设为复币式。数量金额式是指同一科目在表现其金额的同时，还需反映出单价和数量，一般对原材料和材料采购核算的科目可以设为数量金额式。

4. 设置辅助账

在设置会计科目的同时，根据会计核算和管理需要，还可以对有关科目设置辅助核算内容，随着会计管理内容的深化和核算软件的进步，辅助核算的内容日益增多，越来越成为会计核算不可缺少的重要组成部分。常见的辅助账有银行核对账、往来核算账、部门核算账和项目核算账等。例如，把银行存款设为银行核对账，当输入记账凭证、发生银行收付款业务时，系统会自动提示输入结算单据号，以方便以后进行银行对账的需要；当处理材料采购业务的记账凭证时，系统会自动提示输入采购材料的单价、数量；当发生管理费、制造费时，如果设定了部门核算，系统会自动提示输入部门代码，有关费用可以直接分担到具体部门或单位。

2.3.3 设置凭证类型和外汇汇率

在手工核算条件下，为了方便记账和汇总工作，根据核算单位业务量的大小，常常将凭证分为几种不同的类型，可以是单一的按顺序号排列的记账凭证；可以是收款凭证、付款凭证、转账凭证三大类凭证；也可以细分为现金收款、现金付款、银行收款、银行付款、转账凭证 5 类凭证。通用账务处理系统提供了上述三种以上不同的凭证定义功能，企事业单位可以根据本单位实际情况予以选定。为了保证凭证录入的正确，减少不必要的错误，一些通用财务软件还设立了凭证、科目必有和必无项目的选择功能，例如对转账凭证，其凭证必无科目是现金和存款科目，如果在输入转账凭证时一旦输入现金或存款科目，系统会出现“错误”的提示。再如，在银行付款凭证中，借方必有科目设定为现金，贷方必有科目设定为存款，如果录入的凭证与此不符，系统同样会有出错的提示。

当企业有外币交易核算业务时，需要对外汇的汇率进行设定，分为固定汇率和浮动汇率，一般情况下可按月初汇率作为记账汇率，月末以当日汇率为调整汇率，计算汇兑损益。如果企业同时进行美元、欧元等外币进行核算，需要分别进行设定，以利于复币式核算。

2.3.4 输入期初余额

在首次使用账务处理系统时，必须编制科目余额表，然后按照会计科目借贷方向和余额进行录入，如果各辅助账有期初余额，也需要分别予以录入。需要注意的是，通用账务处理系统在进行期初余额录入时，必须注意对个别科目的借贷方向予以调整，如“累计折旧”、“坏账准备”、“利润分配”等科目，其余额的方向与核算时的方向是相反的。有的核算软件有“方向”调整按钮供调整；有的可以输入“借”字或“贷”字更正，调整其余额方向；也有的核算软件不能更改方向，必须用负数输入来调整其余额方向。录入工作完成后，应对期初余额试算平衡，若有不平衡，需要进行查找修正，并再次试算直至平衡。确认平衡并关闭余额输入功能后，期初余额将不再允许修改了。

2.4 账务处理系统的日常业务操作

2.4.1 凭证处理

记账凭证的处理是日常账务处理过程的起点，原始凭证上记录的资金往来内容和有关数值必须通过键盘或扫描仪等输入设备将其录入到计算机中，然后生成、存储为记账凭证的数据文件，再经过检验、排序，最后登记到账簿文件中。凭证处理的正确与否，依然是会计核算的基础性工作，它直接影响到账务处理系统的应用效果，也是账务处理系统中使用频率最高、工作量最大的环节。不同核算软件的记账凭证格式有所不同，但其内容都基本一致，包括凭证的表头和正文两部分。表头包括凭证类别、凭证编号、日期和附件张数等内容。正文包括内容摘要、记账科目、借贷方向和金额数值等内容。

1．凭证表头的输入方法

根据核算单位对凭证类型的选定，如果选择单一的记账凭证进行凭证输入时，系统会根据记账顺序每月从 1 开始自动产生凭证顺序号；如果选定的是收、付、转类型的记账凭证，用户必须根据所发生的业务内容先选择凭证类型，然后系统根据该类型本月输入的凭证顺序产生分类凭证号，如收款 0001、收款 0002，付款 0001、转账 0001 等顺序号。

记账凭证上的日期，从理论上应该与实际登录的日期相符。实际录入中，它可以小于计算机的系统日期，但不能大于系统日期，否则会有出错信息提示。需要注意的是，凭证上的日期应随凭证号的递增而递增，不应也不能出现日期倒流现象。

附件张数应是记账凭证所依据的原始凭证的实际数。

2．凭证正文内容的输入

凭证摘要是对已发生的经济业务的简述，摘要的内容应简单明了，符合会计用语的要求。除了用键盘进行文字录入外，对一部分使用频率较高、内容相同的凭证摘要可以根据初始凭证定义录制到摘要库，需要时供随时调用。调用的方法通常是在填制完凭证表头的内容以后，通过有关的功能键，输入常用凭证摘要号，计算机即可将相应的摘要自动填入摘要栏，操作员可以根据当前经济内容的需要直接使用或修改后使用。

会计科目的输入，必须是经过科目设置后的科目全代码，即必须输入该科目最底层的明细科目代码，计算机在处理明细科目代码时，会根据会计一级科目代码的前四位（3-2-2 结构的会计科目根据前三位）将有关业务直接登记到总账科目上，根据后两位及以下的代码分别将有关业务登记到明细科目上，不会产生账簿漏登现象。输入有关科目代码后，计算机会自动将科目代码切换成中文的会计科目名称。

当输入的科目是分部门核算的科目时，系统会提示输入相应的部门代码，此时应输入部门设定中的基层单位代码；当输入的科目是银行对账科目时，系统会提示输入相应业务的原始单据号，即支票号，该号在银行对账时有效。当输入的科目是往来类科目时，系统会提示输入相应业务的原始单据号、还款到期日、对应客户代码等内容，这些信息在进行往来类账目管理时有效；当输入的科目是数量金额科目时，系统会提示输入数量和单价；当输入的科目属于项目管理科目时，系统会提示输入项目代码；当一个科目同时兼有上述几个特征时，系统会依次提示输入有关内容。

根据“有借必有贷，借贷必相等”的记账规则，分行输入借方发生额和贷方发生额，要求借方发生额和贷方发生额的总计必须保持平衡。在输入金额过程中，如果发生输入错误，只要尚未保存，或还没有进行审核、记账，都可以通过移动光标或翻阅键进行直接修改，也可以通过删除功能键删除光标所在行的内容，然后重新输入，但使用删除键的凭证其编号是不能被删除或改变的。如果需要用红字冲正法对已记账簿的金额进行修改时，可以通过“-”（负号）输入有关凭证的金额。

同一个凭证号的记账凭证上允许输入多笔会计分录，通过【Enter】键可以扩展延伸记账凭证，通过换页键可以分页输入同一凭证号的不同会计分录。

对每月都会重复、有规律地发生的经济业务，如计提折旧、按月发放工资、按月计提福利费、每月到月底结转各种管理费用等，这些凭证的摘要、借贷方科目、金额来源与计算方法基本固定，且多为转账业务，可以通过编制自动转账凭证，预先存入计算机，每月使用时通过输入自动凭证的分录号，由计算机自动生成并调入该种转账凭证，这种经过事先设置、自动编制分录的凭证称为机制凭证。**需要注意的是**，一些用于结账时自动编制的机制凭证设定后不受人工干预，每次在结账时自动生成并登记入账，且有记账与结转的先后顺序要求，不能颠倒，作为初学者应谨慎使用。

2.4.2 凭证审核

凭证审核有两种方式：一种是账务处理系统程序本身设定的自动纠错审核；另一种是专门的凭证审核人员进行的人工审核，这两种审核的作用是不能互相代替的。

自动纠错审核功能主要完成对凭证日期、凭证科目、凭证平衡三方面的审核。录入记账凭证时，系统不允许跨月填制超过一个月以上日期的凭证，也不允许返回到已经完成结账的日期填制凭证；同时，系统对输入的凭证科目进行自动核对，科目代码没有输对或科目库中不存在的科目，不能录入金额；对凭证借贷双方的金额，如果不能保持平衡，也不允许通过。

人工审核是具有审核权限的操作员对所需录入的记账凭证进行合法性、正确性审核，审核内容包括：记账凭证所列的附件张数与原始凭证张数是否一致；记账内容与原始凭证是否一致；登记的金额合计数与原始凭证是否一致；记账凭证登录的科目是否正确；对应关系是否准确。对登记正确的凭证，审核员用功能键签字以示通过，计算机完成审核员的签字指令后，自动翻页供继续审核。对发现错误的凭证，审核员无权修改，需退回凭证录入员，待修改后再次审核。如果签字审核后还未记账，发现凭证仍然有错，需要审核员先撤销自己的审核签字，然后再由录入员修改。记账或结账后发现问题仍需修改凭证，只能采用红字冲正法或补充凭证的方法进行更正，不能对记账凭证进行直接修改。

2.4.3 凭证查询、汇总、输出与模拟记账

凭证输入后，通过凭证查询功能，可以对未记账的凭证进行查询。根据系统提示，确定所要查询的凭证范围、条件，即可通过屏幕进行查阅，也可以对查询到的凭证打印输出或输出到软盘。根据需要，可以对所选的记账凭证临时生成记账凭证汇总表，通过该表可以进一步查询每个科目在查询条件范围内的借、贷方金额合计数。

模拟记账功能是某些通用账务处理系统的新功能，它允许核算单位在凭证尚未记账的情况下，显示模拟记账后借、贷方的科目余额表，通过该表可以查看总账、明细账的余额和发生额，看其是否平衡，若发现问题，可以在凭证未记账之前进行修改。

2.4.4 记账

记账是把审核过的记账凭证正式记入日记账、明细账和总账等各种账簿，凡是未经审核的凭证和借、贷方不平衡的凭证，系统不允许进行记账。整个记账的过程是由具有记账权限的操作员发出记账指令，计算机自动进行凭证校验、科目汇总和登记账簿的操作，记账过程一旦开始，不允许中途退出，也不允许进行计算机的其他各种操作，否则容易造成对数据文件的破坏，因此，在记账工作开始前，应重视会计资料的备份，万一发生数据被停电等异常事故破坏，可以通过备份的资料予以恢复。在财务核算系统的硬件配置中，装备 UPS（不间断电源）对于预防瞬间停电事故的发生、保障电算化会计操作的数据安全是十分必要的。

记账工作可以一天进行一次或数次，也可以多天甚至一个月进行一次记账，视各单位会计业务量的多少而定。

2.4.5 银行对账

由于各个单位和开户银行之间有着密切的银行业务往来，当单位和开户银行资金业务到达的时间不同和记账的时间不同时，经常会产生未达账项。核算单位定期将银行存款的日记账和开户银行出具的对账单进行核对并编制银行存款余额调节表，这就是银行对账。对账工作具体包括：未达账的初始录入、录入银行对账单、系统自动对账、手工对账、单位未达账和银行未达账的查询等工作。

1. 未达账的初始录入和银行对账单的录入

进行未达账的初始录入需在第一次使用系统、科目余额已经输入以后进行，首先调用系统的银行对账功能，将上月末银行存款余额调节表中的企业未达账和银行未达账分别输入计算机，输入的内容包括：企业未达账业务发生时填制凭证的日期、结算凭证的类别、结算的凭证号，收入金额和支出金额。银行对账单需输入计算机的内容包括：对账单上每笔业务的银行入账时间、结算方式、结算的凭证编号、收入支出金额、银行账户的余额。输入完成后，

按照"企业银行日记账期末余额＋企业未达账借方金额-企业未达账贷方金额＝开户银行对账单期末余额＋对账单未达账借方金额-对账单未达账贷方金额"的公式，进行日记账和对账单的平衡校对，如果不平衡，需要检查修正，直至平衡。

2．自动对账

当未达账和银行对账单的内容输入完成后，启动系统的对账功能，系统会根据输入的银行对账单上的每笔业务，自动在企业未达账和银行存款日记账中进行查找并核对，若找到有相同发生额和支票号的业务，即被认为是已达账。计算机会自动在核对的双方业务上打上标记，对于未核对上的银行业务，需要通过手工进行再一次核对。

3．手工对账

手工对账是为了核对自动对账未能找到的已达项目，需要注意如下几方面自动对账失败的原因。

（1）同时发生两笔以上金额完全相同的业务时，自动对账不能视为已达账。

（2）记账凭证制单时将两笔或两笔以上业务相加后作为一笔业务入账时，自动对账不能查到。

（3）制单时将同一笔银行业务拆分为两个记账凭证，自动对账不能查到。

（4）制单时输入了错误的支票号或发生额，自动对账不能查到。

（5）查找到原因后，用系统提供的手动核销方式，在已达账和对账单上分别打上标记。

4．对账结果的查询与输出

自动对账和手工对账完成后，计算机自动整理汇总未达账和已达账，生成银行余额调节表，可通过对账的查询功能查看对账后已达账和未达账的数目、金额、调整后的存款余额等情况，必要时可以将银行存款余额调节表打印输出。

2.4.6 结账

结账必须在月末、本月经济业务全部结算完毕，审核、记账工作完成后进行。一个月只能进行一次结账，只要还有凭证未通过审核或记账，就不能进行结账。结账之前，必须先进行对账工作，启动对账功能，系统对账簿数据进行核对，检查记账是否正确、账簿是否平衡。对账中若发现错误，系统允许通过"恢复记账前状态"进行检查和修改，直至对账正确。

通过月末结账，在系统初始化过程中设定的内部机制转账凭证、各核算子系统，如工资核算子系统、进销存核算子系统等设定的自动转账凭证，将完成自动转账和记账功能，系统同时将账务处理系统所有科目的本期发生额和余额结算清楚，并将期末余额结转到下期。结账以后，本月的会计业务处理宣告结束，所有的账簿数据，除了通过查询系统进行查询输出以外，其他操作均受到限制。如果账簿上发现错误，只能通过下月补充凭证再予以更正。结账操作过程十分简单，与记账操作相同，结账过程中不要启动大功率的电器，不能进行计算机的其他操作。

2.4.7 账簿查询

结账以后的会计资料可以通过账簿查询功能进行不同需求的检索和查询。查询内容包括已记账的凭证查询、总账查询、明细查询、日记账查询、部门往来账的查询等。查询方法主要有指定条件查询和组合条件查询。指定条件查询是指定某一具体条件进行查询，组合查询是同时指定两个或以上条件进行筛选查询。查询条件包括按日期查询、按科目代码、部门代码、凭证号码、结算单据号查询，可以按制单人、审核人查询，还可以按金额、数量、摘要进行模糊查询。按日期查询时，可以查询以前已经结账的账簿资料和凭证资料，但不能查询跨系统登录年度以后的账簿资料和尚未记账的凭证资料，尚未记账的凭证资料可以在凭证编辑功能菜单中进行查询。查询到的内容可以调用打印机予以输出。

2.5 账务处理系统的维护与管理

2.5.1 数据备份与恢复

账务处理系统产生的各种数据文件是以磁性介质的软盘、硬盘、光盘等为载体进行存放的，一旦磁性介质受到外力破坏或计算机受到病毒的侵袭，数据文件就会受到损害。因此，按照电算化会计操作制度的要求，必须定期按时做好会计资料的数据备份工作。数据备份是指将系统产生的会计数据文件复制到硬盘或者刻录到光盘，甚至远程传递到“云”空间予以保存。硬盘备份工作通常由系统在每次记账前强制性自动完成，其他备份或光盘刻录备份工作由操作员完成。当硬盘需要格式化的时候，在一个月或一年的数据处理完成后，要进行会计软件更新、升级的时候，都必须进行数据备份。业务量大的核算单位，甚至对每天的数据资料都得进行备份。为保证数据安全，对于月度、年度的会计数据应做两套或两套以上的备份，写清数据备份的时间，一般应分为 A、B 两组，分别放置相隔有一定距离的办公室，以防意外事故发生时全部备份数据都受到无可挽回的破坏。另外，备份的光盘或硬盘必须是质量好、容量足的正规产品，以免因质量和容量问题招致备份失败。由于软盘容易受到温度、湿度、磁性干扰而发生质变，影响数据安全，目前已经逐渐退出市场，现在数据备份工作主要通过硬盘和刻写光盘完成。在系统维护管理菜单中选择“备份数据”，按照系统提示要求分步执行即可。

当计算机出现数据被破坏或出现丢失时，可通过“数据恢复”功能，使备份数据资料覆盖当前硬盘中的现有数据，因此，在硬盘数据正常时，禁止使用“数据恢复”功能。当硬盘数据被破坏时，可根据“数据恢复”功能的提示，插入最新的数据备份盘，确定需要恢复的数据所属时间即可。开始恢复前，系统将检验软盘中的数据是否与系统制定的条件相符，如果软盘中的系统参数与计算机中账务处理系统设定的参数不一致，系统将拒绝执行恢复功能。数据恢复过程由计算机自动完成，恢复过程中禁止中途强迫停止、取出备份盘片或中断电源、重新启动计算机。需要注意的是，数据恢复是一件需要谨慎进行的工作，因为它会把计算机硬盘中最新输入的会计资料废除，用备份的旧资料代替新数据，所以一般不应随意使用，数据恢复功能的使用权限应限定在少数授权人员的范围内。

2.5.2 数据整理

目前，许多账务处理系统都是采用关系型数据库进行开发的，由于会计核算资料众多，数据库关系比较复杂，经过一段时间使用，数据资料会大量繁衍，加之使用中难免会发生软、硬件的故障或出现非法操作导致异常中断等容易引起数据排序混乱，此时的会计数据并未丢失，只要通过“数据整理”功能的操作命令即可恢复正常。“数据整理”功能通常包括：重建索引、恢复数据到记账前状态和删除数据等命令。“重建索引”命令可以消除因排序混乱引起的数据错误；“恢复数据到记账前状态”命令可以消除因瞬间停电导致未能完成记账而产生的错误；“删除数据”命令可以删除以往年度陈旧过时的会计资料，以节省紧张的硬盘空间，提高系统的运行效率。但在目前硬盘容量越来越大，存储容量越来越充足的情况下，此操作命令的使用频率和使用必要性将会大幅度降低。

2.5.3 对操作人员的管理

对操作人员的管理是电算化会计管理的重要组成部分，它主要是对账务处理系统使用人员的权限进行控制，通过使用权限的设定可以分清操作人员的业务范围，明确职责，形成会计制约机制，保证系统数据的安全可靠。操作员的权限一般由系统管理员（财务主管）进行设定。具体包括增加新的操作人员、添入其姓名、赋予部分操作权限、设置操作员的初始口令、修改直至删除操作人员的权限等。系统管理员进入系统的口令应注意保密并适时更换，以确保操作权限不被随意更改，保证系统的安全可靠。在账务处理系统中，系统管理员还享有建账、系统维护、数据管理、查询等权限，一般不参与账务数据的输入和处理工作。被赋予操作权限的操作员，首次按系统管理员赋予的口令进入系统后，应立即进入相关的操作员管理界面，更改自己的口令。系统管理员有权及时修改直至撤销操作员的使用权限，但无权用操作员的口令进入系统并进行相应的操作。

2.5.4 使用监测与工作日志的查询

账务处理系统是一个重要的情报信息系统，为保证系统的安全，系统设置了严格的自动登记制度，任何用户进入系统，都会自动留下必要的痕迹，包括进入、离开系统的时间，进入时使用的操作员姓名，进行或完成了哪些操作命令等，这些痕迹记录在系统设置的工作日志上，保留在不能被修改的数据库中，可以通过工作日志的查询功能查阅上述的使用记录，这是会计信息系统重要的自我保护功能。

复习思考题 2

一、选择题（从 A、B、C、D 中选择一个正确的答案）

2.1 系统管理员可以（　　）。

A. 修改会计软件程序　　B. 使用操作员口令

C. 代替操作员进行相应的操作　　D. 更改操作员权限

2.2 凭证录入员不能进行（　　）。

A. 凭证录入　B. 凭证审核　C. 凭证修改　D. 凭证汇总

2.3 未经审核的凭证（　　）。

A. 可以在账簿中查询　　B. 可以记账

C. 可以跨月登记　　D. 可以被报表引用

2.4 账务处理系统中，每月可以多次进行的工作是（　　）。

A. 建账　B. 更改凭证类型　C. 记账　D. 结账

2.5 在账务处理中，当会计科目有余额发生时，（　　）。

A. 该科目的名称可以被修改　　B. 该科目可以增加下级科目

C. 该科目可以增加会计凭证　　D. 该科目可以增加辅助核算

2.6　在账务处理中，凭证可以在（　　）以后修改。

A. 记账　　B. 审核　　C. 结账　　D. 制作报表

2.7　会计科目代码 22210201 表示（　　）。

A. 该科目采用二级核算　　B. 该科目的二级明细科目级长为 3 位数

C. 该科目采用三级核算　　D. 该科目的三级明细科目级长为 3 位数

2.8　账务处理系统执行记账程序时，将（　　）的凭证进行记账。

A. 审核　　B. 未审核　　C. 存入硬盘　　D. 无错误

2.9　凭证的编号（　　）。

A. 从小到大，可以跳号　　B. 随机输入，可以排序

C. 不同类别，可以重号　　D. 按使用日期编制

2.10　记账工作不可以（　　）。

A. 一天记一次账　　B. 一天记多次账

C. 多天记一次账　　D. 凭证编制后立即进行记账

二、思考问答题

2.11　为什么说账务处理系统是整个会计信息系统的基础？

2.12　账务处理系统包括哪些功能模块？

2.13　账务处理系统的计算机处理与传统的手工处理有什么区别？

2.14　用计算机进行账务处理需要做哪几方面的准备工作？

2.15　账务处理系统的初始设置包括哪几方面内容？

2.16　账务处理系统的日常操作包括哪些内容？

2.17　如何设置会计自动转账凭证？如何充分利用会计查询功能完成对不同账簿、凭证的查询工作？

2.18　根据电算化会计制度的要求，账务处理系统至少应设置几个不同权限的操作人员？如何在同一次练习中完成不同权限操作人员的互相转换？

2.19　会计数据备份有什么重要作用？如何做好会计资料的备份、管理和恢复工作？

2.20　账务处理系统中辅助核算有什么重要作用？其发展趋势如何？辅助核算包括哪些内容？

第 3 章 报表处理系统

3.1 报表处理系统概述

3.1.1 会计报表的作用

会计报表是一个单位财务状况和经营成果的综合性报告文件，是在日常会计核算的基础上，进一步加工、汇总形成的综合性经济信息，在会计信息系统中是不可缺少的重要组成部分。

会计报表所提供的信息，无论对企业自身，还是对投资者、金融、财税和经济管理部门，都具有重要的作用，具体表现在以下方面。

（1）企业的经营管理者及员工可以利用会计报表的信息，全面了解企业在一定时期的财务状况和各经济指标的完成情况，以便考核、评价企业内部各部门的工作业绩，及时总结经验教训，加强企业的内部管理，提高企业的经济效益。

（2）企业投资者可以利用会计报表的信息，分析企业的偿债能力和获利能力，预测企业的发展前景，以便作出正确的投资决策。

（3）银行及其他金融机构可以利用会计报表的信息，了解企业的生产经营能力，分析信贷资金的偿还能力，以便确定对该企业的信贷政策。

（4）财税部门可以利用会计报表的信息，检查企业是否及时完成各项应交的税金和其他应交的款项，以保证国家的财政收入。

（5）国家经济管理部门可以利用会计报表的信息，了解国有资产的使用、变动情况，了解各部门、各地区的经济发展情况，以便进行国民经济的宏观调控和制定国民经济的发展计划，从而促进国民经济的健康发展。

其中，企业内部的经营管理者是会计报表的最主要用户，因为所有企业外部人员对企业关心的问题，他们都必须关心。他们不仅要及时了解企业的财务状况，更需要发现存在的问题，分析问题产生的原因，寻找解决问题的途径，展望未来的发展趋势。

3.1.2 会计报表的种类和构成

1. 会计报表的种类

由于会计报表的用户是多种多样的，他们对会计报表提供的资料有不同的要求，所以会要求财会部门提供各种不同格式、不同内容的会计报表。

会计报表按其使用对象可分为内部会计报表和外部会计报表两大类。内部会计报表是专门提供给企业内部的管理者的，不同单位的内部会计报表也有很大差别，一般没有统一的格式，也没有统一的指标体系。外部会计报表主要提供给企业外部的经济管理部门、财政税收部门、银行、投资者、合作者等。我国企事业单位对外提供的会计报表其格式和编制方法是由财政部门或行业主管部门统一规定的，根据财政部2006年11月版的《企业会计准则第30号——财务报表列报》应用指南要求，一套完整的财务报表至少应当包括资产负债表、利润表、现金流量表（见表3-1、表3-2、表3-3）、所有者权益（或股东权益）变动表及附注等。

按照会计报表编报的时间不同，可分为中期财务报表和年度财务报表。中期财务报表包括月报、季报和半年报。此外，企业可以根据某种特定需要编制一次性报表。

按照会计报表的编报主体不同，可分为单位财务报表和合并财务报表。单位财务报表反映企业本身的财务状况和经营成果，合并财务报表是以母公司和子公司组成的企业集团为会计主体，由母公司编制，根据母公司和子公司报送的同类财务报表进行汇总，用以综合反映企业集团财务状况、经营成果及现金流量的财务报表。

就报表结构复杂性而言，报表可分为简单表和复合表。复合表可看成是简单表的某种组合。

财务软件提供的报表，在报表栏目上经常设置“行次”，便于相应科目内容的对应显示和编辑。

表3-1 资产负债表

会企01表

编制单位： ______年______月______日 单位： 元

资　　产	行次	年初数	期末数	负债和所有者权益（或股东权益）	行次	年初数	期末数
流动资产：				流动负债：			
货币资金				短期借款			
交易性金融资产				交易性金融负债			
应收票据				应付票据			
应收账款				应付账款			
预付款项				预收款项			
应收利息				应付职工薪酬			
应收股利				应缴税费			
其他应收款				应付利息			
存货				应付股利			
一年内非到期的流动资产				其他应付款			
其他流动资产				一年内到期的非流动负债			
流动资产合计				其他流动负债			
非流动资产：				流动负债合计			
可供出售金融资产				非流动负债：			
持有至到期投资				长期借款			
长期应收款				应付债券			

续表

资　产	行次	年初数	期末数	负债和所有者权益（或股东权益）	行次	年初数	期末数
长期股权投资				长期应付款			
投资性房地产				专项应付款			
固定资产				预计负债			
在建工程				递延所得税负债			
工程物资				其他非流动负债			
固定资产清理				非流动负债合计			
生产性生物资产				负债合计			
油气资产				所有者权益（或股东权益）：			
无形资产				实收资本（或股本）			
开发支出				资本公积			
商誉				减：库存股			
长期待摊费用				盈余公积			
递延所得税资产				未分配利润			
其他非流动资产				所有者权益（或股东权益）合计			
非流动资产合计							
资产总计				负债和所有者权益（或股东权益）总计			

表 3-2　利润表

会企 02 表

编制单位：　　　　　　　　＿＿＿年＿＿＿月　　　　　　　　单位：元

项　　目	行　次	本期金额	上期金额
一、营业收入			
减：营业成本			
营业税金及附加			
销售费用			
管理费用			
财务费用			
资产减值损失			
加：公允价值变动收益（损失以“（”号填列）			
投资收益（损失以“（”号填列）			
其中：对联营企业和合营企业的投资收益			
二、营业利润（亏损以“（”号填列）			

续表

项　　目	行　次	本期金额	上期金额
加：营业外收入			
减：营业外支出			
其中：非流动资产处置损失			
三、利润总额（亏损总额以“（”号填列）			
减：所得税费用			
四、净利润（净亏损以“（”号填列）			
五、每股收益：			
（一）基本每股收益			
（二）稀释每股收益			
六、其他综合收益			
七、综合收益总额			

表 3-3　现金流量表

会企 03 表

编制单位：　　　　　　　＿＿＿年＿＿＿月　　　　　　　　单位：元

项　　目	行　次	本期金额	上期金额
一、经营活动产生的现金流量：			
销售商品、提供劳务收到的现金	1		
收到的税费返还	3		
收到的其他与经营活动有关的现金	8		
经营活动现金流入小计	9		
购买商品、接受劳务支付的现金	10		
支付给职工以及为职工支付的现金	12		
支付的各项税费	13		
支付其他与经营活动有关的现金	18		
经营活动现金流出小计	20		
经营活动产生的现金流量净额	21		
二、投资活动产生的现金流量：			
收回投资所收到的现金	22		
取得投资收益所收到的现金	23		
处置固定资产、无形资产和其他长期资产所收回的现金净额	24		
处置子公司及其他营业单位收到的现金净额	25		
收到其他与投资活动有关的现金	28		
投资活动现金流入小计	29		

续表

项　目	行　次	本期金额	上期金额
购建固定资产、无形资产和其他长期资产支付的现金	30		
投资支付的现金	31		
取得子公司及其他营业单位致富的先进金额	32		
支付其他与投资活动有关的现金	35		
投资活动现金流出小计	36		
投资活动产生的现金流量净额	37		
三、筹资活动产生的现金流量:			
吸收投资收到的现金	38		
取得借款收到的现金	40		
收到其他与筹资活动有关的现金	43		
筹资活动现金流入小计	44		
偿还债务所支付的现金	45		
分配股利、利润或偿付利息所支付的现金	46		
支付其他与筹资活动有关的现金	52		
筹资活动现金流出小计	53		
筹资活动产生的现金流量净额	54		
四、汇率变动对现金及现金等价物的影响	55		
五、现金及现金等价物净增加额	56		
加：期初现金及现金等价物余额	57		
六、期末现金及现金等价物余额	58		

企业负责人：　　主管会计：　　制表：　　报出日期：　　年　月　日

2. 会计报表的构成

各种报表的格式和内容是不同的，一张报表一般由以下三部分构成。

（1）表头。表头主要用来描述报表的标题、编制单位名称、编制日期、计量单位等内容。标题用来表示报表的名称。报表的标题可占一行或多行，有的报表除了正标题外，还有副标题。编制日期随编制时间而改变，其他内容基本固定不变。

（2）表体。表体是报表的主体，是报表数据的主要区域。表体横向分为若干列，纵向分为若干行。表体由报表栏目名称、报表项目名称和报表数据单元组成。报表的栏目名称（也称为列标题）定义了该报表的列。有的报表栏目比较简单，只有一层，有的比较复杂，可分为若干层，包含有小栏目的栏称为组合栏或组合项，不包含小栏目的栏称为基本栏或基本项。报表项目名称（也称为行标题）是指报表的某一列中各行的内容，它们定义了该报表的行。除了列标题和行标题外，表体的其他单元为数据单元。

（3）表尾。表尾是报表编制人、审核人、负责人签字的留空位置。

另外，表尾内容还应该包括附注说明的部分，该部分是财务报表不可或缺的组成部分，它是对报表中列示项目的文字描述或明细资料，以及对未能在报表中列示项目的文字说明。

从计算机处理数据的原理出发，报表可以看成是由表单元和表格线这两种元素构成的，通用电子报表系统正是基于这种报表构成的概念，实现了制作各种会计报表的功能。它提供了一种通俗易懂的方法，由用户根据自己的需要定义报表种类、格式和编制计算方法，再由计算机根据用户的设计，自动产生表格的全部数字、文字和时间等内容。

3. 报表的主要概念

（1）单元（或表元）。表体纵向行与横向列交叉的格称为报表的一个单元（或表元），表元是报表的最小信息单位，用于分隔表元的线称为表格线或边框线，表元用于填制数据。

表元的名称是由该单元所在列号和行号来标识的。目前流行的报表处理系统都采用与通用电子报表处理系统（如 Excel）类似的结构，行号用数字 1、2、3、…等数字来表示，列号用 A、B、C、…等字符来表示，如表中第 3 行第 2 列的单元名称是 B3。

（2）组合单元。组合单元是由相邻两个或多个单元组成的单元。可以是同一行的几个相邻单元，也可以是同一列的几个相邻单元，还可以把一个多行多列的平面区域设置为一个组合单元。

组合单元的名称可以用组合单元中的单元名称或区域的名称来表示。例如，把 B2 到 B3 定义为一个组合单元，这个组合单元的名称可以用 B2、B3 或 B2:B3 来表示。

（3）单元类型。单元的内容可以是数值、字符和公式。

数值单元的内容可以直接由键盘输入，也可以由单元的公式运算生成。建立一个新表时，单元类型的默认是数值型。对于数值单元，可以定义数字的格式，如小数点位数、分隔逗号、百分号、货币符号等。

字符单元的内容可以是汉字、字符、数字及各种可输入的键盘符号。

公式单元的内容是各种计算公式。公式是指各表单元中的各种取数公式或计算公式，用于给单元填制数据，其单元的值是随着时间的变化而变化的。

（4）区域。区域是由表页中的一组单元组成的，自起点单元到终点单元为对角组成的一个长方形矩阵，最大区域是整个表页，最小区域是一个单元。区域用“起点单元:终点单元”来表示，例如，A3:C10 表示起点单元 A3 到终点单元 C10 为对角组成的一个长方形区域。

（5）二维表和三维表。一张报表是由若干行和若干列组成的，这种表称为“二维表”，在二维表中的一个数据的位置是由列号、行号两个要素来确定的。如果将多个相同的二维表叠在一起，这一叠表称为“三维表”。在三维表中的一个数据的位置是由列号、行号和表页号三个要素来确定的。

（6）关键字。关键字是一组特殊的数据单元，在对三维电子表进行操作时，通过关键字能够对表页进行定位，起到辨识作用。如用友公司的 UFO 报表软件，提供了 6 种关键字，包括单位编号、单位名称、年份、季度、月份、日期等。通过关键字，可以在表结构相同的一系列报表中，迅速、准确地查询到需要的表页和表单元。报表关键字通常都在报表的表头部分，通过计算机的取值函数可以对报表关键字进行设置。

（7）表元的格式。表元的格式是指表元中数据的显示格式，如左对齐、右对齐、居中等。

3.1.3　报表的数据来源

在手工操作的条件下，一张报表中的数据是依靠财会人员从各种账簿和其他报表中获取的，经过计算和处理后用手工填入报表中。还有一部分数据是根据本表的基本数据，经过计算（如小计、总计）后，将结果填入报表。当报表中的一个数据出错时，整张报表都需要重新计算，然后重新填写，在这种情况下，编制财务报表是一件非常费时、费力的工作，而使用计算机报表处理系统，报表数据的获取和处理都变得十分快捷、方便和准确。

综合分析各种报表的内容，我们可以发现，报表中的数据来源有以下几种途径。

1．手工直接输入

对于一小部分最基本的、最原始的数据是由手工直接输入的（有的在报表格式定义时已经输入）。

2．从账簿中取数

如取某科目的期初余额、期末余额，本期发生额等，通过建立从账簿的取数公式，自动从账务处理系统中采集数据。

3．根据本表取数

例如，表内的小计、合计等数据，是通过建立本单元的计算公式，对本表中其他单元进行计算获取的。

4．从其他表取数

对于需要从其他表中提取数据，可通过建立表与表之间的连接公式来获取。

5．从其他系统中取数

对于需要从其他子系统（如工资管理系统、销售管理系统、固定资产管理系统）中提取数据，可通过建立不同系统报表文件之间的连接公式来获取。

6．从下属基层单位的报表取数

通过以上的分析可知，报表处理系统中的报表单元数据，主要来源于所建立的各种计算公式，在进行报表的编制时，计算机根据所设置的计算公式自动产生出该单元的数据，而计算公式是根据会计学原理中有关报表的编制方法来设计的。下面以工业企业的资产负债表为例来说明该表数据的来源。

资产负债表的结构如附录中的资产负债表所示。该表除标题和表头外，表体一共有8列。其中第1列（资产）、2列（行次）、5列（负债及所有者权益）、6列（行次）的内容是属于表体中固定数据，是由人工输入的。其他各列（栏）的数据内容是由计算公式确定的。资产负债表的计算公式包括从账簿中取数和从本表取数两类。

资产负债表的“年初数”和“期末数”栏内各项数字，应根据相关科目的年初余额和本月（或本年）期末余额数进行填列，“年初数”也可以通过上年末资产负债表的“期末数”结转而来。

有关资产负债表中各单元的数据来源举例说明如下。

（1）根据总账科目余额填列。如“交易性金融资产”、“短期借款”、“应付票据”、“应付职工薪酬”等项目，可以直接根据这些项目的总账余额直接引用。有些项目则需要根据几个总账科目的余额计算填列，如“货币资金”，根据“库存现金”、“银行存款”、“其他货币资金”三个总账科目的合计数填列。

（2）根据明细账科目余额计算填列。如“应收账款”，需要根据“应收账款”科目所属的相关明细科目的借方余额和“预收账款”科目所属明细科目的借方余额计算填列。

“预付账款”，应根据“预付账款”科目所属明细科目借方余额和“应付账款”所属各明细科目的借方余额加总填列。

“应付账款”，应根据“应付账款”所属明细科目贷方余额和“预付账款”科目所属明细科目贷方余额加总填列。

“预收账款”，应根据“预收账款”科目所属明细科目贷方余额和应收账款科目所属明细科目贷方余额加总填列。

（3）根据总账科目和明细账科目余额分析计算填列。如“长期借款”项目，需要根据“长期借款”总账科目余额扣除“长期借款”科目所属的明细科目中，在一年内到期且企业无权将还款延期的长期借款金额计算填列。将一年内到期的长期借款填入流动负债栏目“一年内到期的非流动负债”项目中。

“长期待摊费用”，应根据该总账科目余额减去将于一年内摊销的金额后计算填列，一年内将摊销完成的金额应填入到“一年内到期的非流动资产”项目中。

（4）根据有关科目余额减去其备抵科目余额后的金额填列。如“应收票据”、“应收账款”、“长期股权投资”、“在建工程”等项目，应根据这些项目的期末余额减去“坏账准备”、“长期股权投资减值准备”、“在建工程减值准备”等科目余额后的净额填列。“固定资产”项目，应当根据“固定资产”科目的期末余额减去“累计折旧”、“固定资产减值准备”备抵科目余额后的净额填列；“无形资产”项目，应根据“无形资产”科目的期末余额，减去“累计摊销”、“无形资产减值准备”备抵科目余额后的净额填列。

（5）综合运用上述填列方法分析填列。如“存货”项目，根据企业所属的行业不同、成本核算方式不同，需要分别采用不同的会计科目进行汇总。以工业企业为例，如果采用计划成本核算，需要根据“原材料”、“委托加工物资”、“周转材料”、“材料采购”、“在途物资”“发出商品”、“材料成本差异”等总账科目期末余额的分析汇总数，再减去“存货跌价准备”科目余额后的净额填列（材料成本差异的余额若为贷方应减去，若为借方余额应加上）。

各种会计报表数据的取值方法和具体规定，详见财政部会计资格评价中心最新出版的《会计实务》培训教材。

3.2 报表的设计与编制

应用计算机进行会计报表处理，可以摆脱手工编制报表时的繁重数据处理操作，大大提高了工作效率，也提高了会计报表的质量。同时，还可以利用计算机电子报表系统进行会计信息分析，为会计报表的用户提供丰富的经济信息。目前国内流行的财务软件都包含有报表处理系统，都能够完成各种会计报表的编制和使用。尽管各软件公司提供的会计报表处理系统不尽相同，但它们的基本功能、基本处理方法是相似的。

在计算机中进行会计报表设计与编制的基本工作流程如图 3-1 所示。

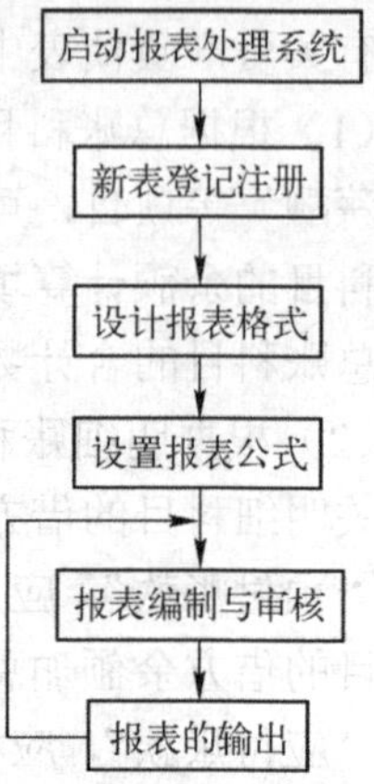

图 3-1　会计报表基本工作流程

3.2.1　会计报表的登记注册

要制作一张报表，首先要在报表处理系统内进行登记（注册），这是使用报表处理系统的第一步。系统将登记新表的名称，如“资产负债表”，表名通常与报表标题一致。

报表的名称作为该表的唯一外部标识，供用户在以后的各种处理时调用。新表登记后，有的系统会直接赋予该表一个编号，作为该表的唯一内部标识，用于系统内部处理时的报表识别。一般报表处理系统都提供很多行业的报表标准模板，供用户建立新表时选用，用户可以在标准模板的基础上进行修改，这样可以节省报表格式设计的工作量。

3.2.2　会计报表的格式设计

对已经登记的新报表要进行报表结构/格式的设计，设计内容包括表头、报表的尺寸大小、表体的固定栏目的内容、设置单元属性（类型）、单元格式、表尾的内容和表格线等。

目前流行的报表处理系统界面与通用电子报表处理系统（如 Excel）类似，具有“所见即所得”的特性，使得操作非常简便。在屏幕显示的网格上可以直接填充文字、设置格式，当报表的单元行、列及文字的字体、字号不合适时，都可以在屏幕上直接修改，所以很快就能完成一张报表的格式设计工作。格式设计完成后存盘，保存报表格式的文件称为报表格式文件。

当报表格式文件设计完成之后，可以将其以某种报表模板的形式保存，使用中可以反复调用，相当于在计算机中准备了空白表格，以备报表编制时调用。

3.2.3　会计报表的公式设置

公式是报表编制和报表审核中一种数学表示方法。虽然报表中的数据在不同时间并不相同，但同一报表中各个单元填列数据的来源渠道一般是不变的，因此，可以通过设置报表公式，自动取得所需要的数据。

通用报表软件中的公式分为运算公式和审核公式。计算公式供报表编制时进行计算使用，审核公式在审核报表时使用。一般而言，每个报表的公式只需在定义报表时输入一次，以后编制和审核报表时可反复使用。

运算公式需要确定会计数据来源、该数据的借贷时期与借贷方向。数据来源如前所述，借贷时期和借贷方向包括：期初（末）借方余额；期初（末）贷方余额；借方本期发生额；贷方本期发生额；借方累计发生额、贷方累计发生额等。借贷所属时期一般采用汉字字首汉语拼音简写。比如“期初”用 QC，“期末”用 QM，“发生”用 FS，“累计发生”用 LFS 等表示。

运算公式的一般表达式为“表单元地址=函数名（参数 1，参数 2，…，参数 n）”。其中，函数名是由字符组成的字符串，函数名后紧跟由圆括号括起来的参数，每一函数参数都有固定的意义，参数间用“,”隔开。各财务软件的报表函数格式不尽相同。以用友 UFO 报表为例，资产负债表中“交易性金融资产”的年初数，在 C7 单元，其函数表达式为：

C7=QC（“1101”，全年，“借”，001,,,,）

上式表示 C7 单元的数据取自于账套号为 001，科目代码为 1101，即交易性金融资产的年初借方数。

公式可以直接在单元格中输入，也可以按照系统提供的引导输入功能逐项输入。系统自动对公式进行语法检查。计算公式必须以英文输入状态，用“=”开头。

公式可以由操作符（加＋、减－、乘*、除/、乘方^）和操作数组成算术表达式，其中操作数可以是常数、单元、单元块、各种取数操作函数及由括号括起来的子表达式。例如，C6=QC（“1001”，全年，“借”，001,,,,）+QC（“1002”，全年，“借”，001,,,,）＋QC（“1012”，全年，“借”，001,,,,）。

上式表示 C6 单元的货币资金数据取自于 001 账套中的库存现金、银行存款和其他货币资金的全年期初借方余额的合计数。

常数是定义公式时直接输入的数值，可以是整数或小数、正数或负数。公式中带正负号的数一般要用括号括起来。

审核报表时，可以根据表元的审核公式验证报表编制的正确性。假定资产负债表中单元 D40 是资产合计的期末数，单元 H40 是负债及所有者权益合计的期末数，则可在单元 H40 中输入审核公式=D40。审核时，计算机自动检验此公式是否成立。

审核公式必须以“=”、“>=”、“<”、“<=”、“<>”等符号开头。

3.2.4 会计报表的汇总与合并

本节仅介绍报表汇总和合并的一般概念，有关各公司软件的操作使用方法需要参考系统提供的“帮助”功能和公司提供的软件产品操作使用说明书。

会计报表的汇总主要有汇总报表和合并报表。汇总报表指将同结构的表相加得到一张新的报表，这张新表就是汇总报表。这些同结构的表一般来自总公司下属的各分公司，也可能来自同一个公司的不同时期（月份），如年度汇总表、汇总费用表、汇总利润表等。合并报表是将子公司的报表与总公司的报表进行累加，并剔除一些非累加项而得到的报表，这种报表能真实地反映一个总公司及其下属的子公司总的财务状况和经营成果，如合并资产负债表。

1. 汇总前的准备

进行报表汇总的第一步是建立下级汇总单位的代码和名称。单位代码是区别下级单位的唯一标识，与下级单位使用的核算单位代码无关。其次，定义需要汇总报表的结构，为防止结构下发后，下级单位对结构进行改动而影响汇总，可以使用“报表选项”的锁定功能。

通常，报表存放在报表系统路径中的某个子目录中，这个子目录与某个账务系统的核算单位相对应，可以认为这个目录中的所有报表属于其相对应的核算单位，因为报表从这个对应的核算单位获取财务数据。当不需要从账务系统取数时，报表也可以脱离账务系统账套单独使用，这样的报表可以存放在一个汇总账套中。

汇总账套用于分单位存放的报表，这些报表不需要从账务系统取数，或不需要重新编制，其作用相当于文件夹。使用汇总账套比在账务系统中建立各单位的对应账套要节省时间和硬盘空间。

汇总表是多表操作，对汇总报表和汇总源表有一定的要求，使用时应注意以下几点。

（1）汇总报表与汇总源表结构、式样一致。

（2）参加汇总的报表中，只有内容是计算公式（即以“=”打头）的单元参加运算，不是以等号打头的单元即使其内容是数值也不参加运算。公式是日期函数的单元不参加运算。因此，参加运算的常数单元也应该以等号打头。

（3）多个单位的报表汇总时，一般由上级单位定义汇总源、报表结构，然后将结构分发给各下级单位。下级单位从账簿取数一般不需要修改报表，只需定期编制和报送数据即可。

（4）汇总公式中的报表结构必须一致，此处的结构仅指表元的内容和位置关系，不包括固定项内容、字体、边框等外观特性。

报表的下发、上报可以使用软盘或者远程通信进行传递。使用软盘下发报表，需要指定下发到单位的代码，该单位上报时使用此代码作为唯一标识，如果出现错误，下级单位可以修改自己的上报单位代码。

2. 报表汇总

登记需要的汇总表，可以使用编制功能进行汇总。可以使用报表定义功能，对汇总表进行汇总公式修改，对修改的公式可以马上使用试编进行汇总计算，计算结果可以存盘。通过定义汇总表，可以同时查询汇总数据和各单位的上报数据，可以通过汇总数据查询它的来源数据，通过来源数据查到来源报表，可以对各单位或日期的报表进行不同形式的合并操作。

汇总表的定义与普通表有些不同，汇总表可以修改格式和文字，但汇总表修改公式只能使用【修改汇总公式】按钮。汇总表窗口的水平滚动条右边显示【汇总公式】按钮、【合并】按钮、【汇总数和汇总源切换】按钮、【查看来源】按钮、【选择单位】按钮和【选择日期】按钮。这些按钮表现出汇总表比普通表更多的功能。可以对不同单位和日期的报表进行各种汇总，同时可以追踪查询各单位和日期的报表数据。

3. 报表合并

基于报表汇总的报表合并，可以将各单位的上报报表合并成按单位分列的一张大表，合并表作为普通报表可以进行各种修改、计算和分析。

报表汇总将各单位数据叠加，但要同时对比查看各单位数据则比较困难。而报表合并功能将不同单位和日期的报表中选取的数据合并到一张新表中，解决了这个问题。合并表的数据来源于参加汇总的各单位报表。

3.2.5 会计报表的输出

在计算机会计信息系统中，会计报表的输出主要有屏幕输出、打印输出、软盘（移动U盘）输出等方式。由于输出的方式、环节较手工会计复杂，为了节约输出费用，保护数据安全，提高会计信息的使用质量，必须对各环节的输出加以合理控制。

1. 查询报表

使用查询功能，可以查看各月编制的报表。此外，查询还包含了更为广泛的输出功能，可以打印报表，可以复制查询报表中的数据到其他报表或其他应用软件中等。为了方便打印输出，系统提供了成批打印的功能，用于同时打印多个报表。查询报表时不用关闭其他工作表窗口，因此，在定义多个报表的同时，还可同时查看多个报表，同时查看报表的个数仅受内存容量限制。

2．打印报表

报表显示出来后，可用“报表定义”主菜单中的“打印设置”→“模拟显示”→“打印”命令，来完成与打印有关的功能，可有以下两种情况。

（1）直接打印报表。此时只需选择“打印”命令即可。报表按原来定义的打印设置打印报表。

（2）用户需要改变打印设置后再打印。当用户想放大或缩小原有报表，或者只打印报表的部分内容等，就需要改变打印设置。选取“打印设置”命令，修改打印设置，选择“模拟显示”命令预览打印效果，满意后再选择“打印”命令。

注意：此处的打印设置修改后不能存盘，只对当时打印有效。

3．将报表中数据传递到其他软件

查询的报表作为系统的一个工作表窗口，当然可以复制数据到其他工作表中，操作方法与定义工作表之间复制数据的步骤相同。此外，还可以复制数据到其他 Windows 应用软件，比如电子数据表格软件（Excel、Lotus 等）、字处理（Word、Word Perfect 等）及文本编辑软件。例如，要把某月的报表放到 Word 文档中，就要使用上述功能。

4．打印报表目录和公式

用户有时需要打印制作报表的目录，或者打印报表公式进行查看。选择“打印报表目录”命令，进行当前核算单位报表目录的打印。输出的表头是当前核算单位的代码和名称，目录包括报表的代码、名称、制作者和报表附录。

选择“打印公式”命令，选择需要打印的报表进行打印。同时，可以选择公式打印输出报表的代码和名称、每个报表的计算公式总数、审核公式总数、输出公式所在单元代码和公式的内容等。

注意：打印报表目录和公式适合使用 A4 纸或窄行打印纸。

3.3 财务报表分析

3.3.1 财务报表分析概述

财务报表分析是财务管理的重要组成部分，是利用已有的财务数据，对企业过去的财务状况、经营成果及未来前景的一种评价。电子报表处理系统中的财务报表分析模块，运用了各种专业的分析方法，对财务数据做进一步的加工、整理、分析和研究，从中取得有用的信息，从而为决策提供正确的依据。

1．财务报表分析的主要内容

一般财务报表分析主要解决如下的问题。

（1）偿债能力分析。偿债能力可分为短期偿债能力和长期偿债能力。短期偿债能力是指企业用流动资产保证流动负债及时偿还的可靠程度，具体分析指标有流动比率、速动比率。

长期偿债能力是指企业保证未来（通常是指一年以上）到期债务及时偿还的可靠程度，具体分析指标有资产负债率等。

（2）营运能力分析。营运能力是指企业运用资金进行经营活动的能力，具体分析指标有存货周转率、应收账款周转率、总资产周转率等。

（3）盈利能力分析。盈利能力是指企业获得利润的能力，具体分析指标有销售净利率、资本金利润率、资产净利率等。

（4）成长能力分析。成长能力是指企业逐年在销售、获利和资产的增长程度，具体分析指标有销售成长率等。

（5）财务发展趋势分析。财务发展趋势是指对企业未来财务状况和经营成果的发展趋势进行预测分析，还可以进行资金结构分析、企业预算执行情况分析等内容。

目前，用友、金蝶等财务软件都提供财务分析功能，而且随着软件版本的提高，财务分析的功能不断得到充实。用友 U861 版本已经将财务分析进一步拓展，形成独立的管理会计模块，突破了财务软件局限于账务核算、报表编制、工资核算的事后核算，向项目管理、预算管理、资金管理、成本控制等事前预算和事中控制发展。用友 U8V10.1 版本，更通过新设立的“专家财务评估”模块，建立了报表分析、指标分析、对比分析、绩效评价、自动化分析报告生成等工具，为企事业单位基于财务数据的管理决策提供了新的集成功能。

2. 财务报表分析的基础数据

报表分析所依据的会计数据包括日常的会计核算资料和会计报表。主要的会计报表是资产负债表、利润表、现金流量表、所有者权益变动表和其他企业内部的财务报表。

3. 财务报表分析的基本步骤

（1）确定分析目的和任务。
（2）选择分析内容和指标。
（3）收集和输入有关的数据。
（4）上机进行数据处理。
（5）撰写分析报告，做出分析结论。

4. 财务报表分析方法

财务报表分析方法是完成分析任务的手段。对应于复杂多样的分析任务，就必须有多种多样的报表分析方法。从分析的概念上，财务分析包括全面分析与重点分析；综合分析与单项分析；定性分析与定量分析；事前分析、事中分析和事后分析等。目前流行的财务分析软件，提供的具体方法有指标分析、对比分析、结构分析、比率分析、绝对数分析、定基分析、环比分析、计划分析，其中比率分析是应用最为广泛的一种方法。

3.3.2 财务报表分析软件介绍

本节仍以用友公司 U8.52 财务报表分析系统为例，简要介绍财务报表分析的内容，具体操作使用方法可参考系统提供的“帮助”功能和软件公司的产品使用说明书。用友 U8V10.1 版本的专家财务评估模块已经兼容了 U8 系列的各种财务分析功能，可通过逐个打开相关功能，查看并学习该演示版的各种功能更为详细的财务数据分析结果。

1. 系统简介

财务分析 U8.52 版为运行在 Windows XP 平台上的应用软件。它必须与用友账务处理系统 U8.52 或以上版本同时运行。

（1）系统的主要功能。

① 提供多种分析方法，包括对比分析、结构分析、绝对数分析、定基分析、环比分析、趋势分析等。

② 提供各类企业和行政事业单位的报表分析。

③ 提供预算自动编制，预算与实际比较分析等全面预算管理，其中，既可按部门、分项目对每个科目进行精细预算分析，又可以按整个部门或整个项目做整体的初步预算分析。

④ 提供多项分析内容，包括因素分析、基本财务指标分析、产品毛利率分析、项目毛利率分析、现金收支分析、现金收支增减分析、现金收支结构分析等。

⑤ 提供多种图形分析，直观、明了、易于理解。

⑥ 对生成的分析表均提供另存为报表文件、文本文件、dBase 文件、Access 文件、Excel 文件或 Lotus123 文件的功能，以便进一步处理。

⑦ 提供添加文字说明区域，能自如地、随心所欲地添加对分析表的说明。

（2）新用户进行财务分析的操作流程。

① 安装财务分析。

② 进入财务分析。

③ 选择账套。

④ 系统初始。是运用财务分析进行工作的基础，需要首先完成。

⑤ 根据用户需要选择使用指标分析、报表分析、预算管理、现金收支、因素分析、重选账套等财务分析内容。

第二年使用财务分析时，系统初始部分只需要对各项预算数进行重新编制，其他初始内容基本不需要重新进行。

升级使用本系统的操作流程与新用户操作流程相同。

2. 财务分析初始化

初次使用财务分析系统时，应对一些基本财务分析内容进行定义和修改，称为系统初始。系统已预置了进行分析需要的一部分内容。

（1）预置了一些基本项目和其科目编码，用于产品毛利率和现金收支分析中，可以重新定义和修改科目编码。

（2）预置了资产负债表、利润表、收入支出表（行政事业）及其对应的编码，用于报表分析和因素分析。

（3）预置了财政部公布的评价单位经济效益的指标体系，共 24 个，可以在其中选择适合本行业的指标进行分析。

3. 指标分析

指标分析是指同一期财务报表上的相关项目互相比较，求出它们之间的比率，以说明财务报表上所列项目与项目之间的关系，从而揭示企业的财务状况，这是财务分析的核心。

指标分析可以分为六类比率，即变现能力比率、资产管理比率、负债比率、盈利能力比率、事业单位指标、股份制企业指标。本系统提供财政部公布的评价经济效益的指标体系，共 24 个指标分析，如表 3-4 所示。进行指标分析时，可以选择分析部分指标或全部指标，指标的选择在指标初始中进行。

表 3-4 财务指标初始表

比率名称	比率类型	单位	公式
流动比率	变现能力比率		流动资产/流动负债
速动比率			（流动资产－存货）/流动负债
存货周转率	资产管理比率	次	销货成本/平均存货
存货周转天数		天	按年 360/按季 90/按月 30/存货周转率
应收账款周转率		次	销售收入/平均应收账款
应收账款周转天数		天	按年 360/按季 90/按月 30/应收账款周转率
营业周期		天	存货周转天数/应收账款周转天数
流动资产周转率		次	销售收入/平均流动资产
总资产周转率		次	销售收入/平均资产总额
资产负债率	负债比率		（负债总额/资产总额）×100%
产权比率			（负债总额/所有者权益总额）×100%
销售净利率	营利能力比率		（净利润/销售收入）×100%
销售毛利率			[（销售收入－销售成本）/销售收入]×100%
资产净利率			（净利润/平均资产总额）×100%
净值报酬率			（净利润/平均所有者权益）×100%
资本金利润率			利润总额/资本金总额
经费自给率	事业单位指标		（事业收入＋经营收入＋附属单位上缴收入＋其他收入）/（事业支出＋经营支出）×100%
资产负债率			（负债总额/资产总额）×100%
每股收益	股份制企业指标	元	净利/普通股平均股数
市盈率			每股市价/每股盈余
每股账面价值		元	（股东权益总额－优先股权益）/普通股股数
产权比率			负债总额/股东权益
净值报酬率			（净利润/股东权益）×100%
每股净资产		元	股东权益/普通股平均股数

利用指标分析，可以生成以下分析表。

（1）基本财务指标一览表。

（2）商品（产品）销售毛利率分析表。

（3）项目毛利率分析表。

4．报表分析

报表分析是财务分析的重点。系统提供了 7 个分析表和 5 种常用的报表分析方法，如

表 3-5 所示。

表 3-5　提供的分析报表及分析方法

报 表 名 称	绝对数分析	定基分析	环比分析	对比分析	结构分析
资产负债表	√	√	√	√	√
损益表（企业）	√	√	√	√	√
收入支出表（行政事业）	√	√	√	√	√
收入分析表				√	√
成本费用分析表（企业）				√	√
支出分析表（行政事业）				√	√
调用报表					

报表分析方法说明如下。

（1）绝对数分析。绝对数分析是将不同时期、相同项目的绝对金额排列成行，以观察其绝对额的变化趋势。

（2）定基分析。定基分析是以分析期间第一期的报表数据作为基数，其他各期与之对比，计算百分比，以观察各期相对于基数的变化趋势。

（3）环比分析。环比分析是以某一期的数据和上期的数据进行比较，计算趋势百分比，以观察每期的增减变化情况。例如，选定 1～4 月为分析日期，则 2 月与 1 月比较，3 月与 2 月比较，4 月与 3 月比较。

（4）对比分析。在日常财务分析中，经常需要把两个任意日期实际执行数进行对比。

（5）结构分析。结构分析用于考核各部门在总体中所占的比重，或各费用在总体费用中所占比重。例如，“资产负债表”的“货币资金”占“总资产”的比重，“办公费”占“管理费用”的比重等。

5．现金收支分析

现金收支分析反映引起现金变化的会计科目，即现金的流入、流出渠道的增减变化状况。通过该项分析可以随时了解现金净收支状况。这里的现金是广义现金，即在“系统初始”的“基本项目”中定义的现金类科目，可以包括库存现金、银行存款、其他货币资金等一级借方科目，可以根据实际情况决定。财务分析系统提供了三种现金收支分析表。

（1）现金收支表。某一时间区间内，现金流入、流出科目的情况。

（2）现金收支增减表。某两个时间区间内，现金流入、流出科目的对比。

（3）现金收支结构表。某两个时间区间内，现金流入、流出科目的结构对比。

6．因素分析

财务管理中的因素分析是指针对企业整体经营状况、财务状况、组成结构的所有因素分析，如利润总额、总资产额、总负债额、现金净流量、科目结构、部门结构等的分析。

利用因素分析，可以自动生成各个相关科目的综合数据，从而使企业管理人员掌握本企业的整体情况。

财务分析中提供了三类因素分析。

（1）因素趋势分析。因素趋势分析提供一些常用的会计因素，如利润总额、总资产、总负债、现金净流量及总账科目的本年各月的趋势分析，并按分析期间计算平均数。

（2）科目结构分析。科目结构分析即在企业科目结构中选定任一非末级科目为总体，以该科目下一级为部分，计算百分比，进行科目结构分析，分析科目为账务系统的所有非末级科目。

（3）部门结构分析。部门结构分析用于分析各部门下各科目的比重及各科目下各部门的比重。

利用因素分析，可以生成以下分析表。

（1）因素趋势分析表。

（2）科目结构分析表。

（3）部门收入分析表。

（4）部门支出分析表。

7．分析表的数据输出

在财务分析中生成的分析表，可以保存为其他文件格式的文件，以便于在其他应用程序中对它进行处理。

操作步骤是，单击工具栏中的“数据输出”图标，弹出“输出到”对话框，利用此对话框可以把生成的分析表另存为报表文件、文本文件、dBase 数据库文件、Access 文件、Excel 4.0 版的文件或 Lotus 123 4.0 版的文件。

进行各类分析生成分析表之后，在工具栏中将出现与分析表对应的作图图标，单击该图标即可制作图形。

复习思考题 3

3.1 试述会计报表的作用。

3.2 一般会计报表的结构是由哪三部分组成的？

3.3 什么是报表的一个单元（或表元）？如何表示一个单元的名称？

3.4 在会计信息系统中报表的单元数据有哪些类型？

3.5 综合分析财务报表的数据，这些数据的来源有哪些途径？

3.6 在报表处理系统中如何设计和编辑会计报表？

3.7 什么是汇总报表和合并报表？

3.8 一般财务报表分析主要解决哪些问题？

3.9 报表分析的方法有哪些？各自的含义和内容是什么？

第 4 章　其他核算管理系统

经过二十多年发展，会计信息系统已经融合了会计、管理和信息技术等多学科的知识，对应了企业管理、物流管理、信息管理、人力资源管理等多方面专业内容。除了起核心作用的总账、报表两大系统之外，仅财务管理方面，已拓展到管理会计的成本管理、资金管理、项目管理和预算管理，在会计核算方面，可以细化到网上报销、网上银行、出纳管理、固定资产管理、存货核算、应付管理、应收管理等专项模块。由于固定资产管理和工资管理具体内容、操作方法变化不大，本章仍借助用友 ERP-U8.52 软件，介绍工资管理系统（U8V10.1 称为“薪资管理”）和固定资产管理系统。另外，为适应企业办公自动化和网上报销、网上银行的快速发展，新增了财务会计的“网上报销”模块，并予以简要介绍。在深入学习账务处理系统和报表处理系统的基础上，通过本章学习，可以对会计信息系统有比较全面的了解。如有需要，也可通过 U8V10 版本的演示系统及其“帮助”模块对其他核算功能进行拓展性学习。

4.1　工资管理系统

4.1.1　工资管理系统的特点和意义

工资核算是每个单位的财会部门最基本的业务之一，同时它又是一项经常性的工作，它关系到每个职工的切身利益，政策性要求严格。工资核算时限性很强，若企业的职工很多，它将是一项非常繁重的工作。在手工方式下，会计人员需要投入大量的精力和时间，但仍然很难避免错误的出现。

工资核算的方法比较简单、固定，每个月进行工资计算的程序基本不变，这为工资核算的电算化提供了可能性。采用工资核算的电算化后，无论从精度上、速度上还是灵活性上，都是手工方式所不能比拟的，它可大大减轻财务人员的工作强度，提高工作效率。因此，工资核算电算化具有非常重要的意义。

4.1.2　工资管理系统的初始化

1. 系统的启动与建立工资账套

有关用友 ERP-U8 管理软件工资管理系统的安装，可参考第 8 章 8.2.1 节的内容。

系统的启动可以分成已使用过的账套和新启用的账套两种情况，系统的工作流程，如图 4-1 所示。

完成基本程序安装之后，有两种方法启动工资系统。第一种，在建立了“总账”账套基础上，直接启动用友的“企业门户”，选择“设置”→“基本信息”→“系统启用”命令中的“工资管理”（见图 4-2），装载并启动工资核算与管理子系统；第二种，通过系统控制台进行注册，建立相应账套，再进行工资管理的操作。本操作采用第一种方法。

通过“业务”→“财务会计”→“工资管理”命令，进行初始设置（见图 4-3），包括参

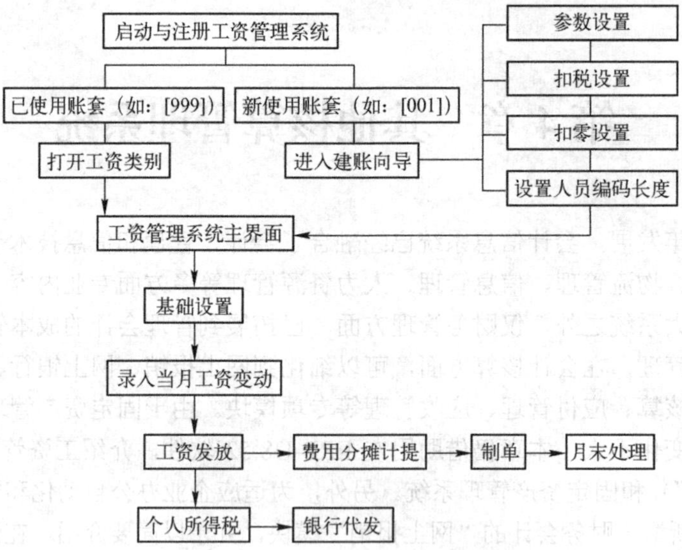

图 4-1

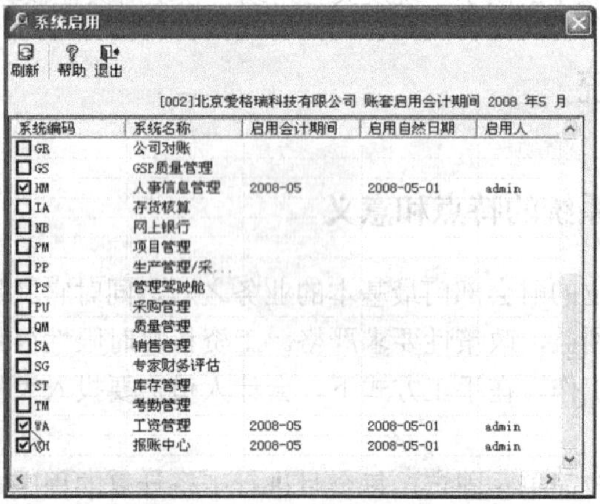

图 4-2

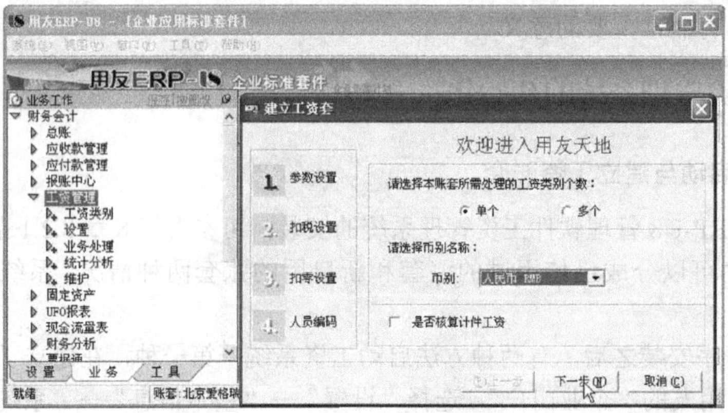

图 4-3

数设置（是否选择多个工资类别、选择币别名称）、扣税设置（是否从工资中代扣个人所得税）、扣零设置（是否将每月工资零头扣下，积累取整，并于下次发工资时补上）、人员编码（定义员工编码的最长位数）。

其中，在工资类别中的多个工资类别，是指一套工资账中根据不同情况而设置的多种工资数据管理类别。比如某企业中可为按周或一月多次发放工资，或者是有多种不同类别的人员（如正式职工、临时职工、退休职工），各类别的工资发放项目不尽相同，计算公式亦不相同，当系统设了多个工资类别，需进行统一工资核算管理，对应同一套账务系统。

在有多个工资类别的系统中，可以进行“工资类别汇总”，即以部门编号、人员编号、人员姓名为标准，将此三项内容相同的人员工资数据做合计。例如，需要统计所有工资类别在本月发放工资的总数，或某些工资类别中的人员工资都由一个银行代发，希望生成一套完整的工资数据传到银行，则可使用此项功能。具体操作是关闭所有打开的工资类别，选择“工具”→“工资类别汇总”命令，即可进入此项功能。

完成工资类别设置后，进入工资管理的基础设置。

2. 基础设置

工资管理的基础设置包括以下内容。

（1）部门设置。此系统的部门档案与总账系统中的部门档案共享，有关部门的设置和输入的信息，在建总账时已经完成，所以工资管理系统可调用以前建立的部门信息（包括部门编码、部门名称等）。

（2）人员类别设置。选择“设置”→“人员类别设置”命令，打开“类别设置”对话框，如图 4-4 所示，可增加新类别或删除不需要的人员类别。

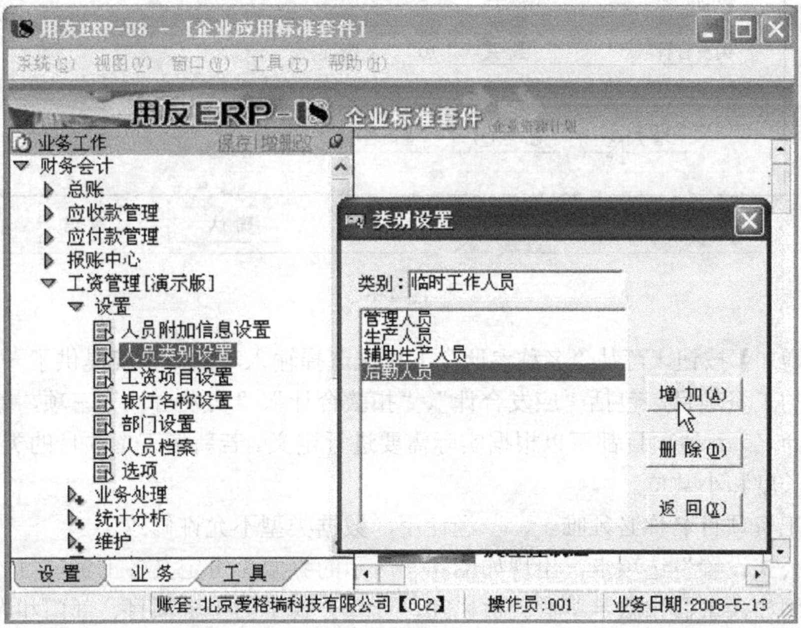

图 4-4

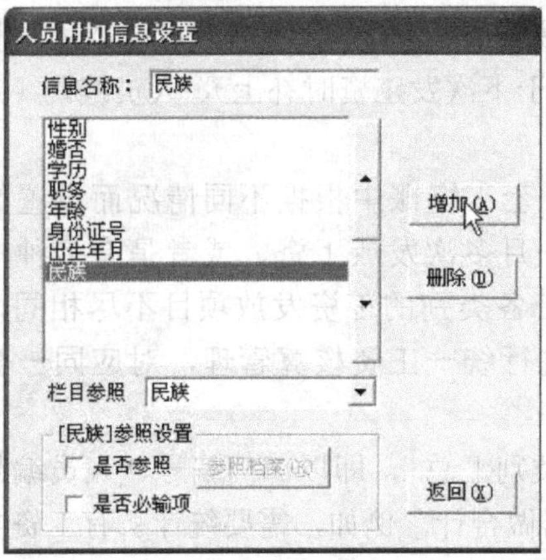

图 4-5

（3）人员附加信息设置。选择“设置”→“人员附加信息设置”命令，打开“人员附加信息设置”对话框，可增加人员的新附加信息（可从“参照”栏中选择系统提供的内容，如性别、职称、职务、民族、学历等）或删除不需要的人员附加信息，如图 4-5 所示。

（4）工资项目设置。在此可以设置工资的项目名称及计算公式。具体的操作如下。

选择“设置”→“工资项目设置”命令，打开“工资项目设置”对话框，如图 4-6 所示，可增加或删除工资项目。

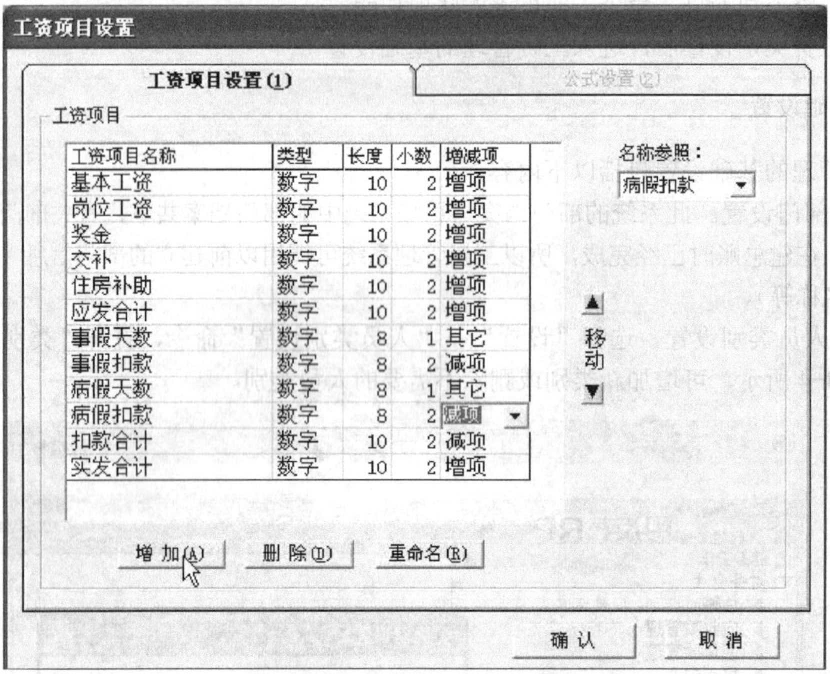

图 4-6

单击【增加】按钮，可从“名称参照”下拉框选择输入项目。系统提供了一些固定项目，是必不可少的工资项目，包括“应发合计”、“扣款合计”、“实发合计”三项，除了这三项不能删除和重命名，其他项目都可以根据实际需要进行定义。若新增工资项目的类型是数字型，则需要输入长度和小数位。

注意：工资项目名称必须唯一，一经使用，数据类型不允许修改。

单击“公式设置”选项卡，出现如图 4-7 所示的界面，可定义各工资项目的计算公式及运算关系。例如，事假扣款＝事假天数×20，计算公式中的工资项目、部门和人员类别必须在系统提供的浏览窗中选取。也可以用函数公式向导输入，公式设置完毕，单击【公式确认】按钮以保存所设置的公式，最后单击【确认】按钮结束。

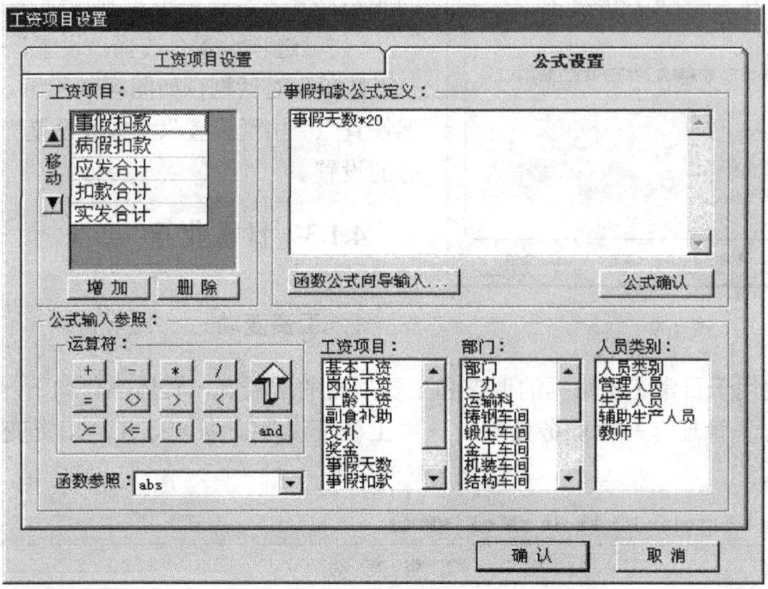

图 4-7

（5）银行名称设置。选择“设置”→“银行名称设置”命令，打开“银行名称设置”对话框，可增加或删除发放工资的银行。

（6）人员档案设置。选择“设置”→“人员档案”命令，打开“人员档案”对话框，单击【增加】按钮，打开“人员档案”对话框，如图 4-8 所示，可录入该人员档案信息。选择“附加信息”选项卡，可录入该人员的附加信息。单击【确认】按钮保存录入信息。按【删除】、【修改】按钮，可删除、修改人员信息。

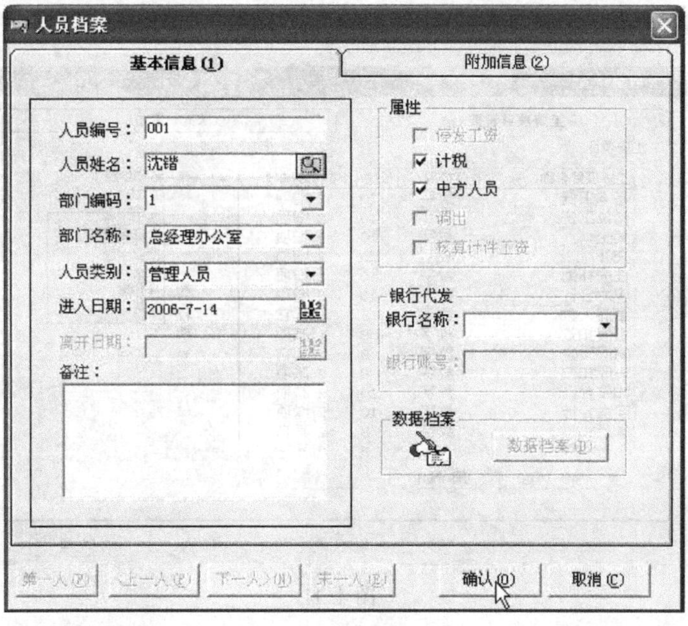

图 4-8

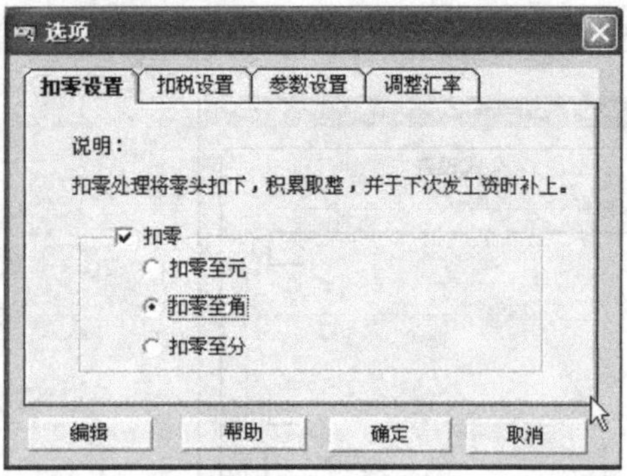

图 4-9

注意：这里的人员档案信息不能与总账系统中的职员档案共享，需要单独设置。

（7）选项设置。选择“设置”→“选项”，打开“选项”对话框，如图 4-9 所示，可以进行“扣零设置”、“扣税设置”、“参数设置”和“调整汇率”等的设置。

4.1.3 日常业务

1. 工资变动

工资变动用于日常工资数据的调整和工资项目的增减等，具体操作如下。

选择“工资管理”→“业务处理”→“工资变动”命令，打开“工资变动”窗口，如图 4-10 所示。

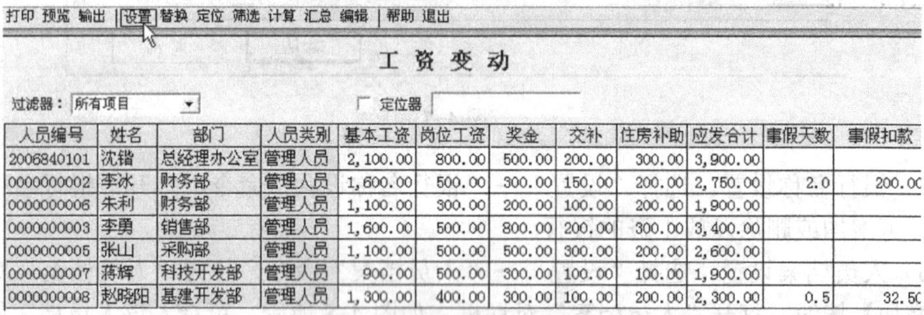

人员编号	姓名	部门	人员类别	基本工资	岗位工资	奖金	交补	住房补助	应发合计	事假天数	事假扣款
2006840101	沈锴	总经理办公室	管理人员	2,100.00	800.00	500.00	200.00	300.00	3,900.00		
0000000002	李冰	财务部	管理人员	1,600.00	500.00	300.00	150.00	200.00	2,750.00	2.0	200.00
0000000006	朱利	财务部	管理人员	1,100.00	300.00	200.00	100.00	200.00	1,900.00		
0000000003	李勇	销售部	管理人员	1,600.00	500.00	800.00	200.00	300.00	3,400.00		
0000000005	张山	采购部	管理人员	1,100.00	500.00	500.00	300.00	200.00	2,600.00		
0000000007	蒋辉	科技开发部	管理人员	900.00	500.00	300.00	100.00	100.00	1,900.00		
0000000008	赵晓阳	基建开发部	管理人员	1,300.00	400.00	300.00	100.00	200.00	2,300.00	0.5	32.50

图 4-10

选择“工资变动”窗口的“设置”命令，在打开的“工资项目设置”对话框中可以重新进行工资项目的设置和公式的设置，如图 4-11 和图 4-12 所示。

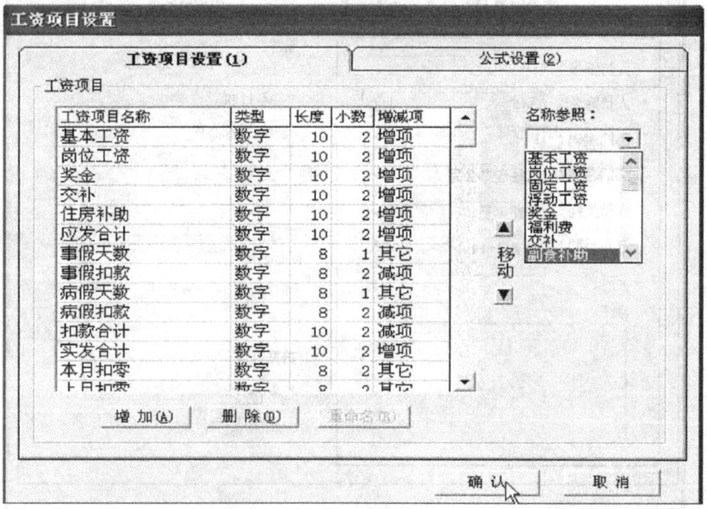

图 4-11

在“工资变动”窗口选择“替换”命令，在打开的“工资项数据替换”对话框中可以有条件地对某些数据进行整体替换，如将人员类别设为“管理人员”，并且部门不等于“科技开发部”的管理人员，将工资项目替换成增加 100 元基本工资，操作过程如图 4-13 所示。

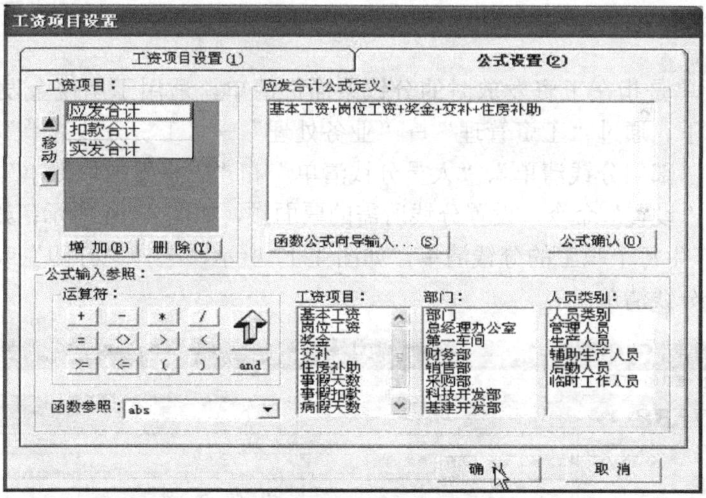

图 4-12

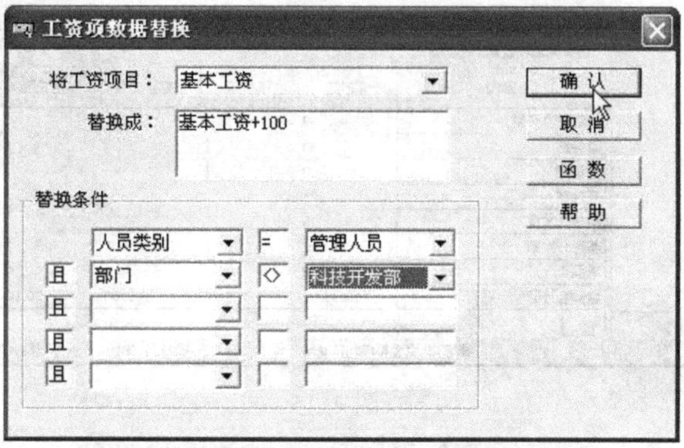

图 4-13

选择“工资变动”窗口的“编辑”命令，在打开的“工资数据录入——页编辑”对话框中可以对每个人员的信息进行编辑，如图 4-14 所示。

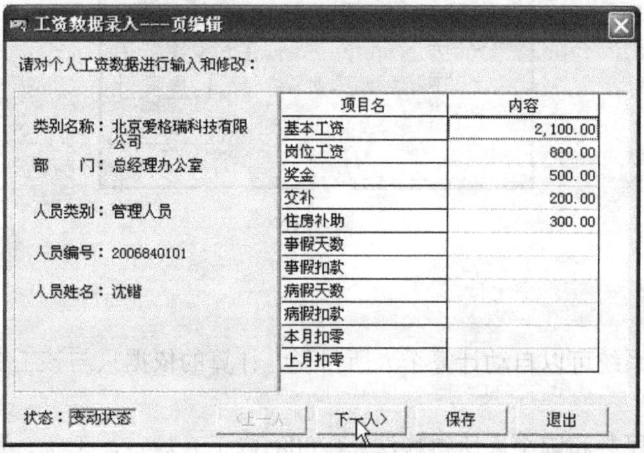

图 4-14

最后选择“工资变动”窗口的“计算”和“汇总”命令，系统将对所变动的数据进行重新计算，然后汇总，以保证数据的正确性。

2. 工资分钱清单

工资分钱清单是指在工资发放时的分钱票面额清单，适用于用现金发放的核算单位使用。具体操作如下。通过“工资管理”→“业务处理”→“工资分钱清单”，打开如图 4-15 所示的界面，有“部门分钱清单”、“人员分钱清单”和“工资发放取款单”三个选项卡，可以选择界面上的“设置”命令，设置分钱所需的票面额，如图 4-16 所示；如果按“人员分钱清单”，能自助产生每个职工的分钱清单，如图 4-17 所示，选择“打印”或“输出”命令，输出全部职工的分钱清单。

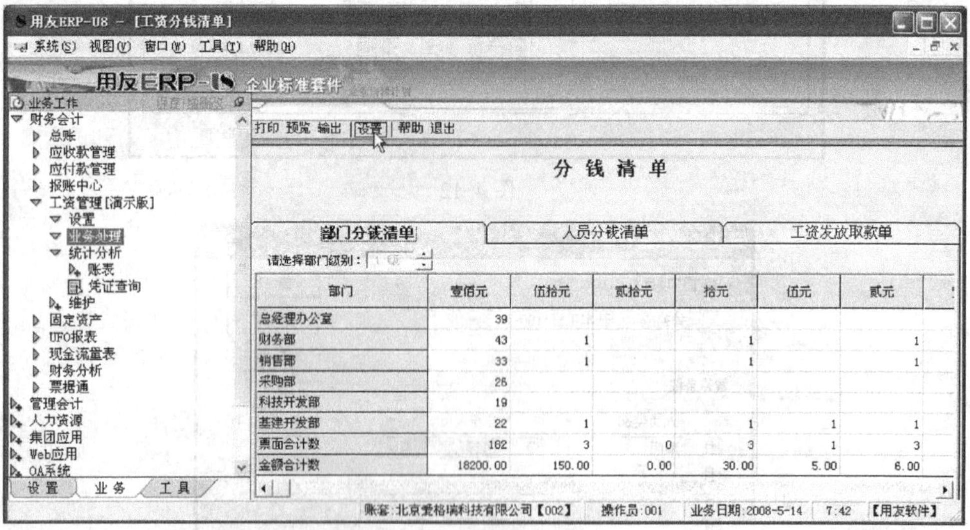

部门	壹佰元	伍拾元	贰拾元	拾元	伍元	贰元
总经理办公室	39					
财务部	43	1		1		1
销售部	33	1		1		1
采购部	26					
科技开发部	19					
基建开发部	22	1		1	1	1
票面合计数	182	3	0	3	1	3
金额合计数	18200.00	150.00	0.00	30.00	5.00	6.00

图 4-15

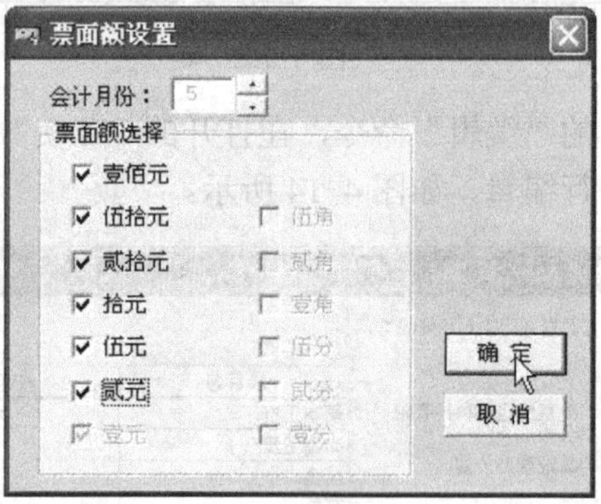

图 4-16

3. 个人所得税

利用此功能，系统可以自动计算个人所得税，计算的依据只与该工资管理系统中的数据有关。

根据《中华人民共和国个人所得税法》（2008 修正）规定，工资、薪金所得，以每月收入额减除费用 2000 元后的余额，为应纳税所得额。

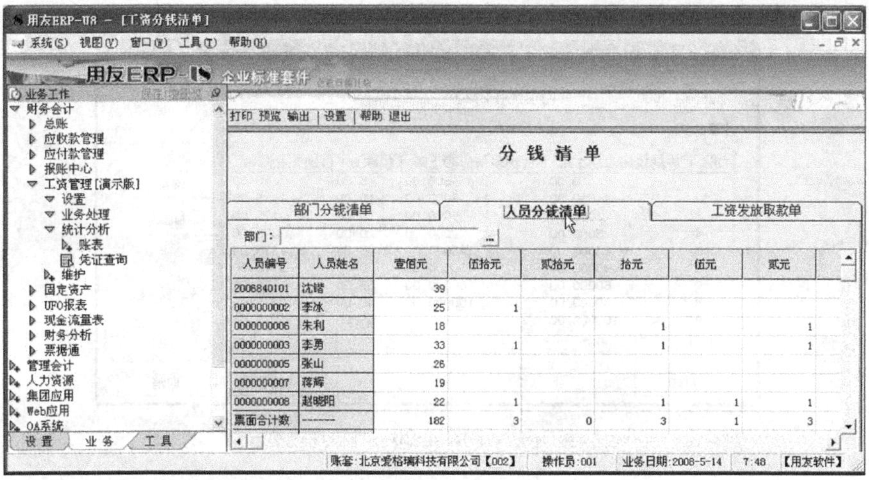

图 4-17

应纳个人所得税税额＝应纳税所得额×适用税率－速算扣除数

应纳税所得额＝取得工资－2000 元

具体操作：通过“工资管理”→“业务处理”→“扣缴所得税”命令，打开“栏目选择”对话框，可对纳税计算申报栏目进行选择，如图 4-18 所示。

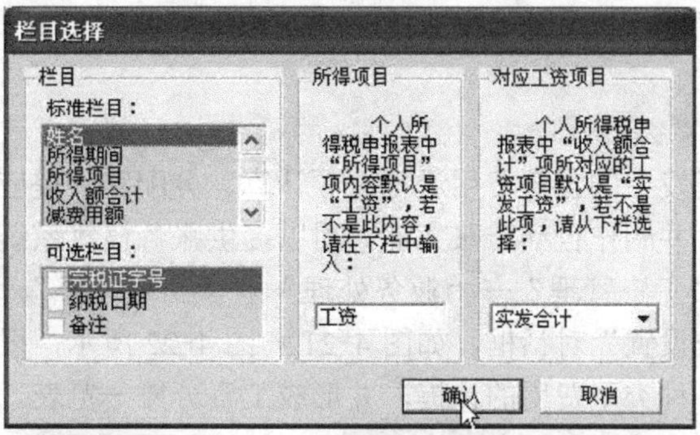

图 4-18

确定并重新计算之后，进入“个人所得税扣缴申报表”窗口，如图 4-19 所示。

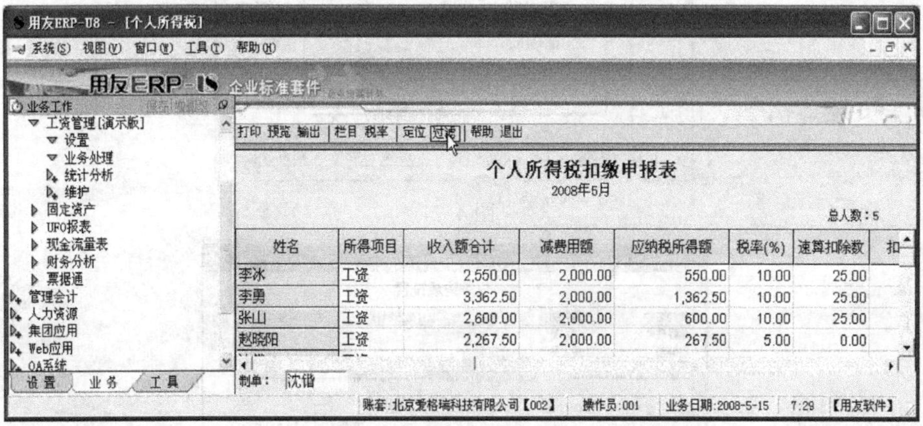

图 4-19

通过选择“税率”命令，可对个人所得税的税率进行调整，如图 4-20 所示。

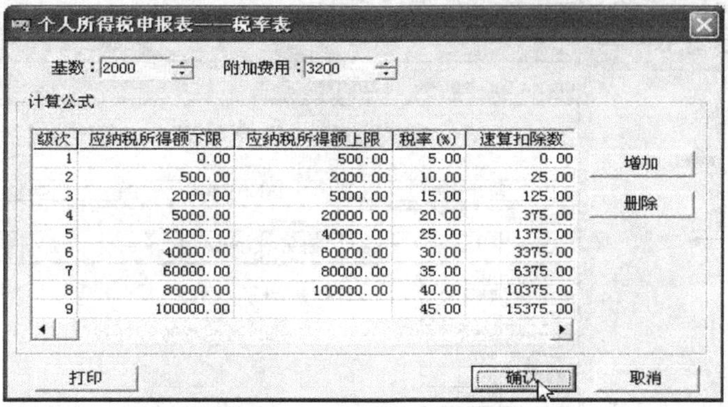

图 4-20

4．银行代发

“银行代发”可以减轻企业财务部门每月发放工资的繁重工作，同时也可以避免每月提取大量现金的风险。核算单位根据代发工资银行的具体要求，在每月月底将工资报表制作成银行所需要的数据格式，确定代发项目的数据类型、长度和取值范围等。

具体操作：通过“工资管理”→“业务处理”→“银行代发”命令。根据系统提供的银行模板文件格式，可以进行相应的修改。

5．工资分摊

工资分摊是对当月发生的工资费用进行总额计算、分配和计提应付福利费、工会经费、职工教育经费等费用，并制作自动转账凭证，用以提供账务核算系统进行相应登账。

具体操作：通过“工资管理”→“业务处理”→“工资分摊”，单击【工资分摊设置】按钮，打开“分摊构成设置”对话框，如图 4-21 和图 4-22 所示，根据企业不同情况，确定计提分配方式，完成各种类型费用的计提，并形成工资分摊一览表。

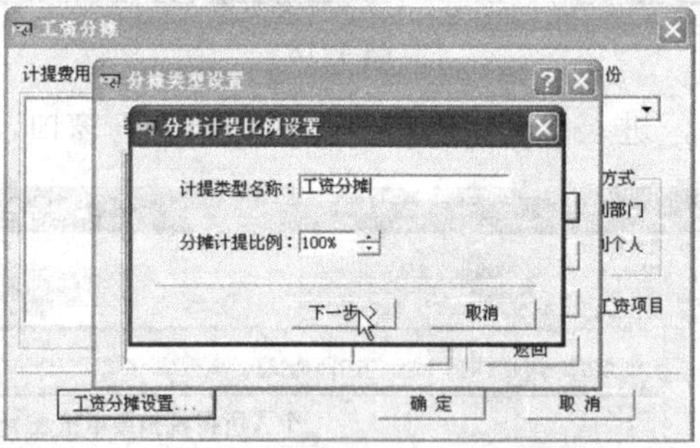

图 4-21

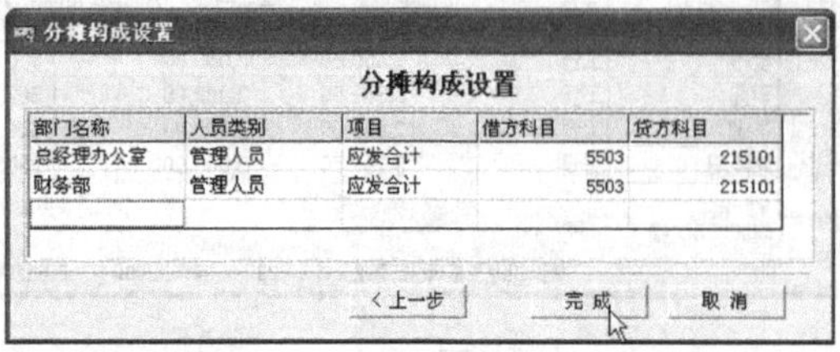

图 4-22

最后可单击“工资分摊”对话框中的【制单】按钮，生成转账凭证。

4.1.4 工资报表和月末处理

1. 工资报表

通过“工资管理”→“统计处理”→“账表”→“我的账表”，打开“账表管理”对话框，内含“账簿”、“UFO 报表账夹”和“UFO 报表程序”，其中，“账簿”包括“工资表”和“工资分析表”。如选择需查询的“工资表”中的“工资发放签名表”，则可以选择部门，结果如图 4-23 所示，单击【确认】按钮可出现需要的工资发放签名表，也可利用“工资分析表”对各种工资数据进行统计分析。

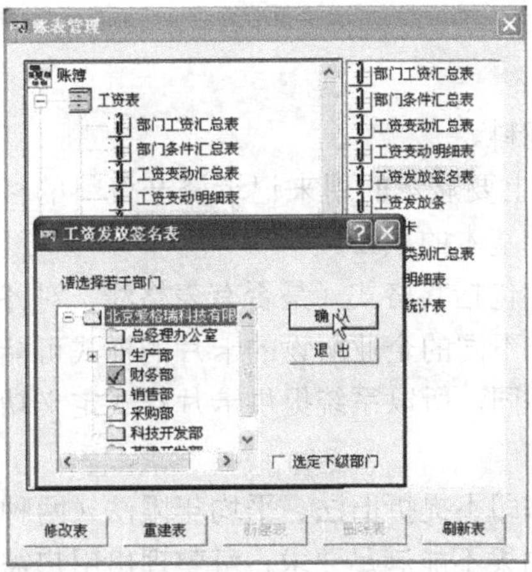

图 4-23

2. 月末处理

月末处理是将本月数据经过处理后结转至下月，自动生成下月工资明细表。具体操作如下：

通过“工资管理”→“月末处理”，打开“月末处理”对话框，仔细阅读该对话框的提示后，单击【确认】按钮。系统提示：“月末处理后，本月工资将不许变动，继续月末处理吗？”，单击【是】按钮，系统还会提示“是否选择清零项”，如果单击【是】，则需要选择进行清零项目。这是因为，每个月进行工资处理时，必须将部分项目清为零，下月才能重新输入新的与工资发放相关的数据，如请假天数、请假扣款、奖励工资等。

结账后，本月的工资明细账将成为不可修改状态，同时自动产生下月的工资明细账。

4.2 固定资产管理系统

4.2.1 固定资产管理系统的功能与特点

1. 固定资产管理系统的功能与工作流程

固定资产是指使用年限超过一年的建筑物、机器设备、运输工具等。“固定”是相对于“流动”而言，流动资产的价值在一个生产周期内得到全部转移，而固定资产的价值能够连续在若干生产周期中发挥作用，并保持其原有实物形态，但其价值随着损耗逐渐地、部分地转移到生产的产品中去，构成产品成本的一部分。

固定资产核算的工作流程如图 4-24 所示。

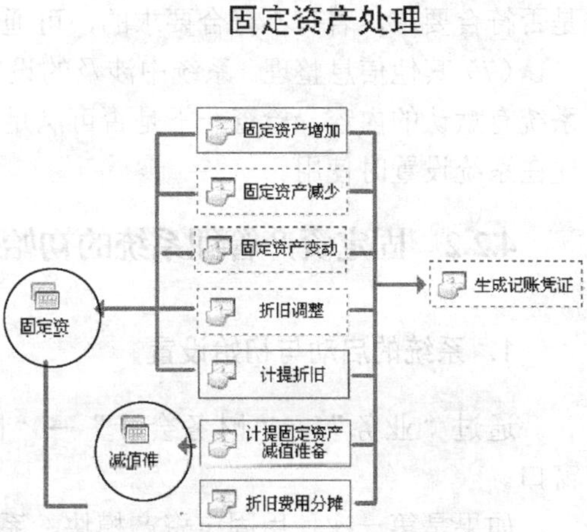

图 4-24

固定资产管理及核算是企业财务核算的重要组成部分，为此，固定资产管理系统应具备以下主要功能。

（1）管理固定资产卡片。对固定资产卡片进行管理，按月汇总出分部门、分类别的固定资产汇总数，打印卡片汇总表等。

（2）管理固定资产的增减变动情况。对固定资产的增减变动进行管理，更新固定资产卡片，按月汇总出分部门、分类别、分增减变动种类的汇总数据；并可打印输出增减变动汇总表和增减变动明细表。

（3）计提折旧、计算净值。计算固定资产折旧、固定资产净值等，并可打印计提折旧分配表等。

2. 系统应用准备

在正式使用固定资产管理系统前，需要整理以下的资料。

（1）固定资产卡片项目整理。卡片项目是资产卡片上要显示的用来记录资产资料的栏目，如资产名称、原值、使用年限、折旧方法等是卡片最基本的项目。

（2）卡片样式整理。卡片样式是指卡片的整个外观，包括其格式（是否有表格线、对齐形式、字号大小、字型等）、所包含的项目和项目的位置。不同的企业所设的卡片的样式可能不同，同一企业对不同资产的管理的内容和侧重点可能不同，所以系统提供卡片样式定义功能，增大了系统的灵活性。

（3）折旧方法整理。系统给出了最常用的折旧方法，即不提折旧法、平均年限法（两种计算公式）、工作量法、双倍余额递减法、年数总和法。如果不能满足要求，可整理出用户需要定义的折旧方法的名称和计算公式，以便在折旧方法定义时使用。

（4）资产类别整理。资产一般要按类别管理，需要整理出本单位的固定资产是如何分类的，包括编码、名称及其净残值率、使用年限、计量单位、折旧方法等。在使用本系统时必须进行资产类别设置。

（5）建账期初数据整理。整理单位内所有资产截止建账月份的月初数据及其他资料，目的是为了将这些原始资料，主要是卡片及附属资料录入系统，保持管理和核算的连贯性。

（6）报表整理。需要整理常用的资产账和报表，与系统默认的报表及格式对照一下，看是否符合要求，若有不符合要求的，可通过报表自定义或自定义查询表得到。

（7）其他信息整理。系统中涉及的设置还有使用状况、增减方式、部门对应折旧科目等。系统有默认的内容，检查一下是否可满足要求，若不能满足，请整理出需要设置的内容，以便在系统设置时使用。

4.2.2 固定资产管理系统的初始化

1. 系统的启动与初始设置

通过“业务”→“财务会计”→“固定资产”命令，可进入固定资产管理的主界面窗口。

如果是第一次使用固定资产模块，系统将提示“是否进行初始化”，单击【是】按钮，打开“固定资产初始化向导”对话框，阅读“约定及说明”，如图 4-25 所示；设置“启用月份”、“折旧信息”、“编码方式”、“账务接口”等，完成系统的初始化工作。

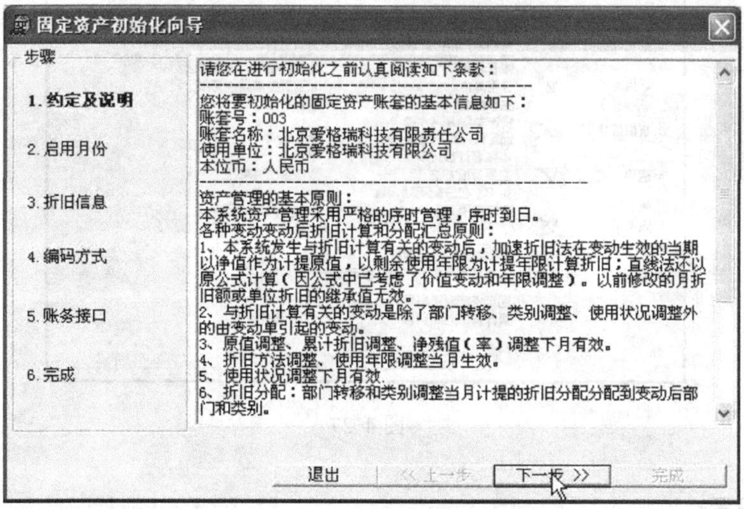

图 4-25

需要注意的是，启用月份前的固定资产数据作为期初值使用；进入“折旧信息”项要选中“本账套计提折旧”复选框，否则系统不进行折旧计提。用友财务软件提供了六种主要的折旧计算方法，同时也提供了用户自定义计算折旧的功能，如图 4-26 所示。

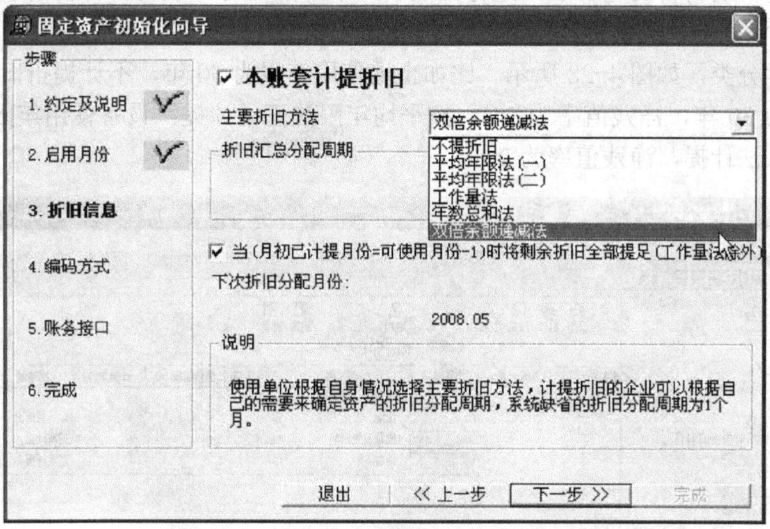

图 4-26

进入“编码方式”项，设置资产类别编码和固定资产编码方式，编码方式设定后经使用就不能修改。在设置“账务接口”时，可选择“与账务系统进行对账”，设置与账务系统对账科目，建议不选“在对账不平情况下允许固定资产月末结账”。因此，初始设置结束前，要确认所选各项的正确性，一旦启动，将不能更改，如图 4-27 所示。

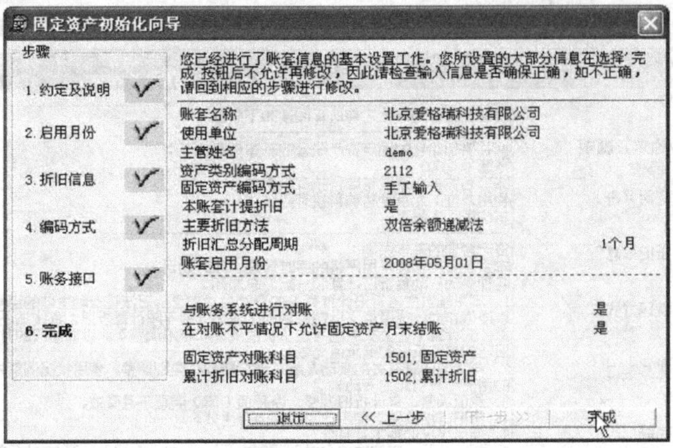

图 4-27

2. 选项设置

通过“固定资产”→“设置”→“选项”命令，可对初始控制参数进行补充设置，单击【编辑】按钮，即可进行修订和补充。随后，需要对固定资产的卡片项目、部门对应折旧科目、资产类别、增减方式、使用状况、折旧方法等信息进行设置。

部门对应折旧项目，是指折旧费用按部门归集时，折旧费将归集到该部门固定的折旧科目。完成部门折旧科目的选择后，进行固定资产卡片录入时，该科目将自动填入该卡片。

由于固定资产的种类繁多，规格不一，要强化和细化对固定资产的日常管理，应做好固定资产的科学分类，如图 4-28 所示。比如土地使用年限为 50 年，不计提折旧；房屋及建筑物使用年限为 30 年，净残值率为 2%，按平均年限法正常计提；设备使用年限为 10 年，用双倍余额递减法计提，净残值率为 2%。

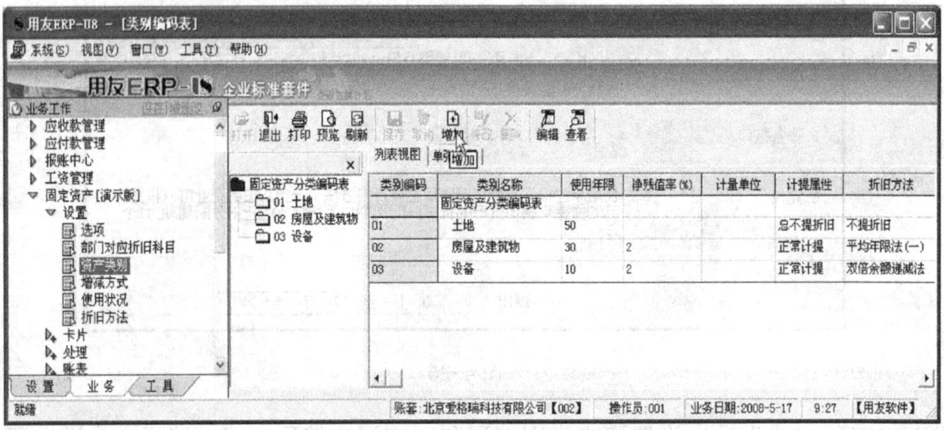

图 4-28

固定资产的增减方式有多种，其中增加方式包括直接购入、投资者投入、捐赠、盘盈、在建工程转入等。减少方式包括出售、盘亏、投资转出、捐赠转出、报废、损毁等。确定固定资产增减方式可以明确固定资产的计价和处理原则。

此外，还可以为这些增减方式设置对应的入账科目，以便生成凭证时能自动带入默认科目（见表 4-1）。

表 4-1　固定资产增减方式对应入账科目

增加方式	对应入账科目	减少方式	对应入账科目
直接购入	银行存款	出售	固定资产清理
投资者投入	实收资本	盘亏	待处理固定资产损益
捐赠	资本公积	投资转出	长期投资－其他投资
盘盈	待处理固定资产损益	捐赠转出	固定资产清理
现建工程转入	在建工程	报废	固定资产清理
融资租入	长期应付款	毁损	固定资产清理

使用状况包括“使用中”、“未使用”和“不需用”。其中，“使用中”包括“在用”、“季节性停用”、“经营性出租”和“大修理停用”等。使用状况的设置，不仅可以正确计算和计提折旧，而且便于统计固定资产使用情况。

折旧方法设置是系统自动计算折旧的基础，系统给出了六种常用的折旧方法和它们的折旧计算公式，这六种方法是系统默认的折旧方法，只能选用，不能删除和修改。六种折旧方法的计算公式如下。

（1）不提折旧。月折旧率 R＝月折旧额＝0。

（2）平均年限法（一）。月折旧率 R＝(1－净残值率)/(使用年限×12)；月折旧额＝月初原值×R。

（3）平均年限法（二）。月折旧率 R＝(1－净残值率)/(使用年限×12)；月折旧额＝(月初原值－月初累计折旧－月初净残值)/(使用年限×12－已计提月份)。

（4）工作量法。单位折旧 R＝(月初原值－月初累计折旧－月初净残值)/(工作总量－累计工作量)；月折旧额＝本月工作量×R。

（5）年数总和法。月折旧率 R＝剩余使用年限/(年数总和×12)；月折旧额＝(原值－净残值)×R。

（6）双倍余额递减法。月折旧率 R＝2/(使用年限×12)；月折旧额＝期初账面余额×R。

具体操作：通过“业务”选项卡，选择“财务会计”→“固定资产”→“设置”→“折旧方法”→“折旧方法定义”，打开“折旧方法”窗口，如图 4-29 所示，可以单击【增加】按钮，可新增自定义的折旧方法，如图 4-30 所示。

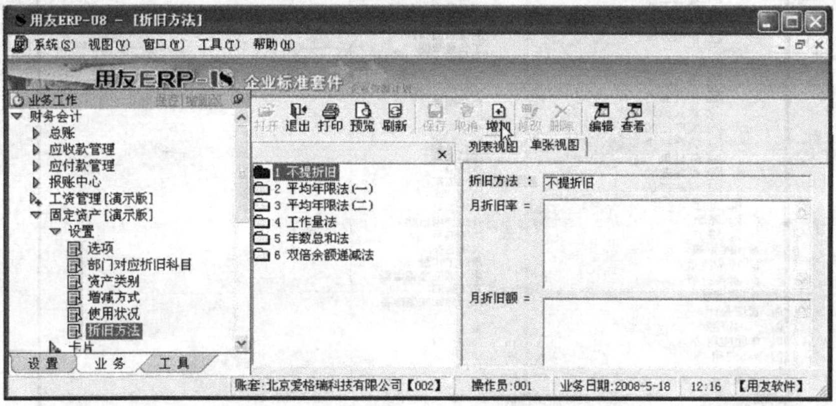

图 4-29

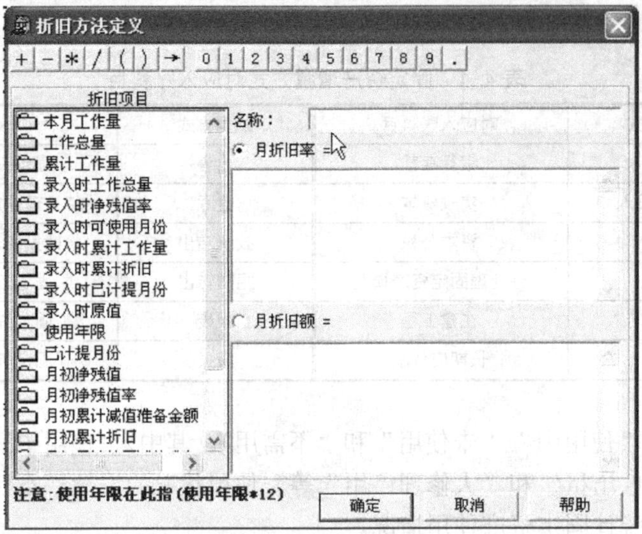

图 4-30

3. 固定资产卡片项目定义

用友固定资产管理系统提供了一些常用卡片必需的项目，称为系统项目，但这些项目不一定能满足各单位对资产特殊管理的需要，用户可以通过“卡片项目定义”设立自定义项目，这两部分构成卡片项目目录。在下一步定义卡片样式时，把这些项目选择到样式中，得到真正属于本单位定制的卡片样式。

通过“固定资产”→“卡片”→“卡片项目”命令，打开固定资产卡片项目列表，可以选择不同的项目，如图 4-31 所示，单击【修改】、【增加】或【删除】按钮进行操作，最后单击【保存】按钮保存设置内容。

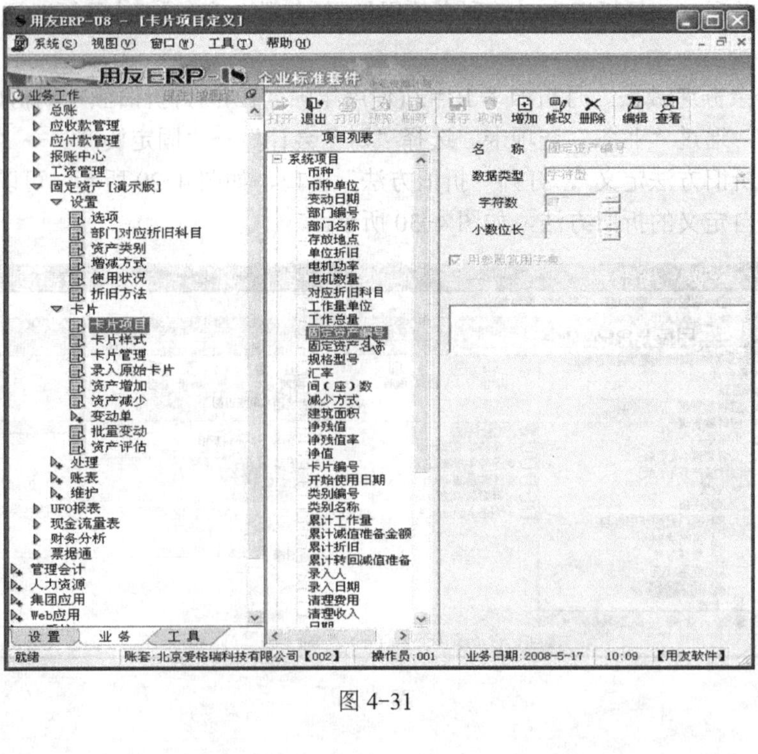

图 4-31

4. 卡片样式定义

系统默认的卡片样式有：通用样式、土地房屋类卡片样式、机械设备类卡片样式、运输设备类卡片样式。用户可以修改默认的样式，也可以定义新的卡片样式，具体操作如下。

通过“固定资产”→“卡片”→“卡片样式”选项，打开如图 4-32 所示的窗口，在此可以修改默认的卡片样式，也可以增加新的卡片样式，最后单击【保存】按钮保存设置。

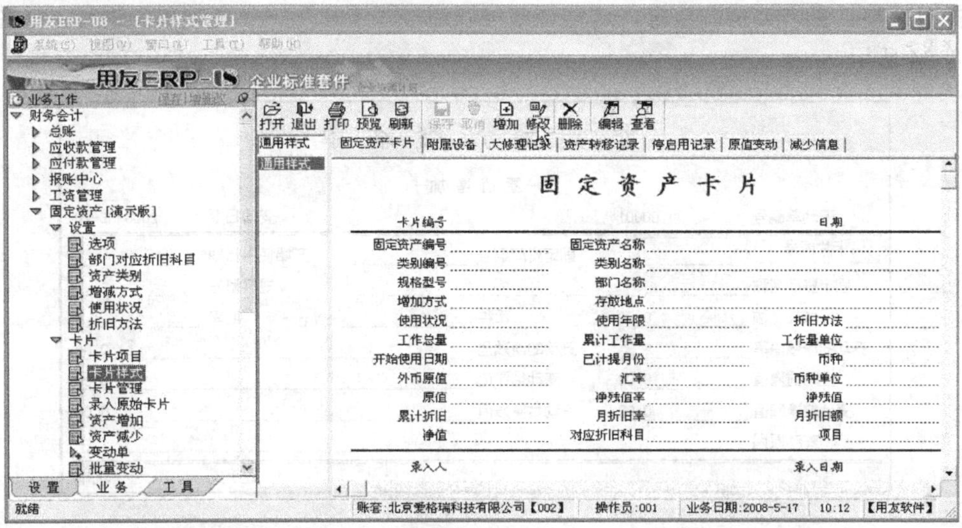

图 4-32

5. 录入原始卡片

在固定资产系统进行核算前，必须把建账日期前的数据录入到系统中，保持历史资料的连续性，具体操作如下。

选择“录入原始卡片”菜单，出现“资产类别参照”表，选择需要增加的原始卡片类型，选定后双击，系统进入“固定资产卡片”录入窗口，如图 4-33 所示，录入卡片的项目内容，最后单击【保存】按钮。

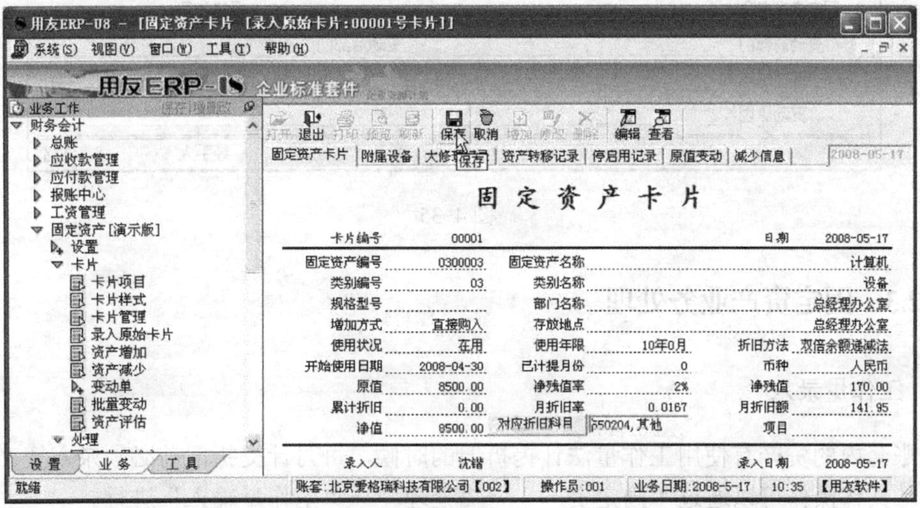

图 4-33

注意：卡片编号由系统根据初始化设置的编码方案进行自动编号，不能修改，如果删除其中的一张卡片，则系统保留其空号。

6. 变动单与批量变动

固定资产使用过程中，经常会因为各种情况要求调整固定资产卡片上的内容，这些变动包括原值变动、使用部门转移、使用状况变动、使用年限调整、折旧方法调整、净残值调整、累计折旧调整、资产类别调整等，这些调整可以通过“卡片”→“变动单”进行，如图 4-34 和图 4-34 所示。

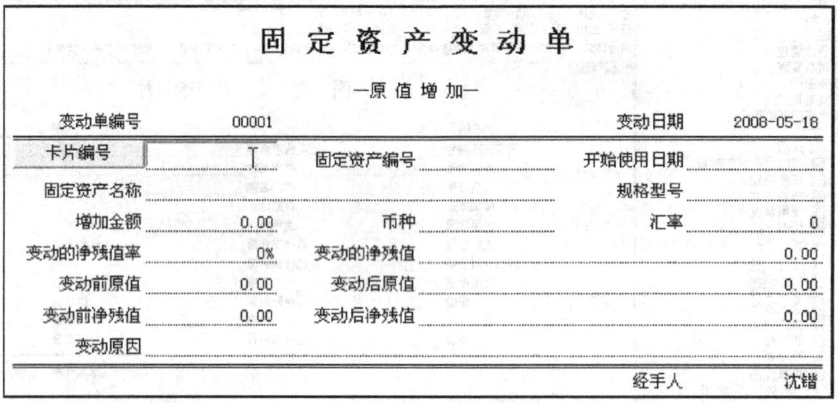

图 4-34

为了提高工作效率，系统提供了批量处理固定资产变动的功能，成批固定资产的调整可以通过“卡片”→“批量变动”进行。

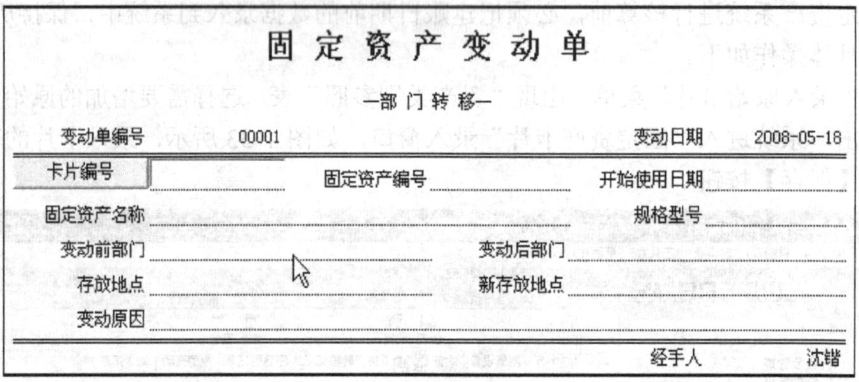

图 4-35

4.2.3 固定资产业务处理

1. 工作量录入

当账套内的资产有使用工作量法计提折旧的时候，每月计提折旧前必须录入资产当月的工作量。具体操作可以通过“固定资产”→“处理”→“工作量输入”进行。

2. 计提本月折旧

自动计提折旧是固定资产系统的主要功能之一。系统每期计提折旧一次，并自动生成折旧分配表，然后制作记账凭证，将本期的折旧费用自动登账。具体操作可以通过“固定资产”→“处理”→“计提本月折旧”进行。折旧计提完成后可查看折旧清单，如图 4-36 所示。

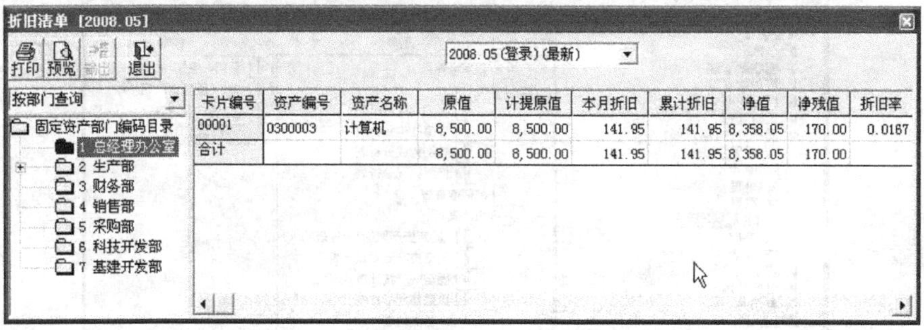

图 4-36

3. 查看折旧分配表

折旧分配表是编制记账凭证，把计提折旧额分配到成本和费用的依据。折旧分配后自动生成折旧分配表，通过“固定资产”→“处理”→“折旧分配表”进行。折旧分配表分为部门折旧分配表和类别折旧分配表，以部门折旧分配表为例，如图 4-37 所示。

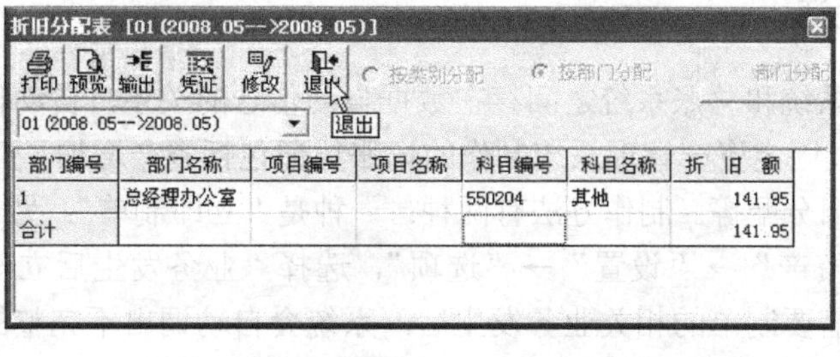

图 4-37

4.2.4 账表管理及制单、月末处理

1. 账表管理

固定资产管理的任务是及时反映和监督企业固定资产的增加、调出、保管、使用及清理、报废等情况，它对企业固定资产的安全与完整、对固定资产效率的发挥起到检查和监控作用。固定资产管理系统提供的账表分为 5 类，即分析表、减值准备表、统计表、账簿和折旧表，此外还提供自定义报表功能。

其中，分析表通过对固定资产的综合分析，为企业领导固定资产管理与决策提供依据；统计表从不同侧面对固定资产进行统计描述，可以使管理部门全面了解企业固定资产的现状、变动、分布、新旧程度，以及进一步了解固定资产的增加、更新、报废、清理等情况；账簿可以分部门、分类别、分时期掌握固定资产的现状和变动情况；折旧表可以深入反映企业整体和分部门计提折旧的现状及累计折旧的情况。

账表管理可以通过“固定资产”→“账表”→“我的账表”进入，如图 4-38 所示，可查询各类账表。

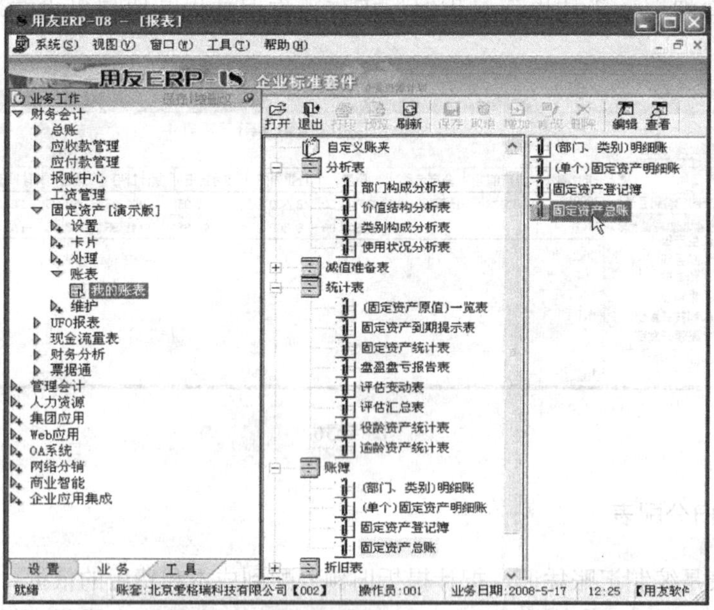

图 4-38

2. 制作记账凭证

固定资产管理系统和总账系统之间存在数据自动传送的关系，自动传送可通过制作记账凭证完成。可以通过固定资产管理系统制作的记账凭证包括资产增加、资产减少、原值变动、累计折旧调整及折旧分配等。制作方法有两种：一种是“立即制单”；另一种是“批量制单”。前者是通过“固定资产”→“设置”→“选项”，选择“业务发生后立即制单”复选框，如图 4-39 所示，当需要制单的相关业务发生后，系统会自动调出不完整的记账凭证供修改、保存并自动传输。

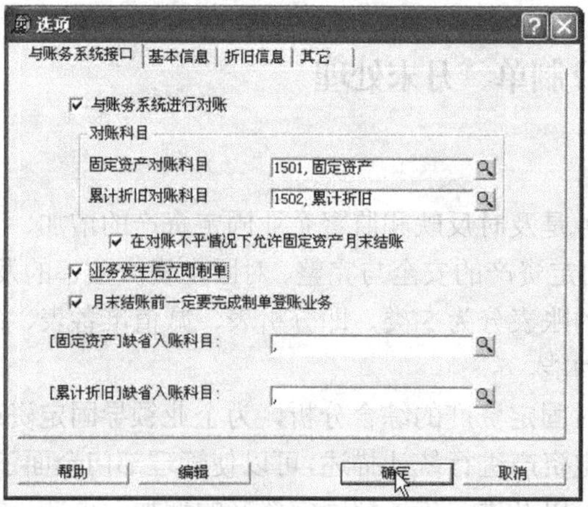

图 4-39

如果采用批量制单功能，业务发生当时并没有立即制单，系统会按照批量制单的命令将固定资产发生的凭证业务自动排在批量制单表中，具体操作如下。

通过“固定资产”→“处理”→“批量制单”，屏幕将显示固定资产系统应制单而未制单的业务发生情况，如折旧或固定资产变更、添置等业务发生的时间、业务号、发生额，选择是否需要制单等，如图 4-40 所示。

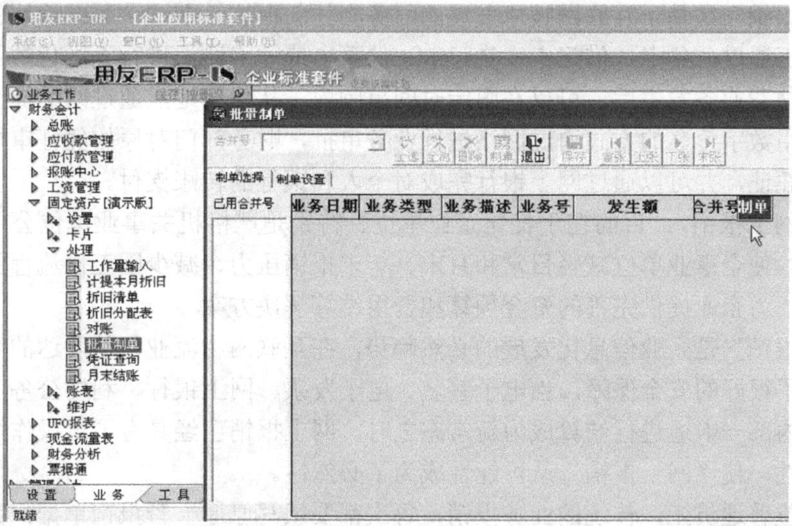

图 4-40

单击“制单设置”，在显示内容的每一条业务栏中双击“科目”空栏，可以选择该业务涉及的对应会计科目，单击【保存】按钮。同样，可以通过单击“制单设置”中的“制单”，完成其他固定资产会计业务内容的输入，直至完成其他业务记账凭证的自动生成。

3. 月末处理

若固定资产管理系统在初始化过程中选择了与账务系统对账的功能，可单击“处理”菜单的“对账”功能进行与账务系统的对账。如果未在初始化过程中选择“对账”，必须在“固定资产”→“设置”→“选项”，在“与账务系统接口”窗口选择“与财务系统进行对账”。

然后，通过“固定资产”→“处理”→“对账”命令，完成对账工作，系统给出对账结果。对账的操作不限时间，也不限次数，但月末结账之前会自动对账一次。

月末结账，通过“固定资产”→“处理”→“月末结账”进行，当出现如图 4-41 所示的对话框，阅读有关说明后，单击【开始结账】按钮，可完成月末的固定资产结账工作。

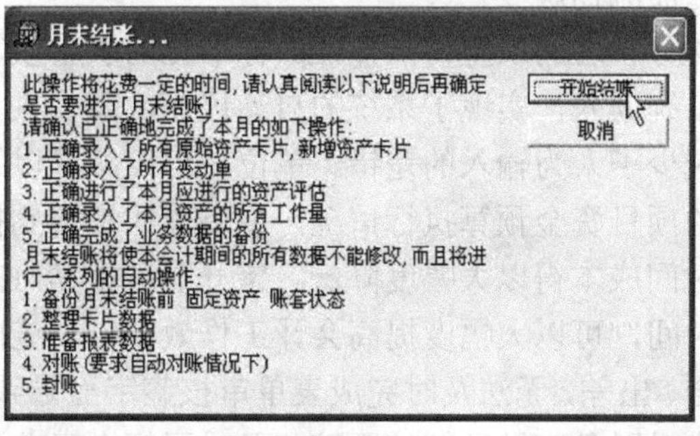

图 4-41

4.3 网上报销

4.3.1 网上报销的意义和特点

“网上报销”是基于互联网技术发展的财务会计新模块。在这一系统模块的流程下，企事业单位员工通过公务卡、借记卡、贷记卡、储蓄卡或一卡通，进行无纸化的网上交易，当购销活动或消费业务发生后，可以在限定时间范围内、从任何地点通过网络提交财务报销申请，领导可用数字签名的方式通过网络进行业务审批，财务部门对原始凭证审核无误后，自动生成记账凭证，并可以通过网上银行完成对个人和银行的转账支付。

实施“网上报销”，目的在于优化企业单位、特别是严格机关事业单位公用经费的报销和管控流程，使企事业单位减轻日常和月末、年末报销压力、减少因工作流程的不规范导致的经费差错，为企业提供完善的资金预算和费用结算解决方案。

“网上报销”是企业信息化发展的必然趋势，在互联网物流业日益发达的今天，网上交易已经具有了很好的安全保障，当电子签名、电子发票、网上银行、利用公务卡和普通储蓄卡甚至企业内部一卡通进行结算成为新常态之时，网上报销已经具有了可操作性，其方便、快捷的优越性，使“网上报销”从可能性成为了必然性。

对于单位普通员工，传统的业务报销，每次都要填写厚厚一沓报销单据；完成一次费用报销，需要拿着单据逐个找领导审批；因为领导出差、外出开会，无法及时完成款项的审批付款，往往会使工作效率大打折扣，甚至阻碍日常工作的顺利开展。

对于单位部门领导，面临传统的业务报销审批，由于工作头绪繁多，审核财务费用时不能及时获得资金预算和项目预算的信息反馈，常常在审批报销时难以掌握部门以及下级单位现金流的实际情况，使审批的作用大打折扣。

对于财务工作人员，传统的财务报销，经常会面对排队等候财务报销的人员，逐一进行记账凭证的审核与录入，机械地重复或解释员工在报销中出现的各种问题，耗费大量时间精力。特别在月末、年末或大批项目限期结算时，不仅工作量急剧增加，财务审核与记账登记核算差错的几率会上升，资金安全也往往会出现问题。

实施“网上报销”，解决了上述诸多问题。其功能与特点的优越性突出表现在：

第一，推动了企业信息化的实施。标准化是企业信息化建设工作的重要基础，网上报销必须履行标准化的内部流程，标准规范的电子报销表单便于员工方便快捷填写，标准化的报销申请程序有利于员工对财务报销的环节和政策规定有清楚的理解，领导审批和财务审核也因为系统控制的加强而更加流畅。

第二，财务核算与财务管理的质量得到保证。标准化的表单填写提高了申请内容的准确性，财务政策和标准的系统嵌入，实现了系统的自动控制，减少人为判断差错；数据信息通过系统接口自动传输，减少了人为输入的差错。单位与部门领导以及财务人员在凭证审核中能清楚地看到实时更新的项目资金预算执行情况，使审核质量得到提高和控制。

第三，财务处理的时间成本得以大幅度降低。错开财务报销时间高峰，错开凭证审核、凭证记账与凭证报销的时间，可以大幅度提高会计工作效率。实施网上审核和电子签名，可以有效避免因为领导开会、出差，无法及时完成表单审核签字而导致资金运转与结算的延误。企业员工也可以通过网络对财务审批环节的跟踪，及时了解自己业务报销和借款审核的具体情况，大大缩短由于领导审批和财务审核而产生的时间周期。

4.3.2 网上报销的工作流程

网上报销的工作流程分为两部分，一部分是网上报销的系统设置（见图 4-42 所示），另一部分是网上报销的业务处理流程（见图 4-43 所示）。

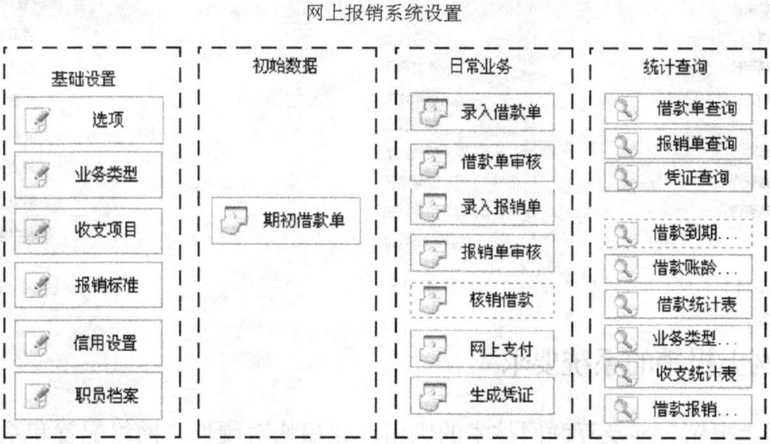

图 4-42

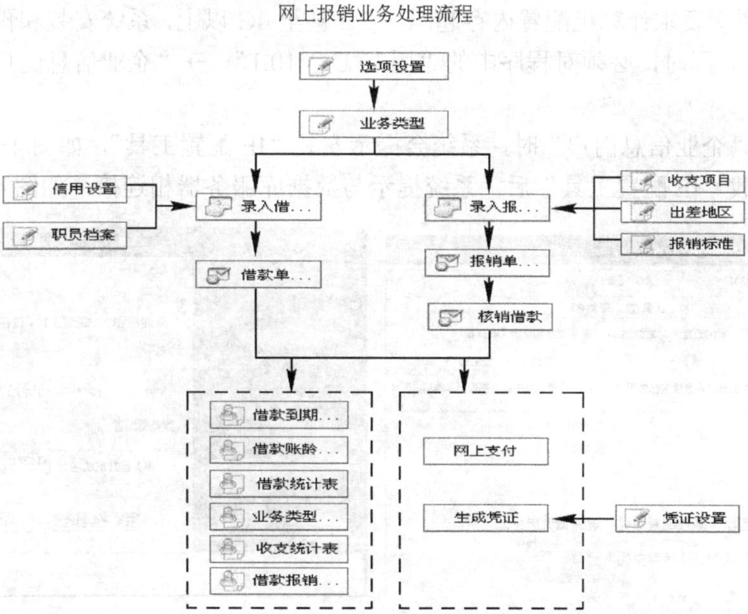

图 4-43

U8V10.1 系统在“网上报销”模块中有五方面内容，分别是“基础设置”、“业务处理”、“单据查询”、“报表查询”和“其他”，见图 4-44 所示。其中，“基础设置”具体内容见图 4-45 所示，“业务处理”包括借款、借款审核、报销、报销审核、核销、网上支付以及制单；“单据查询”和“报表查询”具体内容见图 4-46 所示；“其他”由该模块的使用“帮助”介绍。

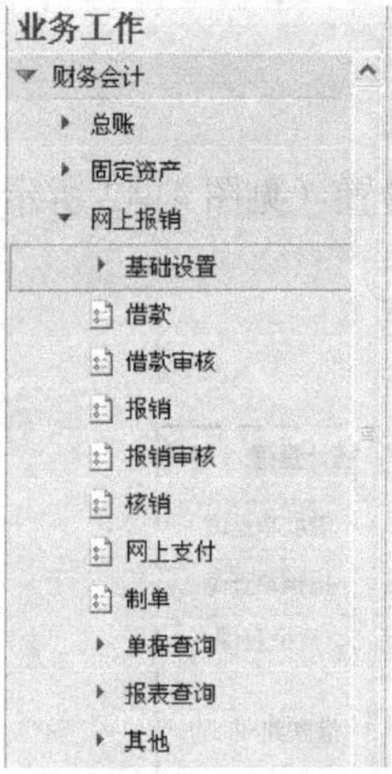

图 4-44

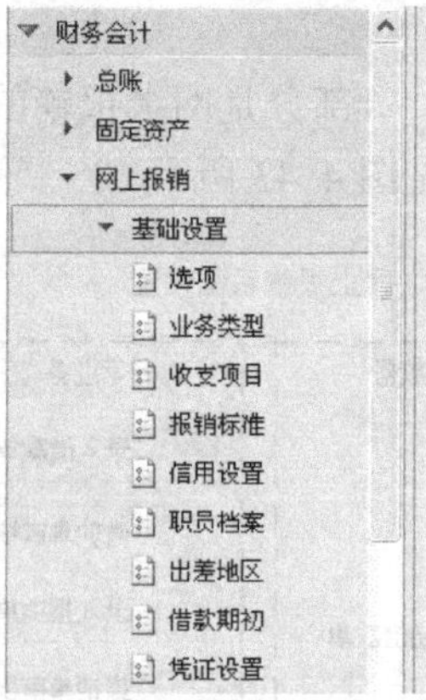

图 4-45

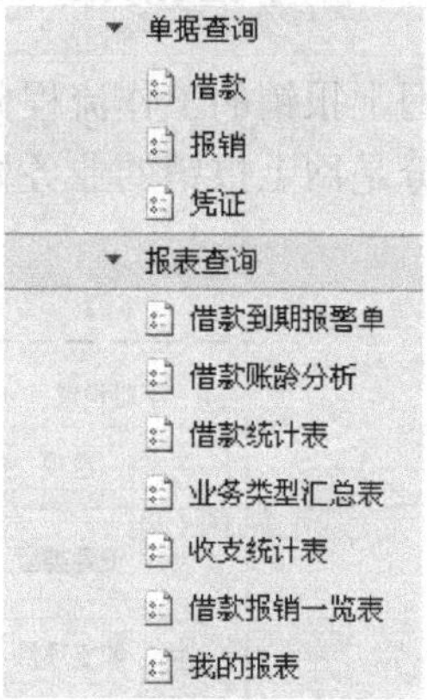

图 4-46

4.3.3 网上报销的系统要求

由于“网上报销”涉及互联网技术的应用，该模块对硬件、网络配置和系统设置都有较高要求。它所需占用的系统内存、硬盘预留空间、CPU 速度都高于普通计算机的配置，如果学生练习常用的 U8 总账和报表系统，内存 1G 已经可以满足需求，但网上报销以及其他涉及网络应用的模块，要求计算机配置内存起码在 2G 甚至 4G 以上，系统安装和预留的硬盘空间应在 10G 以上。同时，必须对程序中的“用友 U8V10.1” →“企业信息门户”进行重新检查安装。

首次运行“企业信息门户”时，系统会提示安装“IE 配置工具”，如图 4-47 所示，运行相应的手工下载“IE 配置工具”后，系统提示与数据库服务器相连接，如图 4-48 所示。

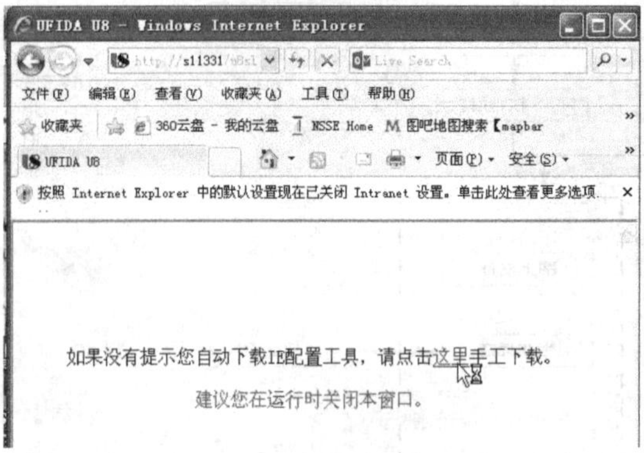

图 4-47

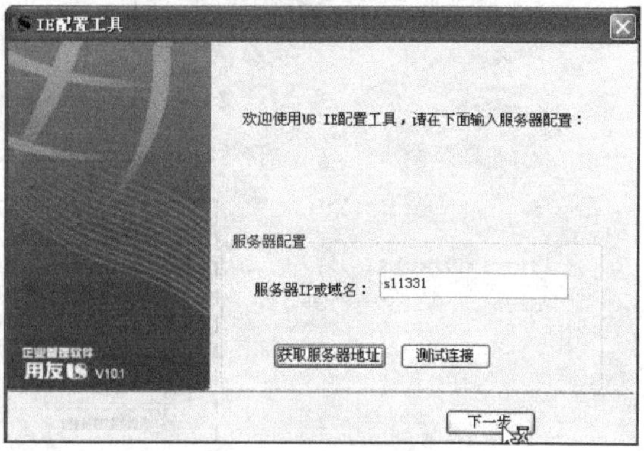

图 4-48

通过 U8 系统完成企业信息门户客户端、Windows 的 Silverlight 的安装与更新，并完成对 IE 安全属性的重新设置，如图 4-49 所示。全部安装成功后，重新进入“企业信息门户”，出现新的登录界面，如图 4-50 所示。登陆成功，展现新的企业信息导航平台，如果能顺利“进入企业应用平台”，说明安装成功，见图 4-51 所示。

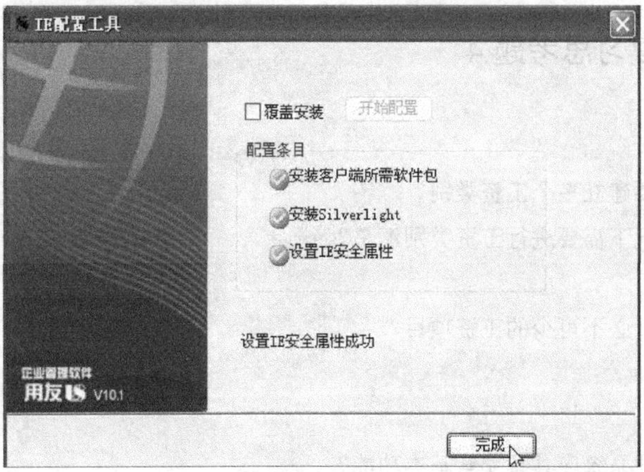

图 4-49

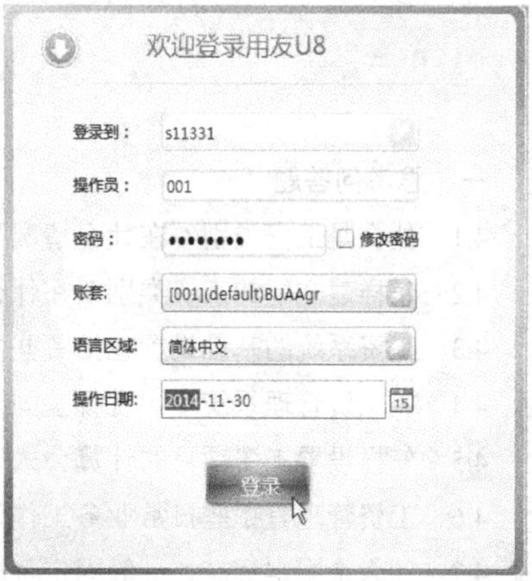

图 4-50

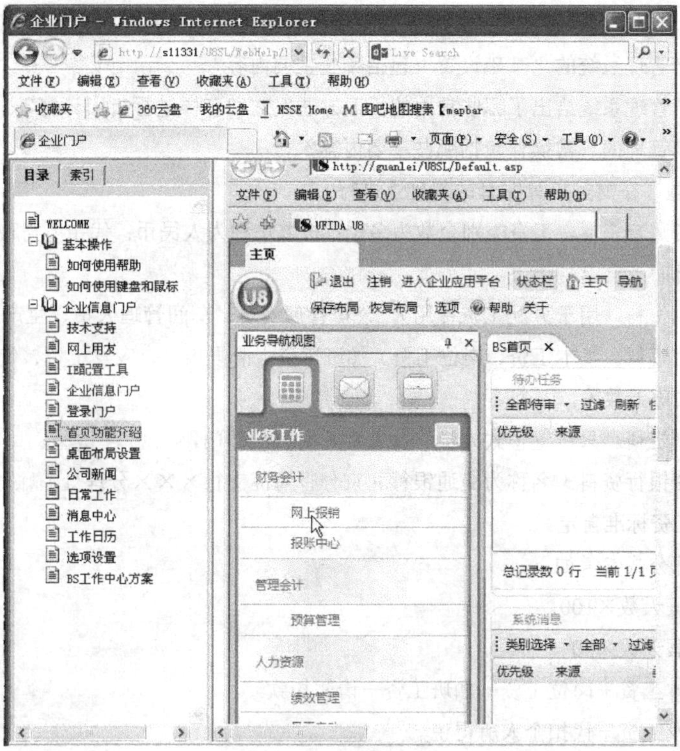

图 4-51

相对“网上报销”的更新安装，其初始设置，核算流程、填写提交、审批查询、转账支付操作与总帐核算操作无更大区别，不再做具体介绍。需要特别指出的是：“网上报销”是企业会计信息化发展的高级阶段，所依赖的网络建设、OA 系统（Office Automation System）、信息安全、电子签名、转移支付的要求都很高，它既是实施新的企业会计信息化的必然趋势，同时又需要根据本单位的实际情况，量力而行，分步骤建设。目前已有不少单位开始实施“网上报销”，并制定了与领导手工签字、与财务手工凭证审核相适应的过渡阶段网上报销制度建设和流程安排。可以预见，如同会计电算化发展到一定阶段，会进入企业信息化全面发展一样，目前刚刚开始的“网上报销”定会发展越来越快，相应的系统核算与管理也会越来越成熟。

复习思考题 4

一、思考问答题

4.1　什么是工资类别？在什么情况下需要建立多个工资类别？

4.2　怎样建立新的工资类别？在什么情况下需要进行工资类别汇总？

4.3　工资系统的基础设置包括哪些内容？

4.4　在工资管理系统中，有哪些固定的、必不可少的工资项目？

4.5　怎样设置工资项目的计算公式？

4.6　工资管理有哪些日常业务工作？

4.7　什么是固定资产？一般固定资产管理系统应具备哪些基本功能？

4.8　在正式使用固定资产管理系统前，需要整理哪些资料？

4.9　第一次使用固定资产管理系统，需要进行哪些初始化工作？有哪些注意事项？

4.10　固定资产管理系统的“基础设置”包括哪些主要内容？

4.11　固定资产管理系统给出了哪些常用的折旧方法？它们怎样进行折旧计算？

4.12　固定资产管理的日常操作包括哪些主要内容？

二、上机练习题（在财务核算账套的基础上进行）

4.13　建立工资账套资料。工资类别个数为多个；核算币种为人民币；代扣所得税；进行扣零处理；人员编码长度和启用日期：自定。

4.14　人员类别资料（用于分配工资费用）。公司管理人员、车间管理人员、生产工人、销售人员。

4.15　工资项目资料。基本工资、岗位工资、加班工资、请假扣款、应发工资、代扣个人所得税、实发工资、请假天数、加班天数等。

4.16　工资类别资料。只设置正式人员，并选定其所属的部门。

4.17　代发工资银行资料。名称为交通银行北京分行海淀支行×××分理处，账号定长 10 位。所有正式人员档案及月初工资标准自定。

4.18　工资计算公式参考如下：

加班工资＝加班天数×100

请假扣款＝请假天数×50

应发工资＝基本工资＋岗位工资＋加班工资－请假扣款

实发工资＝应发工资－代扣个人所得税

4.19　计税基数 2000 元（系统自动生成个人所得税申报表），计税工资为基本工资＋岗位工资＋加班工资；按国家规定的税率设置税率表，计算所得税。

4.20　日常处理资料：

（1）本月中旬，公司某人调出本单位，各工资项目按 50%发放。

（2）本月工资项目变动资料：某人请假 2 天；某管理人员加班 3 天；发放加班补助费，公司每人增加工资津贴 1000 元。

4.21　月末处理资料：

（1）分别按（标准工资＋岗位工资＋工资津贴）的 14%、2%提取应付福利费、工会经费。

（2）分摊工资费用记入人工成本、费用账户。

（3）生成凭证，月末结账。

第 5 章　会计信息系统的实施与管理

一个单位实施会计信息系统是一项庞大的系统工程，它要求该单位具有一定的基本条件，而且需要有一个科学的实施步骤。为了保证会计信息系统的正确性、可靠性、安全性，提高会计信息系统的运营效率及经济效益，需要采取各种措施对系统实施控制。会计信息系统的管理是指信息系统开始使用之后的持续管理过程。我们在实践中发现，许多企事业单位非常重视系统的创建和开发过程，但是忽视系统的日常管理，结果达不到系统的应用效果，不能保证系统的有效运行，甚至前功尽弃。所以，建立会计信息系统的单位应该重视会计信息系统的管理工作，包括组织机构和岗位责任制的建立、会计信息系统的运行管理、计算机系统和数据的维护管理、会计信息系统的档案管理等。

5.1　会计信息系统的实施

5.1.1　会计信息系统实施的基本条件

从会计信息系统的发展过程我们可以认识到，一个单位要实施会计信息系统必须具备一定的基本条件，这些条件主要有以下几点。

1．单位主要领导的重视

一个单位实施会计信息系统不仅需要投入大量的人力、物力，而且要改变会计部门的工作方式，还会影响到其他业务部门和领导的决策和管理，是一项庞大的系统工程。单位的主管领导对此必须有足够的认识，并亲自参加组织协调，是会计信息系统成功建设的重要保障。他们一方面要主持拟定本单位会计信息系统的规划，另一方面要协调企事业内部各部门共同搞好系统实施的各项工作，特别是企业信息化建设中，会计信息系统是本源，也是企业所有信息的归结点和交换点，不可忽视，否则容易形成部门之间的“信息孤岛”。如果企业信息化建设初期单位主管领导和各部门领导不重视各类信息交换的衔接，系统建设中、后期将会发生不得不重新改建的被动局面。另外，上级主管部门的重视和支持与否也是推动或制约基层单位系统实施的重要因素，企事业单位应积极争取上级主管部门的支持。

2．提高会计人员的素质

实施会计信息系统不仅要求会计人员要精通会计业务，而且还要求会计人员掌握计算机系统的基本知识和操作技能。这就要求会计人员应具备较高的文化水平，积极参加会计信息系统知识的培训，提高会计人员会计核算软件专业操作技能。当前，要根据财政部最新修订发布的“会计从业资格管理办法”和相关衔接规定，强化会计从业资格认定和准入制度，坚持会计人员的继续教育，重点提高会计人员在信息化管理条件下的职业胜任能力。

3. 良好的会计基础工作、完善的管理制度

良好的会计基础工作和完善的管理制度是顺利开展会计信息系统的重要保证。新时期和新形势下，要以国家最新发布的企业会计准则、审计准则、内部控制规范要求补充完善企业内部管理制度，根据最新的《会计基础工作规范》和《会计档案管理办法》修订并落实会计信息化条件下的内部管理规定。

5.1.2 会计信息系统实施的步骤

一个企业的会计信息系统实施需要有一个科学的步骤，一般实施过程如下。

1. 制定会计信息系统的实施计划

会计信息系统建设需要与企业发展所处阶段、运营规模、组织架构、员工素质、内外部监管等其他环境因素相互配合，需因地制宜地推进，不应赶时髦，追求一步到位。在企业信息化整体规划的前提下，会计信息系统建设内容可以分阶段逐步完善，根据企业经营发展的需要和会计核算、财务管理、企业信息化建设现行状态进行调查，拟定初步实施方案，并邀请外部专家对方案进行可行性分析，在此基础上制定详细的实施计划。实施方案和实施计划主要内容有以下几点。

（1）企业目前状况、会计信息系统的目标和总体结构。
（2）会计信息系统的组织机构设置、人员组成和培训计划。
（3）计算机硬件系统和系统软件配置计划。
（4）财务软件的购置或开发计划。
（5）系统的实施时间进度安排。
（6）系统各项费用预算和资金的筹备计划。

2. 配置计算机硬件系统和系统软件

计算机硬件系统设备是会计信息系统建设的物质基础，其选择的好与坏直接影响到系统的投资大小和今后系统工作的质量与效率。在制定计算机硬件系统配置计划时，要注意以下的问题：

（1）会计信息系统的硬件设备与企业管理信息系统的硬件系统要配套
（2）硬件与财务软件要配套
（3）既不要盲目追求采用最新技术和最先进设备，也不要忽视新技术的发展趋势，造成设备很快陈旧落后，一般硬件设施应保证能满足企事业单位未来五到十年的使用需求。

根据目前通用 ERP 软件的运行需求，达到或超过 4G 以上内存、超过 1T 以上外存的计算机配置，将成为计算机信息系统建设的一般要求。

硬件配置首先要明确硬件系统的构成模式。会计信息系统主要有单机系统、多用户系统和计算机网络系统三种模式。

单机系统或多机松散系统是指用一台或多台计算机分别处理不同的任务，一般计算机都放在同一房间，不需要通信设备，这种系统适用于微小型企业和经济技术力量较薄弱的单位。

多用户系统是指系统中有一台主机，多个用户在不同的计算机终端上，他们可以同时使用一台计算机主机和一个微型路由器，每个用户通过路由器与主机连接，就像自己独用一台

计算机一样。该系统适用于中小企业、会计业务比较简单、数据需要统一处理的单位。

网络系统一般指企业内部建立的局域网，它是一种在几千平米的小区域内，用通信线路连接多台计算机，这些计算机不仅具有独立的信息处理能力，而且可以通过网络系统共享网络服务器上的软、硬件资源，可以与其他计算机通信和交换信息。该系统适用于大中型企事业单位的会计信息系统。对大型的集团企业，其硬件系统是建立在以 Internet 和 Intranet 技术为平台的网络财务系统。作为一个比较完整的局域网，数据库服务器、应用服务器、路由器或交换机是必须的硬件配置。为了保证扩容需要和局域网、服务器的安全，有条件的单位应该配置磁盘阵列和网络防火墙设备。

根据财务数据安全性、保密性的需要，会计信息系统使用的计算机应配备相应的 UPS 不间断电源和文件备份所属的硬盘，大中型企事业单位伴随企业信息化建设发展，各种财务数据和管理数据使用量的不断增加，经常会使原有的硬盘容量不够用，在系统服务器和应用服务器的购置中，可以考虑添置磁盘阵列，以满足不断增加硬盘的需求。

系统软件主要包括操作系统、数据库管理系统和应用工具软件等。一般系统软件是与计算机硬件系统一起购买的，选择系统软件需要主要考虑的是，与所选的计算机硬件配套、满足会计软件的要求、具有较强的中文处理能力、有较好的安全保密措施和较好的性价比等。

3. 财务软件的购置或开发

财务软件是会计信息系统中最重要的组成部分，根据使用单位的不同情况，财务软件的取得有两种途径。

（1）购买商品化财务软件。购买商品化软件时，应注意的问题是，要选购比较成熟和适合本企业管理与核算需求的财务软件公司的产品。经过近 20 年优胜劣汰的市场激烈竞争，目前财务软件已集中到国内外几个著名的管理软件大公司中，这些公司的软件使用成熟、质量可靠，服务周全，培训到位，价格相对合理。从保护知识产权和保证财务工作安全两方面考虑，企事业单位必须购买正版财务软件。因为，财务软件公司只对正版软件进行维护，许多商品化软件已进行了加密，如果购买其复制品，有可能会出现数据丢失、错乱，甚至携带计算机病毒，会严重影响会计工作的安全。此外，在购买软件时，要向软件公司索取完备的软件文档资料和操作手册，并妥善保管，以备学习、查询和使用。

随着政府行政审批制度改革，目前财务软件的评审制度已被取消。一段时间以来，由于监督管理没有跟上，导致会计软件领域出现一些乱象：有的软件缺乏基本的会计控制手段，使企业可以随意改变会计核算结果而不留下任何痕迹；有的软件不按照会计行业约定俗成的方式组织和输出会计资料，导致监督人员无法理解和判定核算过程的合规性；还有的软件完全采用外国语言文字，对会计监督工作带来障碍。因此，企业单位应根据“企业会计信息化工作规范”的要求，认真审视并谨慎购买不同供应商提供的各种财务软件。

（2）委托软件公司或科研单位进行定制开发或合作开发。对于市场上通用软件不能满足本行业实际需要的单位，可以采用委托软件公司或科研单位进行定制开发或合作开发，这种开发的关键是选择好委托单位，由政府有关部门或行业协会或单位用户把定制需求准确传达给委托单位。在开发过程中，委托方需要选派熟悉管理业务的人员与开发人员密切合作，参与开发方案研究，监督开发进展。这种开发方式优点是软件的适应性好，用户需求可以得到充分满足；缺点是选择具有系统开发经验，又比较熟悉本行业、本企业业务的委托单位不太容易，开发费用比较高，当行业管理制度或企业管理发生变化，需要升级或要求扩展系统功能时，系统的维护比较困难。如果软件公司或科研单位开发人员变动频繁，后续维护和升级服务往往会遇到较多问题。

4. 组织人员培训

实施会计信息系统，必须培养大批既懂会计、又懂计算机技术的复合型人才，所以人才培训工作将贯穿整个系统实施过程。人员培训有三种形式：一是组织财会人员参加会计从业资格考试和职业技能考试，通过新版会计从业资格考试和新版无纸化考试题库推广，不断提高会计人员信息化管理水平；二是财务软件公司针对销售的财务软件，对客户进行培训；三是企业内部自己组织实施会计继续教育培训。目前，企事业单位会计人员持证上岗率的提升、会计专业学位教育与会计相关职业资格考试“双向挂钩”，对会计信息化事业发展会起到很好的助推作用。

5. 建立岗位责任制和制定管理制度

在会计信息系统投入使用前，必须明确会计信息系统各岗位及职责。同时，为保证会计信息系统安全、正常的运行，必须制定一系列与会计信息化管理相适应的管理制度。其中包括：会计信息化条件下的岗位分工及岗位职责；系统管理员、账务主管、操作人员、审核人员、临时工作人员的权限管理；会计信息系统的操作管理、系统维护管理、信息化档案管理、电脑机房和网络安全管理等方面的规章制度。

5.2 会计信息系统的控制

5.2.1 会计信息系统控制概述

1. 会计信息系统控制的定义

会计信息系统控制是指为了保证会计信息系统的正确性、可靠性、安全性，提高会计信息系统的运营效率和经济效益，利用各种手段和技术，对会计信息系统实施管理和控制的过程。控制对象包括计算机硬件系统、软件系统、数据资源及系统有关人员等。

2. 会计信息系统控制的分类

按控制的层次可分为战略控制、管理控制和业务控制。战略控制就是为了使企业信息化（包括会计信息系统）发展战略与企业的发展战略、企业的经营目标协调一致，在企业信息化实施过程中，通过评价和检查企业的业绩、企业经营目标达到的程度，发现企业信息化存在的问题，并对企业的管理信息系统（包括会计信息系统）进行控制和管理。管理控制就是在发展战略目标的基础上，确定企业各部门信息系统的运作目标，在此基础上，评价和检查企业各管理部门目标的达到程度，从而发现部门级的信息系统存在的问题，并对其进行控制。业务控制就是检查和发现具体业务部门信息系统运行过程中出现的问题，并对其进行控制。

按控制的作用范围可分为一般控制和应用控制。一般控制是信息系统控制体系的基础，只有在一般控制有效的情况下，应用控制才能发挥作用。具体内容详见 5.2.2 节和 5.2.3 节。

3．会计信息系统控制的功能

为了实现会计信息系统控制的目标，会计信息系统控制必须具有预防、检测和纠正三种功能。

（1）预防性控制功能。为了防止错误、灾害、事故及舞弊等事件的发生，而采取的各种措施属于预防性控制功能。例如，通过设置口令，防止非法人员使用会计信息系统，从而可以避免对数据文件和程序的破坏、篡改及非法复制。

（2）检测性控制功能。为了及时找出错误、灾害、事故及舞弊等事件的原因和来源，从而采取防止事件的扩大、及时使危害得到补偿的措施属于检测性控制功能。例如，通过检查信息系统的运行记录，实时监测系统的访问情况，就可以及时发现非法用户，并采取有效措施，制止非法用户的使用，降低系统被破坏的程度。

（3）纠正性控制功能。为了对已经发生的错误、灾害、事故及舞弊等事件进行更正，降低上述事件的损失和危害，从而采取的处理措施是属于纠正性控制功能。例如，利用备份软件或备份数据恢复已经被篡改或破坏的系统，使系统恢复正常工作。

4．会计信息系统控制的局限性

就目前而言，会计信息系统控制仍存在一定的局限性，主要表现在以下方面。

（1）如果实施的控制措施成本过大，而取得的效益相对较小，这样的控制会被放弃。

（2）一般控制措施都是针对经常发生的事项而设置的，并不适用于那些偶然发生的事项。

（3）即使是有效的控制措施，也可能因系统管理人员或操作人员的错误理解、粗心大意或其他的原因而造成失效。

（4）一旦系统内部管理权限不相容的人员互相勾结，有意作案，控制程序将很难提出预警。

（5）系统的环境发生不可预测的变化，将使有效的控制措施失效。

5.2.2 会计信息系统的一般控制

信息系统的一般控制是对信息系统的构成要素和系统环境实施的控制，不仅适合会计信息系统，也适合其他的信息系统。一般控制包括组织控制、操作控制、硬件和软件系统控制、数据资源控制和会计档案控制等。

1．组织控制

组织控制就是采取建立合理的组织结构、划分岗位职责、控制岗位的工作流程等来保证系统的正常运行。有关岗位的划分和责任制的详细内容将在5.3节阐述。

岗位的工作流程制定本身就是一种控制手段，系统中每个项目的核心工作都应该有明确的工作流程，制定工作流程时应把明确的业务记录、岗位之间的牵制、上下级之间的审核签章等作为流程的一部分，从而实现组织流程控制的目的。例如，会计总账处理的流程中包含了以下的控制环节：凭证处理人员检查原始凭证，发现有问题予以退回；凭证审核人员审核已经输入的凭证，发现问题退回给凭证处理人员修改；系统主管要审核有关的财务报表等。

2. 操作控制

操作控制主要就是建立和实施操作管理制度，包括系统使用管理、操作规程管理、会计业务处理管理等。详细内容将在 5.4 节叙述。

3. 硬件系统和软件系统控制

会计信息系统的硬件系统包括计算机及其辅助设备、网络设施、通信设施等。硬件设施的控制一般由生产厂家固化在设备中，用户难以改变其设置。用户主要控制好硬件使用的环境，为硬件的运行提供一个安全的环境。环境因素包括机房设施、温度、湿度、防静电、防尘土、防电磁干扰等。

软件包括操作系统（如网络操作系统）、工具软件（如数据库管理系统等）、财务应用软件。操作系统是一个非常复杂的系统，它的控制性能包含在软件中，当发现操作系统有漏洞时应及时与供应商联系，请求软件升级。

4. 数据资源控制

信息系统的数据资源都以记录的形式存储在数据库中，所以数据资源控制的重点是数据库管理控制，主要防止未经授权的系统内外人员对数据库的非法访问，为此采取的控制措施是密码和身份鉴别、设置数据库的用户访问权限、加强数据存储介质的管理、重要数据可采取硬件加密和防止复制、建立数据备份和恢复制度等。

5. 会计档案控制

由于实施会计信息系统后，大量的会计档案资料保存在磁性介质中，人凭眼睛无法直接读取，而且对这些数据的修改可以不留下任何痕迹，这就使得会计档案资料的保存和管理与传统的手工系统不同。在一般控制中，企业除了建立切实可行的管理制度外，还要重视建立灾害预警和数据恢复机制。

5.2.3 会计信息系统的应用控制

应用控制是对具体业务实施的控制，在会计信息系统中任何一项目具体业务处理都可以划分为输入过程、处理和存储过程、输出过程三个环节，相对于不同环节的应用控制，可分别称为“输入控制”、“处理和存储控制”、“输出控制”。

1. 输入控制

输入控制是为了防止错误的数据进入信息系统而施加的控制措施。一个完整的数据输入过程包括数据采集、数据整理、数据输入和存储等几个环节。

（1）数据采集控制。数据采集是获取业务数据的过程，这些数据可能存储在纸面上，也可能存储在磁盘上或通过网络线路传递过来。数据采集控制的主要措施有合法、合规性检查，采用标准化格式的原始凭证，原始凭证需要审查，数据采集应该有适当的程序，对采集的数据要按系统的需要进行整理等。

（2）数据的输入控制。会计信息系统的数据输入方式有人工输入、机器读取、磁盘导入、网络传入等。人工输入是将纸面的数据通过键盘输入到计算机中；机器读取是借助读卡机、扫描仪等设备将数据录入到计算机中；磁盘导入是通过读取磁盘文件将磁盘中的数据输入到系统中；网络传入是通过网络线路直接把数据传递到需要的系统中。数据输入控制是对输入数据进行校验和对出错数据更改方法的控制。常采用的控制方法有设立科目参照文件检查科目编码输入是否正确、设置科目代码的校验位、试算平衡检验、合计数检验、屏幕数据的人工检验、由两人输入同一数据进行对照检验、输入屏幕表格化、输入凭证必须审核签章等。

2. 处理和存储控制

处理控制是数据输入计算机以后，为了保证数据处理的正确和完整所采取的控制措施。处理控制一般是通过预先编好的计算机程序来实现的，所以要求财务软件公司在设计软件时，应该充分考虑数据处理过程中可能出现的问题，并采取有效措施加以解决。

常用的处理控制包括操作人员的处理权限设置、业务时序控制（如凭证输入计算机后，未经审核不能记账)、数据的勾稽关系正确性控制、数据合理性检验、错误更正方法控制、在程序中设置断点以便检查、数据备份和恢复控制等。

存储控制是指数据处理结果应根据需要保存足够长的时间，以便重新进行检查和分析。处理数据保存时，同时要保存处理者的信息，包括处理时间、用户 ID 号、计算机终端号等，以便给审计工作提供线索。

3. 输出控制

信息系统处理结果的输出主要是通过屏幕显示、打印到纸介质、存入磁盘和通过网络传递等方式。输出控制要保证输出数据的正确，同时要确保输出的信息只提供给经过授权的使用者。输出控制的主要手段有选择好的财务软件、使用性能优越的输出设备、建立完善的管理制度。

5.3 会计信息系统的岗位责任制

5.3.1 会计信息系统的人员构成

会计信息系统实施后，一个单位究竟需要配备多少会计人员，设置多少会计岗位，没有统一的标准，各单位可以根据本单位的组织结构形式和业务工作量、经营规模等因素来进行设置。根据国有大、中型企业传统的会计人员编制，一般不超过企业员工总数的 5%，会计信息系统全面实施以后，会计人员一般可以降到职工总数的 2%左右。

会计信息系统的实施和运用，需要对原有的会计工作岗位重新进行划分，并明确岗位的职责范围，做到事事有人管，人人有专责，办事有要求，工作有检查。按照上述的原则，实施会计信息系统后的工作岗位一般可分为系统管理员、操作员、审核员、档案管理员、系统维护员等。

根据企业的规模和会计部门人员的多少，可以一人一岗、一人多岗或一岗多人，但岗位设置必须符合会计内控相互牵制的要求。

5.3.2 岗位责任制的基本内容

开展会计信息系统工作的单位，在明确了系统的岗位和职责后，应该制定各岗位的责任制，明确每个工作岗位的职责范围。

1．会计信息系统主管

对会计信息系统主管的要求是：全面负责和协调会计信息系统的运行工作，要求具备全面的会计和计算机知识，具有会计信息系统的组织管理经验。会计信息系统主管也是财务软件的系统管理员，可由会计主管兼任，一般实施会计信息系统的单位都应设立此岗位。其责任包括：

（1）负责系统的日常管理工作，监督并保证系统的正常运行，达到合法、安全、可靠的要求。在系统发生故障时，应及时组织有关人员尽快恢复系统的正常运行。

（2）协调系统各类人员之间的工作关系，制定岗位责任与经济责任的考核制度，负责对系统各类人员的工作质量进行考评，并提出任免意见。

（3）负责对计算机输出的账表、凭证的数据正确性和及时性的检查工作。

（4）建立系统各种资源（硬件资源和软件资源）的调用，修改和更新的审批制度，并监督执行。

（5）完善企业现有管理制度，充分发挥会计信息系统的优势，提出单位会计工作的改进意见。

2．软件操作员

对软件操作员的要求是：负责输入记账凭证和原始凭证、输出记账凭证、会计账簿、报表等会计数据，并进行部分会计数据处理工作。要求持有会计证，并具备财务软件操作知识，达到会计电算化初级知识培训的水平。各单位原有基本岗位的会计人员可兼任软件操作岗位的工作。其责任包括：

（1）负责所分管业务的数据输入、数据处理、数据备份和输出会计数据（包括打印输出凭证、账簿、报表）的工作。

（2）严格按照操作程序操作计算机和财务软件。

（3）数据输入操作完毕，应进行自检核对工作，核对无误后交审核记账员复核记账。对审核员提出的数据输入错误，应及时修改。

（4）每天操作结束后，应及时做好数据备份并妥善保管。

（5）注意安全保密，各自的操作口令不得随意泄露，定期更换自己的密码。

（6）离开机房前，应执行相应命令退出财务软件系统。

（7）操作过程中发现问题，应记录故障情况并及时向系统管理员报告。

（8）每次操作软件后，应按照有关规定填写上机记录。

（9）出纳人员应做到“日清月结”，现金出纳每天都必须将现金日记账的余额与库存现金进行核对一致；银行出纳每月都必须将银行存款账户的余额与银行对账单进行核对一致。

（10）由原始凭证直接录入计算机并打印输出，记账凭证上应有录入员的签名或盖章；收付款记账凭证还应由出纳人员签名和盖章。

3．审核记账员

对审核记账员的要求是：负责对输入计算机的会计数据（记账凭证和原始凭证等）进行审核，操作财务软件登记机内账簿，对打印输出的账簿、报表进行确认。其责任包括：

（1）审核原始凭证的真实性、正确性，不合规定的原始单据不能作为记账凭证依据。

（2）将不真实、不合法、不完整、不规范的凭证退还给各有关人员更正修改后，再进行审核。

（3）对操作员输入的凭证进行审核，并及时记账。

（4）负责凭证的审核工作，包括各类代码的合法性、摘要的规范性、会计科目和会计数据的正确性及附件的完整性审核。

（5）审核记账人员不得兼任出纳工作。

（6）结账前，检查已审核签字的记账凭证是否全部记账。

4．系统维护员

对系统维护员的要求是：系统维护员负责计算机硬件、软件的正常运行，管理机内会计数据。此岗位要求具备计算机和会计知识，经过会计电算化中级知识培训。采用中型、小型计算机和计算机网络财务软件的单位，应设立此岗位，大中型企业中此岗位应由专职人员担任。其责任包括：

（1）定期检查会计信息系统的软、硬件的运行情况。

（2）应及时对系统运行中软、硬件的故障进行排除。

（3）负责系统升级换代的调试工作。

（4）系统人员变动或会计科目调整时，负责系统的维护。

（5）财务软件不满足单位需要时，与本单位软件开发人员或商品化财务软件开发商联系，进行软件功能改进或升级。

5．会计档案资料保管员

对会计档案资料保管员的要求是：按会计档案管理的有关规定，主要负责本系统各类数据磁盘、系统盘及各类账表、凭证资料的存档保管工作。做好各类数据、资料、凭证的安全保密工作。其责任包括：

（1）按会计档案管理有关规定行使职权。

（2）负责本系统各类数据磁盘、系统盘及各类账表、凭证资料的存档保管工作。

（3）做好各类数据、资料、凭证的安全保密工作，不得擅自出借。经批准允许借阅的会计资料，应认真进行借阅登记。

（4）按规定期限，向各类岗位人员催交各种有关的磁盘资料和账表、凭证等会计档案资料。

6．系统安全审查员

对系统安全审查员的要求是：系统安全审查员负责监督计算机及财务软件系统的运行，防止利用计算机进行舞弊，要求具备会计和计算机知识，达到会计电算化中级知识培训水平，此岗位可由会计稽核人员兼任。采用中型计算机、小型计算机和大型财务软件的单位，可设立此岗位。其责任包括：

（1）负责监督计算机及财务软件系统的运行，防止利用计算机进行舞弊。

（2）审查系统各类人员的工作设置是否合理，制定的内部牵制制度是否合理，各类人员是否越权使用软件，防止利用计算机进行舞弊。

（3）发现系统问题或隐患，应及时向会计主管反映，提出处理意见。

7. 数据分析员

对数据分析员的要求是：数据分析员负责对会计数据进行分析，及时提供有用的会计信息。要求具备计算机和会计知识，达到会计电算化中级知识培训水平。采用中型、小型计算机和网络财务软件的单位，可设立此岗位，可由主管会计兼任。其责任包括：

（1）负责对计算机的会计数据进行分析。

（2）制定适合本单位实际情况的会计数据分析方法、分析模型和分析时间，为企业经营管理及时提供信息。

（3）按规定，每隔一定时间都要对企业的各种报表、账簿进行分析，为单位领导提供必要的信息。

（4）企业的重大项目实施前，应通过历史会计数据的分析，为决策提供翔实、准确、有根有据的事前预测分析报告；企业的重大项目实施过程中，应通过对有关会计数据的分析，提供项目实施情况（如进度、成本、费用等）分析报告；企业的重大项目实施后，应通过对会计数据的分析，提供项目总结的分析报告。

（5）根据单位领导随时提出的分析要求，及时利用会计数据进行分析，以满足单位经营管理的需要。

5.3.3 中小企业实施会计信息系统后的岗位设置

上面提到的会计信息系统工作岗位的划分，是针对中大型单位的，这些单位的会计部门往往有几十个人，工作岗位划分很细，常常一岗多人，因此实现会计信息系统后，可适当调整各岗位的人员，设置必要的新岗位。但是，在我国几千万家企事业单位中，很多单位会计部门常常不足 10 人。由于会计部门人数比较少，会计业务比较简单，实行会计信息系统后的岗位划分，应根据实际需要对岗位进行适当合并，设置一些必需的岗位，一人可以兼任多个工作岗位。这样，不仅能够加强对会计信息系统的管理，而且能够提高工作效率，节约人力。

中小型企业实行会计信息系统后的岗位设置，应该注意满足内部牵制制度的要求，如出纳和记账审核不应是同一人，系统维护和软件开发人员不能操作财务软件处理会计业务。较小单位的岗位设立，可由会计主管兼任系统主管和审核记账员，由会计人员兼任软件操作员，一般情况下出纳岗位应单独设立。

小微企业刚刚创业或业务量很少，未设置会计机构或未配备专门会计人员，可以委托专门的会计师事务所或代理记账机构开展会计信息化工作，但必须指定专人负责企业的财务管理、财务核算和现金出纳事项。

5.4 会计信息系统的操作管理

一个单位实施会计信息系统后，会计人员必须操作计算机才能进行会计核算工作，如果操作不正确会造成系统内数据的破坏或丢失，影响系统的正常运行，直至输出不正确的会计报表。因此，必须通过对系统操作的管理，保证系统正常运行，保证会计信息的安全与完整。尤其是在用计算机替代手工记账后，应制定与贯彻各种严格的控制措施，为会计信息系统的正常运行提供一个良好的条件。会计信息系统的操作管理包括系统的使用管理、上机操作管理和会计业务处理程序管理三个方面。

5.4.1 系统的使用管理

系统的使用管理是为了保证系统的正常运行，制定的管理制度，基本的内容有：

（1）在会计信息系统投入使用前，由会计主管会同系统管理员确定本系统合法使用人员及其操作权限。运行过程中需要增减使用人员，按同样手续办理。尤其是在原使用人员岗位变动或离开本单位前，必须及时调整、删除该用户的权限和账号。

（2）会计信息系统使用的计算机必须专机专用，任何上机人员的上机记录，都必须留有日志记载，任何人不能更改上机记录。

（3）需存档或备份的数据，由系统管理员按规定指派专人负责复制、核对，并交会计档案管理员保管。

（4）系统管理员必须做好日常检查监督工作，发现不规范使用应及时制止，并采取措施避免同样情况再次发生。

5.4.2 上机操作管理

上机操作的管理是通过建立与实施各项操作管理制度，确保财务软件安全、有效、正常地运行。具体内容如下。

（1）明确规定上机操作人员对财务软件的操作工作内容和权限，对操作密码要严格管理，定期更换操作员的密码。

（2）操作人员离开机房前，应执行相应命令退出财务软件，否则会给无关人员操作软件留下机会。

（3）根据本单位实际情况，由专人保存必要的上机操作记录、记录操作人、操作时间、操作内容、故障情况等。

（4）及时做好所需的数据备份，备份的会计数据应由指定人员用专用保存柜妥善保管。

（5）应该避免使用来历不明的软盘和各种非法复制软件，以及在财务专用计算机上玩游戏，以防止计算机病毒的感染与传入。

5.4.3 会计业务处理程序管理

会计业务处理程序管理是指按照《会计基础工作规范》的要求，进行会计业务处理的一些规定，基本内容有：

（1）预防原始凭证和记账凭证等会计数据未经审核而直接登记到机内账簿。

（2）尽可能做到当天发生的业务，当天登记入账，现金和银行存款日记账应日清月结。

（3）保证会计记账凭证的连续编号。

（4）按规定程序编制转账凭证。期末按规定时间及时结账，生成、打印输出会计报表。

（5）按有关规定装订保管会计原始凭证、记账凭证、账簿、报表等。

（6）对财务数据进行综合分析，定期或不定期向单位领导报告主要财务指标和分析结果。

5.5 系统的维护管理

会计信息系统的维护是指保证系统正常运行的各种工作，它贯穿于会计信息系统的整个使用过程中。从信息系统的角度来考虑，系统维护包括硬件维护、软件维护和数据维护三个方面。因此，会计信息系统必须建立计算机硬件维护、软件维护和会计数据维护的管理制度。

5.5.1 计算机硬件设备的维护

机房设备的安全和计算机正常运行是会计信息系统正常使用的前提条件，计算机硬件设备的维护主要包括以下几点。

（1）要经常对有关设备进行保养，保持机房和设备的整洁，防止意外事故的发生。

（2）定期对计算机场地的安全措施进行检查，如对消防和报警设备，地线和接地，防静电、防雷击、防鼠害、防电磁波等设备和措施进行检查，保证这些措施的有效性。

（3）在系统运行过程中，出现硬件故障时，应及时进行故障分析，并做好记录，及时修复。

（4）在设备更新、扩充、修复后，由系统管理员与维护员共同研究决定，并由系统维护员实施安装和调试。

（5）硬件维护工作中，小故障的维护可以通过计算机命令或各种软件工具来解决，一般都由本单位的维护人员来做。较大的故障，本单位的技术人员没有能力解决的，需与硬件生产或销售厂家联系，协助解决。

（6）机房应该设置必要的防火设备，经常检查防火、防水、防断电的设施是否完好。

5.5.2 系统软件和财务软件的维护

系统软件都是由系统软件开发商提供的，一般购买计算机时就配置好了。系统软件不需要修改，只需要定期检查、增添补丁程序，维护比较简单。系统软件维护的主要任务是，检查系统文件的完整性，系统文件是否被非法删除和修改，以保证系统软件的正常运行。

财务软件的维护是软件系统维护的主要工作，包括操作维护与程序维护两方面。财务软件维护主要有以下内容。

（1）操作维护是日常维护工作，如通过操作软件进行索引，删除系统垃圾文件等。

（2）在日常使用软件过程中发现的问题，系统维护员应尽早排除故障，若不能排除，应马上求助于财会软件公司的专职维护人员或本单位的软件开发人员。

（3）对于使用商品化财务软件的单位，软件的修改、版本升级等程序维护是由软件开发厂家负责的，单位的软件维护人员的主要任务是与软件开发销售单位进行联系，及时得到新版本的财务软件。

（4）对于自行开发软件的单位，程序维护则包括了正确性维护、完善性维护和适应性维护等内容。正确性维护是指诊断和改正错误的维护过程；适应性维护是指当单位的会计工作发生变化时，为适应变化了的工作而进行的软件修改活动。一般应配备专职系统维护员进行程序维护。

（5）对正在使用的会计核算软件进行修改、对通用财务软件进行升级和计算机硬件设备进行更换等工作，要有一定的审批手续。

5.5.3 会计数据的安全维护

会计数据的安全维护是为了确保会计数据的安全保密，防止对会计数据的非法修改和删除，具体包括以下几点。

（1）必须经常进行备份工作，以避免意外和人为错误造成数据的丢失，可以定时对计算机内的会计资料在计算机硬盘中进行备份。备份方法和手段包括异地备份、磁盘阵列、刻制光盘等。

（2）需要做备份的内容，是能够完全恢复会计信息系统正常运行的最少的数据，一般包括系统设置文件、科目代码文件、期初余额文件、凭证、各种账簿、报表及其他核算子系统的数据文件。

（3）对磁性介质存放的数据要保存双备份，备份盘应该定期复制，以保证数据没有丢失。

（4）健全必要的防治计算机病毒的措施。计算机病毒的存在是会计信息系统正常运行的隐患，它能够破坏财务软件和会计数据，因此应该避免使用来历不明的软盘和各种非法复制的软件，禁止在财务专用计算机上玩游戏和上网浏览网页，以防止计算机病毒的感染与传入。另外，可采用安装防病毒卡等外部措施，以避免病毒进入计算机。使用的防病毒卡应该及时更换新版本。

5.6 会计档案管理

会计档案管理是重要的会计基础工作，必须加强对会计档案工作的领导，建立和健全会计档案的立卷、归档、保管、调阅及销毁的管理制度。实施会计信息系统后，特别是 2013 年 12 月《企业会计信息化工作规范》提出会计资料无纸化条件后，企事业单位应根据最新修订的《会计档案管理办法》的要求，对会计档案的电子化管理采取与工作规范一致的原则。

5.6.1 会计信息系统档案的内容

会计信息系统的档案，包括存储在计算机中的会计数据（以磁性介质或光盘存储的会计数据）和计算机打印出来的各种形式的会计数据。会计数据是指记账凭证、会计账簿、会计报表（包括报表格式和计算公式）等数据，以及财务软件系统开发运行中编制的各种文档等。

可以施行无纸化管理的内部生成会计资料包括会计凭证、账簿和辅助性会计资料。这里的会计凭证，包括原始凭证和记账凭证，会计账簿包括总账、明细账和日记账，而辅助性会计资料则含义宽泛，包括固定资产卡片、项目辅助账、银行存款余额调节表等各种会计资料。

按照《企业会计信息化工作规范》要求，由会计信息系统产生的电子会计资料，并未限定其格式。无论其是以数据库、XBRL 等结构化形式存在，还是以 HTML、PDF、Excel、Word 等非结构化形式存在，无论其由会计信息系统管理、还是由专门的档案系统管理，只要符合工作规范规定的条件，都可以不再输出纸面资料。例如，由计算机自动生成的记账凭证，最初以数据库形式存放于会计信息系统中，按照企业档案管理统一要求转换为 PDF 文件存放于企业档案管理系统中，并能通过该系统随时查询打印，可以视为满足《工作规范》的条件要求。

由会计信息系统生成的会计凭证、账簿、报表，应当符合国家统一会计制度的要求，采用中文或中外文对照，字迹清晰，保存期限按《会计档案管理办法》的规定执行。

通用财务软件、定点开发财务软件、通用与定点开发相结合财务软件的全套文档资料及财务软件程序，视同会计档案保管，保管期截止时间是该软件停止使用或有重大更改之后的 5 年。

5.6.2 会计档案的整理、保管和利用

会计档案收集整理、保管和利用时应注意以下的问题：

（1）现金日记账和银行存款日记账要尽可能做到日清月结。

（2）在所有记账凭证数据和明细分类账数据都存储在计算机内的情况下，总分类账可用“总分类账本期发生额及余额对照表”替代。

（3）在原始凭证直接录入计算机的情况下，输出的记账凭证上应有录入员的签名或盖章、稽核人员的签名或盖章、会计主管人员的签名或盖章。收付款记账凭证还应由出纳人员签名和盖章。打印生成的记账凭证视同手工填制的记账凭证，按《会计人员工作规则》、《会计档案管理办法》的有关规定立卷归档保管。

（4）在会计信息系统内自动产生和保存的无纸化会计凭证，应保持其原生性、可查询性、防篡改性，并在规定时间内及时备份保管。

（5）获得外部单位或者个人证明的原始凭证和其他会计资料，只要其符合《中华人民共和国电子签名法》并经该法规定通过第三方认证的电子签名，可以作为无纸化电子文档保存。

（6）各单位每年形成的会计档案，都应由财务会计部门按照归档的要求，负责整理立卷或装订成册。当年会计档案，在会计年度终了后，可暂由本单位财务会计部门保管一年。期满后，原则上应由财务会计部门编造清册移交本单位档案部门保管。

（7）各单位保存的会计档案应为本单位积极提供利用，在向外单位提供利用时，档案原件原则上不得外借。对于审查机构监督人员需要查阅和输出的电子资料，包括需要作为证据带走的电子会计资料，应根据要求提供查询、打印的方便，必要时需进行签章确认。

（8）各业务经办人与档案管理人员办理存档手续，必须填写“档案移交登记表”，登记表内容包括：序号、档案名称、份数、产生日期和版本、说明；并由移交人、接交人和监交人签名。

（9）查阅已入档的资料，必须填写“档案查阅登记表”，登记表的内容包括：日期、批准人、查阅人、查阅内容、备注等。不许在会计档案上做任何记录、勾划和修改，违者应对其严肃处理。

对违反会计档案管理制度的，应该进行检查纠正，情节严重的应当报告单位领导或财政、审计机关严肃处理。

复习思考题 5

一、单项选择题

5.1 甩掉手工账前，必须经过计算机与手工核算并行工作的时间，至少是（　）。

A. 一个月　B. 三个月　C. 半年　D. 一年

5.2 对于磁性介质的会计档案资料，正确的管理方法是（　）。

A. 需要备份一套数据，并妥善保管

B. 必须进行双备份，并放在不同地点

C. 不要进行复制

D. 存放地点的温度和湿度要保证与纸张资料的条件相同

5.3 不属于电算化维护员的职责是（　）。

A. 定期检查计算机软、硬件的运行情况

B. 负责系统的安装和调试工作

C. 消除系统运行时发生的软、硬件故障

D. 负责部分数据的输入处理工作

5.4 会计电算化中级人才的培养目的是（　）。

A. 进行财务软件的分析

B. 掌握计算机和财务软件的基本操作技能

C. 对计算机系统进行一般维护，财务软件的初始设置和数据分析

D. 财务软件的开发研制

5.5 下列关于数据恢复的叙述，正确的是（　）。

A. 每次记账前都必须进行一次数据的恢复

B. 上机的操作人员均应具有此权限

C. 当硬盘数据丢失或被删除时，才进行数据的恢复

D. 做数据恢复前，不必进行数据备份

二、思考问答题

5.6 一个单位要实施会计信息系统应具备哪些基本条件？为什么？

5.7 一个单位实施会计信息系统要经过哪些基本步骤？

5.8 一个会计信息系统的实施计划，一般包括哪些基本内容？

5.9 购买商品化财务软件应注意哪些问题？

5.10 用计算机替代手工记账（即“甩掉手工账”）的单位应具备哪些条件？

5.11 什么是会计信息系统的一般控制？它包括哪些内容？

5.12 会计信息系统的数据输入方式有哪些？常采用的输入控制方法有哪些？

5.13 实现会计信息系统的单位，一般应设立哪些工作岗位？它们各自的职责是什么？

5.14 会计信息系统的操作管理包括哪些基本内容？

5.15 在日常操作中，为什么要经常做好数据备份？做会计数据备份应注意哪些问题？

5.16 为了保证会计数据的安全，一般应采取哪些措施？

三、实际调查

若有条件，可要求学生对一个实施会计信息系统的单位进行一次详细的调查，并写出调查报告。调查报告的内容包括调查过程简述、该单位实施会计信息系统的过程、制定了哪些内部管理的规章制度。

第 6 章　会计信息系统的开发

6.1　会计信息系统的开发方法

会计信息系统的研制是一项复杂的系统工程，需要包括会计人员、计算机技术人员和用户在内的各方面人员齐心协力，共同进行，需要借助于 MIS 的开发技术和方法。目前较为常见的系统开发方法有生命周期法和原型法。

6.1.1　生命周期法

生命周期法是国内外信息系统开发中较传统也是较广泛应用的开发方法。其原理是：根据信息系统的生命周期，将系统的整个开发过程分为系统准备、系统分析、系统设计、系统实施 、系统维护五个主要的阶段，采用结构化软件设计的基本思路，遵循自顶向下、逐步分层、逐步求精的模块化设计原则，明确规定每个阶段的任务、原则、方法、工具和形成文档资料的方法。

第 1 阶段：系统准备。也称为可行性研究，根据用户提出的任务和要求，进行初步调查研究，确定是否真的有必要建立一个新的计算机系统来取代旧系统，并在调查现行系统存在问题的基础上，提出新系统的目标、任务，并从经济上、技术上、组织上等方面提出可行性研究报告。

第 2 阶段：系统分析。该阶段的主要任务是分析与确定系统的目标，即新系统将要“干什么”的问题。经过可行性分析后确认新系统的开发是可行的，就需要进一步进行详细调查，根据系统的目标和用户的要求，全面分析现行系统的数据流程和数据结构，以进行逻辑设计，从而构思和制定出新系统的逻辑模型，并写出系统分析说明书，即系统的总体设计方案。

第 3 阶段：系统设计。按照逻辑模型，设计出一个能由电子计算机实现的设计方案，解决新系统“怎么做”的问题。其内容包括计算机系统配置、代码设计、数据库文件设计、模块结构和功能设计、输入与输出设计、处理逻辑设计等，形成系统设计说明书。

第 4 阶段：系统实施。通过对程序的设计和调试测试，将系统中每个功能模块用某种程序语言予以实现，并在计算机内运行，以检验程序能否执行。最后将新系统经用户验收并移交用户使用。在系统实施开始时，需拟定系统实施进度计划，结束时需提交系统测试说明书、用户手册、系统试运行报告及文档资料。

第 5 阶段：系统维护。新旧系统转换后，在系统运行过程中，随着社会环境和用户需求的变化，科学技术的不断更新，或由于系统本身存在的问题，这些都需要对系统不断地进行调整和维护，使新系统不断完善。该阶段的主要内容有系统软件维护、数据维护、代码维护、设备维护等，对新系统进行修改和扩充，提高新系统的适应能力。在该阶段应提交运行、维护记录及与运行和维护等有关的管理制度文档资料。

生命周期法的各阶段在时间上基本上是按顺序进行的，但在实际运用中往往会有反复，在五个阶段中系统分析和系统设计是系统生命周期中最重要、最核心的两个阶段，开发难度大，需要使用有效的方法和工具。常用的方法有结构化系统分析方法（Structured Analysis，SA）和结构化系统设计方法（Structured Design，SD），软件工具有数据流程图（Data Flow Diagram，DFD）、数据字典（Data Dictionary，DD）等。

6.1.2 原型法

原型表示某种物体的原始模型，对于信息系统的开发则是指系统的最初版本，反映系统的部分重要功能和特征。原型法的基本思路是在获得用户基本需求的基础上，利用高级软件工具和开发环境，投入少量人力和物力，快速地建立起一个原始模型，使用户能及时运行或看到系统的概貌和使用效果，这样用户就能容易地发现原型系统中存在的问题，并提出改进意见，然后再由开发人员进行修改、补充，如此循环反复，直至用户满意为止。原型法的开发过程如图 6-1 所示。

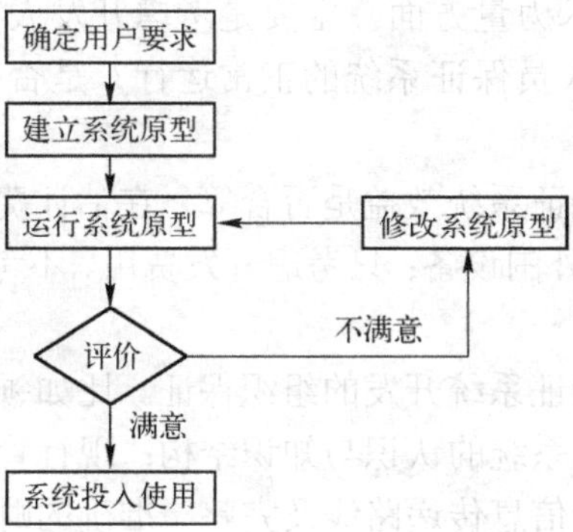

图 6-1

原型法的各阶段工作内容如下。

第 1 阶段：确定用户要求。由用户提出开发要求，对系统做初步的设定。用户的基本需求包括菜单和屏幕、模块功能、数据结构及传递、报表格式和内容等。

第 2 阶段：建立系统原型。根据用户的初步需求，开发一个可以应用的系统。包括定义屏幕、设计模块、设计数据库结构、绘制系统流程等。尽可能多地满足用户需求。

第 3 阶段：反复运行原型。对原型进行测试、修改和扩充，并根据用户的需求，对原型进行评价，找出原型存在的问题，直到用户认为该系统原型达到了开发的目的为止。至此，原型就变成可以投入使用的系统了。

6.2 系统准备

6.2.1 系统初步调查

企业现行的系统是客观存在的一个系统，尽管它可能存在着一些缺点，但它却包含了管理人员的经验、习惯和处理的原理。因此，在开发一个新的信息系统前必须对老系统进行认真地检查，就成为系统准备的首要工作。

系统初步调查的内容有：

（1）了解现行会计工作的组织机构和人员分工。
（2）搜集有关的原始资料，包括记账凭证、账册、财务报表、会计科目等。
（3）现行的会计管理制度。
（4）单位使用的各类编码方案。
（5）现有计算机的软、硬件资源情况。
（6）各种会计人员对新系统的要求。

6.2.2 可行性分析

可行性分析一般包括技术可行性分析、经济可行性分析和组织可行性分析。

技术可行性分析主要是从准备投入的技术力量和设备等方面论证系统在技术上实现的可能性。在设备条件方面，应考虑计算机的内存容量、外存容量、运算速度、汉字输入/输出设备等能否满足会计信息系统在数据处理方面的需要。如果系统欲采用网络结构，还要考虑选择网络的相关要求。在技术力量方面，主要是考虑开发人员的技术水平能否胜任开发任务？是否有一定数量的操作人员保证系统的正常运行？是否有一支合格的维护人员队伍为系统提供良好的运行环境等。

经济可行性分析主要是论证系统效益是否合算。在估计费用时要注意避免只算硬件、不算软件；只考虑主机、不考虑外围设备；只考虑开发费用、不考虑维护费用；只算直接收益，不考虑间接收益等倾向。

组织可行性分析主要是论证系统开发的组织保证。比如领导对开发新系统的态度和决心；财会人员和开发人员对开发新系统的认识与知识结构；现行管理体制和管理方式是否能提供稳定的开发环境、合理的会计信息传递路线及完整、准确的财会数据；财会人员对新系统的认识和心理承受能力等。

6.2.3 可行性分析报告

可行性分析结果必须提交可行性分析报告，可行性分析报告的基本内容如下。
（1）初步调查概况。
（2）系统目标、功能及子系统的划分。
（3）可行性分析（新系统开发的必要性、可行性和可行性分析结论）。
（4）新系统实施计划。
（5）结论。可行性分析的结论有以下三种情况：
① 开发是必要且可行的，可立即着手开发。
② 需改善条件、增加投资或修改调查目标后，再投入开发工作。
③ 没有必要或不可行，终止开发工作。

可行性分析报告要附上报告中引用的文件和资料、使用的专门术语及定义。最后还需进行可行性评审会，经用户、业务人员和同行专家评审认可后，就可以转入系统分析的工作了。

6.3 系统分析

系统分析在会计信息系统的开发过程中具有重要的地位，系统分析的质量好坏，直接关系到系统开发的成败。系统分析的基本任务是在详细理解和分析现行会计信息系统的基础上，导出新的会计电算化信息系统将来“干什么”的问题，也就是说，要确定新系统的逻辑功能。

6.3.1 系统详细调查

系统详细调查是在初步调查的基础上，对现行系统进行深入的了解和分析，详细调查和分析的内容包括以下几点。

（1）会计部门的组织机构和人员职责分工，画组织机构图。

（2）会计业务处理流程，画业务处理流程图。

（3）数据流程调查，画数据流程图。

（4）输入数据调查，对现行会计处理系统中的输入内容、格式和数据之间的关系进行调查和描述。

（5）输出数据调查，对现行会计处理系统中的各种输出内容、格式和数据之间的关系进行调查和描述。

（6）数据处理方法调查，对比较复杂的数据处理工作、采用的处理方法进行描述。

（7）对系统中需要保存的文件进行调查，如凭证、账簿、报表等。

（8）代码调查，如科目编码、职工代码、产品代号、客户代码等。

6.3.2 结构化系统分析方法（SA）

结构化系统分析方法是一种简单、实用且广为采用的方法，该方法又称为自顶向下的结构化分析方法。其原理是采用自顶向下，由复杂到简单的逐层分解的方式来表达系统的功能，如图 6-2、图 6-3、图 6-4 所示。

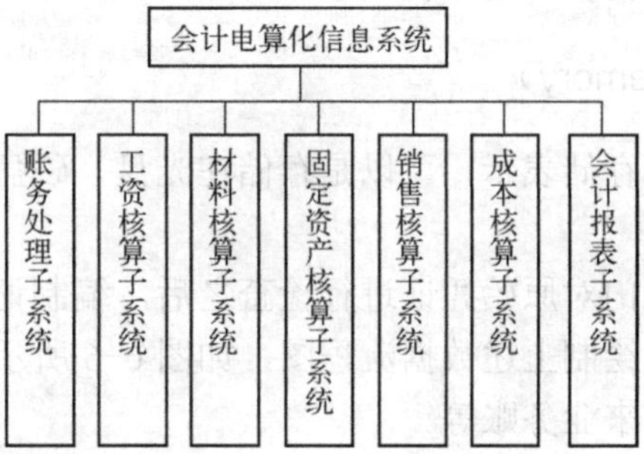

图 6-2

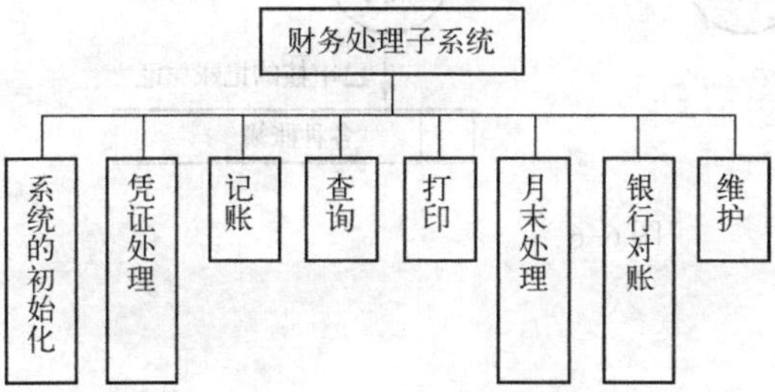

图 6-3

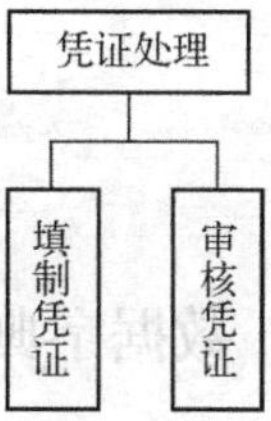

图 6-4

从图示可以看出 SA 的优点是：使用模块式图表描述，使系统简单、直观和容易理解，无论系统多么庞大、复杂，都可以按结构化分析方法有条不紊地、自顶向下逐步分解下去，直到最后一层的最简单的功能模块为止。使用户和开发人员做到心中有数，当用户需要增加或删除某些功能模块时，可以很方便地进行修改，而不会从整体上对系统造成影响。

6.3.3 数据流图（DFD）

数据流图表示了系统内部的信息流向和数据的转换过程。其优点是，与计算机专业知识无关。数据流图有以下四种基本符号，如图 6-5 所示。

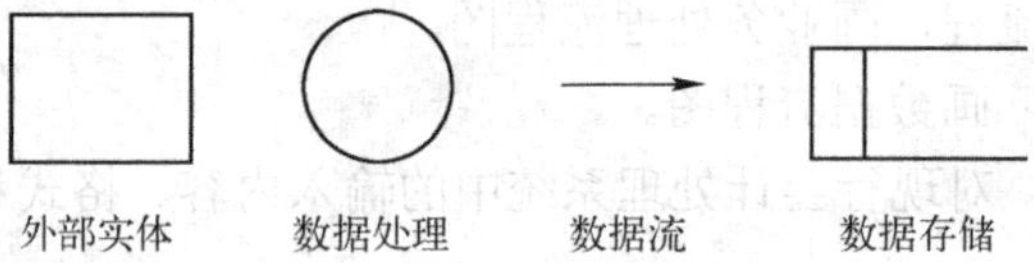

图 6-5

1．外部实体（External Entity）

外部实体用方框表示，表示来自系统外的数据来源或去向终点，如财会部门、银行、职工、供销科等都可能是外部实体。

2．数据处理（Data Processing）

数据处理是指对数据的加工、计算、汇总、查询、改变数据格式等，用圆圈表示。

3．数据流（Data Flow）

数据流反映数据的流动情况，通常在数据流符号的上方标明数据流的名称。

4．数据存储（Data Memory）

数据存储仅是一种逻辑存储表示，可以是存储在光盘、磁盘、纸张等介质上的文件，也可以是数据库。

例如，某企业的会计部门对原始凭证进行检查之后，编制记账凭证，对已经过审核正确的记账凭证进行账簿登记。绘制上述数据流程图，如图 6-6 所示，其中账簿的存储包括各类总账、明细账、日记账、往来业务账等。

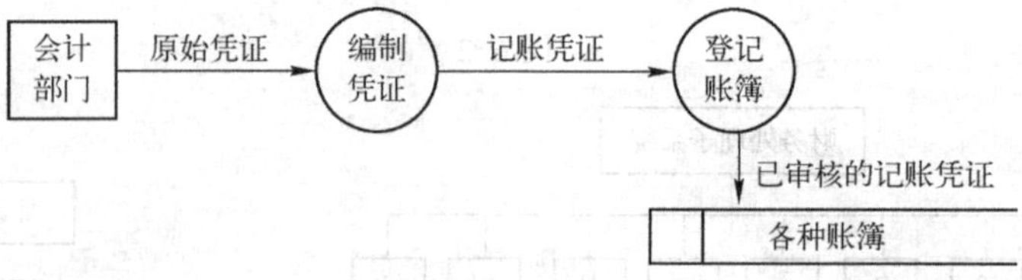

图 6-6

6.3.4 数据字典（DD）

因为数据流程图只是对系统总体的描述，它并不能表达系统的全部逻辑关系和数据的含义，所以有必要使用数据字典这个辅助性工具。数据字典是对数据流程图中的每个数据实体、每个数据流、每个数据处理和每个存储的数据文件给出完整的定义与说明，为数据流程图提供必要的补充信息。数据字典由以下几个类型的条目构成。

1．数据项（Fields）

数据项包括数据项名、取值范围、数据类型、数据的组成等。

2．数据流（Data Flow）

数据流包括数据流名称及相应的编号、数据流组成、数据流来源及去向、流量和峰值流量等。

3．数据处理（Data Processing）

数据处理又称为数据加工，是数据字典中的主要成分，包括处理的名称、编号，简要描述，处理的输入和输出。

4．数据存储（Data Store）

数据存储包括数据存储的名称和编号，流入、流出的数据流，数据存储的组成。

6.3.5 需求分析

需求分析是根据系统调查的结果，确定用户对软件的全部要求，包括被开发软件的运行环境、软件各项功能需求的规定及软件质量要求等。需求分析的结果要用需求说明书的形式准确地表达出来，为下一阶段的系统设计提供需求说明，并作为今后软件的测试和验收的基本依据。

根据我国会计软件开发情况，财政部为了规范我国会计软件的开发和保证会计软件的质量，于 1994 年 6 月发布了《会计核算软件基本功能规范》，该文件包括了 6 章 40 条具体内容，给出会计核算软件的数据输入、数据处理、数据输出和会计数据安全等的需求规定。例如，在第 2 章会计数据输入的第 15 条规定：在输入记账凭证过程中，会计核算软件必须提供以下功能。

（1）正在输入的记账凭证编号是否与已输入机内记账凭证编号重复。

（2）以编号形式输入会计科目的，应当提示该编号所对应的会计科目名称。

（3）正在输入的记账凭证中的会计科目借贷双方金额不平衡，或没有输入金额，应予提示并拒绝执行。

（4）正在输入的记账凭证有借方会计科目而无贷方会计科目或者有贷方会计科目而无借方会计科目的，应予提示并拒绝执行。

（5）正在输入的收款凭证借方科目不是“现金”或“银行存款”科目、付款凭证贷方科目不是“现金”或“银行存款”科目的，应提示并拒绝执行（其他详细内容可参见本章的附录）。各单位在开发会计软件时，要根据文件的规定并结合企业的具体情况，再进行需求分析。

6.3.6 系统分析说明书

一旦新系统逻辑模型产生，就标志着系统分析阶段的基本结束，应形成系统分析说明书，它是系统设计的依据，也是系统开发人员与用户交流的书面工具。其主要内容包括：初步调查的概况、可行性分析报告、现行系统概况、新系统逻辑模型（流程图、数据字典、子系统的划分）、用户需求分析、系统计算机软、硬件的初步配置方案、初步经费预算、系统设计实施初步计划等。

6.4 系统设计

系统设计的目标是要解决新系统准备“怎样干”的问题，即根据系统分析所得到的新系统逻辑模型，设计一个能在计算机实现的具体方案。系统设计的内容可分为总体结构设计和详细设计两部分。详细设计就是要确定每个模块的处理方法，从而具体实现每个模块的功能。详细设计主要包括代码设计、文件及数据库设计、输入/输出功能的设计、计算机系统配置设计等。

6.4.1 总体设计

总体设计是设计系统的总体结构，即将整个系统划分为若干个子系统，确定各子系统的功能和各子系统之间的相互联系，并确定各子系统内的模块结构，并明确模块的功能及模块间相互关系，形成系统的总体功能结构图。

在系统分析阶段，已经得到了系统的逻辑模型（包括数据流图和数据字典），在系统设计阶段可以将各大模块继续划分为较小的模块，直到该结构图中的每一模块都是功能单一的模块为止（可参考图 6-2、图 6-3 和图 6-4）。模块的分解一般采取“高内聚、低耦合”的原则，即模块间的联系（包括程序的调用关系和数据的传递关系）尽可能少，同一模块内的功能联系尽可能最密切，尽量使一个模块的变动不会影响到另外一个模块。

有了模块结构图，就应当明确地描述每个子系统和模块的输入、输出和加工的具体内容。例如，账务处理子系统的描述如下。

系统名称：会计信息系统。

模块名称：账务处理子系统。

直接上级模块：会计信息系统。

直接下级模块：系统初始化、凭证处理、记账、查询、维护等。

输入：记账凭证。

输出：各种账表。

处理说明：对所有科目的分类账和明细账、日记账进行账务处理。

6.4.2 代码设计

代码设计是对处理对象，如会计科目、物资材料、职工、产品等进行编码，采用数字、字母、符号来代替被编码对象的名称、属性和状态，便于计算机的存储、处理和输出。在会计信息系统中，数据编码是一项基础性工作，在系统设计一开始，就应尽快地把代码体系设计出来，以便其他设计工作的顺利进行。由于一个单位要进行编码的对象很多，因此需要进行统一的编码，并使编码能充分满足数据处理的各项要求，它是一项比较复杂的工作。

1. 代码设计原则

代码设计原则有以下几条：

（1）唯一性（单义性）。即每个代码只能代表某一种对象或属性，如每种材料、设备等只能有一个代码，不能重复。

（2）统一性。代码设计要适应并符合国家、部门及行业的标准。例如，会计科目一级科目的编码，应符合国家财政部的统一标准。

（3）系列性。在设计中应考虑不同的对象的属性和特征各成系列，便于识别和处理，如职工代码、产品代码、材料代码等。

（4）扩充性。代码的设计既要能满足眼前的需要，又要考虑以后的发展，留出足够的备用代码位。

（5）简易性。代码的设计在符合上述各项原则的条件下，应尽量简短，既便于人的识别与记忆，又可节约存储及减少输入操作时的错误。

2．代码设计步骤

代码设计是从编制数据字典开始的，可按以下步骤进行。

（1）调查、分析要实行代码化的对象。

（2）研究代码化对象的特征。

（3）决定代码的类型。

（4）编制代码设计说明书。例如会计科目代码设计说明，如表 6-1 所示。

表 6-1　会计科目代码设计说明

代码对象	会计科目		
代码目的	提高科目录入速度		
使用范围	账务处理系统	使用期限	
编码位数	11	代码结构	XXX-XX-XX-XX-XX
编码要点：科目编码共五级 11 位长，前三位是一级科目，3 位长，根据财政部统一规定编写，1 字头为资产类；2 字头为负债类；3 字头为权益类；4 字头为成本类；5 字头为损益类 第二、三、四、五级科目为明细科目，编码为 2 位长，根据具体情况填列			

3．代码的一般类型

（1）连续的数字型代码或称顺序码。例如，01——北京，02——上海。

（2）分组代码或称区间码。将代码根据需要分成若干组，代码中的每组都有一定的含义。如身份证号码表示了公民的省、市、地区、县、出生年月日、性别等信息。

（3）字母型代码。如 XJ——现金，QTHJ——其他货币资金，JE——金额。

（4）混合型代码。字母与数字混合形成的代码。如 SC01001 表示生产第 1 小组的第一位职工，TV-C-29 表示 29 英寸（74cm）彩色电视机。

（5）校验码。由于采用以数字组成的编码来代替不同的对象，如果代码中有一数字发生错差，就将出现代码混乱，造成不必要的麻烦。为了保证输入代码的正确性，可以在代码的末位附加一个校验码，如果输入编码有错，屏幕上就会显示出错信息，并停止运行，直到输入正确的代码为止，这样有利于及时纠正错误。设置校验码的方法很多，可设计一简单的程序命令由计算机计算并检验。下面介绍一种算术级数法。

已编代码为 13334，将各位分别乘以 12345。

乘积之和为 $1\times1+3\times2+3\times3+3\times4+4\times5=48$。

取乘积之和的个位数 8 为校验码，则该编码为 133348。

4．会计信息系统的代码体系

（1）会计科目代码。会计科目代码是代码体系中最重要的代码，企业和单位首先根据本单位的实际情况，设置会计科目代码的级数，一级科目代码应根据财政部门的统一规定编制，二级科目和三级以上科目可根据企业具体情况自行编制，如图 6–7 所示。

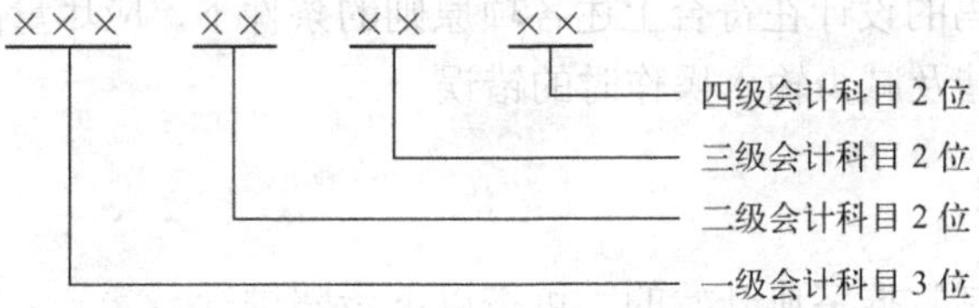

图 6–7

（2）固定资产代码。固定资产的代码结构，可以使用组合码或区间码来表示，并与助记码、字母码结合起来使用，如图 6–8 所示。

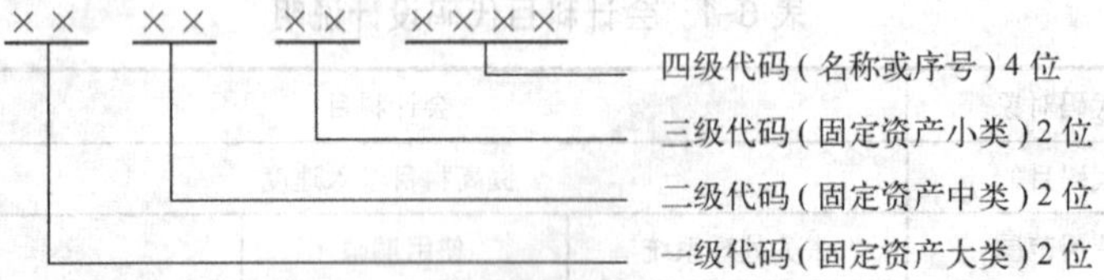

图 6–8

（3）产品（原材料）代码。产品（原材料）代码如图 6–9 所示。

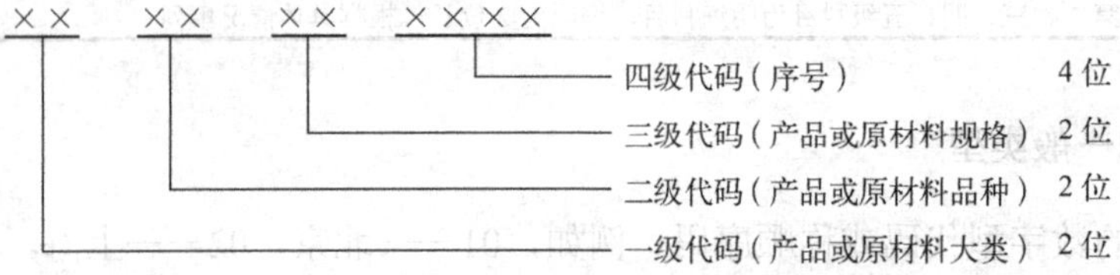

图 6–9

（4）职工代码。职工代码如图 6–10 所示。例如，SC01001 表示生产第 1 小组的第一位职工。

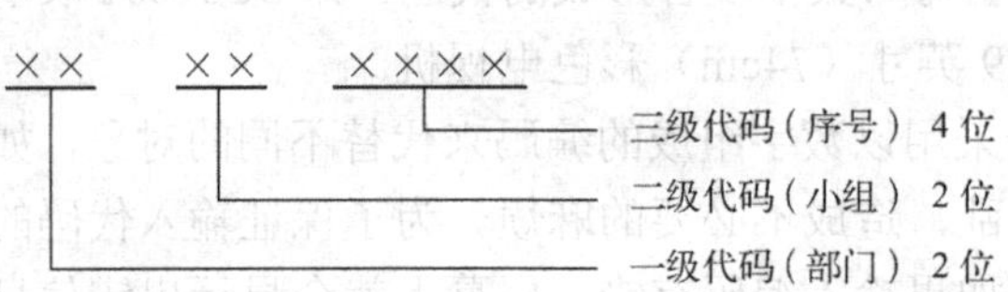

图 6–10

（5）往来客户代码。往来客户代码可采用分组码或区间码，并与助记码、字母码结合使用，如图 6–11 所示。例如，BJ0001 表示北京的第 1 个客户。

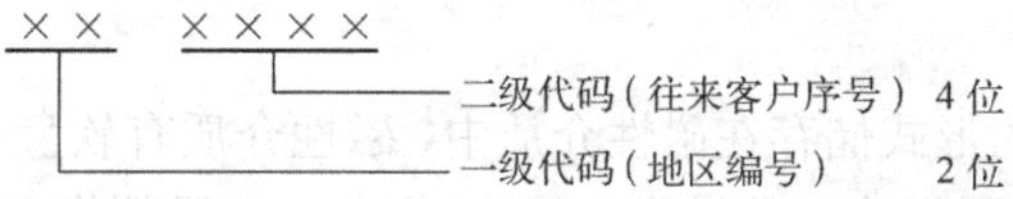

图 6-11

（6）摘要码。摘要码指的是对记账凭证、日记账和明细账中的各种常用的摘要的代码，通常在给出汉字摘要的同时，给出该摘要的助记码。助记码可用与汉字摘要相应的拼音字母表示，其作用是为了加快用户的输入速度和减少摘要的存储量，摘要代码举例如下。

代码	摘要
TQXJ	提取现金备用
TSCF	托收承付
SHHK	收回货款

6.4.3 数据库设计

数据库文件设计是依据系统分析所得到的数据流图和数据字典，把会计信息系统涉及的数据文件进行物理定义，使之可以在计算机中进行读/写、存储、编辑和修改。数据文件设计是会计信息系统设计中非常重要的环节。文件设计的成功与否，将会关系到会计信息系统的设计水平。

1. 会计信息系统需要建立的数据文件

（1）账簿数据文件。为了按照规定的格式输出各种账簿（如日记账、总账、明细账）时所需要的数据都要以文件形式保存起来。

（2）报表数据文件。为了管理的需要，常常要建立和打印各种会计报表`，从而使报表数据以文件的形式保存起来。报表数据文件包括报表格式和报表数据两部分。例如，ZCFZB（资产负债表）、SYB（损益表）。

（3）工作文件。工作文件是在数据处理过程中，进行分类、排序、合并、汇总、校验等需要建立的中间性工作文件。例如，LSPZK（临时凭证库）、索引文件等。

（4）辅助性文件。辅助性文件是为会计数据处理服务的一些文件。例如，KMDMK（科目代码库）、客户目录库等。

在数据库文件设计时，要尽可能地减少文件的数量，减少存储占用空间，简化数据处理过程，特别是对以后不再使用的临时性工作文件，要及时作删除处理，释放所占用的存储区。

2. 文件的组织形式

（1）顺序文件。文件内部的记录按其建立时间的先后顺序排列，读取时也要按照先后顺序处理。例如，凭证库文件就是按凭证号及凭证日期的顺序来建立每条记录，在进行账簿登记时，也必须按先后顺序进行处理。

（2）索引文件。文件通过索引过程来建立记录中关键字和记录位置之间的关系，存取为随机的，使查询文件记录速度快、效率高。例如，为能随时、迅速地查找某个会计科目，可以对会计科目按“科目编码”建立索引文件。

3. 文件的存取

会计数据是以文件的形式储存在磁性介质中，磁性介质有软盘和硬盘，软盘的容量较小，数量级为 MB，硬盘的容量较大，数量级为 GB，因此，一般都将会计数据库文件先储存在硬盘中，而将需要备份的数据储存在软盘中。在存取时，通常将关系密切的或是特征相同的数据文件放在同一个子目录下。

4. 数据库文件结构设计

数据库文件是存放会计数据的文件，文件中数据项的多少、每一数据项的长度的设置都会对数据库文件起着直接影响作用。因此在进行数据库文件结构设计时，字段数和数据文件的记录数不要过多，尽量节约空间和提高运行效率。

利用 Visual FoxPro 的主菜单，直接选择“新建数据库”，并对数据库添加表，即可对数据库文件结构进行设置。如记账凭证数据库（PZ.DBF）的结构，如表 6-2 所示。

表 6-2　凭证数据库示意结构

项目 / 序号	字段名	数据类型	宽度	小数位	说明
1	PZH	N	8		凭证号
2	PZLB	C	2		凭证类别
3	RQ	D	8		日期
4	FJ	N	3		附件
5	ZY	C	30		摘要
6	KMBM	C	11		科目编码
7	KMMC	C	30		科目名称
8	JDJH	C	2		借贷记号
9	JE	N	11	2	金额
10	CWZG	C	8		财务主管
11	JZ	C	8		记账
12	SH	C	8		审核
13	CN	C	8		出纳
14	ZD	C	8		制单

6.4.4 输入/输出设计

输入的方式目前常用的有键盘输入、手写输入、联机输入、光笔阅读器输入和语音输入等，应考虑用户具体情况和会计数据产生的数量、周期等因素，选择适当的输入方法，既保证数据的质量又能提高速度。微机上使用的输入设备主要是键盘和磁盘。

输入设计首先必须保证数据的正确性，其次才能追求速度。因而在输入模块设计时，应注意具备对数据的编辑、维护功能。如对数据的增、删、改等，同时用人机对话方式引导用户输入，并有帮助信息、出错提示信息等。在某些环节要设计对输入数据正确性的检查程序，例如，科目检验，当用户输入科目时，首先检验所输的会计科目或科目编码是否存在，若出错误则给出提示信息。平衡检验，根据会计记账规则“有借必有贷，借贷必相等”，在每张凭证数据输入时，由计算机程序自动进行借贷金额平衡检验，不平衡则给出错误提示信息，以保证录入金额的正确性。逻辑检验，可检查有关数据是否合乎逻辑，如凭证日期的年是否大于 0，月份是否在 1～12 之间，日是否在 1～31 之间等。

输出是把经过计算机处理后的会计信息，按一定的格式打印输出、屏幕显示或在磁盘上备份。因此输出格式设计应以手工方式下的账、表格式为基础，输出的账、表既要使格式更加丰富，形式更加灵活多变，又要做到统一、规范、标准，符合上报的要求和更好地满足管理需要。

6.4.5 系统设计说明书

系统设计的最后阶段需编写系统设计说明书，这既是系统设计阶段的主要成果，也是系统实施阶段的重要依据，是一个综述性的报告，其主要内容有系统设计的目标和任务，系统主要模块结构和功能，系统配置及体系结构，数据库设计，会计信息系统代码设计说明书，输入/输出设计说明等，并附上系统设计的各种文档资料。

6.5 系统的实施和维护

系统实施的任务是将系统设计阶段制订的方案变为一个可运行的系统。在此期间将投入大量的人力、物力，使用部门的组织结构和人员的构成也将发生相应的变化。系统实施约占整个系统开发周期工作量的 50%左右，其中程序设计和调试是系统实施阶段的中心环节。

6.5.1 结构化程序设计

程序设计是将系统设计方案在计算机上加以实现的过程。根据前面的系统分析和设计说明书，将每个模块详细的描述说明转换成用计算机程序语言或数据库语言表示的源程序，并在计算机上进行逐一测试，直到每个程序能单独运行。

会计信息系统所使用的程序设计语言，在不同的历史发展阶段有所不同，最早期的会计电算化信息系统使用比较多的是 Basic 语言，少部分使用 COBOL 语言，从 20 世纪 80 年代开始，易学易用的数据库语言取代了高级语言。目前我国会计电算化信息系统开发工作中，主要使用的语言有 FoxBase+、FoxPro，近两年可视化编程语言又以其快速、直观、简便的优势出现在会计信息开发过程中，如 Visual C++、Visual Basic、Visual FoxPro 等，受到了广大开发者的欢迎和运用。

结构化程序设计是被广泛采用的程序设计方法，这种方法是建立在模块化基础上的，使程序的结构清晰、可读，也容易维护。结构化程序有以下几种基本结构。

1. 顺序结构

顺序结构依次执行各个模块或语句。

2. 选择结构

选择结构是根据判断条件成立与否，决定执行哪一个模块或语句，基本语句如下：

IF-ELSE-ENDIF

3. 多分支结构

多分支结构是根据多分支判断条件的结果，决定执行哪一个模块或语句，基本语句如下：

DO-CASE-ENDCASE

4. 循环结构

循环结构是重复执行几个模块或语句，直到满足某一个条件退出该循环，执行循环下面的语句，基本语句如下：

DO-WHIL-ENDDO

在进行结构化程序设计时，要严格遵循每个模块只有一个入口和一个出口的原则。

6.5.2 系统调试

一个信息系统是由许多子系统或模块组成的，一个功能模块是由若干个程序组成的，系统程序编写完毕后，还需要进行一系列的调试，系统调试的任务是根据系统分析与设计报告，对程序设计的结果进行全面的检查，调试的目的是发现错误和纠正错误，使系统可能出现的问题和错误尽量消失在系统正式运行之前。系统的调试过程可以分解为与系统开发过程相反的三个阶段，即分调、联调和总调。调试过程与开发过程的关系可以用图 6-12 来表示。

分调也称模块程序调试，是系统调试的基础工作，目的是发现和纠正程序设计阶段的错误。分调是在系统分析或设计人员的主持下，由各模块的编程人员参加（不一定是该模块的编程人员），调试着重检查模块是否正常运行、有无语法错误和逻辑错误（如文件或变量找不到、变量类型错误等）、流程错误（如模块的进入或退出失败、模块内功能调用有无问题）、数据的统计与输出速度、输入/输出界面是否友好和操作是否方便等。

联调是指各子系统中各程序模块间的联合调试，目的是发现和纠正系统设计阶段产生的错误。联调是以系统设计人员为主，逐个子系统进行调试，联调着重检查子系统内各模块的调度是否正常、子系统的功能是否齐全、是否符合系统设计的规定等。

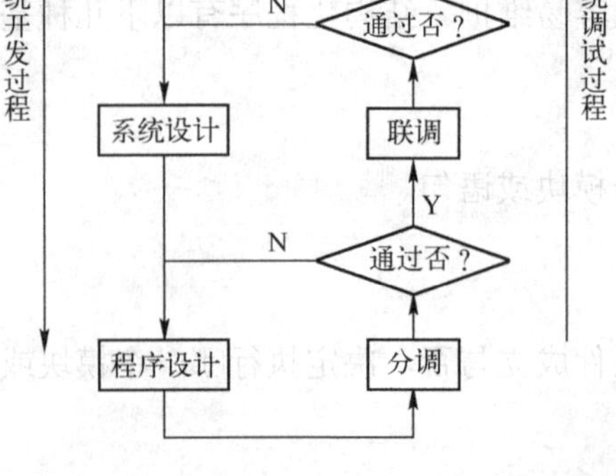

图 6-12

总调是在各个子系统调试成功的基础上进行的，是对整个程序系统与人工系统及计算机运行环境的总调试，目的是发现和纠正系统分析阶段产生的错误，是由系统开发负责人主持，组织部分系统分析人员和编程人员参加，着重检查整体功能调度是否正常、主控程序与各级菜单之间的进入与返回、口令输入与权限控制等是否正确、系统的功能是否符合系统分析与设计的要求等。

在系统的调试过程中，参加调试的数据除了正常数据外，还应当设计一些异常数据（如空的数据文件）和错误数据参与调试，以考核系统的容错能力和可靠性。特别是在人机对话的环节，要有意输入错误的数据，考核系统是否发出错误提示或警告信息，并允许改正错误。

总调通过后，还必须进行系统试运行调试，其方法是把原系统已经证明得到正确结果的数据，输入到新系统中进行处理和运行，检查运行结果是否与原来的结果一致，若一致表明系统试运行调试成功。

系统调试过程中，应该做好详细的记录，调试结束后整理出一份书面的调试报告。调试报告的内容包括调试工作项目、出错情况、错误原因分析、错误的纠正等。

6.5.3 系统切换

系统切换是指用新系统替代旧系统。系统切换的第一项工作是系统的初始化和数据的切换。第二项工作是作业切换，通常采用平行作业法，即新旧系统同时作业，用旧系统的运行结果来检查新系统的运行结果。经过一段时间的运行，如果新旧系统的运行结果一致，说明新系统可以投入使用。系统平行作业的时间一般需要 3～4 个月的时间，在这期间，由于新旧系统同时作业，不仅不能减轻劳动强度，相反还要增加许多工作量。一旦系统切换成功，投入正常运行，新系统的优越性就能发挥出来。

6.5.4 系统维护

系统维护分为程序维护和日常使用维护，其中程序维护的任务主要是用来完善系统功能，改正系统不足。日常维护主要包括系统的环境维护、意外事故维护、计算机病毒防治、代码维护、口令维护等。本教材第 5 章中已做了介绍，这里不再赘述。

6.6 程序设计实例

在本节中，我们将以 Visual FoxPro6.0 数据库开发系统为主要开发工具，结合前面几章的内容，介绍账务处理子系统中凭证输入模块（tzpz.scx）的开发设计原理及过程。

凭证输入模块是账务处理子系统中的核心模块，是系统取得准确数据并决定输出会计信息质量好坏的基础。因此，设计良好的凭证输入模块是保证整个账务系统质量的关键。在程序设计中应考虑凭证输入的质量、速度，应做到：

（1）减少填写项目。如由计算机自动计算合计数，自动生成各类凭证号等。

（2）简化输入操作工作。如采用输入代码来代替凭证中的科目名称、摘要等汉字输入，以大大减少输入字符个数，加快输入速度。

（3）屏幕设计直观、大方，尽量保持与手工凭证格式相一致，使用户易学、易操作。

（4）具有容错功能。容许用户进行修改和删除。

本程序主要功能是进行凭证的录入工作，具体功能说明如下。

（1）由用户选择凭证类型（收、付、转），根据选择凭证类型的不同，凭证的颜色发生相应的变化。

（2）凭证号自动累加。

（3）日期为系统日期，用户可进行修改，程序进行日期的逻辑性检验，如月份不能超过12，日不能超过31，并不能录入为空。

（4）输入科目编码，程序自动生成科目名称，如果输入未定义的科目编码，则出现出错提示信息。

（5）可设有科目名称的提示框，用户从提示框中进行选择录入。

（6）判断一个科目是否同时出现借方金额和贷方金额。

（7）借方金额合计与贷方金额合计的自动累加，如果判断相等，则提示保存。

（8）用户可放弃该张凭证的输入。

6.6.1 表单界面设计

表单界面包含17个标签，32个文本框，6个组合框，13根线条，4个命令按钮，如图6-13所示。

数据库：mm.dbf（密码库）

pzk.dbf（凭证库结构见表6-2）

kmk.dbf（科目库）

注意：mm.dbf与kmk.dbf的表内容应预先装入，pzk.dbf表内容由程序来完成。

凭证输入界面设计如图6-13所示。

记账凭证

凭证种类：组合框6　　（文本框）年（文本框）月（文本框）日凭证号：（文本框）

摘　要（标签）	科目名称（标签）		借方金额（标签）	贷方金额（标签）
摘要1（文本框）	（文本框）KM1	组	（文本框）JJE1	（文本框）DJE1
摘要2（文本框）	（文本框）KM2	组	（文本框）JJE2	（文本框）DJE2
摘要3（文本框）	（文本框）KM3	组	（文本框）JJE3	（文本框）DJE3
摘要4（文本框）	（文本框）KM4	组	（文本框）JJE4	（文本框）DJE4
摘要5（文本框）	（文本框）KM5	组	（文本框）JJE5	（文本框）DJE5
合　计（标签）			（文本框）JHJ	（文本框）DHJ

财务主管（文本框）　记账（文本框）　出纳（文本框）　审核（文本框）　制单（文本框）

增加　　保存 \<S　　放弃 \<C　　退出 \<E　　（命令按钮）

图6-13

注：① 凭证种类、年、月、日、凭证号、附件、张、财务主管、记账、出纳、审核、制单均为标签。

② 表框均由线条组成。

③ 科目名称中的组是指组合框（Combo1,Combo2,Combo3,Combo4,Combo5），用于科目选择。

kmk.dbf科目库结构如表6-3所示。

表 6-3　科目库结构表

序号	字段名	数据类型	宽度	小数位	说明
1	KMBM	C	15		科目编码
2	KMMC	C	30		科目名称

我们可利用 Visual FoxPro6.0 提供的表单向导功能，快速地建立起一个与数据库相联系的可视表单，然后再调整其适当的位置，设置相应的属性，会使程序设计更加简单、快捷。

6.6.2　控件的属性

（1）表单（Form1）的部分属性。

AutoCenter＝.T.

Caption＝填制凭证

ShowWindow＝1－在顶层表单中

Buffermode＝2－开放式　&&设置记录为开放式缓冲

（2）标签（Label1－Label17）的属性（略）。

（3）文本框（Text1－Text32）的部分属性。

年、月、日的文本框：

Special Effect＝0－3 维　　　　&&给人以立体感

Enabled＝.F.　&&在表单出现为不可用状态

Name　分别改为年、月、日　&&为便于对程序的理解，我们将某些文本框 Name 属性都改为汉字，下同。

凭证号文本框：

Alignment＝1－右

DisabledBackColor＝192,19,192　　　&&失效控件背景色　（灰）

DisabledForColor＝255,0,0　　　&&失效控件前景色　（红）

FontSize＝9

SpecialEffect＝0－3 维

Enabled＝.F.

Name＝凭证号

TabStop＝.F.　&&不设定焦点，光标不停留

ControlSource＝Pzk.凭证号&&建立控件与数据库的联系

ReadOnly＝.T.　&&设为只读状态

文本框	借方金额合计	贷方金额合计
Alignment	1－右	同
ControlSource	Pzk.借方金额	Pzk..贷方金额
BackStyle	0－透明	
DisableBackColor	192,192,192	&&失效背景色（灰）
DisabledForecolor	0,0,0	&& 失效前景色（黑）
Enabled＝	.F.	
Fontsize＝	13	

InputMask＝　　　99,999.99

Readonly＝　　　.T.　　　　　&&只读

SpecialEffect　　0－3 维

TabStop＝　　　.F.　　　　　&&光标不停留

（4）凭证种类组合框（Combo6）的部分属性。

SpecialEffect＝1－平面

Style＝2_下拉列表框

Enabled＝.F.

Name＝凭证种类

ControlSource ＝pzk.凭证种类

RowSouce＝收款凭证，付款凭证，转账凭证　　　&&指定下拉控件数据源

RowSourceType＝1－值　&&指定数据源的类型

（5）命令按钮：增加、保存、放弃和退出。

Name:	增加	保存	放弃	退出
Caption	增加\<A	保存\<S	放弃\<C	退出\<E
Enabled	.T.	.F.	F.	.T.

（6）组合框（Combo1～5）。

FontSize＝　　　11

Height＝　　　21

Width＝　　　22

SpecialEffect＝　　　1－平面

Sytle　　　0－下拉组合框

Rowsource＝kmk.kmmc+kmk.kmbm

RowSourceType＝　　　6－字段

6.6.3　事件方法程序

表单（填制凭证）：Activate Event

```
public skpzh,fkpzh,zzpzh,vpzh,vrq        &&定义公共变量
for i=1 to 5     &&计数
    k=allt(str(i))     &&字串转换赋值
    thisform.摘要&k..value=""   &&赋初值
    thisform.km&k..value=""
    thisform.jje&k..value=0
    thisform.dje&k.value=0
endfor
thisform.jhj.value=0
thisform.dhj.value=0
thisform.附件 1.value=0
thisform.制单.value=""
vrq=date()                    &&日期为系统日期
```

```
表单（填制凭证）：Init Event      &&（创建对象时发生）
      set multilocks on             &&设置多个记录锁定
      =cursorsetprop("buffering",5)&&设置缓冲区环境为 5，即表缓冲方式，该设置允许先对缓冲
                                      区中对应的表或视图进行维护，利用 Tableupdate 函数
                                      将被维护的记录保存
      if  file('mpzh.mem')   &&寻找内存变量文件。因为凭证号需要累加，且累加的编号可以是不
                               同时间录入的，因此引用该内存变量文件
      rest from mpzh.mem addi   &&恢复内存变量文件，并对变量进行累加
   else
      skpzh=0  &&如果是初次使用，则赋初值
      fkpzh=0
      zzpzh=0
      pzh=0          &&变动的凭证编号，用于替换记录时使用
   endif
组合框（凭证种类）：GotFocus Event   &&得到焦点时所发生的事件
                    this.value="收款凭证"   &&让其初始显示为“收款凭证”
组合框（凭证种类）：Lost Event       &&控件推动焦点时发生的事件
   do case
      case thisform.combo6.value="收款凭证"
         thisform.凭证种类.value="收"   &&为在数据库中只显示为一个字
         thisform.凭证名.caption="收款凭证"   &&凭证类别的标题变化
         thisform.凭证名.forecolor=rgb(255,0,0)   &&凭证类别不同，则颜色也不同
      case thisform.combo6.value="付款凭证"
         thisform.凭证种类.value="付"
         thisform.凭证名.caption="付款凭证"
         thisform.凭证名.forecolor=rgb(0,0,0)  &&付款凭证为黑色
      case thisform.combo6.value="转账凭证"
         thisform.凭证种类.value="转"
         thisform.凭证名.caption="转账凭证"
         thisform.凭证名.forecolor=rgb(0,255,0)      &&转账凭证为绿色
      endcase
      thisform.combo6.enabled=.f.          &&当其失去焦点后则不可用
文本框（年）：   Init Event
      thisform.年.value=right(str(year(date())),4)  &&取系统日期年的四位数
文本框（月）：   Init Event
      thisform.月.value=right(str(month(date())),2)  &&取系统日期月的二位数
文本框（月）LostFocus Event
      if thisform.月.value>"12"
      wait window    "日期错误!"+CHR(13)+"请重输！"    at   8,40
      thisform.月.value=""  &&对输入的月份作逻辑判断，如果月份大于 12
```

```
        thisform.日.value=""          则出现错误提示信息
        Thisform.年.setfocus
    Endif
文本框（日）Init Event
            thisform.日.value=right(str(day(date())),2)   &&取系统日期日的二位数
文本框（日）LostFocus Event
    if((empty(thisform.年.value)).or.(empty(thisform.月.value)).or.(empty(thisform.日.value)))
        wait window   "日期错误!"+chr(13)+"请重输！"  at 8,40
        thisform.年.setfocus    &&判断日期是否输入为空，如果为空，重输
        thisform.月.value=""
        thisform.日.value=""
    endif
        vrq=ctod(thisform.年.value+'/'+thisform.月.value+'/'+thisform.日.value)
                        &&将日期转换为数据库表示方式
        replace 日期  with vrq
do case
    case thisform.combo6.value="收"
        vpzh=skpzh+1       && 收款凭证号的累加
        thisform.凭证号.value=str(vpzh,5)   &&将累加后的凭证显示在凭证号文本框中
        skpzh=vpzh
    case thisform.combo6.value="付" &&下同
        vpzh=fkpzh+1
        fkpzh=vpzh
        thisform.凭证号.value=str(vpzh,5)
    case thisform.combo6.value="转"
        vpzh=zzpzh+1
        zzpzh=vpzh
        thisform.凭证号.value=str(vpzh,5)
    endcase
    thisform.制单.value=sry        &&将公共变量 sry 的值，在制单栏中显示出来
文本框（km1）：Valid Event
    kmbm=thisform.km1.value   &&用户输入的科目编码赋给 kmbm
    select kmk   &&打开科目库
  locate for (alltrim(kmk.科目编码)=alltrim(kmbm))&&寻找有无该科目编码
  if not eof()   &&如果找到的话
    thisform.km1.value=kmk.科目名称   &&将科目库该科目名称给科目栏
    select pzk
    replace 科目名称  with thisform.km1.value
else
    ??chr(9)&&响铃提示
```

=messagebox("无此科目编码，请重输!",48,"提示窗口") &&提示窗口

return.f.

endif

注意：用复制方法即可得到 km2,km3,km4,km5 的相应代码，但别忘了修改赋值时 km 已变化了的相应位置。

```
文本框（jje1）:InteractiveChange   &&当控件的值发生变化时发生的事件
    thisform.jhj.value=thisform.jje1.value+thisform.jje2.value+;
    thisform.jje3.value+thisform.jje4.value+thisform.jje5.value
                                  &&该代码实现了合计数的自动累加
文本框（jje1）LostFocus Event        &&当控件失去焦点时发生的事件
    thisform.dje1.value=0
文本框（dje1）:InteractiveChange
    thisform.dhj.value=thisform.dje1.value+thisform.dje2.value+;
    thisform.dje3.value+thisform.dje4.value+thisform.dje5.value
文本框（dje1）LostFocus Event
    if  ((thisform.jje1.value=0.and.thisform.dje1.value=0).or.;
        (thisform.jje1.value<>0.and.thisform.dje1.value<>0))
        &&该句判断语句是判断金额是否借贷双方都为 0，或者同时不为 0 的情况
        =messagebox("金额输错,请重输!",48,"信息窗口")
        thisform.jje1.setfocus
    else
        if  thisform.jhj.value=thisform.dhj.value
                              &&如果借贷双方金额已经相等，则可提示保存
        thisform.保存.setfocus
    else
        thisform.摘要 2.enabled=.t.        &&将第二行设置为有效状态
        thisform.km2.enabled=.t.
        thisform.jje2.enabled=.t.
        thisform.dje2.enabled=.t.
        select pzk
        append blank                &&增加一个空白记录，并进行数据的替换
        replace  日期  with vrq，凭证种类  with thisform.combo6.value
        replace  凭证号  with vpzh，附件  with thisform.附件.value
    endif
  endif
****完
```

注意：用复制的方法，可获得 jje2,jje3,jje4,jje5,dje1,dje2,dje3,dje4,dje5 的相应代码，仍别忘了修改相应的位置，否则会有出错信息。

```
组合框（Combo1）：InteractiveChange
    thisform.km1.value=this.list(this.listindex)
```

注意：用复制方法可得到 Combo2,Combo3,Combo4,Combo5 的相应代码，仍别忘记修改其科目名称应出现的位置。

命令按钮（Command1　增加）：Click Event

```
    thisform.年.enabled＝.t.
    thisform.月.enabled＝.t.
    thisform.日.enabled＝.t.
    thisform.附件.enabled＝.t.
    thisform.摘要 1.enabled＝.t.
    thisform.km1.enabled＝.t.
    thisform.jje1.enabled＝.t.
    thisform.dje1.enabled＝.t.
    append blank
    thisform.保存.enabled＝.t.
    thisform.放弃.enabled＝.t.
    this.enabled＝.f.
    thisform.凭证种类.enabled＝.t.
    thisform.凭证种类.setfocus
    thisform.refresh()
```

命令按钮（Command2　保存）：Click Event

```
        ＝tableupdate(.t.)
        ＝messagebox("凭证已保存!",48,"信息窗口")
        this.enabled＝.f.
        thisform.增加.enabled＝.t.
        thisform.增加.setfocus
        thisform.放弃.enabled＝.f.
```

命令按钮（Command3　放弃）：Click Event

```
        ＝tablerevert(.t.)
        this.enabled＝.f.
        this.parent.保存.enabled＝.f.
        thisform.增加.enabled＝.t.
```

命令按钮（Command 4　退出）：Click Event。

```
        yn＝messagebox("真的要退出吗?",4+32,"信息窗口")
        if  yn＝6
          ＝tablerevert(.f.)   &&如果为是的话
          thisform.release()
          save to mpzh.mem all like ??pzh&&将凭证号存到内存变量文件 mpzh.mem 中
        endif
        ****完
```

凭证的查询功能，仍可以用该表单，但应为其设置查询的关键字段，如日期、凭证号、凭证类别等，限于篇幅，这里不再介绍。

6.6.4 软件模块的连编

运用 Visual FoxPro 6.0 提供的项目管理器向导，我们可以非常轻松地建立一个新的项目，将我们在前面设计出的各类库、表单、菜单添加进去，就可以运行我们已完成的程序设计部分。但这里还需要一定的配置程序。

1. 主程序(Main.prg)

为了创建一个可独立运行的 Windows 程序，必须建立一个程序文件（.prg）作为主文件，作为应用程序中第一个执行的程序。

```
Set safety off
Do  form  账务处理系统
_screen.visible=.f.
账务处理系统.refresh
read events
use
set safety on
```

2. 环境设置程序（Reset.prg）

```
set sysmenu to default
set sysmenu on
set talk on
set notify on
set exclusive on
set safety on
modify window screen
```

进行应用程序连编，编译成一个可以给最终用户使用的软件。运用项目管理器，生成一个.exe 应用程序文件，在 Windows 中，双击该.exe 文件的图标，即可运行账务处理系统。至此，程序设计工作基本完成，可以提交给用户进行试运行。

复习思考题 6

一、思考问答题

6.1 生命周期法与原型法各分哪几个阶段进行？两种方法各有什么特点？

6.2 怎样进行可行性分析？可行性分析报告的内容包括哪几个方面？

6.3 系统开发过程中的初步调查与详细调查的内容有什么区别？一般采用哪些调查方法？

6.4 什么是结构化系统分析？系统分析的主要内容是什么？

6.5 数据流程图的基本符号有哪些？应怎样绘制数据流程图？

6.6 什么是数据字典？它是如何组成的？

6.7 在《会计核算软件基本功能规范》文件中，对会计数据的输入有哪些具体要求？

6.8 在《会计核算软件基本功能规范》文件中，对会计数据的输出有哪些具体要求？

6.9　在《会计核算软件基本功能规范》文件中，对会计数据的处理有哪些具体要求？

6.10　系统设计阶段要解决什么问题？系统设计的主要内容是什么？

6.11　代码设计的原则是什么？其步骤是怎样的？试为某单位编写职工工资代码。

6.12　系统调试的任务是什么？整个调试包括哪些过程？

二、上机操作练习题

6.13　目的。

（1）熟悉 Visual FoxPro6.0 数据库管理系统。

（2）学会使用 Visual FoxPro6.0 建立用户的数据库（本例中包括 mm.dbf　pzk.dbf　kmk.dbf 三个表）。

（3）熟练掌握 Visual FoxPro6.0 表单设计器，并运用表单进行各项属性、数据和方法程序的设计。

（4）学会编写与调试会计电算化应用程序。

6.14　操作步骤。

（1）启动计算机，调用 Visual FoxPro6.0 系统。单击【开始】菜单，选择"所有程序"→"Microsoft Visual FoxPro6.0"→"Microsoft Visual FoxPro6.0"。

（2）选择"新建"命令，打开"新建"对话框，选择"表"，输入表文件名：mm.dbf 建立表结构，并添加记录。

Password 123

用户名　system

注意：这是设置初次使用该系统时的密码。用第（2）步同样方法，新建 kmk.dbf 和 pzk.dbf 的库结构，但不需录入新记录。

（3）选择"新建"→"表单"→"新建表单"命令，进行本节账务处理系统主界面设计，包括控件及控件的属性和方法程序等，并将其保存为"账务处理系统.scx"。

注意：凭证输入格式画面设计，可用表单向导，快速建立起一张表单，再对其进行修改和调整。方法如下。选择"新建"→"表单"→"表单向导"命令，选择 pzk 全部字段，按【下一步】按钮，选择浮雕式，无按钮，按【下一步】按钮，将凭证号作为索引标记添加，单击【完成】按钮，保存表单并用表单设计器修改表单，单击【完成】按钮，并输入表单名称 tjpz，保存。

（4）选择"新建"→"新建文件"命令，输入菜单条，并保存（菜单条见前 菜单.mnx 的内容）。

（5）选择"新建"→"项目"→"新建文件"命令，将前面建立的各个表、表单、菜单添加进去并保存。

（6）建立主程序(Main.prg)，（见 6.6.4 节）并进行程序文件连编。

三、编程作业

用所学的 Visual FoxPro 6.0 程序设计方式和软件开发原理，设计出工资录入及查询表单。工资库结构见表 6-4。

表 6-4

序　号	字 段 名	数 据 类 型	宽　度	小 数 位
1	编号	数值	10	
2	姓名	字符	8	
3	出身年月	日期	8	
4	基本工资	数值	8	2
5	补贴	数值	5	
6	加班天数	整型	4	

续表

序　号	字 段 名	数 据 类 型	宽　度	小 数 位
7	病假天数	整型	4	
8	事假天数	整型	4	
9	日工资	数值	5	2
10	应发工资	数值	8	2
11	房租	数值	5	2
12	代扣水电费	数值	5	2
13	保险	数值	5	2
14	扣款合计	数值	8	2
15	实发工资	数值	8	2
16	签名	字符		

要求：其中的应发工资、扣款合计、实发工资，均由计算机计算得出。

提示：可利用表单向导，加配按钮。

第7章 ERP沙盘模拟与会计信息系统应用

本章通过 ERP 教学内容的简要概述，力求使学生从企业管理信息化的角度，了解 ERP 的实质和全貌，更深刻地领会财务信息在企事业单位信息化管理中的中心地位和关键作用。在领悟 ERP 的管理思想和管理过程中，进一步加强对财务工作中预算管理、资金管理、成本管理相关知识的理解与应用。

通过简要介绍当前受到全国高等教育学校高度重视的 ERP 沙盘模拟实训活动，使同学们了解该项教育活动的意义、教学活动的过程与内容，掌握沙盘决策模拟经营中会计信息的展现与利用，针对学生初次涉足 ERP 学习领域，提出容易面临的问题，并简要介绍基于沙盘模拟财务应用软件的设计思想和应用要求。

7.1 ERP 沙盘模拟概述

ERP（Enterprise Resource Planning）是“企业资源计划”的英文缩写，它起源于 20 世纪 60 年代的 MRP（Material Require Planning——物料需求计划），经历了 20 世纪 80 年代的 MRP Ⅱ（Manufacture Resource Planning——制造资源计划），直至 20 世纪 90 年代进入 ERP 至今，其发展进程已经历了五十多年，但作为一个科学的概念在我国广泛传播却只有 20 余年的历史，作为完整的课程体系引进到国内，只有十多年时间。进入 21 世纪，ERP 教学过程中一种崭新的授课形式“沙盘模拟演练”日趋成熟，不仅成为世界 500 强企业中高层管理者和欧美商学院工商硕士（MBA 和 EMBA）必须参加的培训课程，而且被快速、成功移植到国内高等院校，成为遍布全国几百所高校、融角色扮演、案例分析和专家诊断于一体的一种深受广大学生喜爱的体验式教学新模式。

7.1.1 ERP 简介

1. ERP 的定义

ERP 是建立在信息技术基础上，以系统化的管理思想，为企业提供决策和管理运行手段的信息平台。它集信息技术与先进的管理思想于一身，以财务管理为中心，几个相互协同作业的子系统有机结合，形成物流、信息流和资金流的最佳组合。一方面，ERP 把企业内部所有资源整合到一起，对企业生产经营中的开发设计、采购、生产、成本、分销、运输、财务、人力资源、质量管理进行科学规划，另一方面，它把企业与其外部紧密联系的供应商、客户等市场要素有机结合，实现对企业的物资资源、人力资源、财务资源和信息资源一体化管理，ERP 的核心思想是供应链管理，强调对企业稀缺资源的合理配置和有效利用。经实践检验，ERP 已经成为现代企业的运行模式，反映时代对企业合理调配资源的要求，能促进企业利润最大化、消耗减量化，可持续地创造社会财富，成为企业在信息时代生存、发展的基石。

下面进一步从管理思想、软件产品、管理系统三个层次给出 ERP 的定义。

（1）管理思想。由美国著名的计算机技术咨询和评估集团 Garter Group Inc.提出的一整套企业管理系统体系标准，其实质是在MRPⅡ（Manufacture Resource Planning，“制造资源计划”）基础上进一步发展而成的面向供应链（Supply Chain）的管理思想。

（2）软件产品。综合应用了客户机/服务器体系、关系数据库结构、面向对象技术、图形用户界面、第四代语言（4GL）、网络通信等信息产业成果，以ERP管理思想为灵魂的软件产品。

（3）管理系统。整合了企业管理理念、业务流程、基础数据、人力物力财力、计算机硬件和软件于一体的企业资源管理系统。

就制造型企业而言，厂房、生产线、加工设备、检测设备、运输工具等都是企业的硬件资源，人力、管理、品牌、信誉、融资能力、组织结构、员工的劳动热情等就是企业的软件资源。企业运行发展中，这些资源相互作用，形成企业正常的生产活动、完成客户订单、创造社会财富、实现企业经营目标。

ERP系统的管理对象就是上述各种资源及生产要素。通过ERP，使企业能及时、高效地完成客户的订单要求，最大程度地发挥企业资源的优势。

企业发展的重要标志是合理调整和运用上述资源，在没有ERP这种现代化管理工具时，企业资源状况及调整方向不清楚，要及时做出调整安排是很困难的，调整过程会相当漫长，企业的组织结构只能是金字塔形的，部门间的协作交流相对较弱，资源的运行难于把握。信息技术的发展，特别是针对企业资源进行管理而设计的ERP系统正是针对这些问题产生的新方法、新技术，ERP的成功使用会推动企业更好地运用资金资源、人力资源、技术资源、设备资源和信息资源。

2. ERP系统软件

十多年来，ERP的传播者和先行者通过艰苦不懈的努力，已经在我国企业应用ERP方面取得了突破性的进展，摆脱了ERP起步难、实施难、发展难的境地。目前，国内外有一大批ERP的著名厂商，如国际上的SAP、Oracle、Consona、Epicior、Microsoft和Sage等，国内的用友、金蝶、浪潮、神州数码等。其中用友公司、金蝶公司在财务管理软件基础上向ERP快速发展，在国内ERP市场销售总额中已经稳居第一和第二，多种国内ERP品牌在高端ERP领域，已对原先在高端市场保持绝对领先优势的SAP等国外厂商形成了强大的竞争压力，而SAP和Oracle公司在我国境内的外资企业中仍占据一定的市场优势。

各大管理软件公司推出的ERP系统软件各有优势和特点，就其包含的主要内容看，ERP涉及企业经营决策级、中短期管理级和运行执行级等不同管理领域，其功能覆盖财务、成本、库存、市场销售、物资供应、各级生产计划和控制等范围，是一种包括财务、成本、质量、销售、库存、采购、订单、人力资源管理的集成系统，如图7-1、图7-2所示，企业管理人员可以通过ERP系统随时获得和企业经营管理相关的内外部信息，借助ERP，企业可以实现信息化的全过程管理。

从ERP系统结构和系统模块中可以清楚地看到，ERP是企业管理信息系统的一个有机组成部分，会计信息系统只是ERP系统中反映企业资金流和信息流的重要子系统，它与ERP系统的其他子系统紧密融合在一起。在ERP系统中，会计信息不再局限于核算全过程的自动化，而是由核算型向管理型全面转化，使之进入了一个深层次的发展阶段，它不再是一个单纯的价值管理系统，而是物流、资金流、信息流的综合，这种变化势必对会计核算和财务管理产生巨大影响。在ERP系统中涉及的主生产计划、物料需求计划、采购计划、销售执行计划、人力资源计划无一不与企业的财务核算、财务预算紧密相联，这些计划功能与价值控制功能融合到一起，形成一个密不可分的集成系统，丝丝相扣，环环相连。要想全面掌握ERP，要想很好地完成生产计划、销售计划、采购计划，不懂得会计日常核算不行，不掌握会计预算、成本核算、企业筹资融资，不了解市场，不了解企业经济运行全过程更不行。另一方面，会计信息在ERP系统中的中心地位更加突出，企业各项投入与产出通过相关的会计核算科目与相关核算，在事务处理的同时自动生成会计核算分录，保证了资金流与物流在时间上的同步、保持了记录和数据的一致性，实现了根据财务资金现状，可以追溯资金的来龙去脉，并进一步追溯所发生的相关业务活动，便于实现事中控制和实时做出决策，会计信息系统的深入发展在ERP全面建设中得到实现。

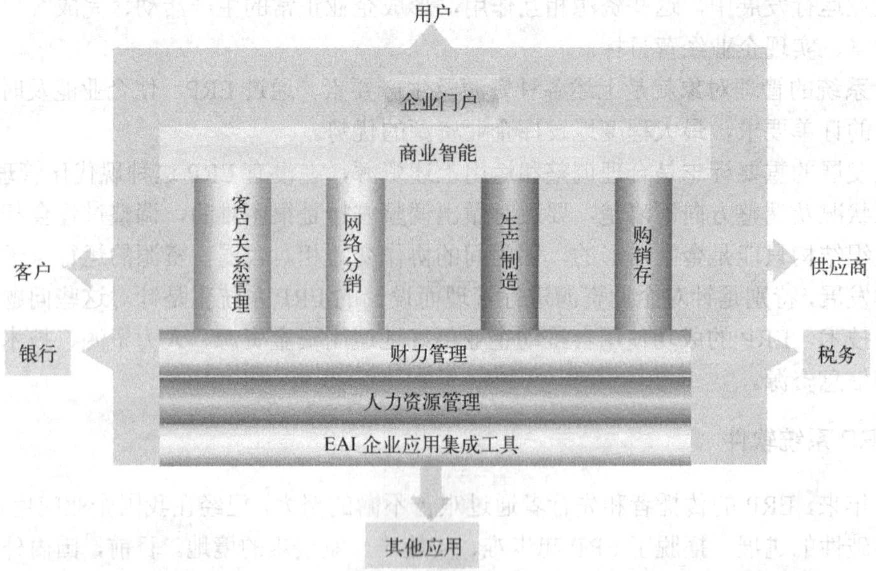

图 7-1

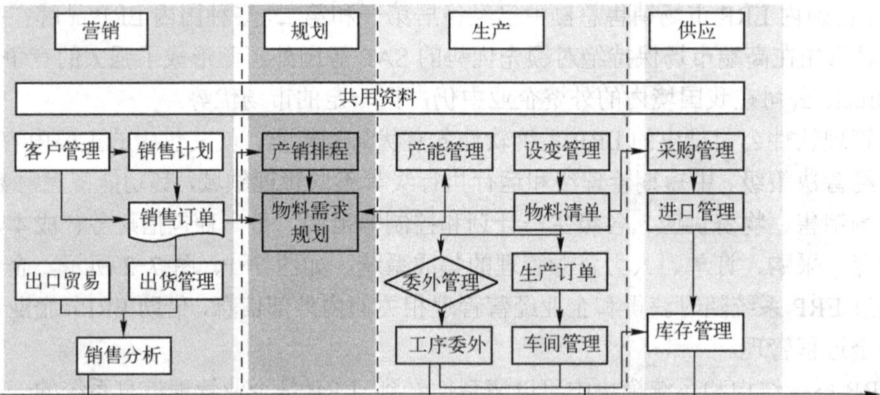

图 7-2

7.1.2 ERP 沙盘模拟简介

沙盘模拟在国外被统称为 Simulation（仿真）课程。由于是模仿真实环境而开发的，具有很强的实战性，当其从最初战争年代指挥军事作战的实物沙盘演进到当代商战模拟运行，学习者和使用者能对经济运营的全程和全貌有更为全局性的了解，此类教学研究被译做“沙盘模拟”、“模拟经营”、“商业模拟”。该类课程起源于 20 世纪七十年代末瑞典皇家工学院，发展于八十年代美国哈佛商学院，之后风靡全球，我国 ERP 沙盘模拟引进于 21 世纪初，盛行于 2004 年之后，校企合作、联合开发、快速普及应用成为国内推进该类课程教育发展的重要特征。

Simulation 课程可以分为棋盘类沙盘（board－based simulation 国内俗称“物理沙盘”、“桌面沙盘”或“实物沙盘”）和软件模拟类沙盘（software simulation，国内俗称“电子沙盘”）两大类。两种沙盘各有其优缺点，前者形象直观，可视性、灵活性、互动性强，容易营造活跃的教学气氛，适合初学者学习；后者规则性、可控性、恢复性强，便于控制、总结和研究。国内应用型本科院校和高职院校多从桌面（手工）沙盘起步，与电子沙盘的发展相结合，取得十分良好的教学效果。

ERP 沙盘模拟是企业资源计划的桌面推演，其基础背景设定为若干家已经经营若干年的同类型生产企业，以用友 ERP 沙盘为例（下同），参加训练或竞赛的学生分成 4～6 组，每组 5～6 人，每组各代表一个虚拟企业，在实际训练中，每个小组的成员将分别担任企业中的重要职位，如 CEO（执行总裁）、CFO（首席财务官）、市场总监、生产总监、财务助理、公关经理或商业间谍等。担任这些职位的成员，必须清楚自身所要承担的岗位职责，团结协作，共同协作经营一家拥有一定资产（5 千万或 1 亿资产）的企业，连续从事 4～8 个会计年度的经营活动，要共同面对市场竞争、产品老化、资金短缺、时间短暂、信息不足等问题。如何通过模拟实战的沙盘推演，完成企业董事会及全体股东交给的经营任务，保证经营目标顺利实现，并使企业不断发展壮大，是团队每位成员面临的重大挑战，如图 7-3 和图 7-4 所示。

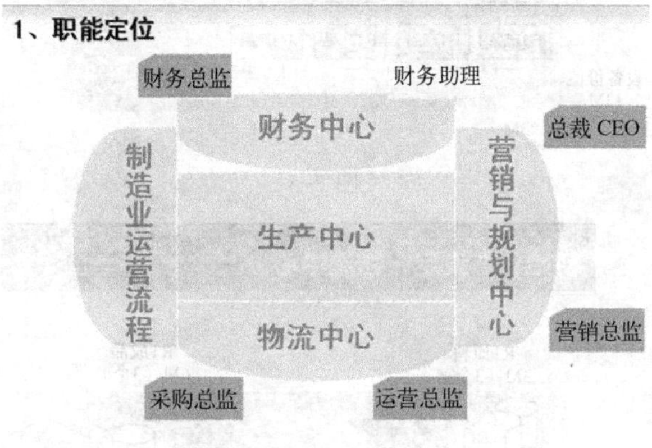

图 7-3

参加 ERP 沙盘模拟的学生，从不同的角色定位出发，面对企业发展战略的制定、生产组织、营销策略、资金筹措的制定，亲身体验企业在生产经营中的“酸甜苦辣”，通过一系列自身参与决策、亲身经历的动态案例，并在连续不断的成功与失败的分析、决策与竞争过程中获取知识。

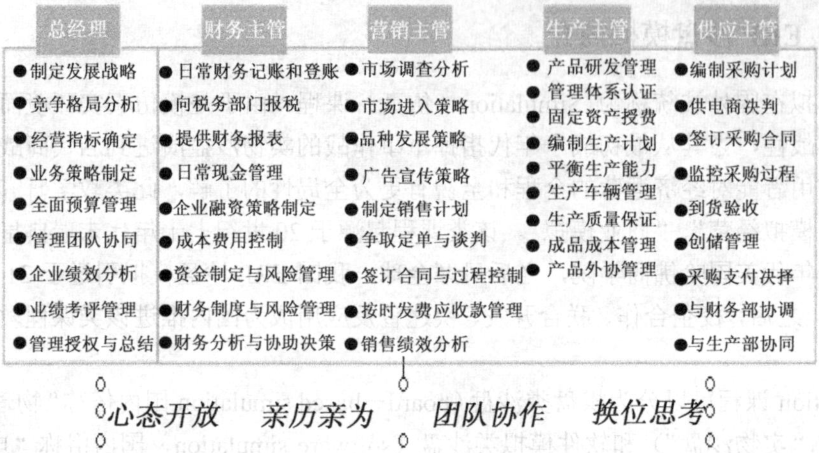

图 7-4

ERP 沙盘模拟涉及整体战略、产品研发、设备投资改造、生产能力规划与排程、物料需求计划、资金需求规划、市场与销售、财务经济指标分析、团队沟通与建设等多个方面，需要生产中心、物流中心、财务中心等多部门在生产、供应、资金等方面的密切配合。

实训或竞赛开始应进行初始设定，如图 7-5、图 7-6、图 7-7 所示，然后进行模拟运行。

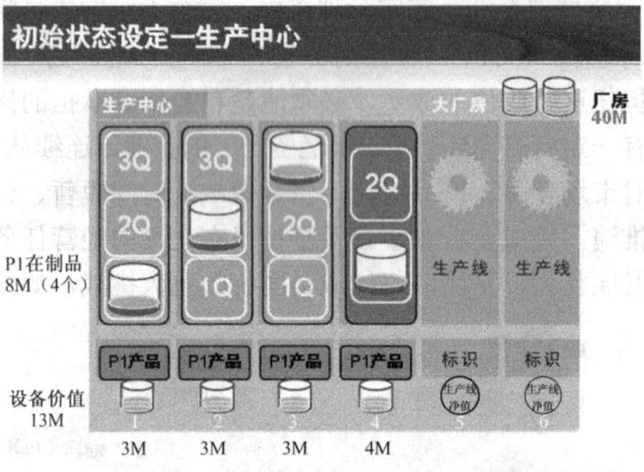

图 7-5

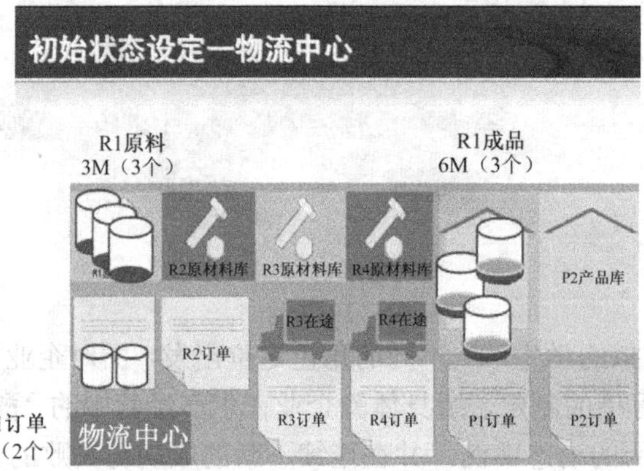

图 7-6

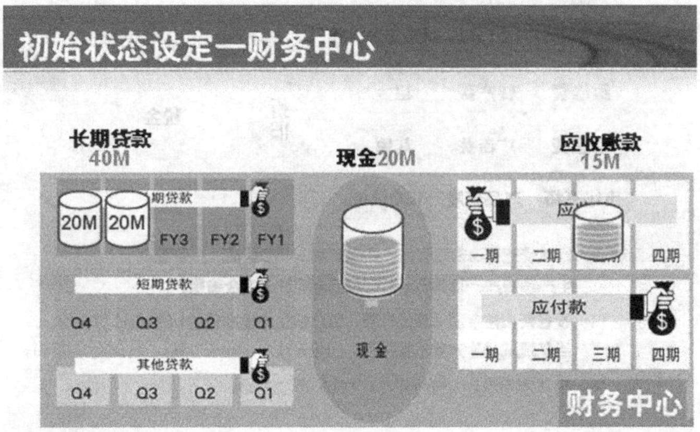

图 7-7

在模拟经营过程中，企业团队在客户、市场、资源、资金运行、融资、获取利润等方面进行较量，通过市场开拓、品牌塑造、融资投资、财务核算、财务报表等，展示各自团队的经营成果，如图 7-8、图 7-9、图 7-10、图 7-11 所示。

市场开发和ISO认证

管理体系	ISO9000	ISO14000
建立时间	>=2年	>=3年
所需投资	1M/年	1M/年

市场	区域	国内	亚洲	国际
完成时间	>=1年	>=2年	>=3年	>=4年
投资规则	1M/年	1M/年	1M/年	1M/年

市场开发：市场开发投资按年度支付，允许同时开发多个市场，但每个市场每年最多投资为1M，不允许加速投资，但允许中断。市场开发完成后持开发费用到指导教师处领取市场准入证，之后才允许进入该市场竞单。

ISO认证：两项认证投资可同时进行或延期，相应投资完成后领取ISO资格证。

研发投资与认证投资计入当年综合费用。

图 7-8

融资贷款与资金贴现

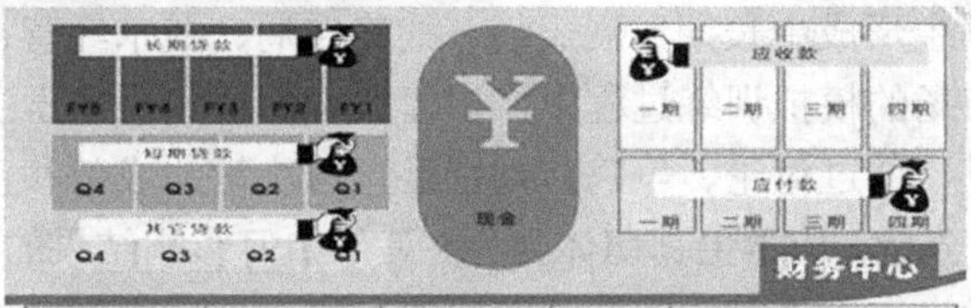

贷款类型	贷款时间	贷款额度	年息	还款方式
长期贷款	每年年末	权益的2倍	10%	年底付息，到期还本
短期贷款	每季度初	权益的2倍	5%	到期一次还本、付息
高利贷	任何时间		20%	到期一次还本、付息
资金贴现	任何时间	视应收款额	1:6	变现时贴息

长期贷款最长期限为5年，短期贷款及高利贷期限为1年，不足1年的按1年计息

长期贷款每年需还利息，短期贷款到期时还本付息 贷款只能是20的倍数

资金贴现在有应收款时随时可以进行，金额是7的倍数，不论应收款期限长短，拿出7M交1M的贴现费

图 7-9

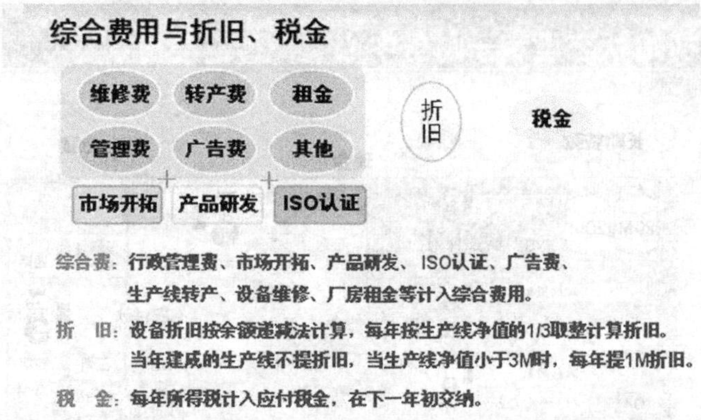

图 7-10

模拟企业概况

企业目前的财务状况及经营成果

利润表　单位：百万

		金额
销售收入	+	35
直接成本	-	12
毛利	=	23
综合费用	-	11
折旧前利润	=	12
折旧	-	4
支付利息前利润	=	8
财务收入/支出	+/-	4
额外收入/支出	+/-	
税前利润	=	4
所得税	-	1
净利润	=	3

资产负债表　单位：百万

资产		金额	负债+权益		金额
现金	+	20	长期负债	+	40
应收款	+	15	短期负债	+	0
在制品	+	8	应付款	+	0
成品	+	6	应交税	+	1
原料	+	3	一年到期的长贷	+	0
流动资产合计	=	52	**负债合计**	=	41
固定资产			*权益*		
土地和建筑	+	40	股东资本	+	50
机器和设备	+	13	利润留存	+	11
在建工程	+	0	年度净利	+	3
固定资产合计	=	53	**所有者权益合计**	=	64
总资产	=	105	**负债+权益**	=	105

图 7-11

这种模拟有助于学生形成中长期发展规划、战略布局、战术经营、内部协作、资源统筹等思维模式。在贴近市场的模拟训练过程中，担任各种岗位角色的学生对企业的业务发展会形成相同和不同的意见，通过讨论、争鸣，判别经营与决策的成效和正误。在每一年经营之后，要进行财务综述与分析，让学生真切体会“决策是如何影响结果的”，如图 7-12、图 7-13 所示。并依此讨论、做出有利于第二年企业发展的发展计划，同时，依据市场信息调整企业的定位和市场策略，将产品研发、市场开发、生产能力扩展、融资时机把握、资金平衡决策体现在整体财务状况的改善方面。正是在这种不断沟通、不断体验中，使同学们加深对企业财务管理、生产管理、营销管理更深层次的理解。

此外，ERP 沙盘模拟作为仿真教学系统还可以用于综合素质训练，使学员树立竞争中的共赢理念、全局观念与团队合作理念、遵守市场运行规则和职业道德理念、感悟人生与提高职业综合素养等方面理念。

指标类	指标	第二年 A	B	C	D	E	F
收益力	毛利率						
	利润率						
	总资产收益率						
	净资产收益率						
成长力	收入成长率						
	利润成长率						
	净资产成长率						
安定力	流动比率	2.00	2.00	2.00	2.00	2.00	2.00
	速动比率	2.00	2.00	2.00	2.00	2.00	2.00
	固定资产长期适配率						
	资产负债率						
活动力	应收账款周转率						
	存货周转率						
	固定资产周转率						
	总资产周转率						

下页

file:///J:\沙盘分析工

图 7-12

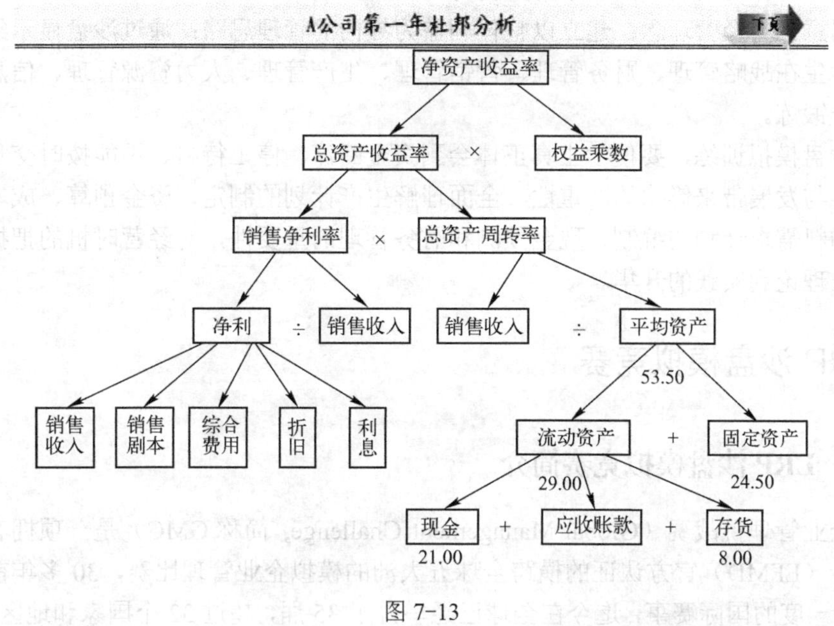

图 7-13

2008 年 3 月 20 日，中国高等教育学会组织国内有关专家、学者对用友 ERP 沙盘模拟的课程体系做了评估、审定，一致认为：ERP 沙盘模拟实训课程是对经管类专业传统课程教学模式的创新，其课程在理念上是正确的，方法上具有可操作性，既可以满足社会发展对信息化人才，特别是对创新型人才的需要，又能有效地提高经管类专业学生的综合素质与实践操作能力，对于我国高校大力开展创新创业教育、迫切需要解决课程教学模式问题，具有积极的借鉴意义，值得大力推广。

7.1.3 ERP 沙盘模拟实训内容

集国内各种沙盘演练的实训内容和要求，基本包括如下方面：

（1）整体战略规划。评估内部资源与外部环境，制定长、中短期策略；预测市场趋势、调整既定战略。

（2）研发和投资方面。进行产品研发决策，必要时做出修改研发计划，甚至中断执行项目的决定。

（3）生产方面。选择获取生产能力的方式（购买或租赁）；设备更新与生产线改良；生产流程调度决策；匹配市场需求、交货期和数量及设备产能；库存管理及产销配合；必要时选择清偿生产能力的方式。

（4）市场营销与销售方面。市场开发决策；新产品开发、产品组合与市场定位决策；模拟在市场中短兵相接的竞标过程；刺探同行商情，抢攻市场；建立并维护市场地位，必要时做出退出市场的决策。

（5）财务方面。制定投资计划，评估产品生产和收入的账期、金额，应收账款的账龄、金额与回收期；预估长、短期资金需求，寻求资金来源；妥善控制成本；预测资金短缺情况，以最佳方式筹措资金；分析财务报表、掌握报表重点与数据含义；运用财务指标进行内部诊断，协助管理决策；以有限资金转亏为盈、创造利润；编制财务报表、结算投资报酬、评估决策效益。

（6）团队协作与沟通方面。学习如何与立场不同的部门和个人沟通协调；培养不同部门人员的大局意识与经营理念；建立以整体利益为导向的管理思路；通过沙盘显示经营管理全过程，使学生在战略管理、财务管理、营销管理、生产管理、人力资源管理、信息管理等方面得到综合锻炼。

经过沙盘模拟训练，要使学生真正体会到资金断流、停工待料、不能按时交货等问题给企业的生存与发展带来影响的严重性，全面理解生产计划的制定、资金预算、成本预算、产能预测、物料需求计划的编制、现金预测和财务管理的重要性，对经营时机的把握等，实现所学知识从理论到实践的升华。

7.2 ERP 沙盘模拟竞赛

7.2.1 ERP 沙盘模拟竞赛简介

国际企业管理挑战赛（Global Management Challenge, 简称 GMC）是一项拥有欧洲管理发展基金会（EFMD）官方认证的横跨全球五大洲的模拟企业管理比赛，30 多年前起源于欧洲，为一年一度的国际赛事，迄今在全球已经举办了 35 届，超过 32 个国家和地区 40 万人次参赛。中国大陆每年一次已经连续举办了 19 届，参赛者来自高等院校、政府机构、企业、科研机构等，全部具有大学本科以上学历，包括大批具有 MBA 学位或是 MBA 在读研究生。该项赛事的宗旨是通过仿真模拟现代企业的经济运行，提高企业管理水平和高校模拟教学水平，促进各国企业管理技术的规范化。中国代表队在历届国际总决赛中战绩辉煌，先后五次由对外经济贸易大学国际商学院、四川大学工商管理学院、中山大学管理学院、北京理工大学管理与经济学院获得全球比赛总冠军。

从 2003 年开始，用友软件股份有限公司创造性地采取“校企合作”研究模式，本着深化教学改革、提高教育质量的理念，引进并研发成功适用于普通本科和专科院校经管类各专业、能增强学生综合素质、培养信息化技能的《企业资源计划（ERP）沙盘模拟实训课程体系》，2005 年至 2014 年在全国连续举办了十届“用友杯”（ERP）沙盘模拟大赛，先后有来自全国 30 个省、市、自治区的二十余万学生参加了各阶段的比赛活动，这一赛事已成为国内大学生中最具影响力的赛事之一。用友软件股份有限公司这一研究成果受到教育部高等教育司、中国高等教育学会、教育部高等学校工商管理类专业教学指导委员会的高度重视，六次全国性大赛得到教育部各有关部门、中国高等教育学会、国家精品课程资源中心以及越来越多高校、公司企业的充分肯定与大力支持。

“商道”是一款由上海派金信息科技有限公司研发的电子沙盘，它涉及企业经营决策与企业发展的各个方面，穿插金融、贸易、会计、期货、投资、电子商务等众多学科的知识点，它模拟一个公司在国际化市场竞争条件下的真实运作状况。2010 年由高等学校国家级实验教学示范中心联席会、中国管理现代化研究会决策模拟专业委员会联合主办全国大学生管理决策模拟大赛，采用“商道”电子沙盘进行比赛，得到来自全国 220 多所高校积极响应，经过各校的预赛，有 1000 多支各校选拔出来的优秀团队参加了全国各大区的半决赛，283 支队伍晋级大区赛决赛，45 所高校的 64 个团队参加了全国总决赛。

此外，由金蝶软件（中国）有限公司主办，教育部教育管理信息中心、中国高等教育改革与发展网、信息产业部电子教育与考试中心等单位支持的“金蝶杯”全国高校企业经营实战模拟精英赛也具备了一定的规模，成为一项全国性大学生竞赛活动，在国内经管类院校实验实践教学中产生较大影响。

7.2.2 ERP 沙盘模拟竞赛规则

沙盘模拟是一种仿真的演练，以市场运行中的明规则和潜规则作为制定演练规则的依据，实际运行中可以根据学生现有知识结构、演练时间长短，制定层次不一、要求不同的竞赛规则，这些规则可浅可深，可多可少，给教学实训活动留下很大的发展空间。值得提出的是，在 ERP 沙盘竞赛规则中，涉及最多的是资金运行和财务核算规则，如同会计准则和会计制度规定，是企业首席执行官（CEO）和财务总监（CFO）必须熟悉，必须遵守的竞赛规则

现以第六届“用友杯”全国大学生创业设计暨沙盘模拟经营大赛全国总决赛规则为例，说明部分竞赛规则。

（1）每支参赛队以五人为限，分别担任模拟企业的总经理、财务总监、营销总监、采购总监和生产总监；大赛设裁判组，负责大赛中所有比赛过程的监督和争议裁决；企业运营流程必须按照竞赛手册-运营流程表中列示的流程严格执行。

（2）市场划分与准入规则。沙盘模拟中的外部市场分为本地市场、区域市场、国内市场、亚洲市场和国际市场，不同市场的开发需要不同的时间和资金。举例见表 7-1（本章表中的 W 为万元，Q 为 quarter，表示季）。

表 7-1

市场细分	本地	区域	国内	亚洲	国际
开发费用（W）	1	5	10	12	15
开发时间（Q）	0	1	2	3	4

当某个市场投入了足额的开发资金，达到了规定的开发年限，视为开发完成，该企业就取得了在该市场上经营资格，可获得相应的市场准入证，此后就可以在该市场上进行广告宣传。

（3）市场地位。市场地位是针对每个市场而言的。企业市场地位根据上一年度各企业的销售额排列，销售额最高的企业成为该市场的“领导者”（起始的第一年也可以以广告费的投入决定市场领导者的地位）。

（4）资格认证。参加竞单的部分产品需要时间和投入以获得资格认证，若要获得产品的ISO9000 资格认证需要每年投入 10W，累积投入两年；若要获得产品 ISO14000 资格认证，需要每年投入 20W，累积投入两年。

（5）广告投放。广告是分市场、分产品投放的。假定投入 10W 可以有一次选取定单的机会，以后每增加 20W 可以增加一次选单的机会；如果投入小于 10W 广告则无选单机会，但仍扣广告费，对计算市场广告额有效。

模拟企业运行到年末有裁判组召开第二年的产品竞单会，按照企业投向市场的广告，决定获取竞单的先后顺序。参与竞标的每份竞单上表明订单的编号、市场、产品、数量、ISO要求，以及交货期，账期等。

（6）厂房获得和生产线获得。厂房可以通过购买、出租与租赁三种形式进行交换和获取，举例见表 7-2。

表 7-2

厂房	买价（W）	租金（W）	售价（W）	容量（生产线：条）
小厂房	330	33	330	3
中厂房	400	40	400	4
大厂房	450	45	450	5

生产线可以进行购买、转产、维修和出售。举例见表 7-3。

表 7-3

生产线	购置费（W）	安装周期（Q）	生产周期（Q）	总转产费（W）	转产周期（Q）	维修费（W/年）	残值（W）
手工线	50	无	2	0	无	10	10
租赁线	0	无	1	20	1	55	-55
自动线	150	3Q	1	20	1	20	30
柔性线	200	4Q	1	0	无	20	40

（7）固定资产的折旧采用平均年限法，竞赛分别对不同生产线的购置费、残值、折旧年限、折旧标准提出规定要求。

（8）产品开发投入的时间及研发费用。举例见表 7-4。

表 7-4

产 品 代 号	P1	P2	P3	P4
研发周期（Q）	2	3	4	5
研发费用（W）	10	10	10	10
加工费（W）	10	10	10	10
直接成本（W）	20	30	40	50
产品材料组成	R1	R2+R3	R1+R3+R4	R2+R3+R4

（9）原料采购。举例见表 7-5。

表 7-5

名　称	购买价格	提前期
R_1	10W/个	1 季
R_2	10W/个	1 季
R_3	10W/个	2 季
R_4	10W/个	2 季

竞赛设置了原材料紧急采购，生产过程中可以采取付款即到货，原材料价格为直接成本的 2 倍，成品价格为直接成本的 3 倍。

（10）融资。企业在经营过程中可以按照一定的信用额度向银行进行长期、短期贷款，也可以通过资金贴现和库存拍卖的方式进行融资。举例见表 7-7

表 7-6

贷款类型	贷款时间	贷款额度	年息	还款方式
长期贷款	每年年初	所有长贷和短贷之和不能超过上年权益的 3 倍	10%	年初付息，到期还本；每次贷款为大于 10 整数
短期贷款	每季度初		5%	到期一次还本付息；每次贷款为大于 10 整数
资金贴现	任何时间	视应收款额	10%（1 季，2 季），12.5%（3 季，4 季）	变现时贴息，可对 1，2 季应收联合贴现（3，4 季同理）。
库存拍卖	原材料八折，成品按成本价			

（11）竞赛成绩的综合评价。经过六年的企业运行，在规定时间内根据各模拟企业的最后分数进行评分，以综合分数高者为优胜，计算公式如下：

总成绩＝所有者权益×（1＋企业综合发展潜力/100）-罚分

其中，企业综合发展潜力得分评价，以经营末期的资产存量为评价基础，见表 7-7

表 7-7

项　目	综合发展潜力系数	项　目	综合发展潜力系数
自动线	+8/条	ISO9000	+8
柔性线	+10/条	ISO14000	+10
本地市场开发	+7	P1 产品开发	+7
区域市场开发	+7	P2 产品开发	+8
国内市场开发	+8	P3 产品开发	+9
亚洲市场开发	+9	P4 产品开发	+10
国际市场开发	+10		

（12）竞赛的重要参数。见表 7-8。

表 7-8

违约金比例	20 %	贷款额倍数	3 倍
产品折价率	100 %	原料折价率	80 %
长贷利率	10 %	短贷利率	5 %
1，2期贴现率	10 %	3，4期贴现率	12.5 %
初始现金	600 W	管理费	10 W
信息费	1 W	所得税率	25 %
最大长贷年限	5 年	最小得单广告额	10 W
原料紧急采购倍数	2 倍	产品紧急采购倍数	3 倍
选单时间	40 秒	首位选单补时	25 秒
市场同开数量	2	市场老大	○有 ●无
竞拍时间	90 秒	竞拍同拍数	3
	信息确认		

此外，竞赛规则还对计算机及其软件的使用、对企业经营中途破产、银行注资、经营违约、竞单规则、特殊费用项目的核算方法、违约金、库存拍卖、贴现费用、扣税标准、数值取整方法以及竞赛罚分处理等做出明确规定。

7.3 ERP 沙盘模拟中的财务管理问题

ERP 沙盘模拟对企业生产业务流程处理与财务核算、财务管理等的资金流进行集成，要求保证资金流与物流的同步记录和数据的一致性，从而可以根据财务资金现状追溯资金的来龙去脉，并进一步追溯所发生的相关业务活动，改变了资金处理与财务信息滞后于物流信息的状况，充分体现了事前计划、事中控制、事后责任考评，并实时做出决策调整的控制思想。在管理技术上，ERP 沙盘模拟在对整个供应链的管理过程中更加强调和加强了对资金流与信息流的控制，从而使企业经营管理从实物生产的供应链管理，上升到对价值链的控制。从 ERP 沙盘模拟运行看，财务总监肩负的责任最为重大，无论是广告费的投入，市场订单的获取，厂房、生产线的购置、租赁，资金贷款、贴现、回笼，各种成本费用的支出，无一不依靠财务会计工作的测算与资金使用的决策。可以说，沙盘决策模拟团队中，除了 CEO，财务总监是责任最重、工作量最大、团队中最不可缺少的关键人物。

由于沙盘模拟的参加者、特别是高校不同专业的学生往往是第一次面对贴近市场的模拟场景，在生产运作和管理决策演练时会感到迷茫和困惑，遇到问题容易举旗不定，特别是财务核算、财务控制、财务预测方面，经常面临会计信息缺失、资金预算不准、财会业务处理不当等具体问题，通过演练，能够使学生感悟到理论方法学习的重要性，“学然后知不足”，从而进一步明确学习目的性，提高学习的积极性。

就初学者在沙盘模拟中面临的财务处理，如下方面的问题值得重视和引导。

7.3.1 资金链问题

在沙盘模拟过程中，不同企业都会面临资金筹集、投资决策、日常营运资金管理、资产管理等方面的问题。参与者需要根据企业的生产、经营计划预计下一会计期间的资金需要量，然后根据资金的收入情况计算资金缺口，考虑通过银行贷款、贴现或其他形式取得资金的可能性，同时，在资金筹集中需要考虑融资成本和还款能力，选择适当的资金筹集方式。在投资决策时，根据企业的长远规划和近期计划，以及企业资金的拥有情况，进行市场开拓和产品研发，并适时进行厂房、机器设备等固定资产投资。在实际竞赛运行中，模拟企业往往因为盲目决策或决策失误导致资金闲置或者因为资金断链而中止投资，进一步影响到生产或产品的销售，导致整个经营陷入僵局。在日常资金运营的管理中，由于资金的匹配和相关费用支付中问题较多，竞争团队往往会面临资金短缺而延误采购、生产的大好时机。因此，通过实训使参加者更深刻地感悟稀缺资源配置是宏观经济学和微观经济的核心理论，资金预算、资金运作是企业经济运行最为关键的管理问题，显得尤为重要。

7.3.2 会计处理与财务分析问题

对于一些具体财务问题的处理，特别是涉及待摊、预提、期末结转等事项时，学生往往会发生遗漏，其原因在于课堂教学中缺乏企业模拟经营的现实环境，而一旦进入实战演练状态，对知识运用能力欠缺的问题就会表现出来。对一些会计事项的处理，如非货币交易、紧急采购等的账务处理，学生往往表现为知识准备不足、应对办法不多、面对存在的问题无从下手。作为认知性的沙盘模拟，不必着急为避免发生此类问题而事先予以各种告示，正是在发生错误、感知错误中提高对企业经营本质的认识，指导教师只要在规则学习和示范教学中加以一定的说明，年度总结中加以适当引导即可。

杜邦分析是一种相对比较专业的财务分析指标体系，它通过几种重要的财务比率指标综合反映企业的财务状况和企业盈利能力，通过指标之间的相互关系来分析企业的经营业绩。杜邦分析法对初学者而言具有一定难度，但对于会计学专业的参加者而言却是一个结合实战认知、理解和合理使用的契机，可以通过杜邦分析加深对企业经营影响因素的分析，进一步发现问题产生的原因。

7.3.3 物料需求计划的计算问题

物料需求计划是针对生产企业普遍存在的库存量过大、资金周转期长、原材料供应不及时、零部件装配中停工待料等问题的一种生产管理技术。在ERP沙盘模拟中，由于参加对抗的同学调动资源获利的能力不足，他们不理解物料需求计划中数量和时间这两个关键因素，或由于计划偏差而导致停工待料的情形经常容易发生。有些材料采购有一定的运输周期，由于没有计划好而导致整个生产停滞，造成设备的闲置和资源的浪费，最终企业因不能按时完成订单而被罚款。由于手工进行产品结构分解和计算物料需求的工作量较大，需要设计ERP相关分析软件或自制小程序进行操作计算。在全国性大赛的参赛队伍中，不乏学生自编设计的Excel等小程序，按照ERP沙盘模拟步骤和管理会计中固定成本与变动成本的原理，只要更改参数设置，填入适当变量，即可清楚显示资金预算和物料库存与需求情况。因此，鼓励学生利用相关学科知识和计算机编程技能参加实训和竞赛，对于学生创造性地提高专业综合能力是很有好处的。

7.3.4 相关财务信息的报告问题

经营对抗中，财务信息报告的及时性和正确性往往会存在一定问题。由于不同专业学生财务知识学习、运用能力有限，经常会有团队因会计核算不正确、报表填写不准确导致年末账表不平，不能及时报送而延误教学实训和模拟竞赛的整体进行。因此，需要在报表和错帐修订方面制定一套相对完善的竞赛规定与补救措施；在组队过程中应注意实训或竞赛团队配备有一定会计核算基础的学生参加，能有效缓解此类问题的发生；担任实训的指导老师（包括助理教练）具备快速查账能力和及时应对某些团队发生错账的解决能力，以及对年度经营情况点评和综合分析能力，这些都无疑是沙盘模拟实训教学中对教师素质、水平与能力的重要考量。

7.4 基于 ERP 沙盘的会计信息系统应用

7.4.1 ERP 电子沙盘简介

目前 ERP 沙盘模拟主要分为实物沙盘经营和电子沙盘经营两种形式，为了充分发挥 ERP 沙盘模拟的教学先进性和有效性，浙江大学城市学院和用友软件股份公司联合开发，成功地推出了“创业者”企业模拟经营电子沙盘。该种电子沙盘既可以独立运行，也可以结合实物沙盘运行，只要经过桌面实际演练，在计算机软件中通过相应的数据录入，即可快捷、形象地显示企业当前的经营情况。更为重要的是，ERP 电子沙盘已经融合了会计信息系统中的资金管理、预算管理、成本管理和财务报表分析等重要内容，使 ERP 沙盘模拟与会计信息系统应用有了更为紧密的结合。

与实物沙盘相比，“创业者”电子沙盘具有以下几个特点。

（1）能自动核对现金流，并依据现金流对企业运行进行控制，避免了随意挪用现金的操作，从而真实反映现金对企业运行的关键作用。

（2）按照现实交易活动（包括银行贷款、销售订货、原料采购、交货、应收账款回收、市场调查等）的顺序与规则操作，实现操作时间和操作顺序不可逆的电子控制，从而使实训更加仿真，更加贴近现实。

（3）可以对运作过程的主要环节进行控制，实现操作开始不能返回该环节以前的操作，避免环节作弊。

（4）可以有限地改变运行环境参数，调节运行难度。

（5）利用各种统计图表可以实时、分年度展示各团队的经营现状和财务数据，增加团队竞争的透明度。利用杜邦分析，可以深入分析比较各模拟企业的经营业绩。

（6）根据用户决策追踪系统回顾决策过程，便于进行经营过程与经营结果的复盘分析。

（7）可以科学设置评分指标体系，便于竞赛团队综合得分的计算与评比。

（8）采用 B/S 架构，基于 Web 的操作平台，实现本地或异地的同步训练，解决了竞赛场地狭小、不能分散经营的局限性。

7.4.2 基于 ERP 沙盘的模拟功能设计

电子沙盘的研制正在不断走向成熟，综合目前教学中受欢迎的一批电子沙盘，总结其成功经验和未来的发展趋势，在其软件的开发设计中应包括三方面的系统。

1. 学生训练系统

可以为参加实训的学生提供模拟企业经营的操作界面和全部实时数据，提供竞争市场的背景资料、分析数据和经营决策工具。

2. 教师指导系统

可以分析各个参赛团队在生产、供应、财务、决策、人力资源等方面的现状和运行结果。

3. 管理员控制系统

可进行各种竞赛规则的设计，管理权限的分配，数据库资料的维护。

为满足沙盘模拟教学功能的要求，在电子沙盘软件开发设计中，应满足如下需求。

（1）电子沙盘的主要操作界面和物理沙盘要一一对应，可以进行复盘教学。

（2）电子沙盘必须带有规则提醒机制，通过鼠标单击可自动显示相应内容的运行规则。

（3）经营不善时，可以有订单转让、产品转让、厂房出售、追加股东投资等特殊功能。

（4）提供网络订单和现场订单两种竞单方式，让学生体验不同营销环境。

（5）能进行实时数据分析，提供多种数学分析模型，方便教师发现问题，分析问题和解决问题。

（6）有进度监控功能，方便教师掌握各个团队的经营状态。

7.4.3 基于ERP沙盘模拟平台的制度设计

ERP沙盘模拟的教学是新生事物，也是一门管理类的全新课程，它的出现对经济管理专业学生的培养目标、教学内容、教学方式的改革提出了新的思路，为会计信息系统的进一步完善留下了新的发展空间。基于ERP沙盘平台，可以进一步增加会计类专业的ERP教学实训内容，强化会计管理制度与控制制度的设计与综合应用。

1. 设计企业的财务管理制度

在对企业基本经营情况充分了解的基础上，按会计准则的要求，建立存货管理、投资、费用、资产管理等方面的管理规定，引导学生设计企业内部财务管理制度，设计企业所用的会计科目及所需的辅助核算，并进行基础资料的准备和整理，利用财务软件建立起适合企业运作的内部管理账簿。

2. 设计企业会计的内部控制制度

通过设计企业会计的内部控制业务流程和原始图表，将企业会计制度设计的内容涵盖到财务软件的设计中。主要业务流程包括按照内部控制的循环，设计采购与付款、销售与收款、生产制造、对外投资、利润核算等方面，并产生相应的控制方式。

7.4.4 基于ERP沙盘模拟的财务软件设计

根据ERP沙盘模拟进程，实现会计电子数据的全程记录，通过简化ERP生产制造的核算过程，实现有效的ERP财务流程管理。

ERP沙盘平台的财务软件应用流程，如图7-14所示。

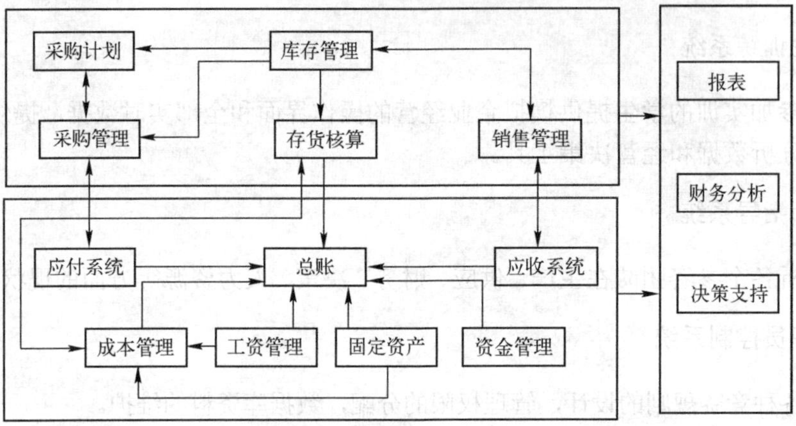

图 7-14

为了在模拟演练中简化运算程序，加快各种预算与预测分析的进程，需要利用会计信息系统中的分析功能，编制不同用途的财务分析程序和分析工具，并对这些程序工具软件进行优化设计。也可以根据 ERP 电子沙盘的内容、步骤和要求，重新编制基于会计信息系统平台的模拟演练账套。

1. 竞单与销售管理

在模拟中，参赛团队通过市场开发费用的投入，取得竞单资格，并以竞单数额代替销售额，确定企业的市场地位。竞单取得的前提，除了市场广告费用的投入，应充分考虑到企业内部现有资金的使用情况及现有设备的生产利用情况。可在现有各种成本费用基础上，把各种开支项目分为固定成本和变动成本，用现有资金和可筹措到的资金减去固定开支，余额可用来试算不同市场定价环境下获取竞单的可能性。通过销售订单的预测和预计收益的预测，掌握年度市场开发费用的最佳支出额，以及最大订单、最小订单的约束额。

2. 供应过程与采购管理系统

在模拟中，企业按照取得的订单及对未来市场的预测，来制定相应的生产计划。生产部门按照产品的结构和订货要求，根据生产需要编制物料请购单，并计算每期的订货量和资金需求，编制采购计划，经主管批准后交采购部门。采购部门根据库存信息、供应商档案及价格信息选择合适的供应商，填写采购订单（采购合同），经主管确认后交供应商。

3. 存货入库与应付款管理

沙盘模拟中虚拟供应商将由教师控制台按照规则进行，虚拟供应商收到订单后，进行发货处理，产生两个单据，一个是发运单，一个是采购发票，发运单随货物到达采购企业。

采购企业在收货通知单上签字确认，填写外购入库单。货品入库后及时更新库存台账，同时将有关发票提交财务部门，由相关财务人员分别进行材料核算和应付款处理。同时确认采购成本，生成采购结算单，并及时完成向供应商付款的处理。

4. 生产、研发与成本费用管理

在沙盘模拟中，企业的成本费用包括综合管理费用（管理费、折旧费、设备维护费、产品研发、市场开发等费用），这些费用直接由现金支付，可以直接在总账系统中进行核算，由于产品研发、市场开发周期较长，需要进行分项管理，可以采用项目管理的方式进行核算。对于成本中的工资，由于在模拟中将人工费直接计入生产成本，处理起来比较简单，可以直接在总账系统进行处理。

5. 按订单交货与应收系统

应收系统主要反映和监督赊销货款的收回情况，对客户档案和应收账款进行管理。模拟企业按订单实际交货后，在应收系统输入销售发票、收款单等。经审核确认后由系统自动更新销售文件、应收账款文件和客户文件，同时，根据“自动凭证”功能，自动生成记账凭证，转入账务处理系统，并为编制会计报表提供数据。

6. 库存管理与存货核算

存货管理是采购管理与生产管理、销售管理的一个中间环节。存货管理主要包括入库和出库业务。在存货管理子系统中，首先根据不同的仓库和不同的存货类型设置核算存货的科目。在以上设置的基础上，系统可根据不同类型的出入库单据，形成记账凭证并传递到总账系统。

在模拟中，入库业务可以分为采购入库、产成品入库、退货入库等，出库业务可以分为销售出库、材料出库、退货出库等。盘点也是企业存货管理中一个非常重要的业务，盘点的结果可能是盘盈，也可能是盘亏。进行调节时，盘盈的结果形成盘盈入库，盘亏的结果形成盘亏出库。

7. 固定资产管理

在模拟中，主要涉及固定资产投资更新与折旧管理。可以采用简化的方式在总账系统中进行项目管理，核算固定资产的投资和净值。也可以在固定资产核算系统实现对固定资产数据的管理和折旧费的计算，将数据的处理结果传递到账务处理系统中，生成总账、明细账等账务的数据。

8. 总账与报表系统

利用会计信息系统中创建的总账系统，建立与采购管理、销售管理、成本费用核算、固定资产管理的数据接口，设置会计科目和基础的会计核算条件，进行人员分工。经过审核记账后生成相应的账簿信息，会计人员在报表系统中通过设置取数公式编制反映财务状况和经营成果的会计报表，并进行相应的财务分析，以分析企业的经营趋势，通过与其他企业的比较，完成更全面的市场分析与判断。

复习思考题 7

一、思考问答题

7.1　什么是 ERP？如何理解 ERP 的管理思想？

7.2　ERP 与会计信息系统之间存在哪些联系？为什么财会专业的学生必须理解和掌握 ERP 的流程、基本思想与管理方法？

7.3　如何在 ERP 的运行中，加强企业的资金管理、预算管理和成本管理？

7.4　什么是 ERP 沙盘模拟？为什么该项教学活动能获得全国八百多所高校的重视？

7.5　为什么说经济学的精髓在于研究稀缺资源的合理配置，通过 ERP 沙盘模拟教学活动你对此有什么切身体会？

7.6　针对沙盘决策模拟教学活动中资金流的情况，你对“决策影响全局”“决策是管理的核心”有什么切身感受？

7.7　如何借助会计信息系统，为 ERP 的运行提供财务分析方面的支持与帮助？

7.8　如何通过 ERP 教学过程中的团队协作精神，进一步改善《会计信息系统》课程的学习过程并提高该课程的学习质量？

二、上机练习题（有条件的院校选作）

7.9　学习并领会电子沙盘中各种操作界面。

7.10　掌握电子沙盘经营分析指标的计算和综合评价方法，分析各个团队的经营效益。

7.11　根据沙盘模拟的经营事项，结合用友 ERP 或金蝶 ERP 系统软件中管理会计的内容，掌握预算管理、资金管理与成本管理的各种核算功能与分析功能。

下篇　会计软件的操作使用

第 8 章　用友账务处理系统的操作使用

8.1　用友软件概述

用友软件是由用友软件股份有限公司开发研制的，该公司是目前亚太地区技术领先的企业管理软件和企业移动应用、企业云服务提供商，也是国内最大的管理软件供应商。用友软件在国内软件市场享有盛誉，其中，基于移动互联网、云计算、大数据、社交等先进技术的用友 UAP 私有云平台是中国大型企业和公共组织应用最广泛的企业计算平台，畅捷通公有云平台在小微企业和各类企业公共应用服务中得到广泛运用。中国及亚太地区超过 200 万家企业与公共组织正在使用用友软件和云服务，在中国 500 强企业中超过 60%是用友的客户。面向大型集团公司的"用友 NC"产品、面向中型企业的"用友 ERP－U8"产品，面向中小型和小微企业的"用友畅捷通"产品，均在市场上具有很高的知名度，受到企事业单位的欢迎和好评。

目前，"用友 U8+"系列软件率先实现了从 ERP 到云服务的跨越，用先进技术为成长型企业构建出集"精细管理、产业链协同、云服务"为一体的管理与电子商务平台，成长为亚太第一的中型企业管理软件和云服务平台，在国内 60 万家成长型企业中得到成功应用。在国内高等院校面向本、专科投入教学使用的用友软件版本已经推向 U8V10 版本，以中小型企业多部门的实际应用培训教育为目标，既可以在局域网环境下使用，也可以在单机环境下运行。

"用友 U8+"系列软件以企业财务核算和财务管理为基础，实现了会计核算、资金、成本、预算和财务监控的全方位管理，具体包括财务会计、管理会计、客户关系管理、供应链管理、产品全生命周期管理、分销管理、零售管理、人力资源管理、集团应用、商业智能、移动应用、电子商务等内容。各部分既相对独立，分别有着较为完善和细致的功能，又能有机地结合为整体应用，实现了财务与业务管理的一体化。其中，财务系统由财务会计和管理会计两部分组成，财务会计包括总账管理、应收款管理、应付款管理、固定资产、存货核算、网上报销、网上银行、UFO 报表、出纳管理等子系统构成；管理会计由成本管理、预算管理和资金管理、项目管理等子系统。

为了适应当前多数高校的教学使用情况，本章以用友 ERP-U8 系列中 V10.1 版本为蓝本，简要介绍总账系统的操作使用方法，举例涉及的"会计科目"，采用用友 V10.1 版自带的、按工业行业性质预置的"2007 年新会计制度科目"。

8.2 系统的安装、启动和建立账套

8.2.1 系统技术架构与运行环境

用友 ERP-U8 系列软件采用 3 层架构体系，逻辑上分为数据库服务器、应用服务器和客户端。物理上可以将数据库服务器、应用服务器和客户端安装在同一台计算机上（即单机应用模式），教学服务中，多采用单机应用模式。在企业应用中，也可以将数据库服务器和应用服务器安装在一台计算机上，而将客户端安装在其他计算机上（即网络应用模式）。

系统要求硬件和软件最低配置如下。

数据库服务器：内存 4GB 以上、CPU 2. 4GHz 以上，双核（或多 CPU），磁盘空间 80GB 以上。

应用服务器：内存 2GB 以上、CPU 1.8GHz 以上，双核（或多 CPU），磁盘空间 40GB 以上。

客户端：内存 1GB 以上，CPU 1.8GHz，磁盘空间 20GB 以上，系统安装空间 4GB 以上。

操作系统：Windows XP+SP2 及以上补丁，或 Wingdows7+SP1 及以上补丁。

数据库：SQL Server 2000+SP4，或 SQL Server 2008 R2 的标准版、企业版和数据中心版。

如果计算机尚未安装数据库系统，在安装用友 ERP-U8 软件之前必须先行安装 SQL Server 数据库，并在安装完成后重新启动计算机。

教学建议：如果有条件进行用友软件安装练习的院校师生，推荐购买王新玲、汪刚主编，清华大学出版社 2013 年 6 月出版的《会计信息系统实验教程（用友 ERP-U8V10.1 版）》，该教程附送一张实验练习用光盘，内含数据库安装说明和 U8 系统安装盘，其中还包括对计算机操作系统和数据库安装补丁的自检程序和安装过程的详细说明。

8.2.2 系统安装

将系统安装光盘置入光驱，自动运行，或通过选择系统安装文件setup.exe，通过双击运行，进入系统安装界面，如图 8-1、图 8-2 所示。

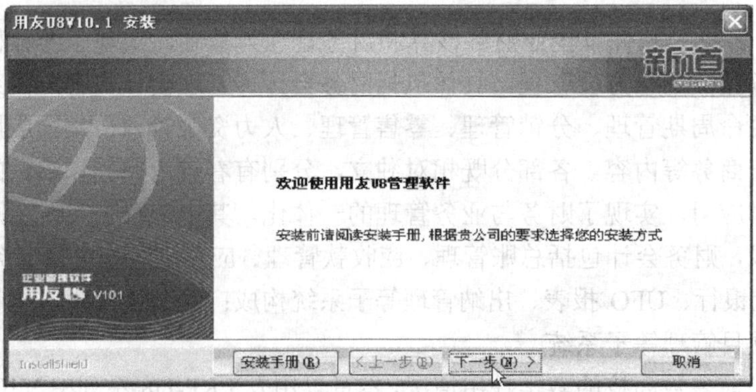

图 8-1

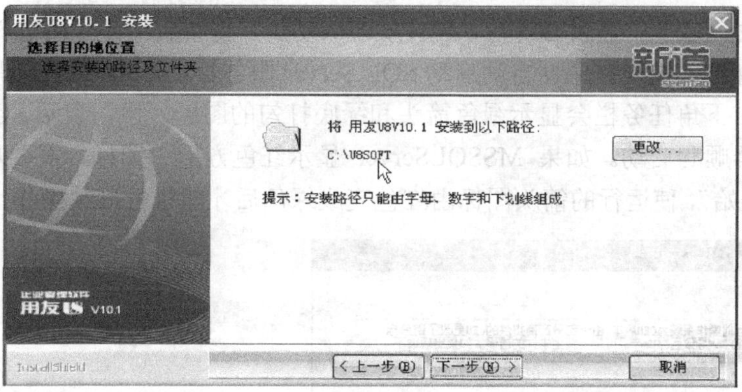

图 8-2

输入用户名和公司名称，选择软件安装目录，挑选需要的安装类型。如果想安装包括数据库服务器和 U8 应用服务器在内的全部软件，可以选择“安装全部产品”；如果只想安装客户端软件部分，可以选择“单机版安装”。根据屏幕提示，逐步完成软件的安装过程。

需要注意的是：

（1）U8V10.1 版本提供了可供选择的全部管理模块，所需占用的磁盘空间较大，安装到目标盘一般需要超出 4GB，如果C盘空间有限，需要事先扩容或更改安装路径到其他目标盘中。如果日后教学应用中采取单机多账套的引入，每一个账套需要 1～2GB的引入空间，对此应提前做好准备。

（2）安装类型的选择，因教学应用多选择单机应用模式，因此必须选择“全产品”安装。

（3）随着用友软件功能充实，对计算机操作系统、IE浏览器和数据库的配置要求逐步提高，安装过程中需要根据环境自检，对操作系统、IE浏览器以及SQL Server数据库的相关选项或相关补丁程序进行补充安装，U8V10 安装盘中附带了一些必要的补丁，可以根据自检中出现红字提示进行补充安装。如果操作系统、IE设置或数据库没有达到自检要求，则会退出安装程序，待补充安装完成、检测通过方能进行后续安装，见图 8-3、图 8-4 所示。

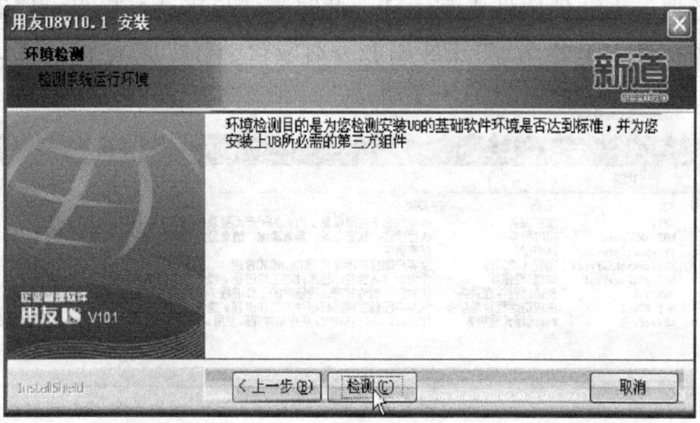

图 8-3

安装所需时间较长，需耐心等待，软件安装成功后，重新启动计算机进入 Windows 操作平台，系统会继续完成安装，并自动启动 SQL Server 服务管理器和 U8 应用服务管理器，在计算机显示屏右下角任务栏会显示绿色箭头和绿底打勾的图标，表示 SQL Server 和 U8 应用服务管理器顺利启动。如果 MSSQLServer 显示红色方形图标，需要单击该数据库服务管理器为“开始”，使运行的箭头图标由红色变成绿色后才能进行后续操作，见图 8-5 所示。

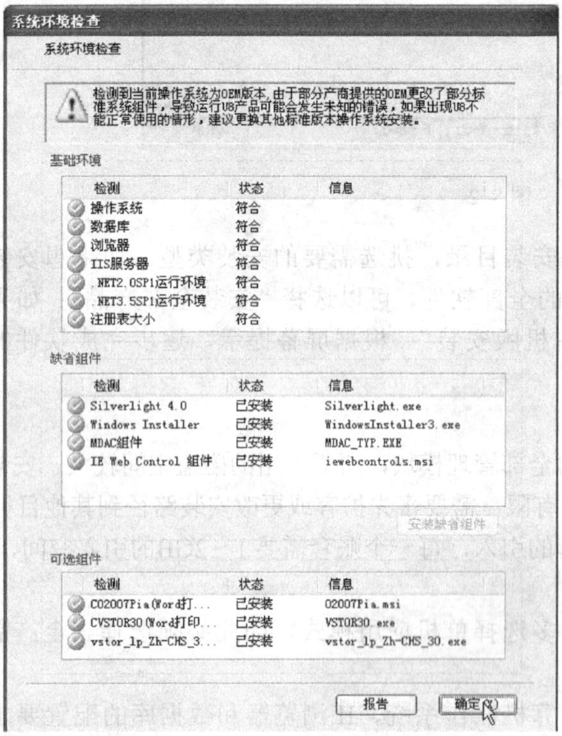

图 8-4

图 8-5

受软件知识产权保护，企业运行 U8 系统应使用有加密狗的软件方能正常进行账务处理和管理应用。作为院校学习版的新道 U8V10.1 软件，虽采用单机应用模式，但程序中也需要关注应用服务器的加密服务是否正常运行，如果加密服务处于“停止”状态，则不能连接上自身的数据库服务器，无法使软件正常运转，此时需要单击计算机显示屏右下角的 U8 应用服务管理器图标，显示图 8-6，单击应用服务对应第一行“加密服务”，改启动类型为“自动”，启动服务状态为“运行”，见图 8-7 所示，方能正常打开 U8 系统。

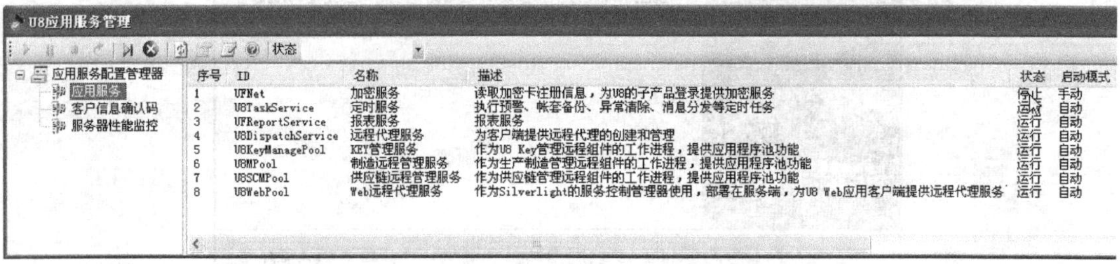

图 8-6

8.2.3 启动系统和建账

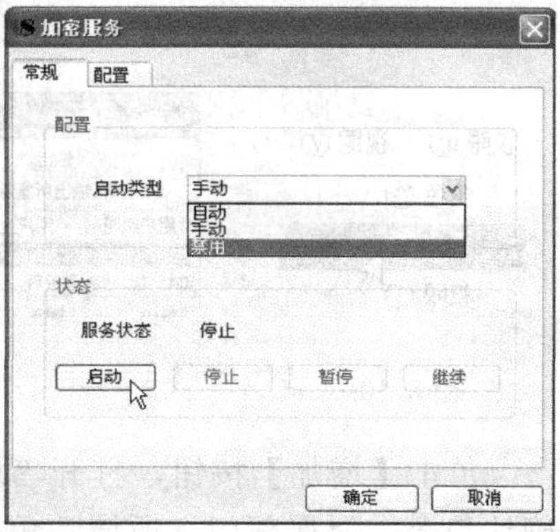

图 8-7

1．启动系统并进行注册

用户首次进入系统时，需要进入“用友 U8V10.1”进行系统管理功能的“注册”操作。从计算机左下角【开始】菜单进入操作，通过选择“所有程序”→“用友 U8V10.1”→“系统服务”→“系统管理”，进入“新道教育-用友 U8【系统管理】”窗口，如图 8-8 所示。如果计算机显示屏已有“系统管理”快捷键，也可直接双击进入。

选择“系统”→“注册”命令，进入“登录”对话框，如图 8-9 所示。

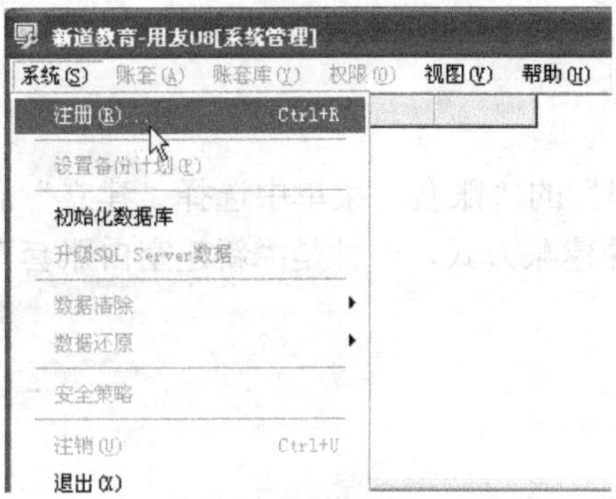

图 8-8

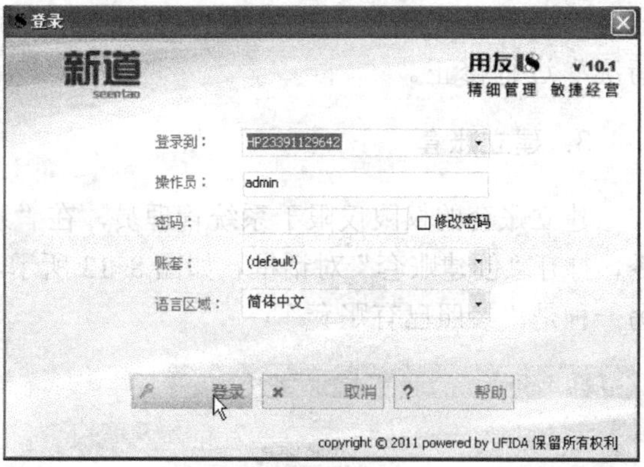

图 8-9

U8 默认系统管理员名为“admin”，密码为空，其主要任务是管理该系统中的所有账套，设置操作员，分配操作员权限，建立、引入和输出账套，并对异常任务进行清除等系统管理工作。此时的默认账套为演习账套“(default)”，单击“登录”，可继续完成账套的建立。需要注意的是，用友财务软件只允许“系统管理员”或“账套主管”两种身份进入系统进行“注册”。U8 预设账套主管名为“demo”,登录口令可以由系统管理员设置或改设。系统管理员和账套主管是有区别的，只有系统管理员可以进行账套的管理，包括账套的建立、引入、输出，指定账套主管，设置和修改操作员及首次登录的密码、权限。系统管理员不能修改账套信息；账套主管负责维护所管的账套，他可以修改账套参数，实施年度账套的管理，包括账套的创建、清空、引入、输出和年末结转，对所选账套进行数据备份，也可以对该账套操作员的权限进行设置，但不能增加操作员。

2．增加不同角色的用户

在“系统管理”窗口，选择“权限”→“用户”命令（见图 8-10），可进行账套主管和普通操作人员的授权设置。“用户管理”窗口，如图 8-11 所示。

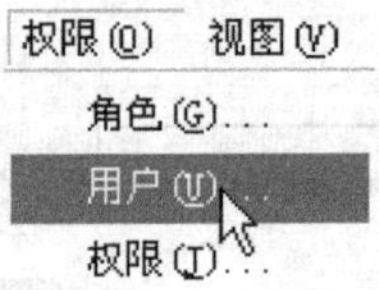

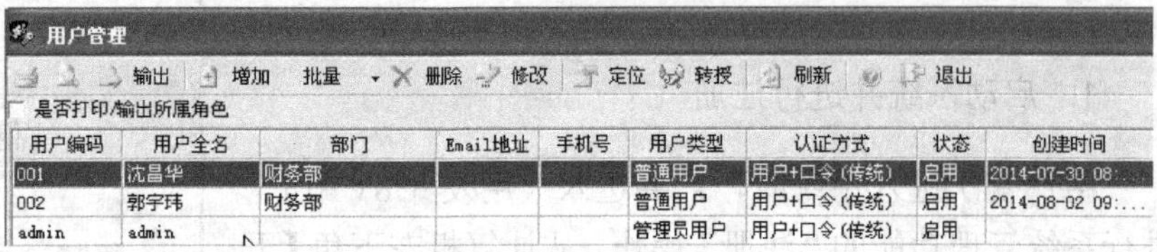

图 8-10　　图 8-11

单击【增加】按钮，打开“增加用户”对话框，录入操作员的编号、姓名、口令及确认口令、所属部门、所属角色，如图 8-12 所示。系统为会计预设了不同的角色，如“账套主管”、“预算主管”、“普通员工”等，如果增加用户时就指定相应角色，该用户就自动拥有了该角色的所有权限，如果用户的操作权限需要增减变动，系统管理员和账套主管可以在“权限”菜单下单击“权限”命令进行修改。如果需要更改操作员的相关信息，包括重设口令，可以根据图 8-11 所示直接单击相关操作员，对该“操作员详细情况”进行修正。

3. 建立账套

建立账套的权限仅限于系统管理员，在“系统管理”的“账套”菜单中选择“建立”命令，打开“创建账套”对话框，如图 8-13 所示，有两种建账方式，一种是“新建空白账套”，另一种是“参照已有账套”。

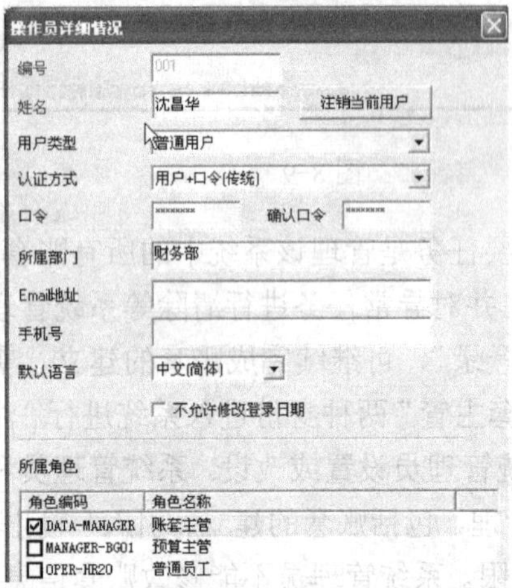

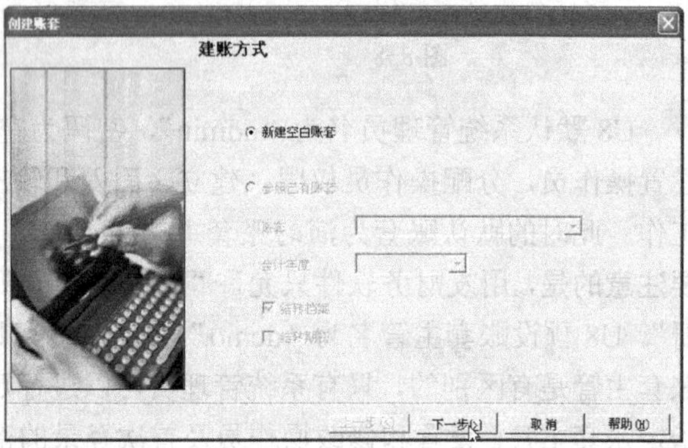

图 8-12　　图 8-13

选择“新建空白账套”，系统显示数据库服务器的名称和默认账套路径，根据企业建账初始情况，分别录入账套号、账套名称、启用会计期等（见图 8-14）。单击【下一步】按钮，输入本单位的基本信息。包括单位名称、单位简称、单位地址、法人代表、邮政编码、联系电话、传真、电子邮件、税号、备注等。其中，单位名称是必填项，其他为选填项，如图 8-15 所示。

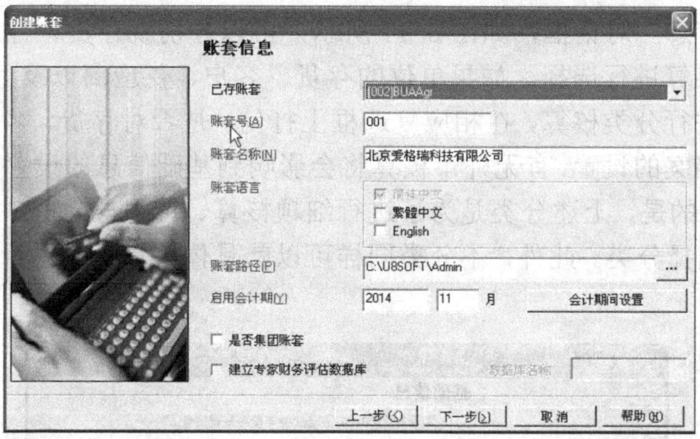

图 8-14

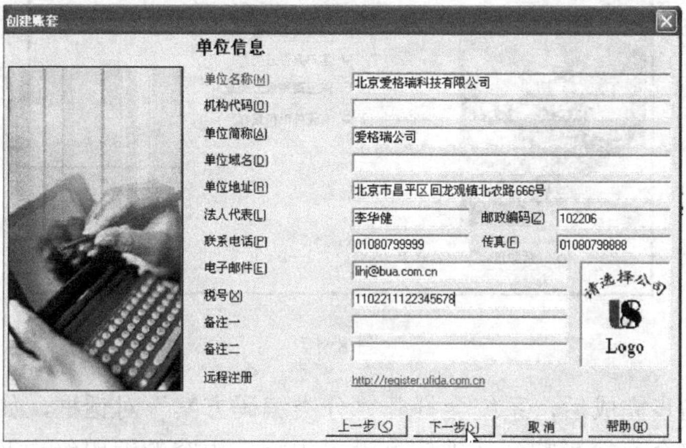

图 8-15

单击【下一步】按钮，在“核算类型”窗口，如图 8-16 所示，输入“本币代码”，如“RMB”。通过单击下拉箭头，选择企业类型，如果选择“工业”模式，系统不能处理受托代销业务；如果选择商业模式，则可以处理委托代销和受托代销业务。选择“行业性质”，如“新会计制度科目”、“2011 年医院会计制度”、“2008 年新型农村合作医疗基金会计制度”、“工业企业”、“商品流通”、“旅游饮食”等，选择增加用户时预设的“账套主管”名字。如果在“按行业性质预置科目”复选框前打勾，建立账套时能预置所属行业的一级和部分二级科目，否则系统中不预设任何科目。

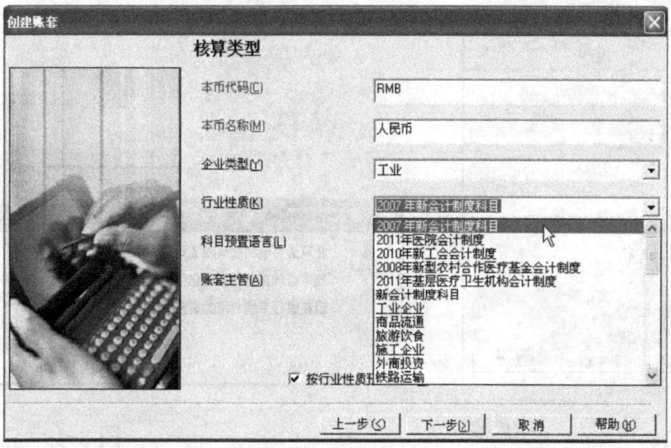

图 8-16

打开“基础信息”对话框，如图 8-17 所示，可以分别就存货、客户、供应商的分类和是否进行外币核算进行选择。如果单位的存货、客户、供应商以及外币核算业务较多，可以对这些业务进行分类核算，在相应复选框上打勾。是否对存货、客户及供应商进行分类将会影响到其档案的设置，有无外币核算将会影响到基础信息的设置及日常能否处理外币业务。**需要注意的是**，上述分类是为了进行细项核算、管理与分析，如果需要管理的对象不多，可以不选择分类。此外，不分类同样可以就具体核算对象进行分组，如客户分组与客户档案分组。

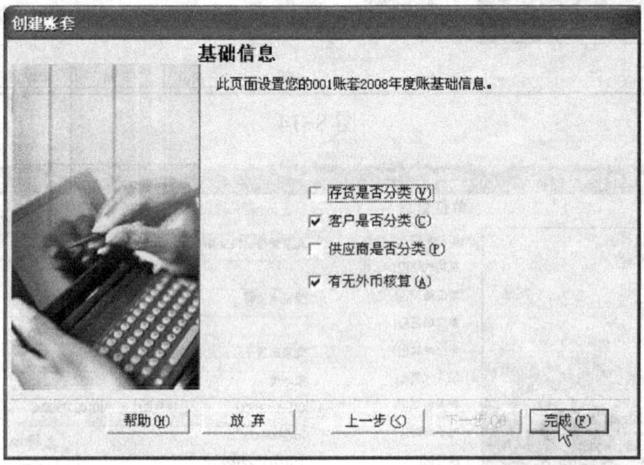

图 8-17

当创建账套初步完成后，系统会打开“分类编码方案”对话框，如图 8-18 所示。编码方案的设置，将会直接影响到基础信息设置中相应内容的编码级次及每级编码的位长。新会计科目中一级科目的编码已经从原来的 3 位改为 4 位，编码结构可改为 4-2-2-2。此外，系统会打开“数据精度”对话框，可根据各个不同单位的需要调整核算过程中需要保留的小数位数，系统默认保留两位小数。至此，账套新建成功（见图 8-19），但还需要进行系统的启用设置。

图 8-18

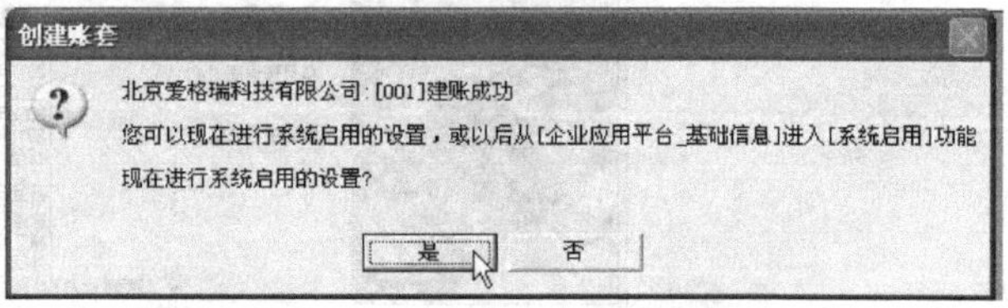

图 8-19

学习者可根据教学需要，在系统编码框内打勾选择相关的系统模块，见图 8-20、图 8-21、图 8-22 所示。

图 8-20

图 8-21

上述选项也可以在学习过程中，根据需要通过系统的“基础设置”-“系统启用”予以增加选用。建议从基础入门的初学者先集中掌握“总账”和“UFO 报表”的操作方法，中级目标的学习者在入门后再选用子系统的核算方法，可以分别选择“固定资产”、“薪资管理”、“应收”、“应付”、“预算管理”、“资金管理”、“成本管理”等子系统的核算功能，根据先简后繁、由浅入深、循序渐进的方法进行学习。

至此，已经完成了系统的全部安装和账套的创建。可以通过双击计算机显示屏“企业应用平台”快捷方式进入 U8 登录界面（见图 8-23），进行后续的业务操作。根据学习练习需要，每次登录的操作日期可改为建账所属日期或账务处理日期

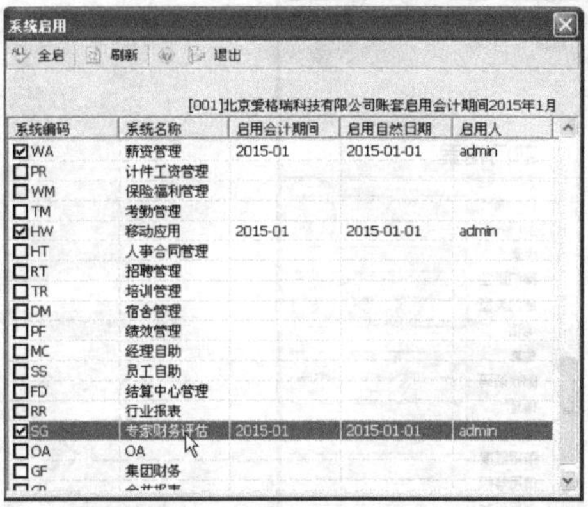

图 8-22

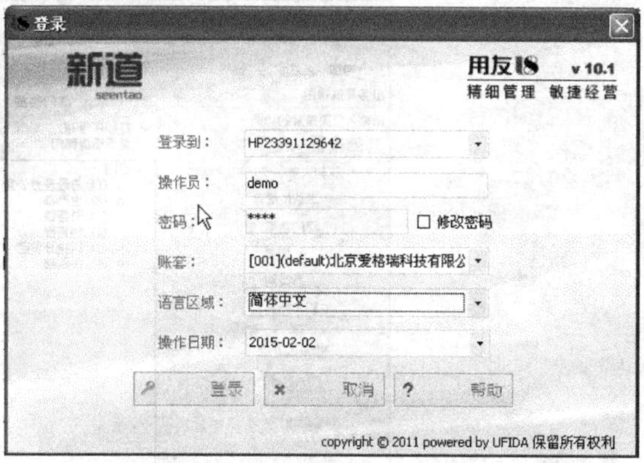

图 8-23

补充说明：当系统管理员设置了“账套主管”以后，账套主管可以用自己的登录名和密码登录“系统管理”界面，“系统管理”中的“修改账套”成为可选项，而其他多项功能变灰，表示账套主管不具备账套管理的其他功能权限。每到年末，账套主管要在“年度账”项下建立下一年度的新账，然后在“年度账”下选择“结转上年数据”。在“结转上年数据”之前，必须先建立新的年度账，然后才能启用结转功能。

需要提醒注意的是，用友 U8 系列的院校教学版，除非有加密狗的配置，否则自建账之日起，账套的教学使用时间限制在三个月之内，满三个月后，该账套将无法打开。如果教学

需要，只能更改登录时间，恢复到以前的操作时间继续操作，否则只能新建账套，重新开始。

8.3 基础档案设置

新账套创建完成后，需根据企业财务核算和财务管理运行实际情况及业务要求，进行基础档案设置，根据基础档案各种设定要求，首先需要考虑各种分类编码方案，规定不同档案的级次和各级编码长度的设定。基础档案在账套主管登录“企业应用平台”后，在视图界面左侧“业务导航视图”的“基础设置”中进行逐项设置。

单击左下角的“基础设置”选项卡，进入“基础设置”任务窗格，可以分别对基本信息和基础档案等进行设置，见图 8-24。

初学者需掌握“基础档案”中的“机构人员”、“客商信息”、“财务”的具体设置。

“机构人员”主要设置“部门档案”、“人员档案”、“人员类别”等内容，如图 8-25 所示。

“部门档案”用于设置部门相关信息，包括部门编码、名称、负责人、部门属性等。建立“部门档案”之前，先要根据企业组织结构确定编码方案，然后根据编码方案给各个部门编码，如图 8-26 所示。

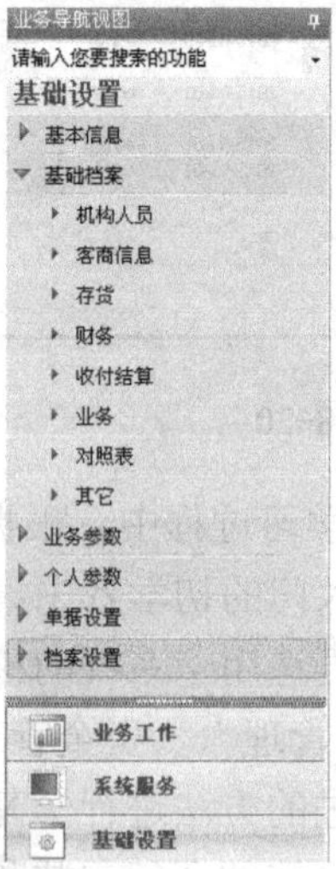

图 8-24

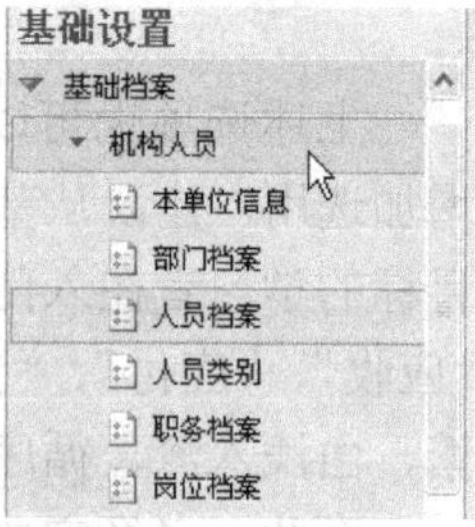

图 8-25

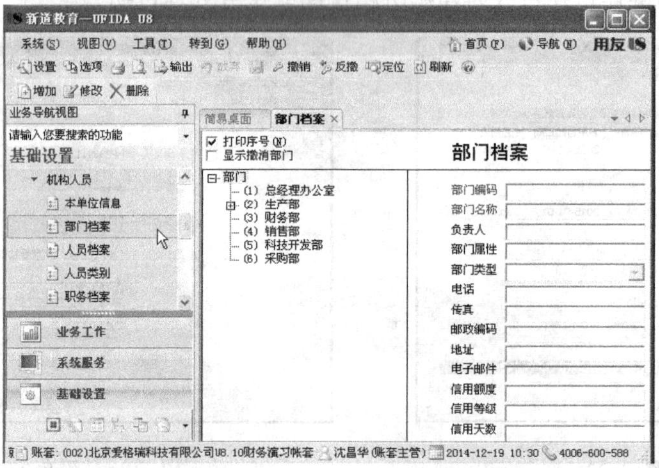

图 8-26

在录入部门档案时，首先要录入上级部门，然后才能录入下级部门。“职员档案”中的职员是指企业各个职能部门中参与企业的业务活动，且需要对其进行核算和业务管理的职员。设置“职员档案”前，必须先设置好部门档案才能在这些部门下设置相应的人员档案，如图 8-27 所示。除了固定资产和成本管理产品外，其他产品均需使用人员档案。如果企业不需要对职员进行核算和管理要求，则可以不设置人员档案。

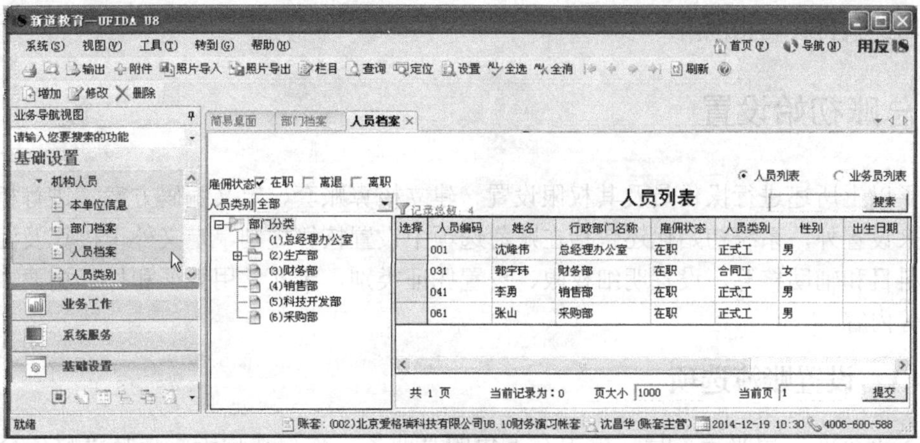

图 8-27

“往来单位”设置包括客户分类、客户档案、供应商分类、供应商档案及地区分类等。企业可以根据自身管理要求，对供应商、客户进行相应的分类，以便对业务数据进行统计和分析（见图 8-28、图 8-29）。如可以按照行业或者地区对供应商、客户进行分类，然后进行客户和供应商的档案编辑。如果建账之初，已经选择了供应商分类或客户分类，就必须先建立供应商、客户分类，再增加供应商、客户档案；若对供应商、客户没有进行分类管理的需求，可以直接建立供应商档案和客户档案。

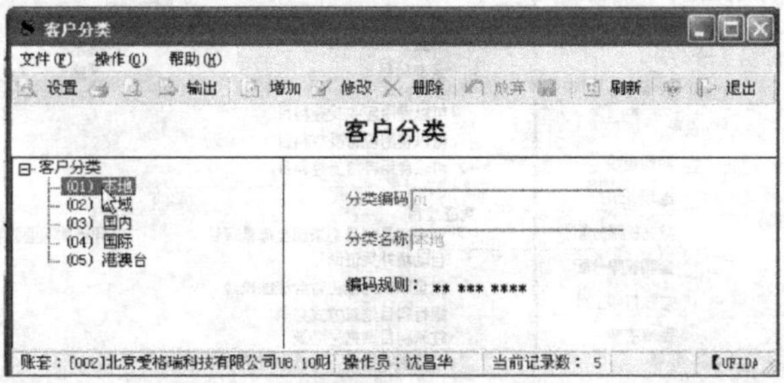

图 8-28

图 8-29

需要注意的是，由于初学者第一次涉及除科目编码以外的部门编码、职员编码、各种往来客户的编码，为避免不必要的麻烦，对这些辅助核算单位的编码可简单地设为一级或二级，编号及名称必须唯一，不能重复。另外，要注意部门编号、职员编号、往来编号不要与会计科目的明细科目代码相混淆。

8.4 总账初始设置

除了以上所述进行操作员及其权限设置、建立核算账套、定义编码方案、进行机构、人员和往来设置外，系统初始化还包括在账簿选项中设置核算规则，定义外币核算及汇率，建立会计科目和辅助核算、设置明细权限、设置凭证类别，定义常用凭证和凭证摘要、录入期初余额等内容。

8.4.1 设置账簿选项

进入“企业应用平台”后，单击左下角的“业务工作”选项卡，选择“财务会计”→“总账”→“设置”，打开“选项”对话框，如图 8-30 所示，包含“凭证”、“账簿”、“会计日历”等栏目。在这些栏目中，主要涵盖了业务处理过程中一些控制参数的设置，它决定了系统数据的输入、处理及输出的内容和形式，可以在相应复选框内做出打勾或取消打勾的选择。

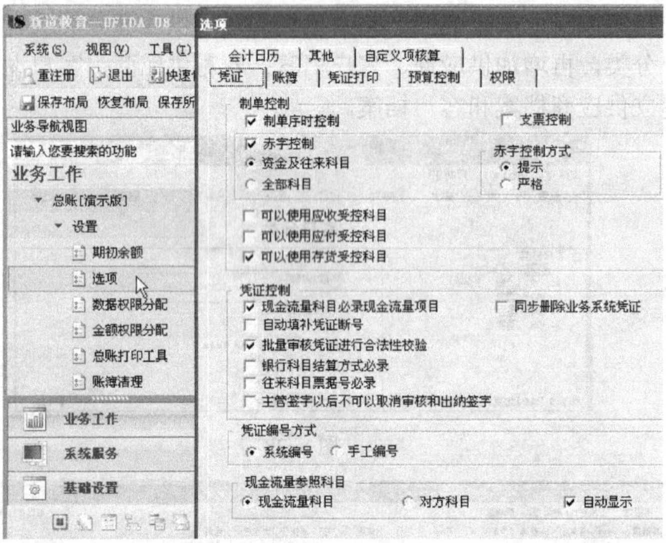

图 8-30

有几个特殊的业务控制参数说明如下。

（1）制单序时控制。在“凭证”栏目的制单控制中，系统默认选择“制单序时控制”，即凭证保存时不按凭证号顺序排列而按日期顺序排列，如果违反此规则，将出现“凭证假丢失”现象。

（2）资金及往来赤字控制。选择了资金及往来赤字控制，则在制单时，当现金、银行科目的最新余额出现负数时，系统将予以提示。

（3）使用其他系统受控科目。若某科目为其他系统的受控科目（如客户往来、供应商往来科目为应收、应付系统的受控科目），一般说来，为了防止重复制单，应只允许其受控系统来使用该科目进行制单，总账系统是不能使用此科目进行制单的，但如果您希望在总账系统中也能使用这些科目填制凭证，则应选择此项。

（4）支票控制。选择支票控制，在制单时录入了未在支票登记簿中登记的支票号，系统将提供登记支票登记簿的功能。

（5）出纳凭证必须由出纳签字。当选择该栏目后，含有现金、银行科目的凭证必须由出纳签字后才能记账，如果审查认为错误或有异议的凭证，应交给填制人员修改后再核对。

（6）汇率方式。当企业有外币业务，需要进行外币核算时，应在"凭证"栏目中选择相应的外币核算的汇率方式。

（7）应收、应付系统核算。当单位往来客户较多，又希望对往来客户进行明细管理，则选取该项，如果选定在"应收系统核算"或"应付系统核算"，使用过程中将不能再修改，往来账的录入、查询都将在应收、应付系统中进行，建议初学者在往来业务不多的情况下，不启动应收和应付子系统的核算。

（8）对于"会计日历"选项，需注意如下几点：

① 总账系统的启用日期不能在系统的启用日期之前。

② 已录入汇率后不能修改总账的启用日期。

③ 总账中已录入期初余额，不能修改总账的启用日期。

④ 总账中已制单的月份不能修改总账的启用日期。

⑤ 第二年进入系统，不能修改总账的启用日期。

8.4.2 外币设置

如果企业需要用外币进行核算，在填制凭证处理业务中所用的汇率应先在基础档案的外币设置中进行定义，以便制单时减少录入汇率的次数和差错。外币设置在启动"企业应用平台"后，单击左下角"设置"选项卡，进入"基础信息"任务窗格，通过"基础档案"→"财务"→"外币设置"，进行具体设置，如图 8-31 所示。

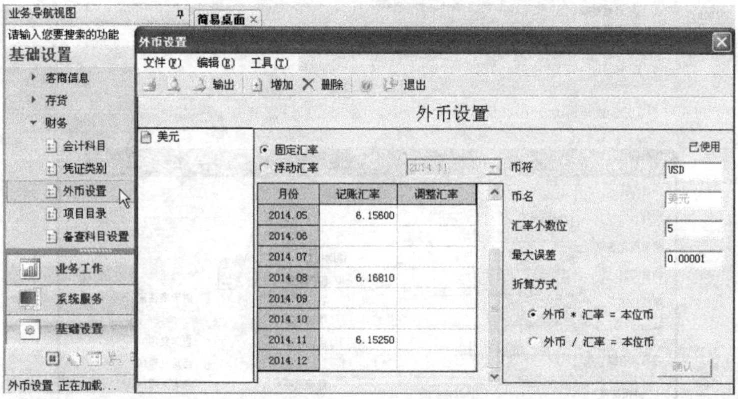

图 8-31

对于使用固定汇率，以月初汇率作为记账汇率的用户，在每月填制凭证前，应预先录入该月的月初汇率；在平时制单时，系统会自动显示此汇率；如果事先不输入，制单时的汇率为 0，如图 8-31 所示。

对于使用浮动汇率（即使用当日汇率）作为记账汇率的用户，在填制该天的凭证前，应预先在此录入该天的记账汇率。

调整汇率就是月末汇率，在期末计算汇兑损益时用，平时不输入，可以等期末时输入月末的汇率。

需要注意的是，“外币设置”栏目下的内容仅供用户录入固定汇率与浮动汇率，并不决定制单时使用固定汇率或是浮动汇率。决定采用固定汇率或是浮动汇率，在“业务”选项卡中，通过选择“财务会计”→“总账”→“设置”→“选项”，在“其他”栏内，通过“外币核算”下的“汇率方式”进行选择，见图 8-32 所示。

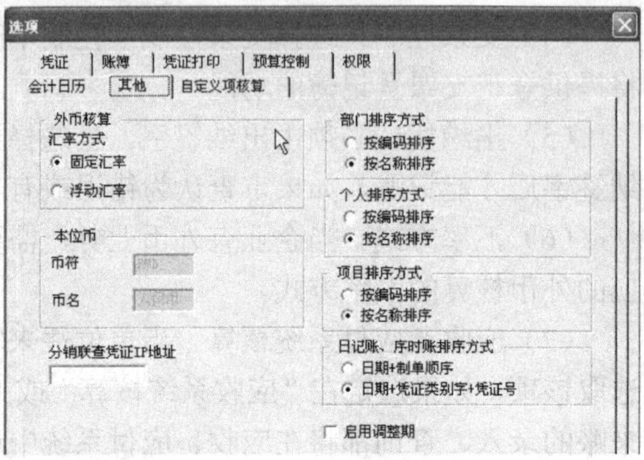

图 8-32

8.4.3 建立会计科目

启动“企业应用平台”，在“设置”选项卡下，通过“基本档案”→“财务”，进入“会计科目”窗口，如图 8-33 所示。选择“增加”命令，可以建立新会计科目。选中会计科目后选择“修改”命令，可以对会计科目进行修改，如图 8-34 所示。

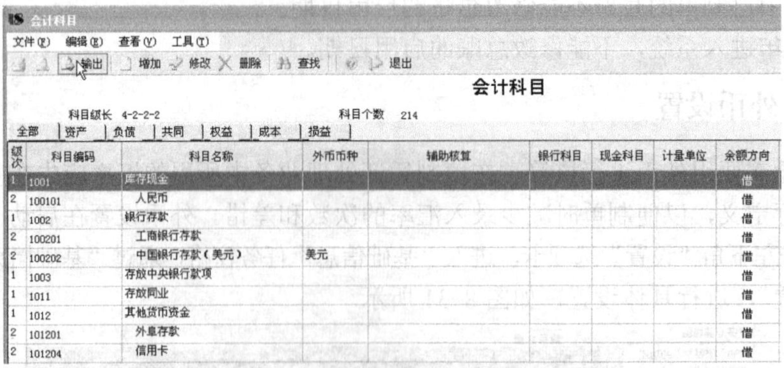

图 8-33

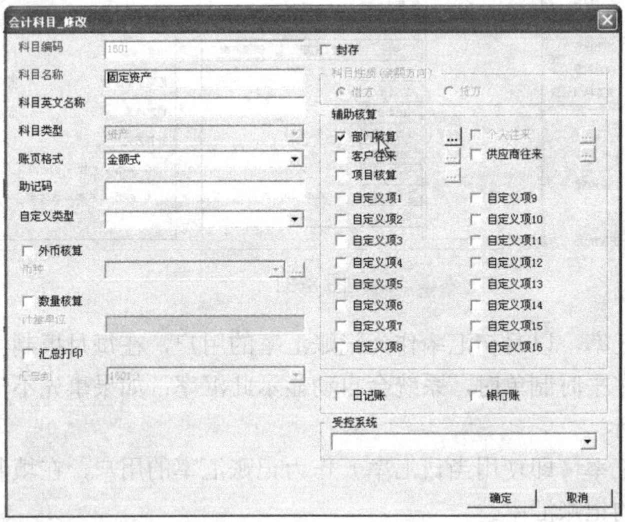

图 8-34

在建立会计科目过程中，需注意如下设置原则。

（1）会计科目的设置必须满足会计核算与宏观管理和微观管理的要求。在会计核算时资产、负债、所有者权益、成本、损益等各类科目中所有可能用到的各级明细科目均需设置。

（2）会计科目的设置必须满足编制财务会计报告的要求。凡是报表所用数据，需要从总账系统中取数的，必须设立相应的科目。

（3）会计科目的设置必须保持科目与科目间协调性和体系完整性。不能只有下级科目，而没有上级科目，既要设置总账科目又要设置明细科目，用来提供详细的会计核算资料。

（4）会计科目要保持相对稳定，会计年度中不能删除科目。会计科目名称按国家会计制度的规定，明细科目的名称要通俗易懂。

（5）设置会计科目要考虑与子系统的衔接。在总账系统中，只有末级会计科目才允许有发生额，才能接收各个子系统转入的数据，因此，要将各个子系统的核算大类设置为末级科目。

具体要求事项如下。

（1）科目编码级次向下增加或修订，可以在新会计年度通过选择“设置”选项卡，通过“基本信息”→“编码方案”进行增订，在本年度已经正式填制凭证以后，该栏目为“只读”，不能进行修改。

（2）一个科目可以同时设置两种或两种以上辅助核算。例如，要通过管理费用了解各部门的资金使用情况和各项目的资金使用情况，可以同时对管理费用设置部门核算和项目核算，但个人往来核算不能与其他专项并列设置，客户与供应商不能一同设置。还需要注意辅助账必须设在末级科目上。

（3）科目性质（余额方向），在科目设置中，下级科目的科目性质应与上级科目相同。

（4）如果启动了应收、应付核算系统，在科目设置中定义的客户、供应商核算科目将自动被设置为应收、应付系统的受控科目。如果不想受控于应收、应付系统，应在“会计科目”修改中，将受控系统设为“空白”。

（5）如果某科目已被制单或录入期初余额，该科目就不能删除或修改。如确需修改，应先删除该凭证中相关科目的数据，并将该科目及其下级科目余额清零，再行修改，待修改完后，要记住将删除的凭证、余额都补上。

（6）确定出纳的专管科目。一般情况下，在会计科目初始设置时，现金科目要设为日记账；银行存款科目要设为银行账和日记账。例如，指定“1001—现金”为“日记账”，指定“1002—银行存款”为“银行账”，否则无法操作后续的“银行对账”功能。

8.4.4 建立辅助核算

（1）各单位应根据内容管理与会计核算的需要，在建立会计科目的基础上设置必要的辅助核算项目，如果项目、部门、往来客户较多，应事先予以必要的分类，然后建立相应的档案或卡片。

（2）部门编码必须符合部门编码级次原则且不能修改，部门被其他对象引用后就不能修改或删除。

（3）职员编号和职员名称必须输入，职员编号必须唯一。职员被其他对象引用后同样不能进行修改。

（4）项目核算的种类有很多，如在建工程、对外投资、技术改造、在产品成本、新产品研制、合同订单等。为了便于管理，可以将项目实行分类管理，设立项目大类和项目目录。需要注意的是，建立项目核算之前，应先将有关会计科目设定为项目核算，如“在建工程”科目下的“工资”、“福利费”、“物耗”等设为“项目核算”。

8.4.5 设定凭证类别、常用摘要及常用凭证

根据企业管理和核算的要求，可在“基础设置”选项卡中，通过“基础档案”→“财务”→“凭证类别”，在五种凭证类别中进行选择，如图 8-35 所示。

在会计业务中，常有许多凭证摘要完全相同或大部分相同，制作常用摘要，可以在填制凭证时提高业务的处理效率，如存现金、报差旅费、办公费、报交通费、水电费、提取现金、购原材料、借款等，都可以制作成常用摘要。在“业务”选项卡中，选择“财务会计”→“总账”→“填制凭证”，出现“记账凭证”窗口，在“摘要”栏内按【F2】键或用鼠标单击参照按钮即可增加或调用“常用摘要”对话框，如图 8-36 所示。选择“增加”命令，可在“摘要编码”和“摘要内容”下输入有关内容，形成新的“常用摘要”。同样，使用时按【F2】键或用鼠标单击参照按钮即可调用常用摘要。需要注意的是，常用摘要的编码是调用常用凭证的依据，不能重复输入，也不能为空。如果某条常用凭证对应某核算科目，则可在常用摘要的“相关科目”处输入该核算科目代码，当填写凭证调用摘要时更能提高效率。

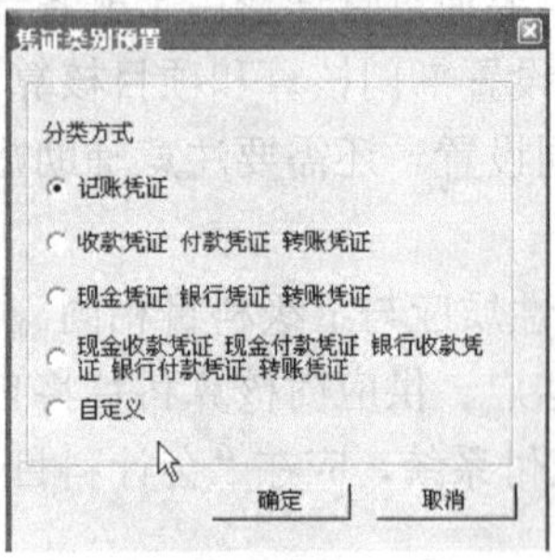

图 8-35

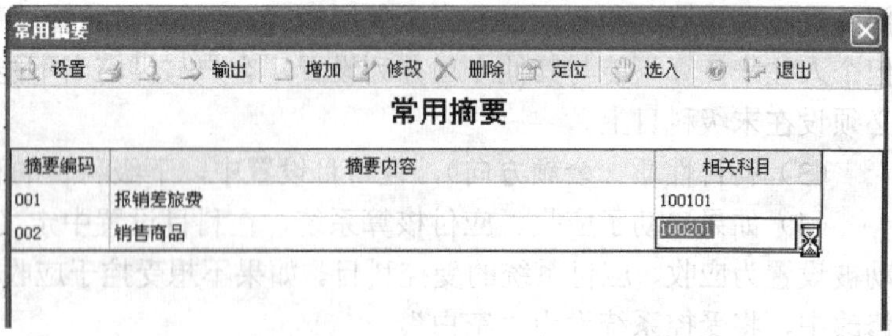

图 8-36

常用凭证的设定，可以比常用摘要获得更大的便利。“常用凭证”提供的是常用凭证的模板，调用常用凭证后，仍可进行修改，使其符合会计业务的需要。编制常用凭证时，凭证编号和凭证类别必须输入，编号是调用凭证的依据，不能重复，借贷金额如果不能确定，可以不输。

设置常用凭证的操作方法：在“业务工作”选项卡中，通过“财务会计”→“总账”→“凭证”→“常用凭证”，选择“增加”命令，然后输入有关内容。

8.4.6 期初余额的录入

期初余额录入操作步骤为：从“业务工作”选项卡中，通过“财务会计”→“总账”→“设置”，进入“期初余额”录入窗口，如图 8-37 所示。

如果在年初建账，需要把去年的年末余额在启用总账时作为本年的年初余额予以录入（见图 8-38），如果在年中建账，应把各账户此时的余额和年初到此时的借、贷方累计发生额予以录入，系统会自动计算出年初余额。若科目有辅助核算，还应整理出各辅助项目的期初余额予以录入。

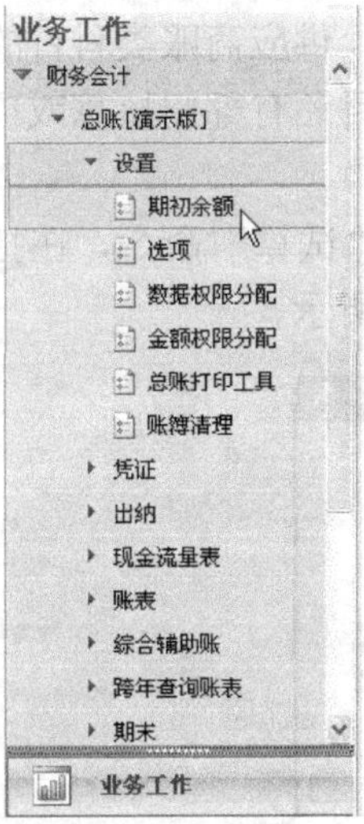

图 8-37

图 8-38

注意：期初余额只要求录入最末级核算科目的余额和累计发生额，上级科目的余额和累计发生数由系统自动计算。如果某科目为数量或外币核算，可以录入期初数量或外币余额，但必须先录入本币余额，再录入外币余额。

如果某科目涉及辅助核算，输入期初余额时，不能直接输入总账期初数，必须双击该栏，调出辅助核算账，输入辅助账的期初明细，输入完成，系统会自动将辅助账的期初数之和计为该科目的总账期初余额，如图 8-39、图 8-40 所示。

图 8-39

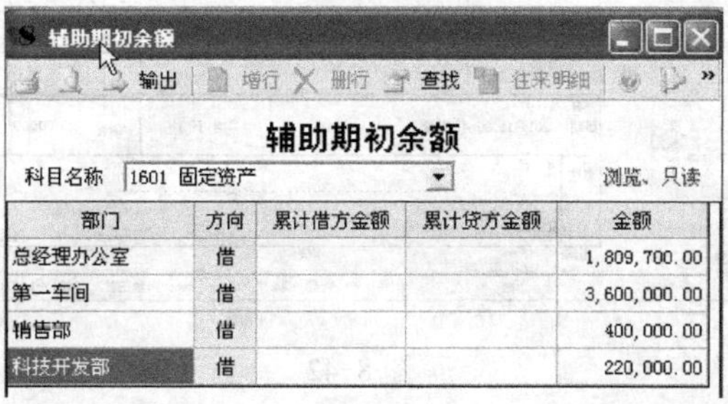

图 8-40

另外，在录入辅助核算期初余额之前，必须先设置各辅助核算目录，如果往来类的核算受控于应收、应付系统，必须到应收、应付核算系统中录入含客户、供应商账类科目的明细期初余额，在总账余额录入中只能录入各科目的总余额。若这些科目还有部门核算或项目核算，则只能录入这些科目下的部门或各项目的期初明细科目余额。

“期初余额”录入完成后，应在“期初余额录入”窗口中选择“试算”命令，在打开的“期初试算平衡表”中查看期初余额借贷双方是否平衡，如图 8-41 所示。

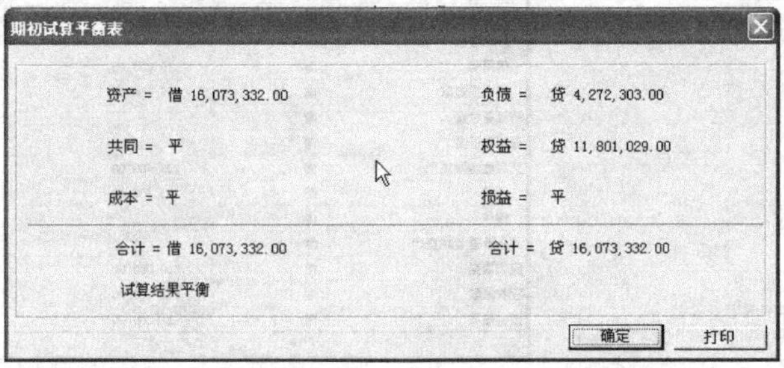

图 8-41

如果期初余额试算不平衡，不能进行记账。如果期初余额借贷平衡，一旦记账后，将不能再录入、修改期初余额，也不能执行“结转上年余额”的功能。

8.5 日常账务的操作

8.5.1 填制凭证

在“业务工作”选项卡中，通过“财务会计”→“总账”→“凭证”→“填制凭证”，屏幕会显示一张空白凭证。单击“F5”或 选择工具栏左侧的 （增加命令）即可开始填写凭证。填写凭证的顺序系统默认是按时间顺序进行的，凭证编号由系统按分类和按月自动填制，每月内的凭证日期不能倒流，即后填的凭证日期不能早于前填的凭证日期，见图 8-42 所示。凭证一旦保存，其凭证类别、凭证编号将不能再修改。

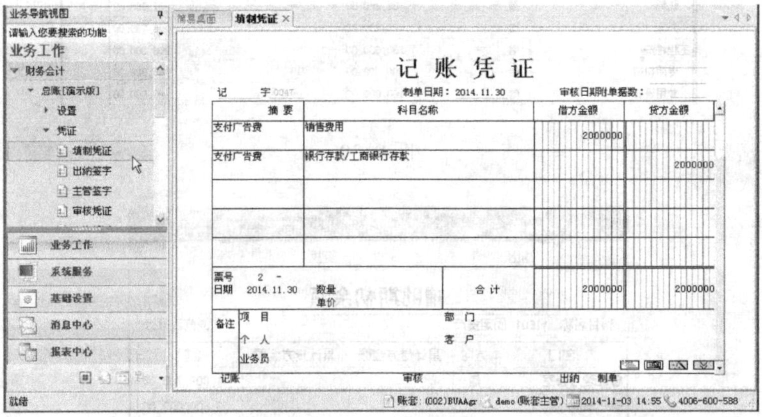

图 8-42

填写金额时，如果借（贷）方已经输入过部分金额，在贷（借）方的金额处按“＝”，系统将自动补齐此笔分录的剩余金额。

当填写凭证涉及外币核算科目时，系统会自动将凭证格式改为外币式，应先输入外币金额和有关汇率，系统会在借方自动计出本币金额，可以按空格键将其调往贷方；如果系统有其他辅助核算，应先输入其他辅助核算后，再输入外币信息。

如果涉及数量核算时，屏幕会提示输入“数量”、“单价”信息，系统会根据数量×单价自动计算出金额，并将其先放在借方，同样，按空格键即可调整金额的方向。

当编制的某张凭证可以作为常用凭证保存时，可通过“填制凭证”→“编辑”→“生成常用凭证”进行制作，屏幕会提示给该张凭证确定一个代号和说明，以后就可以通过该代号调用这张凭证。

如果要某张凭证作废，调出该张凭证后可以选择“编辑”→“作废/恢复”命令，凭证左上角会显示“作废”字样，表示该张凭证已经作废。作废的凭证不能修改、不能审核，但仍保留凭证的内容和凭证的编号，记账时忽略“作废”的凭证，账簿查询也查不到作废凭证的数据。如果想使作废凭证得到恢复，可以再次选择“编辑”→“作废/恢复”命令，可使凭证取消作废标志，并恢复为有效凭证。如果选择“编辑”→“整理凭证”命令，可以将作废的凭证彻底删除，并对未记账的凭证重新编号。

8.5.2 凭证审核

凭证审核是指具有审核权限的操作员按照会计制度的规定，对制单人填制的记账凭证进行合法性检查。主要审核记账凭证是否与原始凭证相符，会计分录和金额是否正确等。同一记账过程中，凭证审核员与凭证制单员不能是同一个人，因此，教学过程中练习凭证审核时必须退出系统，由另外署名的具有凭证审核权的人员进入系统才能担任凭证审核工作。

凭证审核操作步骤是：通过“总账”→“凭证”，打开“审核凭证”对话框，如图 8-43 所示。定义凭证审核条件，单击【确认】按钮，屏幕显示凭证一览表，见图 8-44 所示。

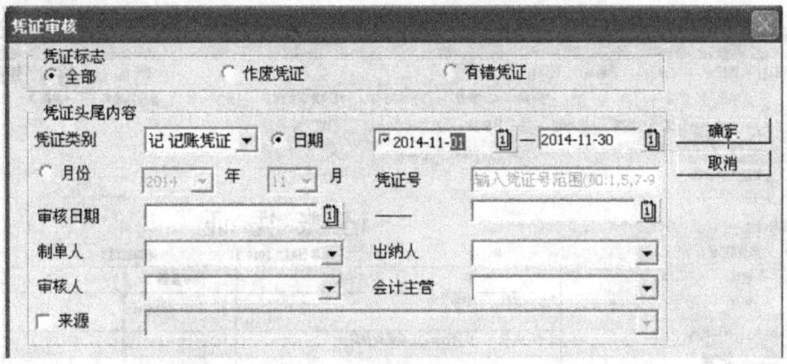

图 8-43

图 8-44

在凭证一览表中，双击某张凭证，则显示该凭证的具体内容，见图 8-45。对记录正确的凭证，单击工具栏左侧“审核”命令，完成审核签字；发现有差错的凭证，单击“标错”命令。

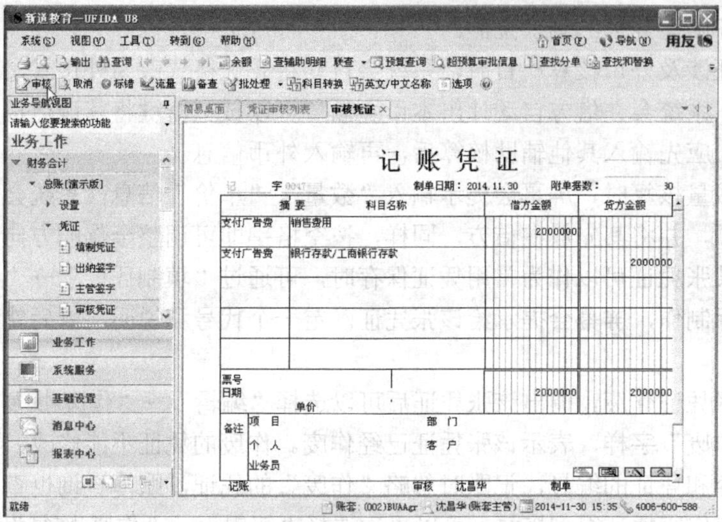

图 8-45

凭证一经审核就不能被修改、删除。如果想对已经审核的凭证取消审核，必须由担任审核的签字人本人选择“取消”命令，取消该凭证的审核后，才能由制单人重新进入，进行该凭证的修改或删除。

用友软件在凭证审核菜单下有“成批审核凭证”和“成批取消审核”的命令，如果确认凭证无误或需要取消所有审核，可以进行成批审核和取消成批审核。

需要注意的是，第一，作废的凭证不能被审核，也不能被标错。第二，除了出纳可以对现金银行科目进行审核签字以外，其他凭证只能由具备审核权的操作员进行审核。

此外，对于企业内部规定某些必须经过主管签字以后方能进入财务审核程序的经营业务，主管人员可通过凭证栏下“主管签字”的电子盖章功能予以签字，以示完成审核，见图 8-46 所示。

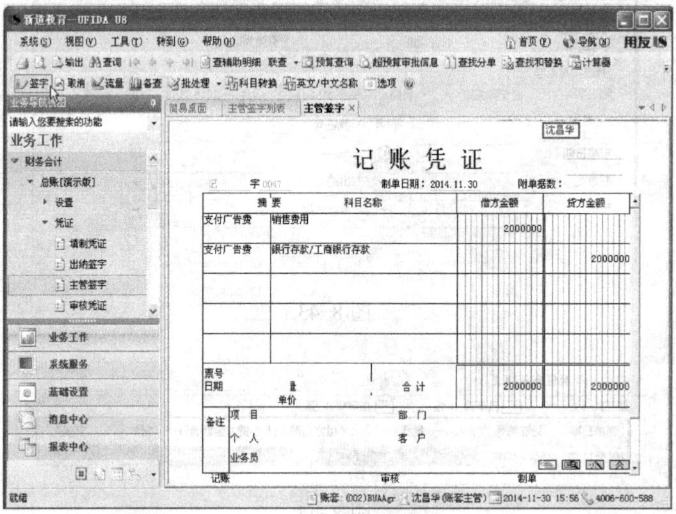

图 8-46

8.5.3 记账

通过签字、审核的记账凭证，可以进入记账程序。在“业务工作”选项卡中，通过“总账”→“凭证”→“记账”，进入“记账”对话框，如图 8-47 所示。系统列出未记账的凭证范围清单，可以全选，也可以选定记账范围。例如，在“记账范围”中填入“1-5，8，10-12”，表示选择记账凭证为 1 至 5 号、8 号、10 至 12 号凭证进行记账，系统出现记账报告后才能记账。记账可以一日一记，也可以多日一记甚至一月一记。记账完成后的所有凭证将进入总账、明细账和辅助账目，除了红字冲正，不能进行其他修改。记账过程见图 8-48 所示。

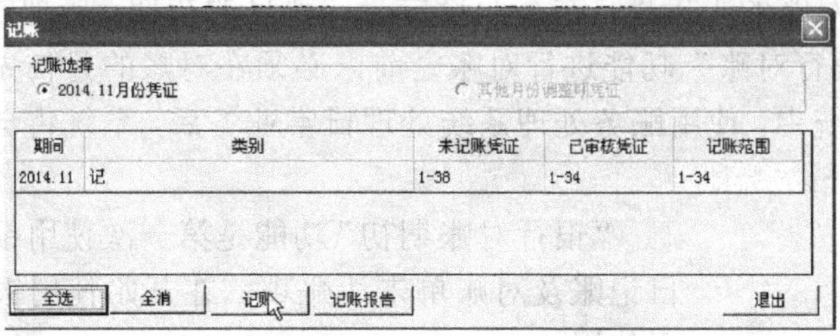

图 8-47

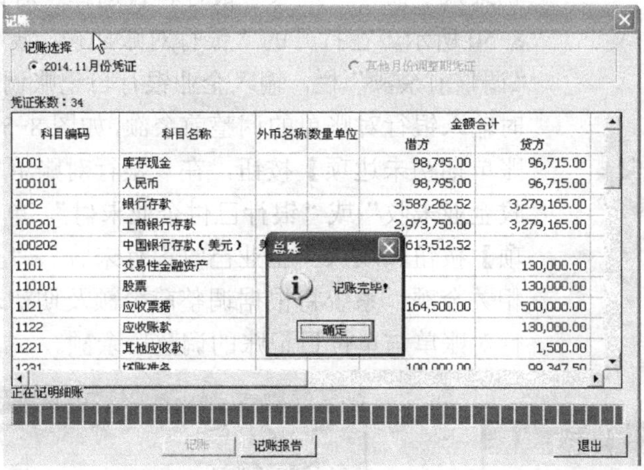

图 8-48

作为教学练习，如果发现记账过程发生错误，系统提供了可供激活的“恢复记账前状态”功能。在总账-期末栏下，单击“对账”，进入对账窗口，同时按【Ctrl+H】组合键，稍等几秒，屏幕会出现“恢复记账前状态功能已被激活“的提示框，此时，在凭证菜单栏下会显示“恢复记账前状态功能”，单击“确定”，可以将凭证恢复到记账前的状态。如果想重新隐藏凭证栏下的“恢复记账前状态”，可以在退出系统后重新进入系统，或在对账中第二次按【Ctrl+H】组合键即可。

8.6 出纳管理

出纳管理是总账系统为出纳人员提供的一套管理工具，它包括现金和银行存款日记账的输出、支票登记簿的管理及银行对账功能，可以对长期未达账提供审计报告。现仅就银行对账功能的要点进行简要介绍。

银行对账是货币资金管理的主要内容。由于企业的结算业务大部分要通过银行进行结算，但企业与银行的账务处理和入账时间不一致，或记录过程中有意无意的错误，往往会发生双方账面不一致的情况，造成未达账项。银行对账的任务，就是将银行记载的银行存款收付记录和企业总账系统生成的银行日记账进行核对，找出未达账项，这项工作是企业查错防弊、保证企业资金安全的重要工作，需要按时定期进行。

8.6.1 银行对账期初录入

为了保证银行对账的正确性，在企业设置会计科目的初期，应把银行存款定义为“银行账”；在使用“银行对账”功能进行对账之前，必须在对账的月初先将日记账、银行对账单未达项输入系统中。使用账务处理系统处理日常业务后，系统将自动形成银行日记账的未达账项。

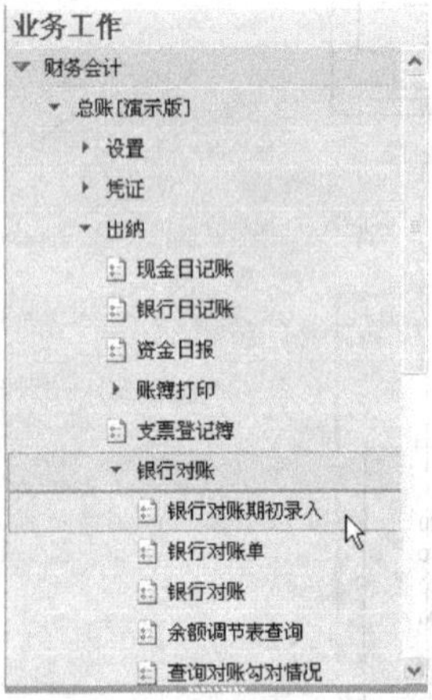

图 8-49

“银行对账期初”功能是第一次使用银行对账模块前输入日记账及对账单未达账项，在开始使用银行对账之后一般不再使用。

选择“总账”→“出纳”→“银行对账”→“银行对账期初录入”命令，进入“银行科目选择”对话框，如图 8-49、图 8-50 所示。在打开的“银行对账期初”窗口中的单位日记账的“调整前余额”栏，输入企业银行日记账调整前的期初余额，同时输入银行对账单的调整前余额，如图 8-51 所示，然后单击【对账单期初未达项】按钮，在“银行对账单”栏，增加“银行已收企业未收”或“银行已付企业未付”。单击【日记账期初未达项】按钮，填入“企业已收银行未收”、“企业已付银行未付”相关金额，系统将根据调整前余额及期初未达项自动计算出银行对账单与单位日记账的调整后余额。

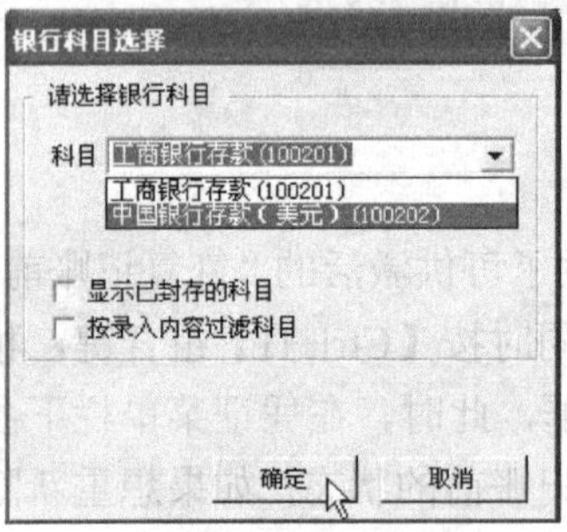

图 8-50

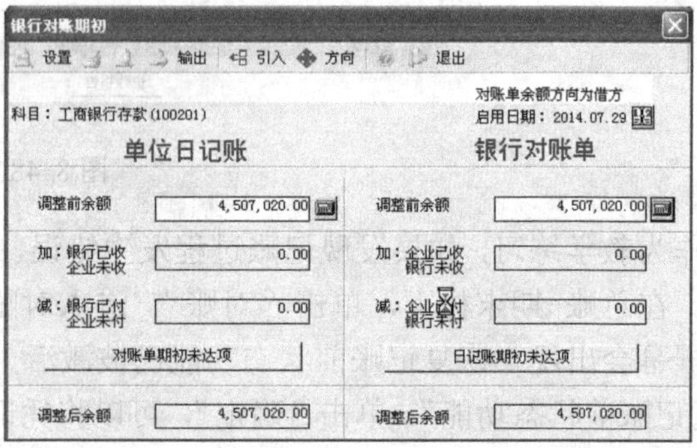

图 8-51

如果事先没有在会计科目中指定“银行科目”和“现金科目”，需要根据提示返回到“基础设置”选项卡，从“基础档案”→“财务”→“会计科目”，选择“编辑”→“指定科目”命令，如图 8-52 所示。

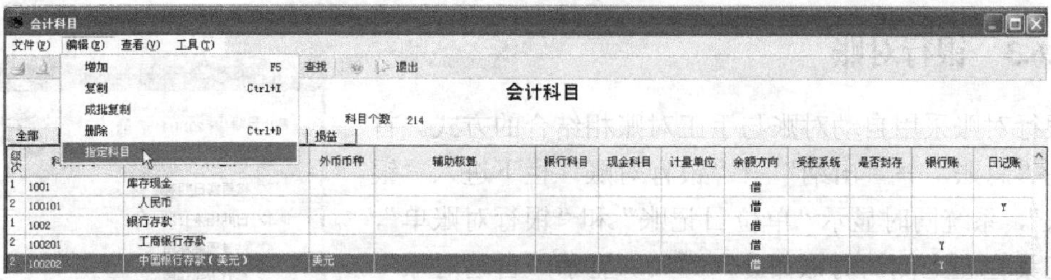

图 8-52

在打开的“指定科目”对话框中，选择“现金科目”单选钮，将“待选科目”中的“库存现金”调入“已选科目”；选择“银行科目”单选钮，将“待选科目”中的“银行存款”调入“已选科目”，如图 8-53 所示。

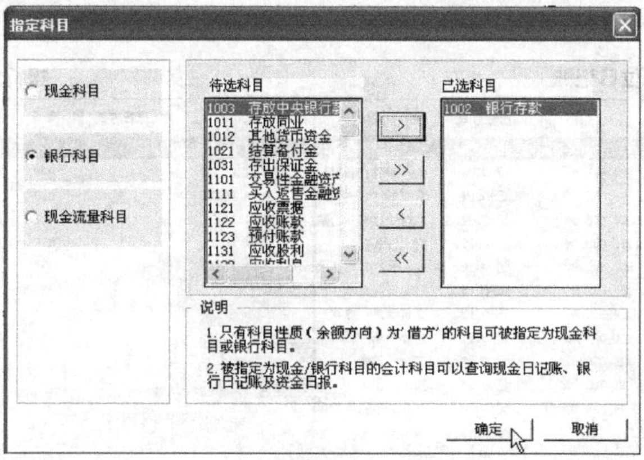

图 8-53

需要注意的是，单位日记账与银行对账单的“调整前余额”应分别为启用日期时该银行科目的科目余额及银行存款余额；“期初未达账项”分别为上次手工勾对截止日期到启用日期前的未达账项，“调整后余额”分别为上次手工勾对截止日期的该银行科目的科目余额及银行存款余额。如果输入正确，该单位日记账与银行对账单的调整后余额应平衡。若某银行科目已完成对账，在期初未达账项录入中，对已勾对或已核销的记录不能再修改。在执行对账功能前，应将银行存款与单位银行账的账面余额调整平衡。

8.6.2 输入银行对账单

通过“总账”→“出纳管理”→“银行对账单”，选择相应的银行科目（见图 8-54），单击“增加”，将银行对账单的内容录入表中（见图 8-55）。

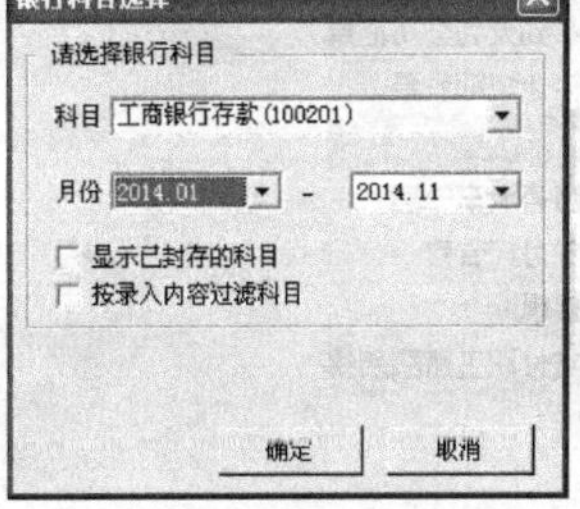

图 8-54

日期	结算方式	票号	借方金额	贷方金额	余额
2014.11.20	4	001	2,193,750.00		6,700,770.00
2014.11.20	2	006		3,000.00	6,697,770.00
2014.11.20	3	010	500,000.00		7,197,770.00
2014.11.28	2	021		20,000.00	7,177,770.00
2014.11.28	1	025		96,715.00	7,081,055.00
2014.11.30	2	034		15,525.00	7,065,530.00

图 8-55

8.6.3 银行对账

银行对账采用自动对账与手工对账相结合的方式。首先，在“总账”→“出纳”→“银行对账”栏下进入“银行对账”，系统同时显示“单位日记账”和“银行对账单”，单击工具栏左上侧的对账命令，显示“自动对账”的四种条件选择（见图 8-56）。选择确定后，根据对账条件进行自动核对，如果双方均符合核对要求，系统会自动在单位银行日记账和银行对账单双方标注“O”，视为已达账（见图 8-57）。

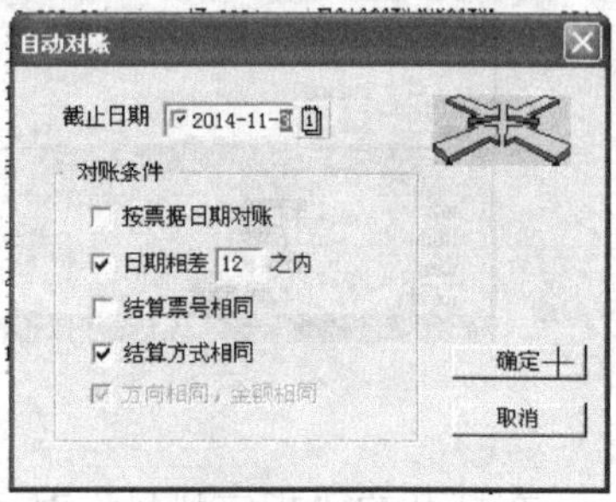

图 8-56

科目：100201（工商银行存款）

单位日记账

票据日期	结算方式	票号	方向	金额	两清	凭证号数	摘　要
2014.11.19	4		借	2,193,750.00	O	记-0001	向上海销售产品10
2014.11.19	2		贷	2,424,825.00		记-0002	购入A材料和B材料
2014.11.19	2		贷	3,000.00	O	记-0004	支付A材料和B材料
2014.11.19	2		贷	500,000.00		记-0007	支付银行承兑汇票
2014.11.19	2		贷	212,600.00		记-0009	购入包装机
2014.11.19	3		借	500,000.00	O	记-0010	收到天利公司汇票
2014.11.19	2		借	155,000.00		记-0011	转让短期股票
2014.11.19	2		贷	6,500.00		记-0013	支付新兴厂账款
2014.11.19	2		借	125,000.00		记-0014	出售卡车一辆
2014.11.26	2		贷	20,000.00	O	记-0017	支付广告费
2014.11.26	1		贷	96,715.00	O	记-0019	提现
2014.11.29	2		贷	15,525.00	O	记-0020	支付职工薪酬所得

银行对账单

日期	结算方式	票号	方向	金额	两清	对账序号
2014.11.20	4	001	借	2,193,750.00	O	2015020400002
2014.11.20	2	006	贷	3,000.00	O	2015020400003
2014.11.20	3	010	借	500,000.00	O	2015020400001
2014.11.28	2	021	贷	20,000.00	O	2015020400005
2014.11.28	1	025	贷	96,715.00	O	2015020400006
2014.11.30	2	034	贷	15,525.00	O	2015020400004

图 8-57

手工对账是对自动对账的补充，例如，对同一笔收款业务，企业可能按商品类别在银行存款日记账上做了两笔以上的记录，而银行只做了一笔记录，此时计算机程序很难判别企业银行存款记录与银行记录的对应关系，只能用手工勾对的方法对未被计算机对出的实际已达账进行处理，如图 8-58 所示。

科目：100201（工商银行存款）

单位日记账

票据日期	结算方式	票号	方向	金额	两清	凭证号数	摘　要
2014.11.19	4		借	2,193,750.00	O	记-0001	向上海销售产品10
2014.11.19	2		贷	2,424,825.00	√	记-0002	购入A材料和B材料
2014.11.19	2		贷	3,000.00	O	记-0004	支付A材料和B材料
2014.11.19	2		贷	500,000.00	√	记-0007	支付银行承兑汇票
2014.11.19	2		贷	212,600.00	√	记-0009	购入包装机
2014.11.19	3		借	500,000.00	O	记-0010	收到天利公司汇票
2014.11.19	2		借	155,000.00	√	记-0011	转让短期股票
2014.11.19	2		贷	6,500.00	√	记-0013	支付新兴厂账款
2014.11.19	2		借	125,000.00		记-0014	出售卡车一辆
2014.11.26	2		贷	20,000.00	O	记-0017	支付广告费
2014.11.26	1		贷	96,715.00	O	记-0019	提现
2014.11.29	2		贷	15,525.00	O	记-0020	支付职工薪酬所得

图 8-58

需要注意的是，对账时如果不输入对账截止日期，表示对所有日期的账进行核对（一般可以不输入）。输入了截止日期，系统将对截止日期前的日记账和对账单进行勾对。

当银行对账单余额方向为借方时，表示银行存款增加，当对账单余额方向为贷方时，表示银行存款减少；系统默认银行对账单余额方向为借方，单击【方向】按钮可调整银行对账单余额方向。已进行过银行对账勾对的银行科目不能调整银行对账单余额的方向。

8.6.4 余额调节表、已达账与未达账的查询

自动对账与手工调节后，通过“总账”→“出纳”→“银行对账”→“余额调节表查询”，可以查看银行存款余额调节表，以检查对账是否正确。如果余额调节表显示账面余额不平，请查看：

（1）“银行期初录入”中的调整后余额是否平衡，如果不平，查看“调整前余额”、“日记账期初未达账”及“银行对账单期初未达账”是否录入正确。

（2）银行对账单是否录入正确，是否还有遗漏或录入错误。

（3）“银行对账”中勾对是否正确，对账是否平衡。

若有错误，进行修改调整。

在“银行对账”栏目，通过“查询银行勾对情况”，可以查询全部的“已达账”和“未达账”，系统默认“显示全部”。

通过“出纳”→“长期未达账审计”，可以查询至截止日期为止未达天数超过一定天数限制的银行未达账项，以便分析长期未达原因，避免资金损失。

8.7 期末处理

期末处理工作包括税、费的计提，结算和对账、结账等内容，这些工作每月重复，方法不变，且业务繁多，时间紧迫，可以将这些相对固定的业务预先定义好凭证框架和取数公式，以后只要每月调用这个凭证编号即可生成凭证。

8.7.1 定义转账类型

总账系统提供自定义转账、对应结转、销售成本结转、汇兑损益结转、期间损益结转五种转账定义形式。现以自定义转账设置、对应结转设置和期间损益结转设置，介绍相关操作过程。

1. 自定义转账设置

自定义转账功能最全，可以涵盖其他多种自动结转方式。其中，使用最多的期末转账业务包括：“费用分配”的结转，如工资分配等；“费用分担”的结转，如制造费用等；“税金计算”的结转，如增值税等；“各项税费的计算和提取”，如城建费、教育附加费、福利费等；此外还可以完成“部门核算”、“项目核算”、“个人核算”、“客户核算”、“供应商核算”等各种辅助核算的结转。

通过“总账”→“期末”→“转账定义”→“自定义转账”，进入“自定义转账设置”窗口，选择“增加”命令，在“转账目录”界面录入“转账序号”、“转账说明”、“凭证类别”等凭证主要信息，然后输入“摘要”、“科目编码”、“部门”、 “客户”、“方向”、金额公式等

转账凭证的信息。

以“计提城市维护建设费和教育附加费”的自动转账分录为例进行说明。当输入完成“摘要”、“科目编码”、“部门”、“方向”后，可以直接在“金额公式”栏录入公式、数据，或通过公式引导方式输入“金额公式”。

（1）公式直接录入。在“计提城市维护建设费和教育附加费”的“金额公式”栏下，第一行可以直接录入“JG（）”，表明本栏目“6403”（营业税金及附加）科目的借方金额来自于贷方相对应的记账分录的金额合计，第二行直接录入 JE(222101，月)*0.07，表明本栏目贷方金额“222108”（应交城市维护建设税）是按本月企业各项税金合计数（本例为“应交增值税”净发生额）的7%计提，第三行直接录入JE(222101，月)*0.03，表明本栏目贷方金额“222113”（教育费附加）科目，同样按企业应交税金（应交增值税）的 3%计提。图 8-59 显示该笔业务直接录入的自定义转账设置。

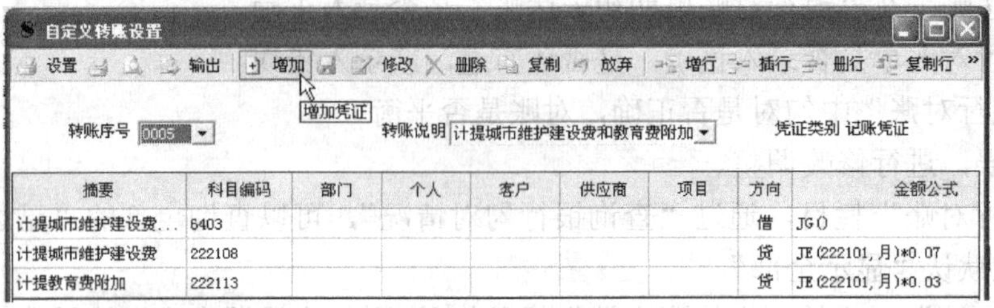

图 8-59

（2）公式引导录入。初学者可以通过“公式向导”的引导，一步一步完成金额公式的导入。步骤如下：在第一行“金额公式”栏内双击栏右侧，出现（公式向导），单击“打开”对话框，选定公式名称为“取对方科目计算结果”，函数名为“JG（）”，继续下一步，如图 8-60 所示。

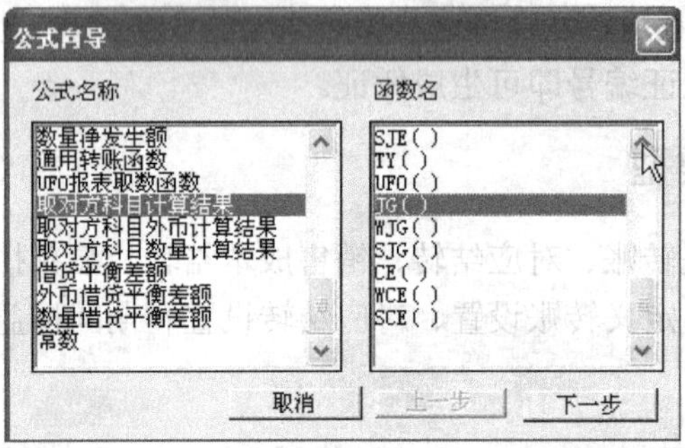

图 8-60

第二行的金额公式，选择“净发生额”、“JE（）”，单击【下一步】按钮，在“科目”文本框引入或输入“222101”，选择期间为“月”，方向为空，单击“按科目总数取数”单选钮，选中“继续输入公式”复选框；选择运算号“*”单选钮（见图 8-61），单击【下一步】，在“公式向导”对话框中的“常数”栏，输入“0.07”，完成计算公式设置（见图 8-62、图 8-63）。

注意：当结转含有多个明细科目，这些明细科目又有同一上级科目，录入公式时，只需录入它们的同一上级科目，系统将列出其所有的末级科目；当选择了其中所需科目后，系统会自动生成这些科目的转账分录。

图 8-61

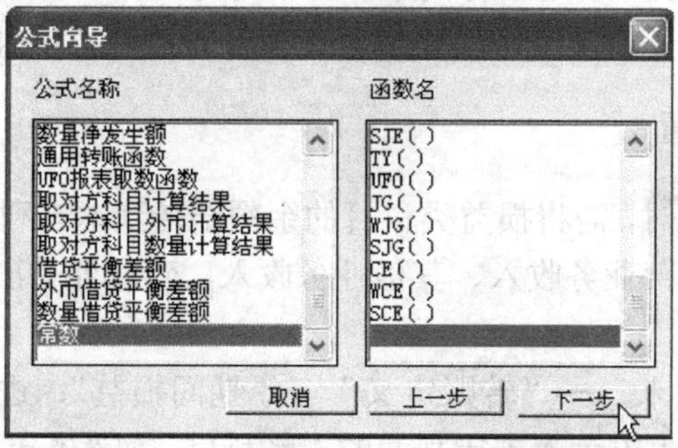

图 8-62

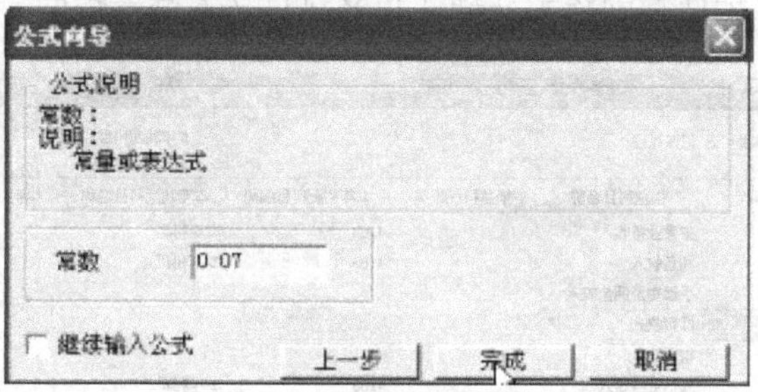

图 8-63

2. 对应转账设置

对应结转功能可以用于两个科目的一对一结转，也可以提供同一科目的下级科目一对一结转，还可以进行科目一对多的结转。对应结转的两个科目可以同是上级科目，但其下级科目的结构必须一致，即下级明细科目必须相同。如果两个科目含有辅助核算，则两个科目的辅助项目也必须一一对应。

需要注意的是，对应结转只转期末余额，若要结转发生额，需要在自定义结转中设置。

以期末结转已提取的法定盈余公积为例，从“利润分配”的“提取法定盈余公积”转出，转入到“利润分配”中的“未分配利润”：通过“总账”→“期末”→“转账定义”→“对应结转”，进入“对应结转设置”窗口，选择“增加”命令，填入转账凭证的“编号”、“凭证类别”、“转出科目名称”、“转入科目名称”等内容，如图 8-64 所示。

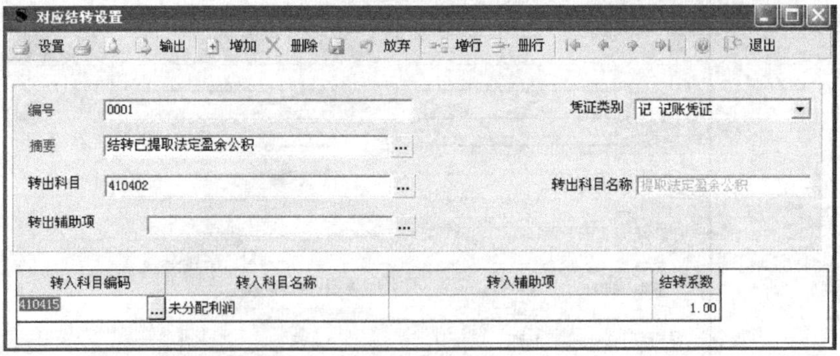

图 8-64

注意：“编号”是该张转账凭证的代号，而不是凭证号，转账凭证的凭证号在每月转账时自动产生。一张转账凭证对应一个转账编号，编号只能用数字且不能重复。

3. 期间损益结转设置

当一个会计期间终了时，需将损益类科目的余额结转到本年利润科目中去，如管理费用、销售费用、财务费用、主营业务收入、其他业务收入、营业外支出等科目都可以采用“期间损益结转”设置进行结转。

通过“总账”→“期末”→“转账定义”→“期间损益”，进入“期间损益结转设置”窗口，在系统提供的表格上方录入本年利润的入账科目，如“本年利润”。表中将会列出所有的损益科目，如果希望某损益科目参与期间损益的结转，则在该行本年利润科目栏填写相应的本年利润科目；如果不填，则将不结转此损益科目的余额，如图 8-65 所示。

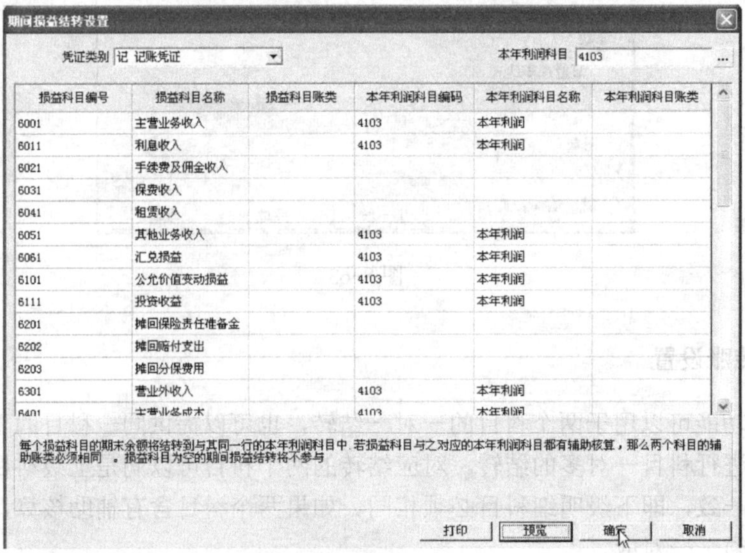

图 8-65

8.7.2 生成转账凭证

在定义完成转账凭证后，每月月末只需执行此功能即可快速生成转账凭证，并将转账凭证自动追加到未记账的凭证中去。

需要注意的是，由于自动转账是按照已记账凭证的数据进行计算的，在生成转账凭证之前，必须将所有未记账的凭证审核并完成记账，然后再进行自动结转，否则可能会有数据漏登、漏转。

进入“总账”→“期末”→“转账生成”，打开“转账生成”对话框，共有六种结转方式可供选择，假定选择“自定义转账”单选钮，出现曾定义的内容，选取正确的“结转月份”，在确定要结转的转账凭证“是否结转”对应栏目内双击，出现“Y”；也可以通过【全选】或【全消】按钮进行全部选择结转或消除全部选择，如图 8-66 所示。

需要注意的是：

（1）在生成凭证时必须注意业务发生的先后次序，否则计算金额时就会发生差错，特别是相关自动转账分录，必须严格按照结转的先后步骤程序进行。

（2）转账定义完成后，每月月末只需单击转账生成功能即可快速生成转账凭证，在此生成的转账凭证将自动追加到未记账凭证中去。

（3）自动转账分录可以在任意时候制作成机制凭证，但是通常一个自动转账分录每月只使用一次。

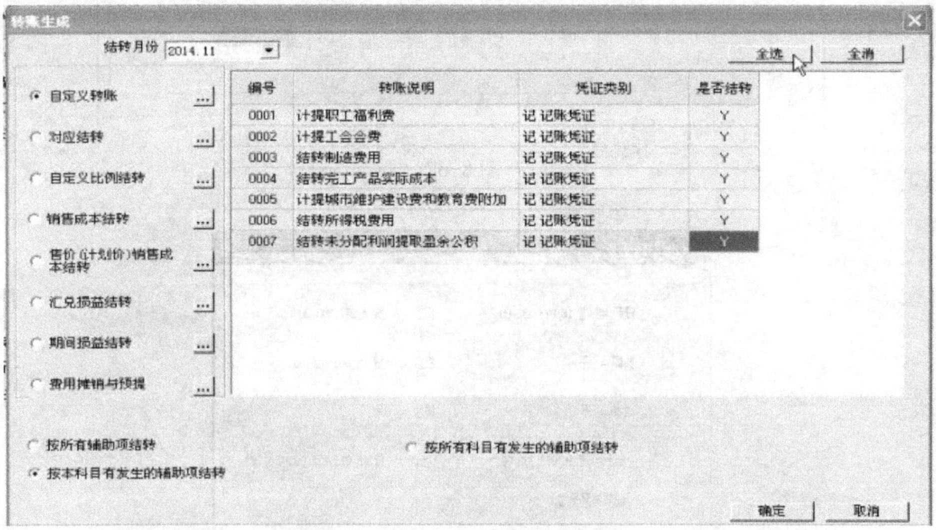

图 8-66

（4）相关自动转账分录只能在某些相关的经济业务入账后使用，否则计算金额时就会发生差错。

（5）在产生机制凭证时，自动转账分录中的摘要、借贷标志、会计科目直接作为凭证的内容存入凭证临时文件；同时，计算机根据金额计算公式自动计算结果存入机制凭证的金额栏。转账凭证生成后，并未记账。

（6）同一张转账凭证，年度内可根据需要多次生成，但每月一般只需结转一次。

（7）其他自动结转方式与上述介绍内容基本相同。启动“期间损益结转”之前，应将所有未记账凭证审核记账，否则生成的凭证数据可能有误。

8.7.3 对账及试算平衡

对账是对账簿数据进行核对，以检查和确保记账正确、账簿之间平衡。该工作是为了避免因非法操作或病毒等原因使某些数据被破坏，引起账与账之间的不符，一般在月末结账前需要进行一次对账。

通过“总账”→“期末”→“对账”，选择核对内容，在相应栏目内做对钩标记，然后通过“对账”命令，系统自动对账（见图 8-67）。如果对账结果显示“错误”，单击【错误】按钮可查看账账不符的原因；单击【试算】按钮，可以对各科目类别余额进行试算平衡，屏幕将显示试算后的结果（见图 8-68）。

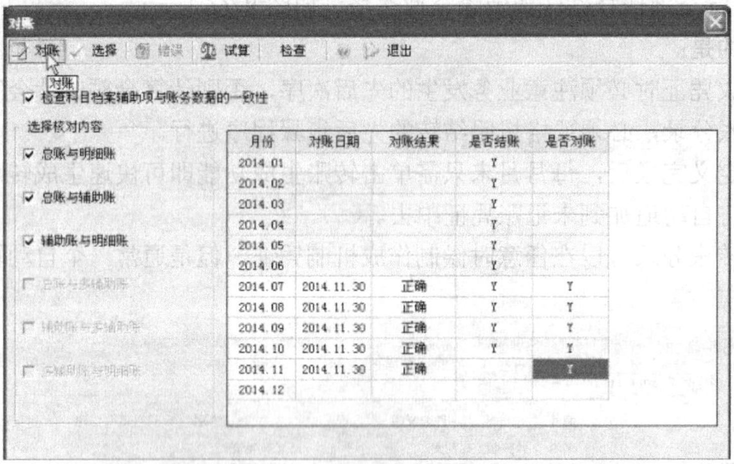

图 8-67

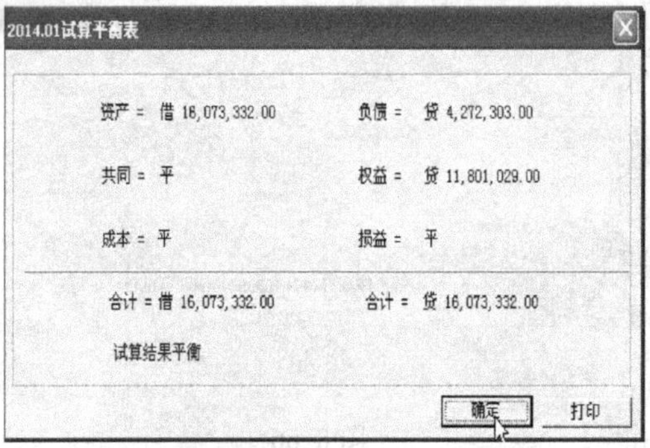

图 8-68

8.7.4 结账

当上述各项内容在期末都处理完成后，即可进行“结账”。

通过“总账”→“期末”→“结账”，打开“结账”对话框，选择要结账的月份，根据结账向导提示操作，单击【结账】按钮分四步完成期末结账工作，如图 8-69 所示。

需要注意的是，如果上月未结账，则本月不能记账，也不能结账，但可以填写、审核新的凭证；当本月还有未记账凭证时，不能进行结账；已结账的月份不能再填制记账凭证。

图 8-69

复习思考题 8

一、思考问答题

8.1 用友财务软件由哪几方面的内容组成？其中财务系统包括哪几方面的子系统？

8.2 用友软件财务处理系统的初始化之前应进行哪些准备工作？初始化过程中需做哪些工作？

8.3 用友软件的辅助核算包括哪些内容？如何进行客户分类和供应商分类？如何定义项目大类？

8.4 凭证保存后，凭证类别、凭证编号能否进行修改？

8.5 如何修改、作废记账凭证？如何查看记账凭证？

8.6 如何对审核后的凭证进行修改？

8.7 记账和结账包括哪些内容和步骤？

8.8 用友财务软件的总账系统提供哪几种转账定义形式？

二、上机练习题

在附录 E 中提供了两套上机操作练习资料，其中第一套资料比较全面，第二套比较简单。各学校可根据教学的不同要求，上机的环境等自行选择。

根据附录 E“上机综合练习资料之一”，参考教材的内容，进行以下的上机练习：

8.9 从系统管理模块进入“系统”，进行“注册”、“建账”，填入单位信息，选择核算类型，创建新的账套。

8.10 在“系统管理”的“操作员”和“权限”对话框中，完成对操作员的岗位分工与赋权。

8.11 进入“总账”系统，根据练习要求，定义“编码方案”和“外币及汇率”，设置凭证类别（为简便练习，可选择单一的记账凭证），查看“设置”→“选项”的内容。

8.12 建立部门档案、职员档案、客户档案和项目档案，如果有必要，可以先进行适当的分类。

8.13 查看、补充会计科目，完成辅助核算的选择。

8.14 完成会计核算与辅助核算初始余额的录入。

8.15 填制凭证，学习生成和调用凭证摘要、常用凭证。

8.16 完成凭证的审核与记账，学习“自定义转账”凭证的制作方法。

8.17 试算平衡并结账后，从“账簿”中查看总账、明细账、日记账和各种余额表。

第 9 章　用友 UFO 报表处理系统的操作使用

UFO（User's Friend Office）报表处理系统是用友管理软件的重要组成部分，也是会计信息系统中的一个独立子系统，它为企业外部相关部门和内部管理部门提供企业一定时期财务经营状况、经营成果等会计信息。作为报表事务的处理工具，它可以设计报表的格式和编制公式，从总账系统或其他业务系统中取得相关会计信息，自动编制各种会计报表，对报表进行审核、汇总、生成各种分析图，并按预定格式输出各种会计报表。

9.1　UFO 的主要功能

UFO 与其他电子表格软件的最大区别在于它是真正的三维立体表，在此基础上提供了丰富的实用功能。UFO 的主要功能有以下几种。

1. 提供各行业报表模板（包括现金流量表）

UFO 报表系统提供了 33 个行业的标准财务报表模板，包括最新的“现金流量表”，可轻松生成复杂报表。提供自定义模板的新功能，可以根据本单位的实际需要定制各种内部管理报表。

2. 文件管理功能

提供了各类文件管理功能，并且能够进行不同文件格式的转换：文本文件、*.MDB 文件、*.DBF 文件、Excel 文件、Lotus 文件。支持多个窗口同时显示和处理，可同时打开的文件和图形窗口多达 40 个；提供了标准财务数据的“导入”和“导出”功能，可以和其他流行财务软件交换数据。

3. 格式管理功能

格式管理功能提供了丰富的格式设计功能，如设组合单元、画表格线（包括斜线）、调整行高列宽、设置字体和颜色、设置显示比例等，可以制作各种要求的报表。UFO 内置了 11 种套用格式。

4. 数据处理功能

UFO 以固定的格式管理大量不同的表页，能将多达 99 999 张具有相同格式的报表资料统一在一个报表文件中管理，并且在每张表页之间建立有机的联系。提供排序、审核、舍位平衡、汇总功能；提供绝对单元公式和相对单元公式，可以方便、迅速地定义计算公式；提供种类丰富的函数，可以从“账务”、“应收”、“应付”、“工资”、“固定资产”、“销售”、“采购”、“库存”等用友财务软件相关模块中提取数据，生成财务报表。

5．图表功能

采用“图文混排”，可以很方便地进行图形数据组织，制作包括直方图、立体图、圆饼图、折线图等 10 种图式的分析图表，可以编辑图表的位置、大小、标题、字体、颜色等，并打印输出图表。

6．二次开发功能

提供批命令和自定义菜单，自动记录命令窗中输入的多个命令，可将有规律性的操作过程编制成批命令文件；提供 Windows 风格的自定义菜单，综合利用批命令，可以在短时间内开发出本企业的专用系统。

9.2 UFO 的主要概念

9.2.1 报表的格式状态与数据状态

UFO 将含有数据的报表分为两大部分来处理，即报表格式设计工作与报表数据处理工作。报表格式设计工作和报表数据处理工作是在不同的状态下进行的。实现状态切换的是在屏幕左下角的一个特别重要的按钮——【格式/数据】按钮，单击这个按钮可以在“格式”状态和“数据”状态之间切换。

1．格式状态

在格式状态下设计报表的格式，如表格尺寸、行高列宽、单元属性、单元风格、组合单元、关键字、可变区等。报表的三类公式：单元公式（计算公式）、审核公式、舍位平衡公式也在格式状态下定义。在格式状态下所做的操作对本报表所有的表页都发生作用，在格式状态下不能进行数据的录入、计算等操作。

2．数据状态

在数据状态下管理报表的数据，如输入数据、增加或删除表页、审核、舍位平衡、作图形、汇总、合并报表等。在数据状态下不能修改报表的格式。在数据状态下，用户看到的是报表的全部内容，包括格式和数据。

9.2.2 固定区及可变区

在固定区，组成一个区域的行数和列数的数量是固定的数目。一旦设定好以后，在固定区域内其单元总数是不变的。

在可变区，屏幕显示一个区域的行数或列数是不固定的数字，可变区的最大行数或最大列数是在格式设计中设定的。在一个报表中只能设置一个可变区，或是行可变区或是列可变区。行可变区是指可变区中的行数是可变的；列可变区是指可变区中的列数是可变的。设置可变区后，屏幕只显示可变区的第一行或第一列，其他可变行列隐藏在表体内。在以后的数据操作中，可变行列数随着需要而增减。有可变区的报表称为可变表；没有可变区的报表称为固定表。

9.2.3 关键字

关键字是游离于单元之外的特殊数据单元，可以唯一标识一个表页，用于在大量表页中快速选择表页。UFO 提供了以下六种关键字，关键字的显示位置在“格式”状态下设置，关键字的值则在“数据”状态下录入，每个报表可以定义多个关键字。

（1）单位名称：字符（最大 30 个字符），为该报表表页编制单位的名称。

（2）单位编号：字符型（最大 10 个字符），为该报表表页编制单位的编号。

（3）年：数字型（1904～2100），该报表表页反映的年度。

（4）季：数字型（1～4），该报表表页反映的季度。

（5）月：数字型（1～12），该报表表页反映的月份。

（6）日：数字型（1～31），该报表表页反映的日期。

除此之外，UFO 8.00 增加了一个自定义关键字，可以用于业务函数中。

9.3 制作报表的流程

在以下步骤中，第一、二、四、七步是必需的，因为要完成一般的报表处理，一定要有启动系统建立报表、设计格式、数据处理、退出系统这些基本过程。实际应用时，具体的操作步骤应视情况而定。

（1）第一步，启动 UFO，建立报表。通过启动用友 ERP 的“企业门户”，注册相应会计账套，选择“业务工作”→“财务会计”→“UFO 报表”，在 UFO 报表的“文件”栏单击“新建”，出现一个空白的二维数据表格。如果需要的是一个标准的财务报表，则可以通过“格式”窗口调用“报表模板”，UFO 提供了包括资产负债表、利润表、现金流量表等报表模板，可以自动生成相应的报表格式，见图 9-1、图 9-2 所示。

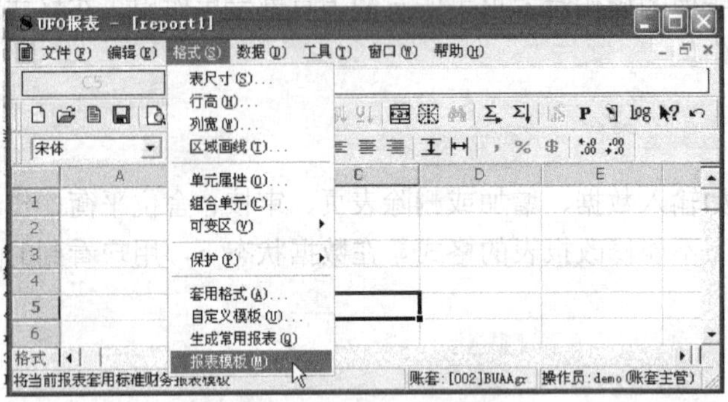

图 9-1

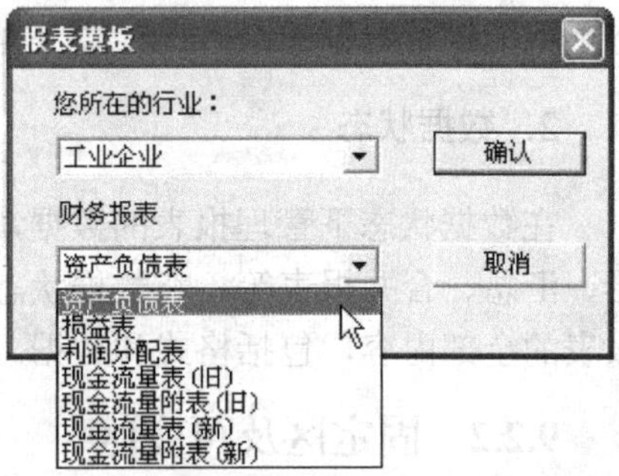

图 9-2

（2）第二步，设计报表的格式。报表的格式设计在格式状态下进行，格式菜单如图 9-3 所示，其基本内容包括以下几点。

① 设置表页的尺寸。即设定报表的行数和列数。

② 定义表头和关键字。即定义报表名称、报表单位、报表日期和金额单位；确定关键字的内容（如单位名称、年、月等）和关键字在报表中的位置（关键字的偏移量）。

③ 制作表体。即输入报表的各编报项目名称及金额栏目，还包括画表格线、定义行高和列高、设置单元属性（分别设置表样单元、数值单元和字符单元等）、设置单元风格（设置

单元的字型、字体、字号、颜色等）。

④ 制作表尾。即定义有关报表的说明内容。表尾部分不是每个报表都必需的。

（3）第三步，定义各类公式。根据各报表项目的数据来源，可以运用报表系统提供公式列表，通过“数据”→“公式列表”选用相应的引导公式（见图 9-4）。UFO 有三类公式，即计算公式（单元公式）、审核公式、舍位平衡公式，不同的报表模板提供相应的计算引导公式。

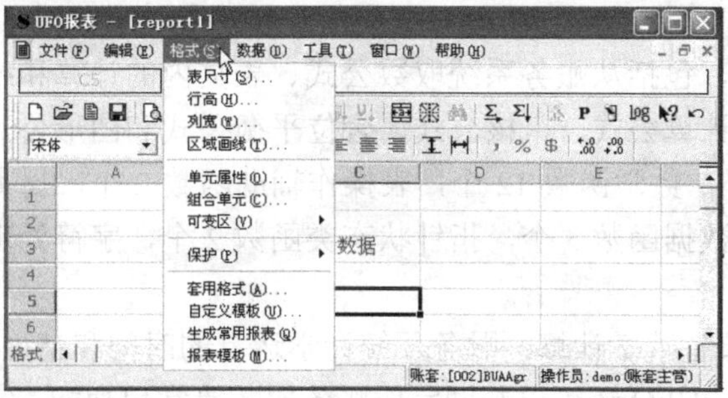

图 9-3

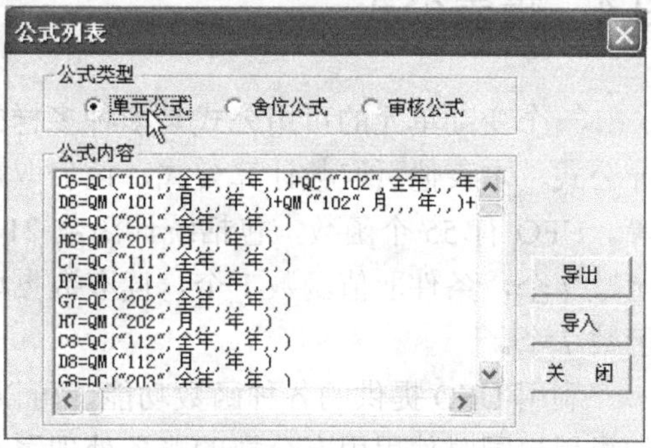

图 9-4

（4）第四步，报表数据处理。报表数据处理在“数据”状态下进行，可单击报表左下角的“格式”切换为“数据”状态。数据处理包括以下操作。

① 新建的报表只有一个表页，需要时可追加多个表页（见图 9-5）。

② 如果报表上定义了关键字，则录入每个表页的关键字值。

③ 在数值单元和字符单元录入数据。

④ 如果报表中有可变区，需要追加可变行或可变列，并在可变行或可变列录入数据。

⑤ 随着数据的录入，当前表页的单元公式将自动运算并显示结果。如果报表有审核公式和舍位平衡公式，则执行审核和舍位。需要的话，可进行报表的汇总和合并报表。

（5）第五步，报表图形处理。运用图形处理模块提供报表数据的直观多维图，如直方图、圆饼图、折线图、面积图、立体图等。图形可随意移动，图形的标题、数据可以按照要求设置。可通过“选定数据区域”→“工具”→“插入图标对象”，选择相应图形，见图 9-6 所示。

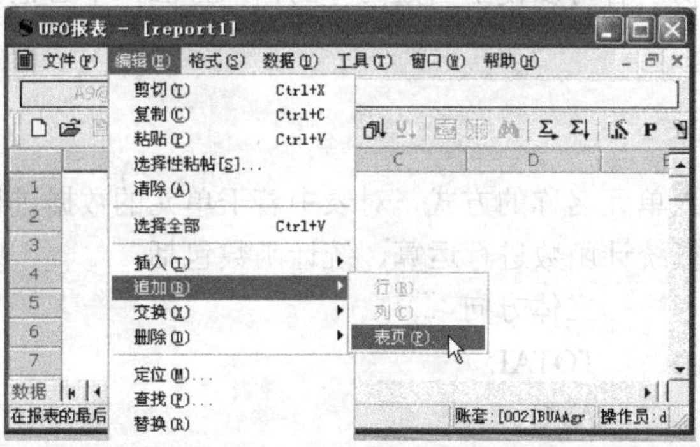

图 9-5

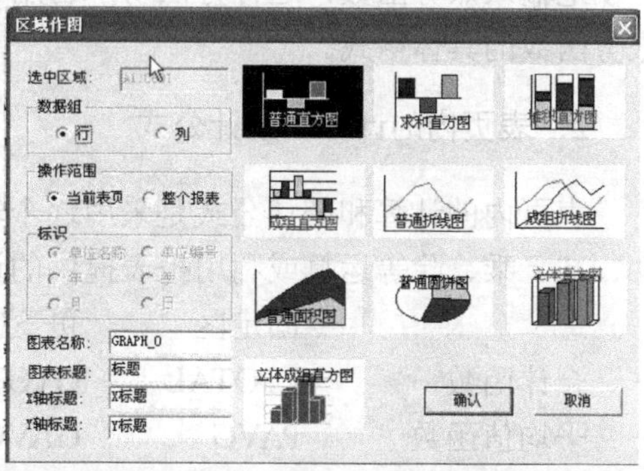

图 9-6

（6）第六步，查询和打印报表。对编辑过的报表进行查询或打印输出。可利用打印预览查看打印效果，可缩放打印，可设置报表的页眉和页脚、页首和页尾。

（7）第七步，退出 UFO。

需要注意的是：报表系统中提供了各种常用报表的格式及有关的取数公式，但各单位的会计核算有各自的特点，会计科目的设置也有区别，因此，通用的格式可以简化报表格式的设置，但取数公式的编辑一定要根据对应账套的科目结构进行审定。

9.4 报表公式

一个变动单元的可用公式是多种多样的，包括从账务系统取数公式、表页内的计算和统计公式、本表他页取数计算公式、他表取数计算公式、审核公式、舍位平衡公式和图形公式等。UFO 有 55 个函数，包括统计函数 21 个，数学函数 12 个，表操作辅助函数 2 个，日期函数 7 个，条件取值函数 1 个，读取数据库数据函数 3 个，指针状态类函数 2 个，字符处理函数 7 个。

利用 UFO 提供的各种函数功能，可以节省数学计算、财务及统计学运算的时间和精力。如果用户同时使用用友公司的账务处理系统，UFO 还可以帮助完成账务取数等常用功能，实现账表一体化。

1．从账务系统取数的公式

UFO 系统提供了许多种账务函数，这些函数架起了报表系统与账务处理系统之间数据传递的桥梁，可实现账表一体化。下面只列出从总账取数的 5 种账务函数的基本格式。

（1）取期初余额函数：QC（“科目编码”，会计期，“方向”，账套号）。

（2）取期末余额函数：QM（“科目编码”，会计期，“方向”，账套号）。

（3）取发生额函数：FS（“科目编码”，会计期，“方向”，账套号）。

（4）取发生净额函数：JE（“科目编码”，会计期，账套号）。

（5）取计划数函数：JH（“科目编码”，账套号）。

其中，会计期可以是“年”、“季”、“月”变量，也可以是具体数字表示的年、季、月。方向为记账方向，如“借”或“贷”。

由于账务函数的公式比较复杂，报表系统都提供了定义公式的函数向导，引导用户一步一步地输入账务函数，这种方法易学易用，初学者可以使用函数向导的输入方法，不必记忆账务函数的具体格式。

2．表页内的计算和统计公式

表页内的计算和统计公式是采用逐个输入单元名称的方式，对表中若干单元的数据进行加、减、乘、除等运算或利用报表提供的运算统计函数进行运算，统计函数包括：

	固定区	可变区	立体方向
合计函数	PTOTAL	GTOTAL	TOTAL
平均值函数	PAVG	GAVG	AVG
计数函数	PCOUNT	GCOUNT	COUNT
最小值函数	PMIN	GMIN	MIN
最大值函数	PMAX	GMAX	MAX
方差函数	PVAR	GVAR	VAR

偏方差函数　　　PSTD　　　GSTD　　　STD
例如，C10 单元是 C6 到 C9 单元的合计数，则计算公式为 C10=PTOTAL（C6:C9）。

3．本表它页取数计算公式

本表它页取数计算公式是指同一报表文件中的不同表页之间，通过数据连接获取数据，例如，某表当月（如 8 月）的表页的 C6 单元值，等于上数两个月（6 月）的表页的 C6 单元值，则 C6 单元的取数公式为 C6=SELE（C6，月@=月+2）。

4．它表取数计算公式

它表取数计算公式是指不同报表文件之间表页上的单元的数值传递，可以有以下的几种情况。

（1）不同报表文件间相同月份数据的获取。例如，12 月份资产负债表中 H33 单元“未分配利润”的数据，来自 12 月份利润分配表中 D9 单元“未分配利润”的值，则其取数公式为：

H33=“SYB”→D9 RELATION 月@ WITH“SYB”→月

（2）不同报表文件间不同月份数据的获取。例如，报表文件“AA”各表页 A 列取报表文件“BB”上月各表页 B 列数据，则其取数公式为：

A=“BB”→B RELATION 月@ WITH“B”→月+1

（3）不同报表文件间不同年度报表数据的获取。例如，某年 1 月份的“CC”表中 B7 单元的数值，等于上年 12 月份“DD”表 C7 单元的数值，则其取数公式为：

B7=“DD”→C7 RELATION 年@*100+月@ WITH（“DD”→年+1）*100+“DD”->月-11

5．审核公式

在财会报表中，数据之间往往存在着某种对应关系，例如，资产负债表中的资产合计要等于负债及所有者权益之和，这种平衡关系就是勾稽关系，可以通过审核公式进行检查。例如，审核公式：C36=F36　MESSAGE“资产合计不等于负债及所有者权益之和”，其意思是当 C36 单元与 F36 单位的值不相等时，显示“资产合计不等于负债及所有者权益之和”。

审核公式的编辑是在报表格式状态下，选择“数据”菜单下的“审核公式”，出现“审核公式”对话框，填写审核公式内容后确认。在“数据”格式状态下，选择“数据”→“审核”命令，系统按照审核公式逐条检查，当报表数据不符合勾稽关系时，屏幕上出现提示信息。

6．舍位平衡公式

若以元为单位的报表，变为以百元、千元或万元为单位的报表时，原来报表的平衡关系可能会被破坏，应该进行调整以保持既定的平衡关系。编辑舍位平衡公式时，在报表格式状态下，选择“数据”→“编辑公式”→“舍位公式”命令，打开“舍位平衡公式”对话框，如图 9-7 所示，填写有关数据和舍位平衡公式，完成舍位后的报表文件。

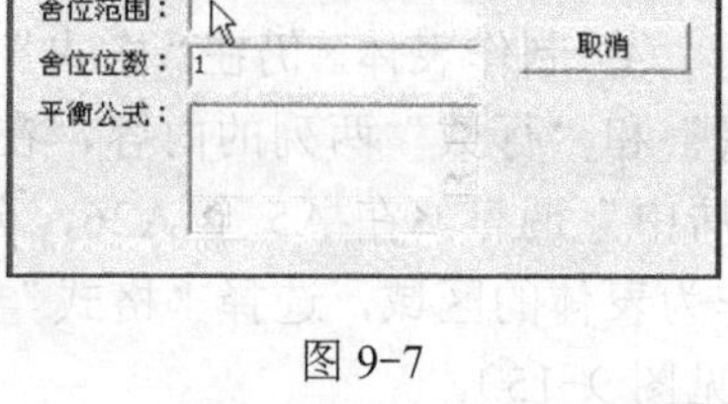

图 9-7

9.5 报表处理案例

下面以利润表为例，说明建立利润模板及使用模板创建数据报表的步骤。

（1）第一步，启动 UFO，建立报表。UFO 启动后，选择“文件”→“新建”命令，屏幕出现一张空表，其中画面的主菜单包括“文件”、“编辑”、“格式”、“数据”、“工具”、“窗口”和“帮助”。

（2）第二步，设计报表的格式。

① 确认报表的尺寸。当屏幕左下角的红色标识为“格式”窗口时，选择“格式”菜单→“表尺寸”命令，打开“表尺寸”对话框，如图 9-8 所示，其中行数输入 28，列数输入 4，单击【确认】按钮，确定了本表的尺寸。如果在设计过程中发现表的尺寸有错误时，可以通过“编辑”→“插入”或“删除”来增加、减少报表的行数或列数。

② 定义表头。首先在 A1 单元输入“利润表”，因为表名称应在表的中间，所以要把 A1 至 D1 单元变为一个组合单元，选中 A1 至 D1 单元，选择“格式”→“组合单元”命令，打开“组合单元”对话框，如图 9-9 所示，单击【整体组合】或【按行组合】按钮，然后单击工具条上的【居中】按钮即可。

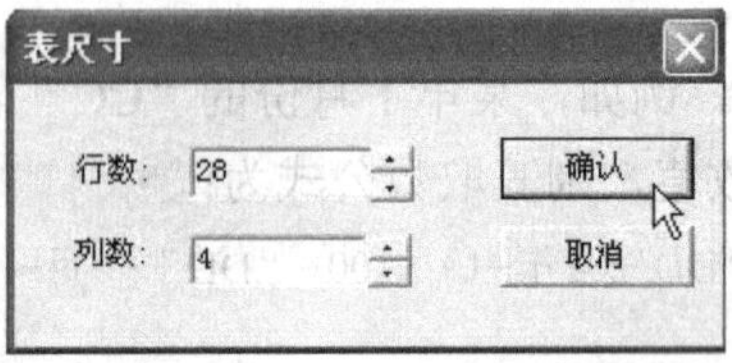

图 9-8

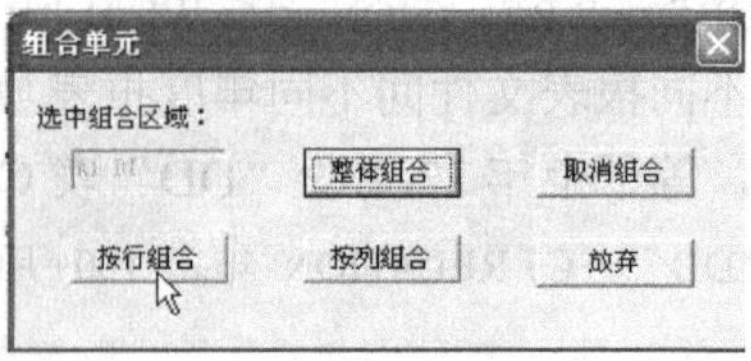

图 9-9

上述单元组合功能，也可直接用鼠标定义需要组合的范围，单击工具栏中的“组合单元”快捷命令予以快速组合。

在 D2 单元输入“会企 02 表”，在 D3 单元输入“单位：元”，均“居右”排列。

③ 定义关键字和关键字偏移。选中 A3 单元，单击“数据”→“关键字”→“设置”命令，打开“设置关键字”对话框，如图 9-10 所示。

选择“单位名称”单选钮，单击【确定】按钮，A3 单元出现红色“单位名称：xxxxxxxxxxxx”，如图 9-11 所示。在 B3“设置关键字”，选择“年”确定后，再选择“月”关键字，画面上会出现年和月文字重叠（见图 12）。继续在“数据”→“关键字”下单击“偏移”（见图 9-13），此时可以根据文字的排列需要，调整各个关键字的偏移量，使各个关键字处在单元中的一个合适的位置，负数表示向左移，正数表示向右移。

上例中，“单位名称”和“年”的偏移量为 0，“月”偏移量可设为 30，单击【确认】按钮，完成表头的设计（见图 9-14）。

④ 制作表体。仍在“格式”窗口，按照利润表的格式，分别在 A4 和 B4 单元输入“项目”和“行数”两列的内容，在 C4 输入“本期金额”，在 D4 输入“上期金额”，并进行“居中”调整。在 A5 至 A26，分别填上利润表的各行的项目名称。选中 A4 到 D26 单元作为表体的区域，选择“格式”→“区域画线”命令，选择“网线”后单击【确认】按钮（见图 9-15）。

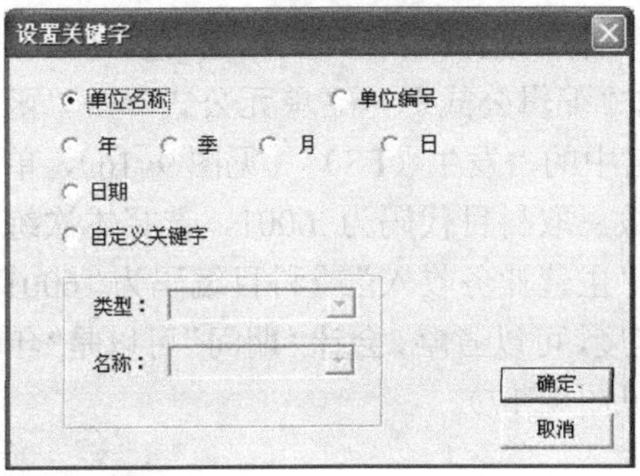

图 9-10

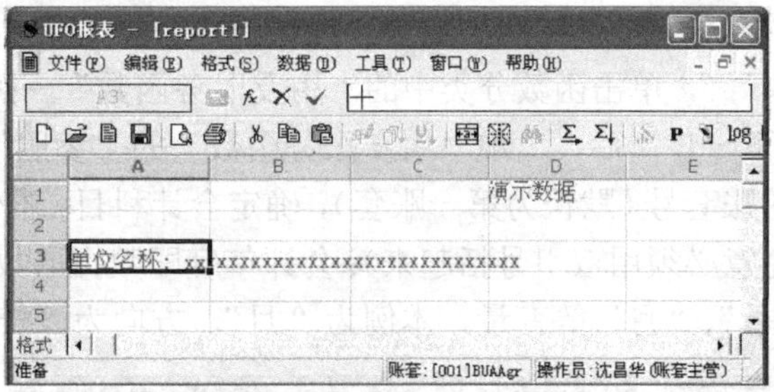

图 9-11

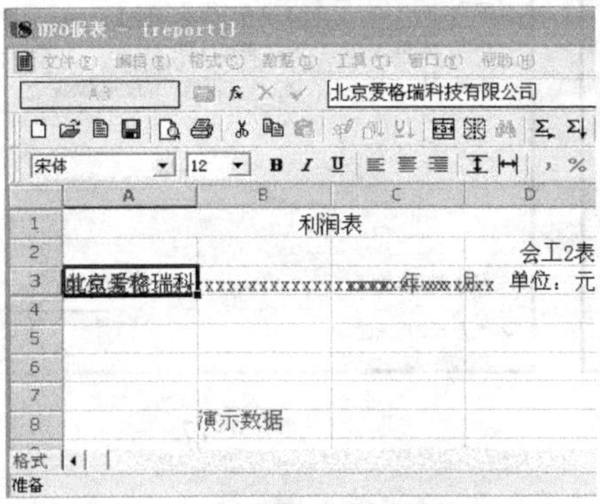

图 9-12

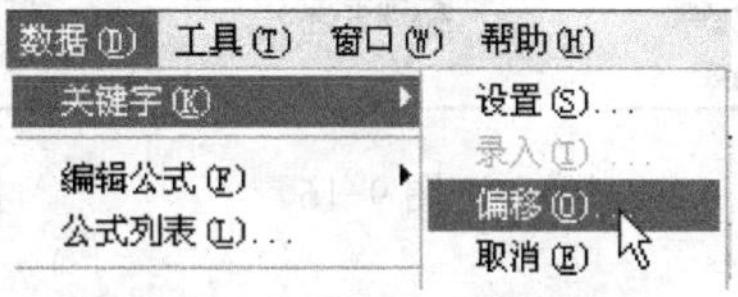

图 9-13

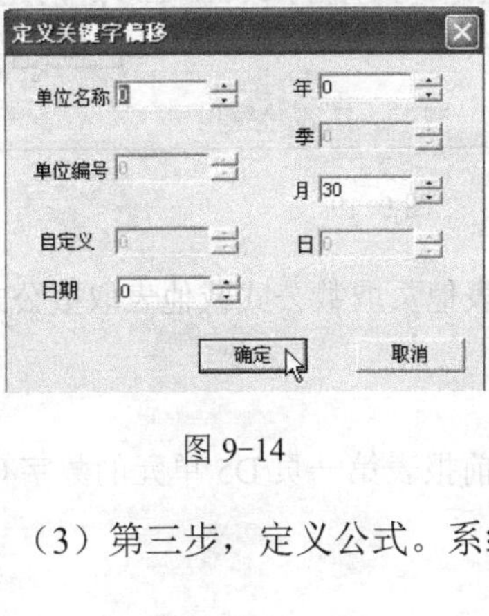

图 9-14

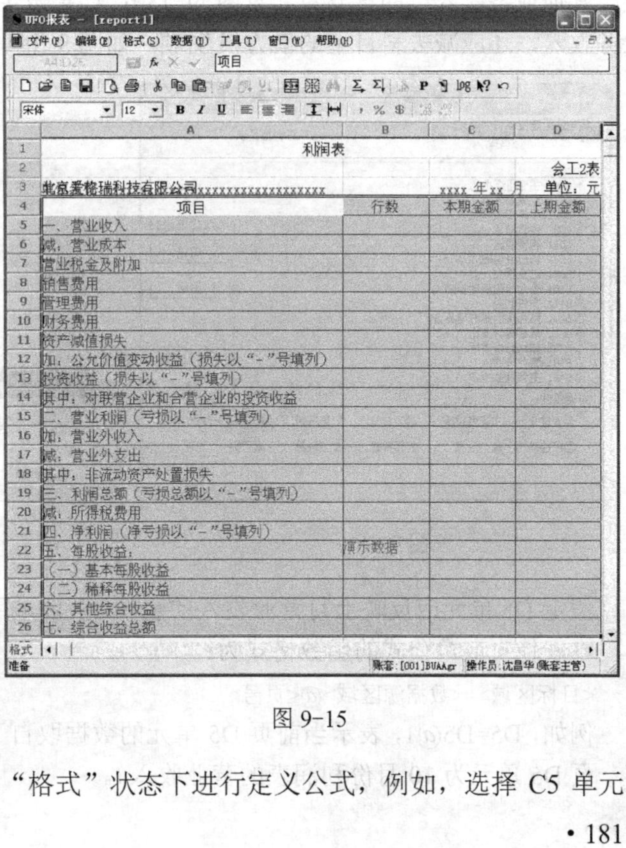

图 9-15

（3）第三步，定义公式。系统在“格式”状态下进行定义公式，例如，选择 C5 单元，输入本期“营业收入”的引导公式。单击工具“fx”图标，直接输入公式，也可以通过“函数向导”的“参照”取数。或通过“数据”菜单栏的“编辑公式”→“单元公式”→“函数向导”，单击函数分类中的“用友财务函数”→函数名中的“发生（FS）”（见图 9-16），单击“下一步”后，出现“用友账务函数”的“参照”取数。取科目代码为 6001，选择本次练习的账套号（默认为第一账套），确定会计科目（本例为“主营业务收入”或科目编码为“6001”，注意必须用双引号括起来）；会计年度即数据取数的年度，可以省略，会计“期间”可以是“年”、“季”、“月”等变量，本例为“月”，方向为“贷”（见图 9-17）。

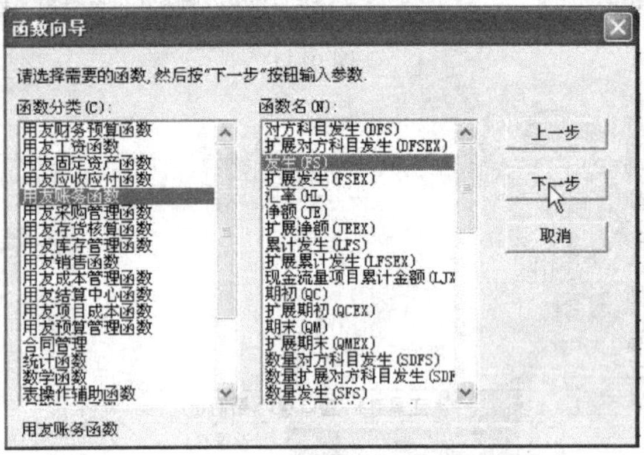

图 9-16

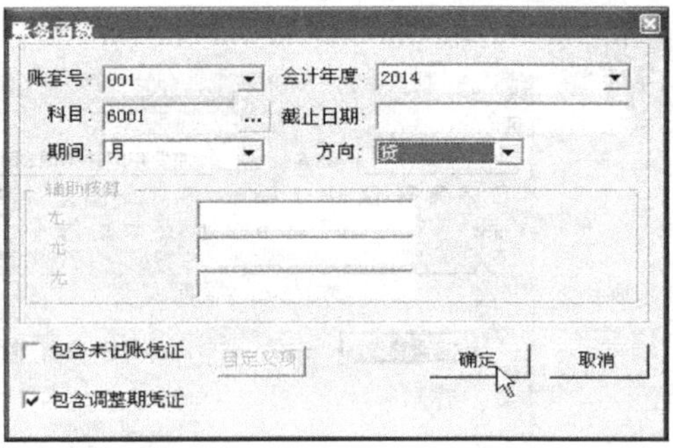

图 9-17

如果该函数需要多个会计科目的合成，可以在“定义公式”对话框输入“+”，仍然采用“函数向导”，如引入本账套中“利息收入”、“手续费及佣金收入”、“保费收入”、“租赁收入”或“其他业务收入”的贷方数（见图 9-18）；如果发生过销售退货冲减主营业务收入或其他业务收入，还应减去科目中的借方发生额，如图 9-19 所示。

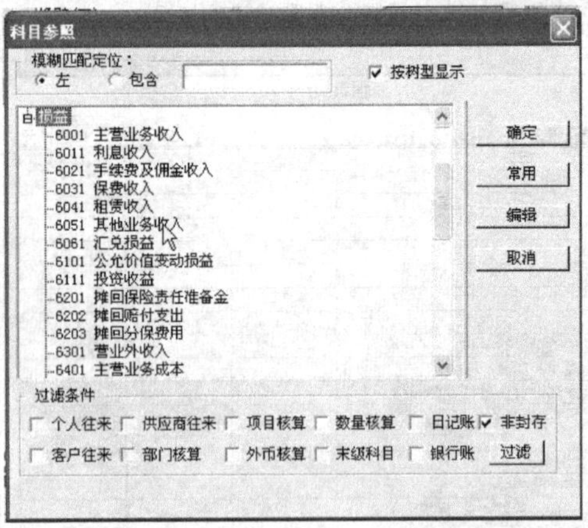

图 9-18

图 9-19

假定 D5 单元应反映上月营业收入的金额，可以采用本表他页取数公式或他表取数公式。

本表他页取数公式的函数格式为：

<目标区域>=<数据源区域>@<页号>

例如，D5=D5@1，表示当前页 D5 单元的数据取自于当前报表第一页 D5 单元的数字（即第一页 D5 单元为 10 月份利润表的营业收入）。

它表它页取数公式的函数格式为：

<目标区域>= "<报表名[.REP]>"-><数据源区域>[@<页号>]

当"页号"默认时，表示为本表各页分别取它表各页的数据。例如，D5="SYB"→D5@10，表示当前表页 D5 的数值取自于名为"SYB.REP"第十页 D5 的数值。

本表页中如果需要求某些单元的合计数，可以直接引入单元地址进行计算，如 C15 为"营业利润"，其计算公式为：

营业收入-营业成本-销售费用-管理费用-财务费用-资产减值损失+（-）公允价值变动收益

取相应的单元地址：C15=C5-C6-C7-C8-C9-C10+(或-)C11

如果某单元数值取自每一区域的合计数，可以借用本表内部的函数统计公式。

例如，Ptotal（E5:F12），表示本单元格内的数据取自 E5 到 F12 区域间的合计数。

依次确定各单元内所有需要计算或引导的公式。

对于表格中数字格式的表现方式，可以通过"格式"→"单元属性"命令进行设定。

例如，选中 C5 到 D26 单元区域，选择"格式"→"单元格属性"，选择单元类型中的"数值"，在"格式"中选中"逗号"复选框，小数保留两位，单击【确定】按钮，此区域的数值将表现为三位一节，且保留两位小数的数值型数据，如图 9-20 所示。

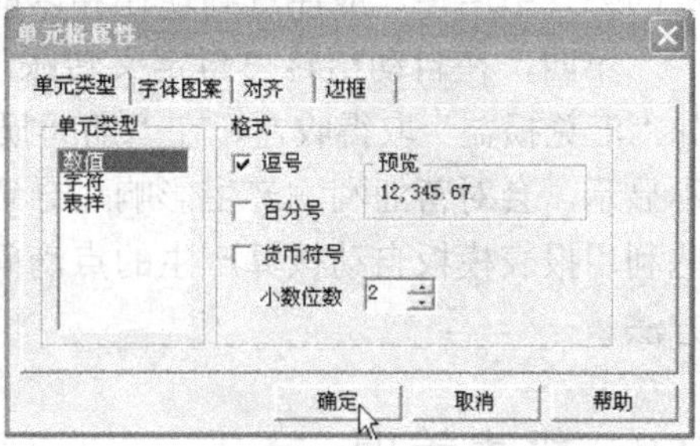

图 9-20

（4）第四步，制作表尾。在 A27 单元输入"制表:"，A28 单元输入"财务主管:"，C27 单元输入"复核:"，C28 单元输入"报送日期:"，并将这些单元定义为右对齐。定义 B27：B28 区域的文字对齐格式，单击"格式"→"单元属性"→"字符"，选择"居左"对齐。

（5）第五步，完成表格制作和数据计算。单击"格式"窗口按钮，转到"数据"窗口（如果提示"是否重新计算页面"，单击"否"），单击"数据"→"关键字"→"录入"，填入单位名称和"年"、"月"，相关文字和数字会直接显示在表格上。如果需要，可继续调整关键字的偏移量或取消关键字，根据计算显示的核算数据，也可以重新回到"格式"窗口修改计算公式。

注意：正确核算日期的关键字很重要，如果填写的年月不正确，将不能按照计算公式导出正确的会计数据。

（6）第六步，保存样板。通过上述步骤，一个利润表的样板已建立起来了，为了保存这个样板文件，选择"文件"→"另存为"命令，输入文件名，单击【确定】按钮。

（7）报表模板的利用。UFO 报表系统提供多种常用的会计报表式和计算公式，称为"报表模板"，利用报表模板，可以很方便地产生各种常用的报表。

在"格式"窗口，选择"格式"→单击"报表模板"，可以生成资产负债表、利润表、所有者权益增减变动表、现金流量表、现金流量表附表、应交增值税明细表等多种报表，可以在这些模板基础上进行修订，即可快速完成符合企业需要的各种外部报表和内部报表。

需要注意的是，套用报表模板后，当前窗口的报表内容将丢失，如果正在编辑报表，应保存后再选用其他报表模板。

以本教材“上机综合练习资料之一”的“资产负债表”报表模板引用为例：在完成相应月份会计记账与结账之后，调用 UFO 报表“2007 年新会计报表制度”的“资产负债表”模板，在“数据”窗口单击“数据”→“关键字”→“录入”，输入符合会计核算的“年”、“月”，即可在报表的数据区内自动完成全表各个栏目的公式计算。如果不能顺利完成计算公式的转换，需要考虑如下问题：

第一，系统一般以自带的 “999”演习账套为默认账套号，当引用报表模板时，应注意引用公式中是否符合现有账套号的默认需要，否则需要更改各计算公式中的账套号。

第二，部分会计核算科目的结果有可能有借贷方和正负的差异，如，“存货”中“材料成本差异”、“财务费用”中“汇兑损益”都有可能与报表模板中计算公式默认的借贷方向有差异，计算前和核算计算结果出来后，需要进一步检查是否符合核算要求。

第三，在符合会计准则的前提下，不少业务处理允许有不同的科目归集和处理方法。如以前对“待摊费用”的处理，现在改为“预付账款”，原来的“包装物及低值易耗品”，现在改为“周转材料”，但这并不意味着现在的核算过程决不能再使用以前的会计科目。在报表模板的公式引用中，应注意到现在和以前这种科目使用方面的差别。

第四，在自动结转“自定义转账”和“期间损益”，有时也会遇到一些借贷方的变化，如“汇兑损益”取得收益，在“期间损益”中表现为贷方红字，会导致利润表中“财务费用”不显示，会对营业利润产生影响，导致同样的会计核算方法产生有一定差别的核算结果，这些利用报表模板自动核算产生的点滴问题，都需要认真检查才能查出问题，找到差异的解决方法。

9.6 报表管理

9.6.1 报表格式管理

如果在使用报表时发现格式设计有错误，需要修改样板时，下面是几种可能出现的情况（在格式状态下）。

1. 在固定区中插入行/列

在插入位置，选择“编辑”→“插入”→“行”/“列”命令，打开“插入”对话框，填写插入数量即可。

2. 追加行/列

在表页最后的位置，选择“编辑”→“追加”→“行”/“列”命令，打开“追加”对话框，填写追加数量即可。

3. 交换行

交换固定区的行是将一张表页中的指定行的所有内容（包括格式和数据）进行交换。选择“编辑”→“交换”→“行”，打开“交换”对话框，填写两个要互相交换位置的行号：“源行号”和“目标行号”，确认即可。可以一次交换多个行，多个行号之间用“，”隔开。

4．删除行/列

选取要删除的行，选择“编辑”→“删除”→“行”/“列”，打开“删除”对话框，单击【确认】按钮删除，单击【取消】按钮放弃操作。

在可变区，同样可以进行插入、追加、删除等编辑工作。

9.6.2 表页管理

1．插入和追加表页

增加表页有插入和追加两种方式。在“数据”窗口，光标位于插入位置，选择“编辑”→“插入”→“表页”命令，打开“插入”对话框，在“插入表页数量”位置填写插入表页数量，确认即可。同时，追加表页还可以通过选择“编辑”→“追加”命令完成。

2．交换表页

交换表页是将指定表页的所有数据进行交换。操作步骤是：选择“编辑”→“交换”→“表页”命令，打开“交换”对话框，填写两个要互相交换位置的表页页号：“源表页号”和“目标表页号”，确认即可。可以一次交换多个表页，多个表页号之间用“，”隔开。

3．删除表页

选择“编辑”→“删除”→“表页”命令，打开“删除表页”对话框，如果不指定表页号和删除条件，则确认后删除当前表页，如果在“删除表页”框中输入要删除的表页号，则删除指定表页号的表页；如果在“删除条件”框中输入删除条件，则删除符合条件的表页。

4．表页排序

UFO提供表页排序功能，可以按照表页关键字的值或者按照报表中任何一个单元的值重新排列表页。“第一关键值”是根据什么内容对表页进行排序，“第二关键值”是有表页的第一关键值相等时，按照第二关键值进行排序。同理，“第三关键值”是有表页的第一关键值和第二关键值都相等时，按照第三关键值进行排序。空表页在“递增”时排在最前面，在“递减”时排在最后面。

选择“数据”→“排序”→“表页”命令，第一关键字为“月”，顺序为“递增”，单击【确定】按钮完成表页排序。

5．查找和定位

查找和定位都是为了在存在多表页的情况下，快速地找到所需要的报表。操作步骤如下。

（1）选择“编辑”→“查找”命令，打开“查找”对话框。

（2）在“查找内容”中选取“表页”。

（3）在“查找条件”中定义查找条件，例如，要查找2014年10月的报表，则定义查找条件是：“年=2014 AND 月=10”。

（4）单击【查找】按钮后，第一个符合条件的表页成为当前表页。

（5）单击【下一个】按钮后，下一个符合条件的表页成为当前表页。

（6）如果没有符合条件的表页，或查找到最后符合条件的表页时，状态栏中将显示“满足条件的记录未找到!”。

9.6.3 报表数据管理

1. 透视

在 UFO 中，大量的数据是以表页的形式分布的，正常情况下每次只能看到一张表页。要想对各个表页的数据进行比较，可以利用数据透视功能，把多张表页的多个区域的数据显示在一个平面上。例如，要考察利润表中 10、11 两个月的收入、成本情况，具体操作步骤如下。

（1）打开文件“利润表（2014）.rep”，单击【格式/数据】按钮，进入数据状态，选取要透视的第一张表页的页标。

（2）选择“数据”→“透视”命令，打开“多区域透视”对话框，在编辑框中输入要透视区域范围，如 C5:C6。透视区域范围可以是不连续的区域或单元，不同区域之间用“,”隔开。

（3）单击【确认】按钮，将生成透视结果的“透视”对话框，在屏幕右边显示各表页的数据。

（4）利用“透视”对话框的【保存】按钮，可以把透视结果保存在报表文件中。

2. 数据汇总

UFO 提供了表页汇总和可变区汇总两种汇总方式。表页汇总是把整个报表的数据进行立体方向的叠加，汇总数据可以存放在本报表的最后一张表页，或生成一个新的汇总报表。可变区汇总是把指定表页中可变区数据进行平面方向的叠加，把汇总数据存放在本页可变区的最后一行或一列。

表页汇总的操作步骤如下。

（1）选择“数据”→“汇总”→“表页”命令，打开“表页汇总——三步骤之一——汇总方向”对话框，如图 9-21 所示，该对话框用于指定汇总数据保存的位置，可以选择“汇总到本表最后一页”，也可以选择“汇总到新的报表，报表名:”，输入新报表名。

（2）单击【下一步】按钮，打开“表页汇总——三步骤之二—汇总条件”对话框，如图 9-22 所示，此对话框用于指定汇总哪些表页，用关键字来识别。若汇总全部报表，则无须输入条件。“表页汇总条件”可以输入“以单元的值为汇总条件”，或“以关键字值为汇总条件”，或“以表页号为汇总条件”。

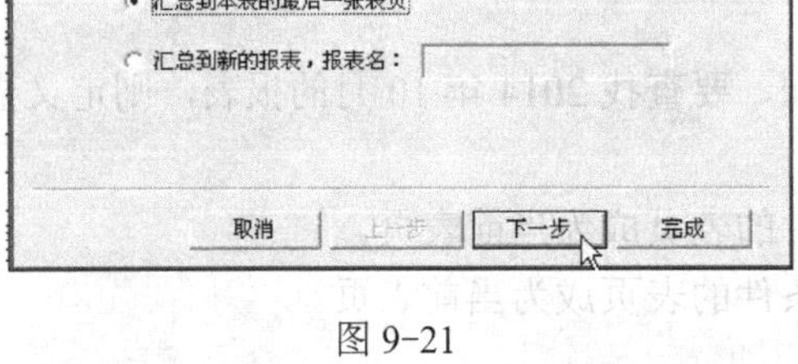

图 9-21

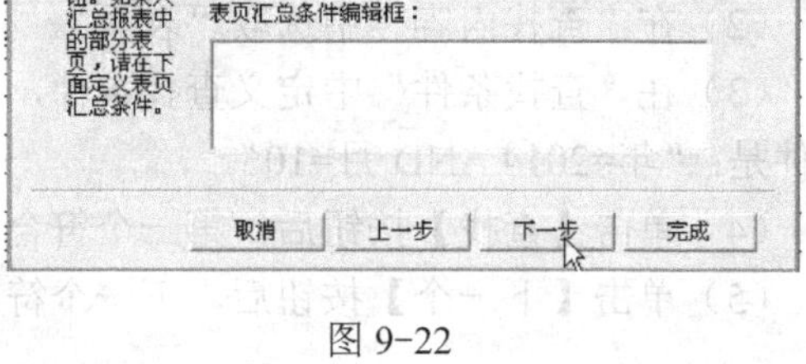

图 9-22

（3）单击【下一步】按钮，打开“表页汇总——三步骤之三—汇总位置”对话框，如图 9-23 所示，此对话框用于处理报表的可变区。选择“按物理位置汇总”单选钮，UFO 将忽略可变区数据的实际意义，直接把可变区数据按位置叠加。选择“按关键值汇总”单选钮，此关键值为行可变区的某一列或列可变区的某一行。

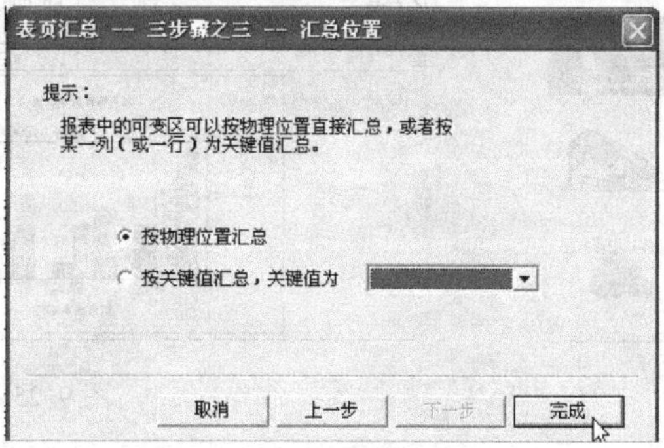

图 9-23

（4）单击【完成】按钮，将生成汇总结果。

9.7 图表功能

9.7.1 UFO 图表概述

（1）UFO 提供了直方图、圆饼图、折线图、面积图 4 大类共 10 种格式的图表。

（2）图表与报表的关系。图表是利用报表文件中的数据生成的，图表与报表存在着紧密的联系，当报表中的源数据发生变化时，图表也随之变化。一个报表文件可以生成多个图表，最多可以保留 12 个图表。

（3）图表的存在方式。图表以图表窗口的形式存在。图表并不是独立的文件，只有打开报表文件后才能打开有关图表。报表文件被删除之后，由该文件的数据生成的图表也同时被删除。

9.7.2 图表的操作

下面以某公司的产品销售明细表为例来说明图表的操作。

（1）单击【格式/数据】按钮，进入“数据”状态。

（2）用鼠标选中“产品销售明细表”需要取数的行列标题以及数值的所在区域（A3:D6），图表系统把选定区域的第一行默认为标注，其余为数据区。

（3）选择“工具”→“插入图表对象”命令，出现“区域作图”对话框。

（4）在对话框中，定义数据组为“行”（将行数据作为 x 轴），数据操作范围为“当前表页”，图表名称为“sale1”，图表标题为“11 月销售收入成本比较”，x 轴标题为“收入成本毛利”，y 轴的标题为“金额”。图表格式选择“成组直方图”（见图 9-24），确认后产生图表，如图 9-25 所示。

（5）双击图表对象，即可激活图表对象窗口，然后可以对图表进行各种编辑，包括图表的移动和缩放、编辑标题、标题字体、选择图表格式等。

（6）图表的其他功能与操作可借助系统的“帮助“功能进行了解。

图 9-24

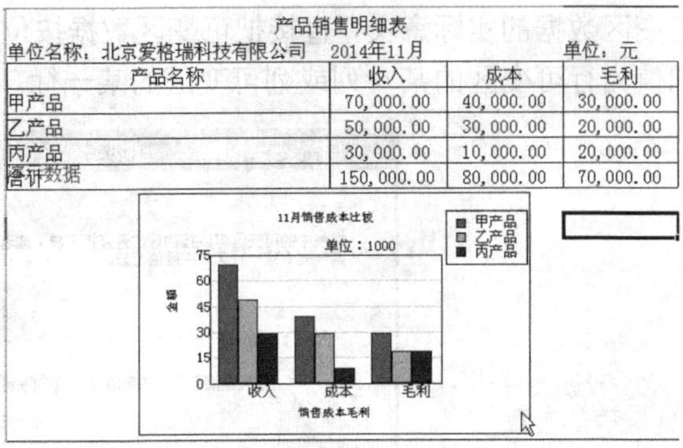

图 9-25

9.8　其他功能

1．文件的保护

在实际工作中，对一些报表需要限制使用权限，可以为报表文件增加文件口令。设置口令很简单，在当前文件下单击“文件口令”，输入自己的口令即可。打开一个有口令的报表文件，必须输入正确的口令才能打开该文件。

如果需要更改口令，打开该报表，选择“文件”→“文件口令”命令，在口令编辑栏内输入该文件的口令，如果口令正确，则“新口令”和“确认新口令”编辑栏变亮，可以进行更改口令。口令可以是字母、数字、符号的任意组合。在 UFO 中，口令不区分大小写。

2．报表格式的加/解锁

在实际工作中，有些报表格式设计好后，基本保持不变，可对这些报表进行加/解锁，报表格式的加/解锁就是对报表样板设置或取消口令。报表格式的加/解锁的操作是在“格式”→“保护”中的“格式加锁”和“格式解锁”进行的。

3．生成 HTML 文件

为了实现文件之间相互转换，UFO 除了提供“另存为”功能，可将文件转换为其他格式存放外，UFO 还提供了生成 HTML（超文本标记语言）功能，选择“文件”→“生成 HTML”命令可以将报表文件另存为浏览器文件，并可以将浏览器文件放到 Web 网页上。

复习思考题 9

一、思考问答题

9.1　用友 ERP 财务软件中的 UFO 系统有哪些基本功能？

9.2　什么是报表格式状态与数据状态？它们各自完成哪些报表处理工作？

9.3　什么是报表的关键字？UFO 系统提供了哪些关键字？

9.4　制作一张财务报表要经过哪些基本步骤？

9.5　U8 系列的报表系统提供了哪些报表模板和核算公式？

9.6　什么是舍位平衡公式？在什么情况需要舍位平衡公式？

9.7　UFO 的图表与报表是什么关系？如何进行图表的操作？

二、上机练习题

9.8　启动报表处理系统，并浏览该系统的各种菜单，了解系统的基本功能。

9.9　学习打开系统提供的常用财务报表，并浏览每个报表的格式、报表的单元公式。

9.10　在完成账务处理系统上机练习的基础上，根据本书附录提供的上机综合练习资料，制作一新的资产负债表，包括报表新建、报表格式设计、设置单元公式和报表的输出等。

9.11　根据本书附录提供的上机综合练习资料，制作一个新的资产负债表。

第10章　金蝶账务处理系统的操作使用

10.1　金蝶会计软件概述

金蝶软件集团有限公司总部位于中国深圳，始创于1993年8月，是目前中国最大的财务及企业管理软件公司之一。从1996年先后推出金蝶财务软件标准版V2.51 FOR Windows、金蝶2000标准版V8.0等产品。1998年7月，金蝶公司推出中国第一个企业资源计划管理系统金蝶K/3 ERP。2003年3月发布了第三代产品，金蝶EAS（Kingdee Enterprise Application Suite）。金蝶EAS构建于金蝶自主研发的商业操作系统BOS之上，面向中大型企业，采用最新的ERPⅡ管理思想，有超过50个应用模块的高度集成，涵盖企业内部资源管理、供应链管理、客户关系管理、知识管理、商业智能等，并能实现企业间的商务协作和电子商务的应用集成。2004年11月金蝶发布了全面支持《小企业会计制度》的管理软件，金蝶KIS V7.5，该产品以“Keep It Simple”（简单易用）为原则，为小型企业提供全面的管理信息化解决方案。

为了满足不同规模的企业和企业信息化的不同发展阶段，目前金蝶公司已经形成了三个层次的管理软件体系，即面向中大型企业，基于BOS平台开发的EAS软件系统；面向中小型企业，构建在BOS平台之上，帮助企业全面整合内外资源，快速实现个性化需求的K/3软件系统；面向小型企业，帮助企业实现业务财务灵活应用，让管理更简单的KIS软件系统。三个层次的管理软件体系，如图10-1所示。

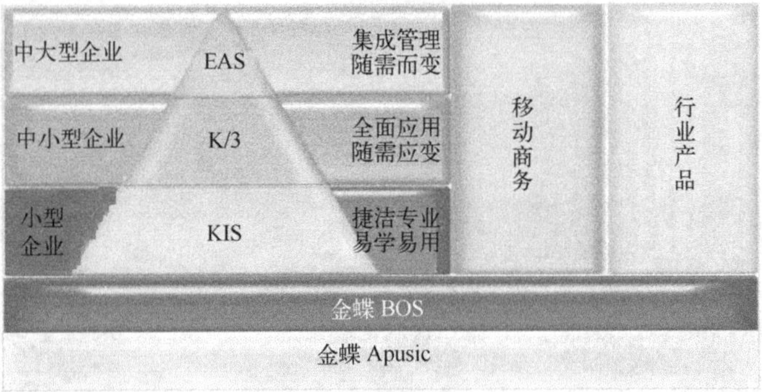

图10-1

本章以适合教学使用的金蝶KIS标准版V7.5为蓝本，简要介绍该软件的使用方法。其软件的应用环境为Windows 98中文版、Windows NT4.0中文版（Service Pack 3以上）、Windows 2000中文版、Windows XP中文版。建议系统运行的硬件环境：CPU 586/233，内存64MB或以上，硬盘500MB以上自由空间。

金蝶KIS就是在金蝶2000标准版V7.x系列产品的基础上发展而成的一个升级替代产品。金蝶KIS高度集成了中小企事业单位要使用的账务处理、报表、工资核算、固定资产、财务分析、出纳管理、往来管理和购销存管理等功能模块。金蝶 KIS7.5 管理软件共包括 5 个系列（金蝶 KIS 标准版、金蝶 KIS 业务版、金蝶 KIS 迷你版、金蝶 KIS 行政事业版和金蝶 KIS 小企业专版），覆盖企业财务、业务两个管理层次，并可实现向金蝶 K/3 系统的平滑过渡，满足企业业务发展的需要。其功能模块结构，如图 10-2 所示。

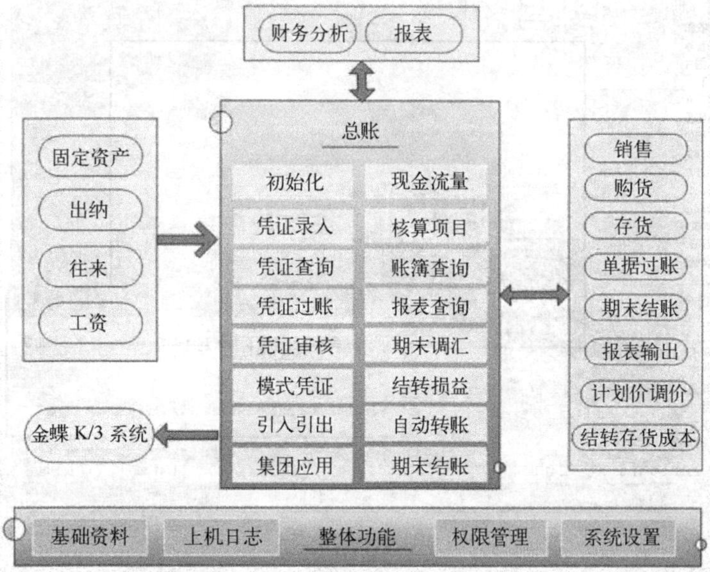

图 10-2

10.2 系统的安装与启动

10.2.1 系统安装

将系统安装光盘放入光驱，双击系统安装文件 KISsetup.exe ，进入安装程序，如图 10-3 所示。

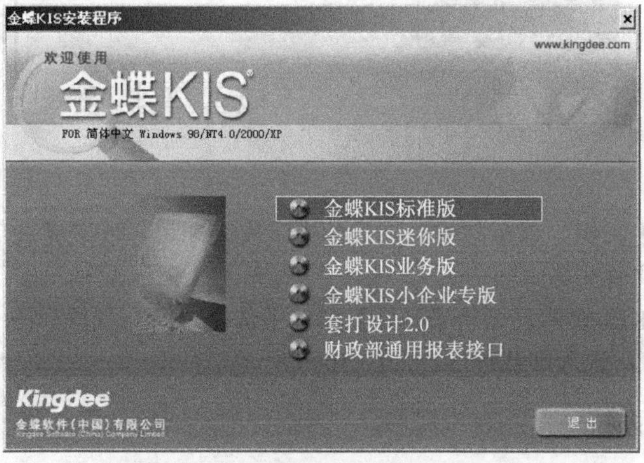

图 10-3

单击“金蝶 KIS 标准版”，进入准备安装向导，如图 10-4 所示。

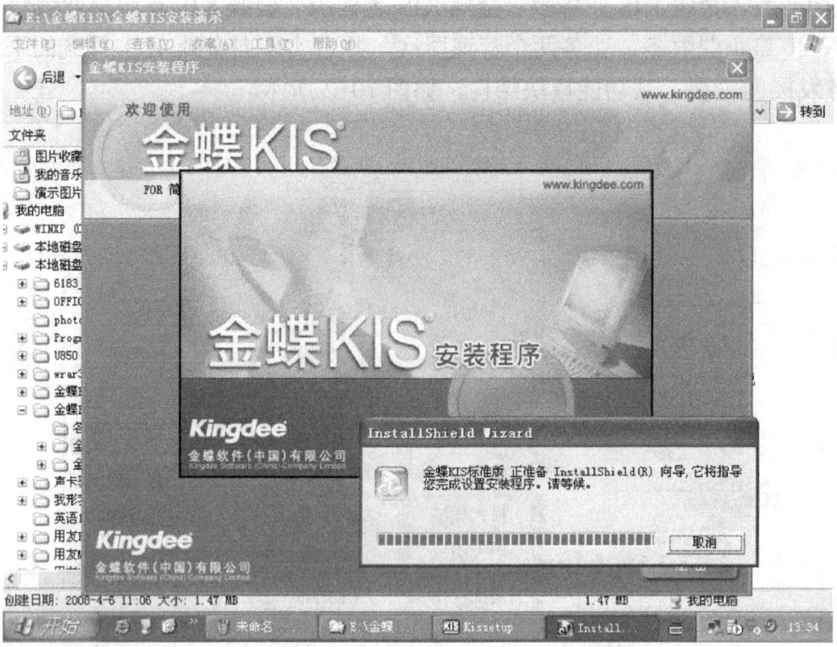

图 10-4

准备安装向导结束，出现如图 10-5 所示的对话框。

图 10-5

单击【下一步】按钮，以后按安装向导的提示安装即可。安装完成后，应重新启动计算机，使安装的系统文件生效。

若要卸载金蝶 KIS 软件，可从【开始】菜单中选择“所有程序”→“金蝶 KIS”→“卸载金蝶 KIS 标准版”，进入卸载程序，如图 10-6 所示。

10.2.2 启动系统

为了维护版权，防止非法盗用，金蝶软件采用了加密卡的形式对软件进行了加密。加密卡的安装十分简单，只需将主机电源关闭后，把加密卡插到打印口（LPT1:）上即可。加密卡安装完毕之后，请不要经常拔插加密卡。尤其在带电状态下拔插加密卡，非常容易导致加密卡损坏。

图 10-6

软件安装完成后，在操作系统【开始】菜单的“所有程序”中会增加一个“金蝶 KIS”程序组，单击组中的“金蝶 KIS 标准版”就可以进入金蝶 KIS 系统。完成系统安装后，对于有加密卡的软件，第一次使用时，会出现“连接网络加密服务器”界面，单击【取消】按钮，进入“系统登录”界面，如图 10-7 所示。

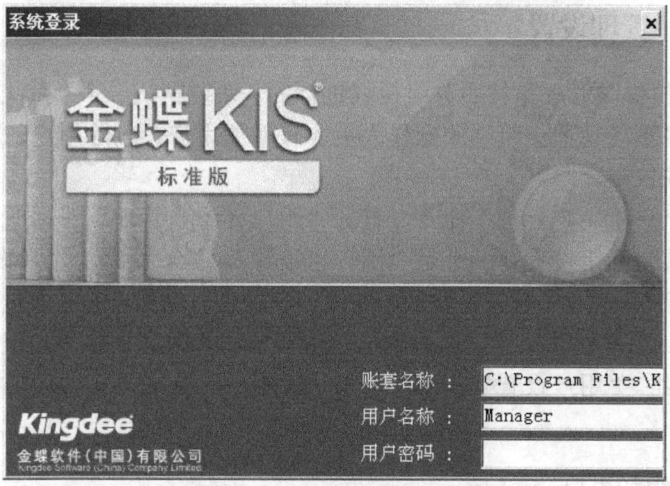

图 10-7

第一次使用时，用户名定为“Manager”（系统管理员）的身份注册登录，密码为空。在进入系统后用户可以根据自己的需要增加、修改或删除系统的用户。

第一次使用时，会出现“提示信息”对话框，提示“升级后需要增加一个固定资产减值准备科目，……”，单击【确定】按钮，进入系统的“初始设置”，如图 10-8 所示。

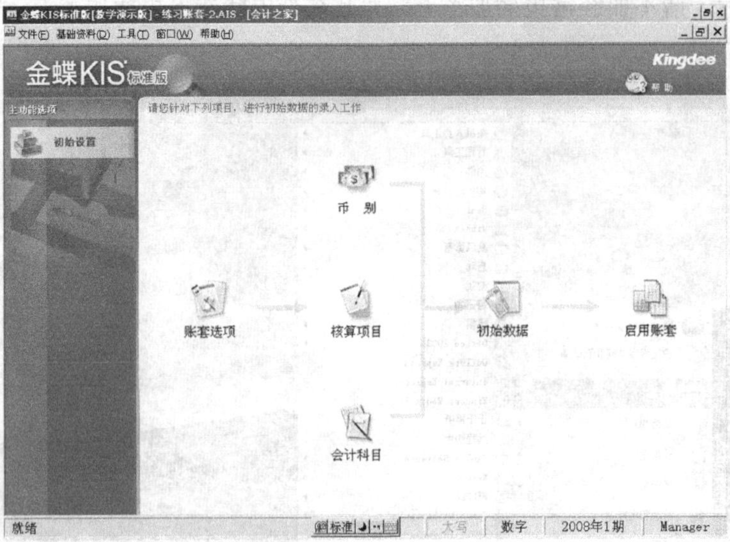

图 10-8

10.3 系统的初始化

首次使用金蝶 KIS 系统时，要进行用户管理，增加系统的操作人员和给用户进行授权。然后要进行系统的初始设置，系统初始化工作分为两大步骤，第一步新建账套；第二步录入初始化数据。建立账套是设立了整个系统的主体框架。录入初始化数据是将企业在启用账套时的期初业务数据资料输入系统的一项工作。

10.3.1 用户管理设置

金蝶 KIS7.5 的权限管理是按照分组授权进行的。系统默认一个“系统管理员组”和一个“默认组”，只有“系统管理员组”的操作人员才有增加用户、删除用户、对用户进行授权及反过账、反结账的权限。

选择“工具”→“用户管理”命令，打开“用户（组）管理”对话框，如图 10-9 所示。在这个对话框中共有两组设置，一个是“用户组设置”，另一个是“用户设置”。

“用户组设置”可对用户组进行增加、删除等项处理。例如，财务人员划分为“资金组”、“成本组”、“材料组”等核算小组，那么就可以用新增和修改功能将用户组设定为“资金组”、“成本组”等用户组。“用户设置”提供了新增、改组、删除、授权四项功能，主要是对操作人员进行管理。

1. 新增用户组和用户

在“用户组设置”栏中，单击【新增】按钮，可以增加一个用户组，例如，增加一个“操作人员组”。若在“用户设置”栏中，单击【新增】按钮，可以增加新的操作人员。比如在图 10-10 中，首先选择一个用户组，如选择“操作人员组”，在“用户名”中输入用户的名称，其长度最大为 8 个字符（4 个汉字），在“操作人员组”中新增加“张会计”和“李出纳”两位操作人员。在安全码中可自由输入用户安全码，安全码的长度最大为 16 个字符，系统要求最少输入 5 位。平时登录时不用安全码（用户密码为空），当系统被破坏时，需要用它来恢复用户对账套的访问权限。

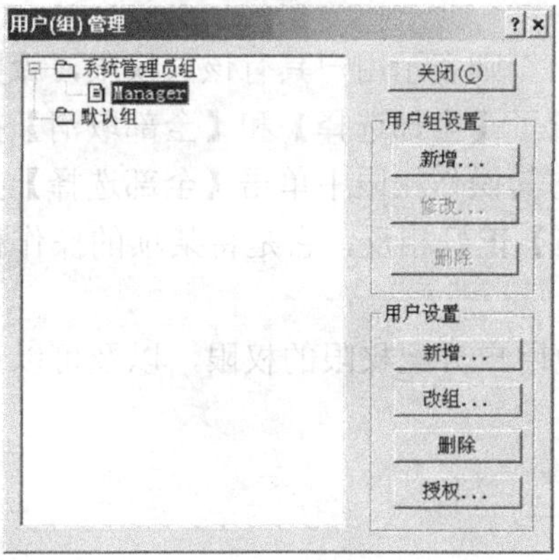

图 10-9

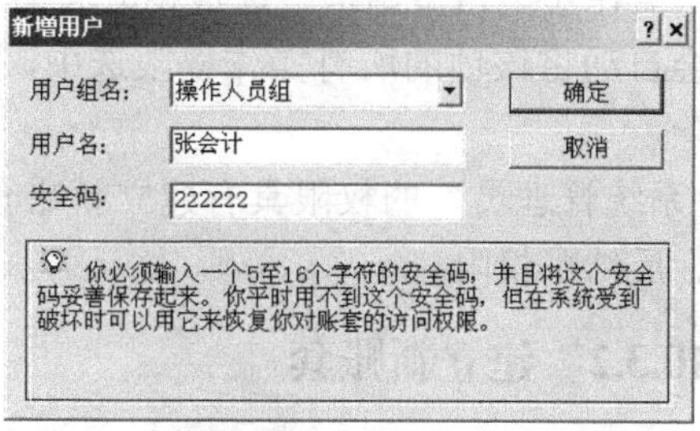

图 10-10

2．授权管理

设置完用户组和用户后，就可对用户进行授权。授权就是对所设立的用户进行权限分配，指定用户对账套数据的处理权限及操作范围。在授权的过程中，用户对个人权限的修改即时生效，对个人密码的修改则在下一次登录打开账套或更换操作员时生效。在“用户（组）管理”对话框，选取要授权的用户，单击【授权】按钮，打开如图 10-11 所示的对话框，即可对该用户授权了。

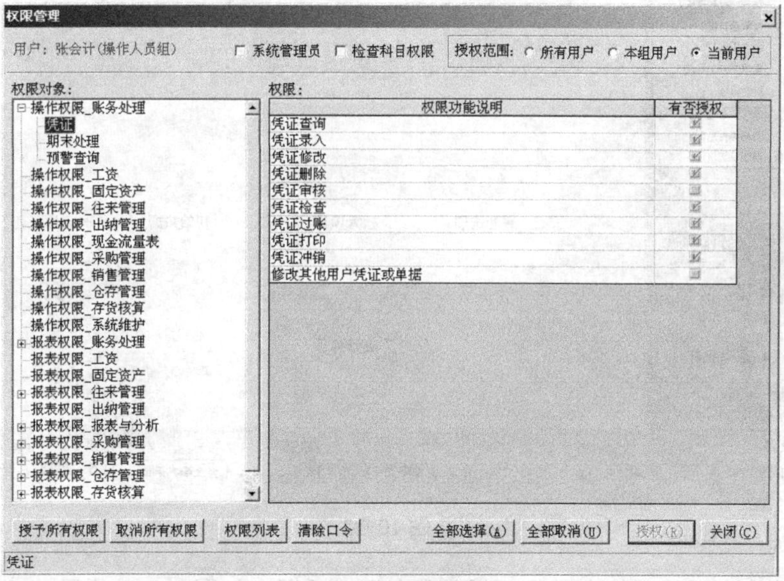

图 10-11

授权时首先要确定用户授权范围，用户授权范围是指该用户的操作权限所能作用的范围。用户授权范围分为以下三个级别。

当前用户：只能查看、处理本人所经办的业务。

本组用户：只能查看和处理本组用户经办的业务。

所有用户：选择此范围则可处理所有用户经办的业务，且不论这些业务是属于哪个用户组的处理范围。

分配操作权限时用打“√”进行选择，打上“√”则表示用户具有该项权限，否则无此操作权力。为了方便用户设置各操作权限，系统设置了【全部选择】和【全部取消】按钮，用户只需在左边树型结构中选定相应的类别，然后在其操作权限中单击【全部选择】按钮，系统会自动将该项的所有操作权限选中，【全部取消】正好相反，它是将某项的操作权限全部清除。

“系统管理员”的权限具有建立新账套、为其他用户分配权限的权限，以及可以进行反过账、反结账权限。

10.3.2 建立新账套

在金蝶 KIS7.5 中，保存账务资料的文件称为“账套”。账套中存放的内容包括会计科目、记账凭证、各种账簿、会计报表及固定资产、工资等。

金蝶软件一个账套中只能保存一个公司或一个单独核算单位的账务资料，实际工作中可以根据需要，一个单位建立多个账套，以满足企业管理和经济核算的需要。

进入系统后选择菜单“文件”→“新建账套”，如图 10-12 所示。

图 10-12

执行新建账套后，系统会弹出“新建账套”对话框，如图 10-13 所示。

输入账套文件名，如“练习账套－2”，系统默认账套文件的扩展名为“AIS”。单击【保存】按钮，进入金蝶 KIS 的建账向导，如图 10-14 所示。

单击【下一步】按钮，进入账套名称的输入，如“练习账套－2”（可与账套文件同名），如图 10-15 所示。

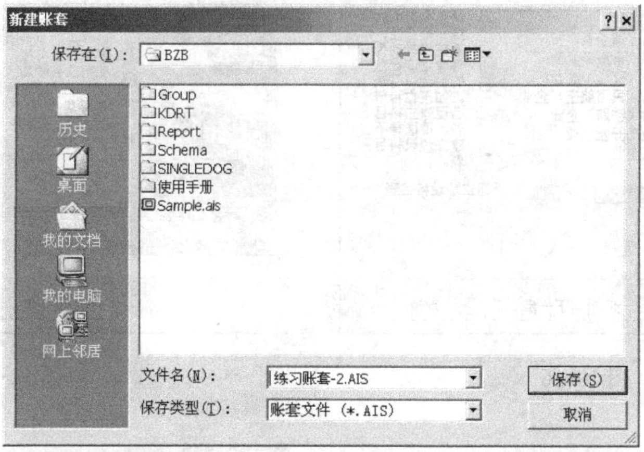

图 10-13

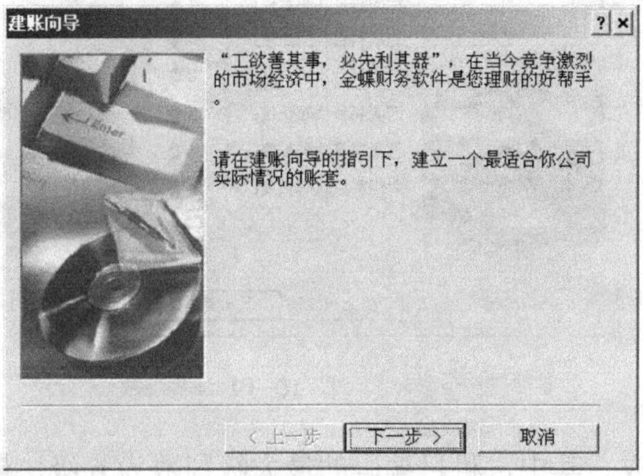

图 10-14

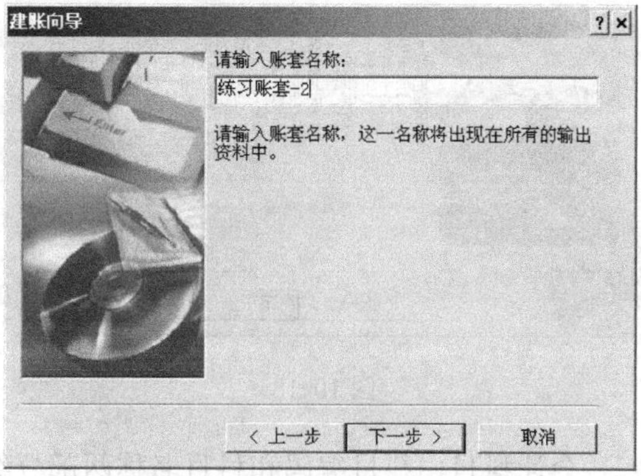

图 10-15

这里需要提请用户注意的是：账套名称与账套文件名是两个截然不同的概念。账套名称一般是使用该账套的公司或单位名称，用于标识该账套所属的会计主体。账套名称将在输出凭证、账簿、报表等业务资料时使用，所以在此处需要清楚地输入单位全称，以防混淆不清。

完成账套名称输入之后，单击【下一步】按钮，就进入所属行业选择画面，如图 10-16 所示。

系统内已经预设了 15 个行业的会计科目表及报表。若已经选择了所属行业，系统将自动为你建立相应行业的会计科目表及报表设置。【详细资料】按钮可以让您查看所选行业的预设会计科目代码及名称列表。如果您不想采用系统预设的会计科目及报表资料，只需选择"不建立预设科目表"复选框即可，系统会为您提供一个空白的会计科目表，可根据自己的需要去建立。

单击【下一步】按钮，进入"应用模式"录入，如图 10-17 所示。

应用模式的选择决定了使用软件的模式，详见界面的建账向导说明。单击【下一步】按钮，进入"记账本位币"录入对话框，如图 10-18 所示。

本位币名称默认为"人民币"。单击【下一步】按钮，"建账向导"进入会计科目结构设计，如图 10-19 所示。

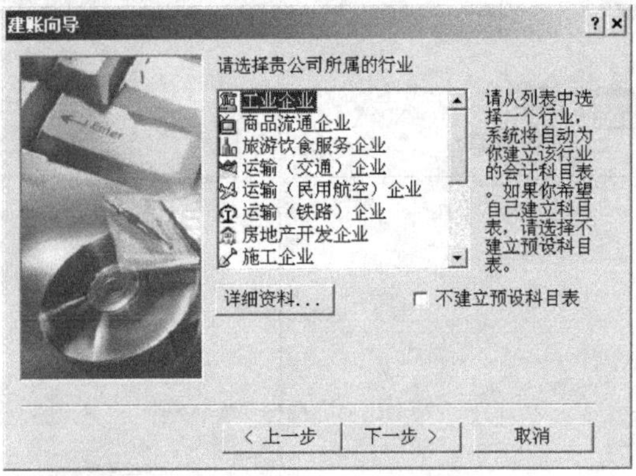

图 10-16

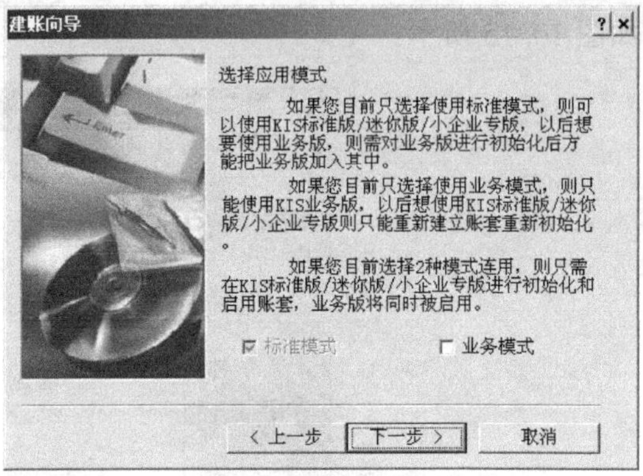

图 10-17

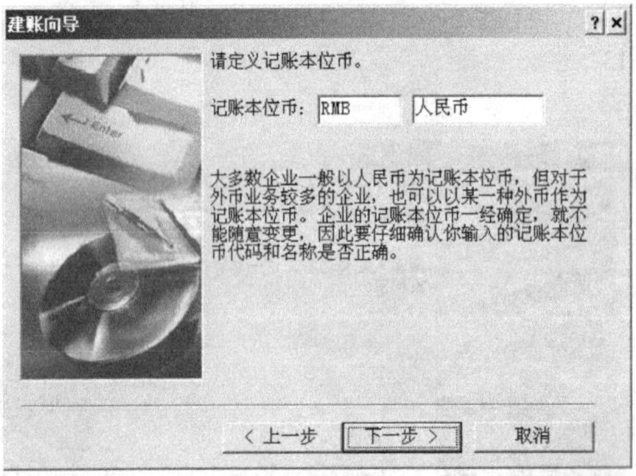

图 10-18

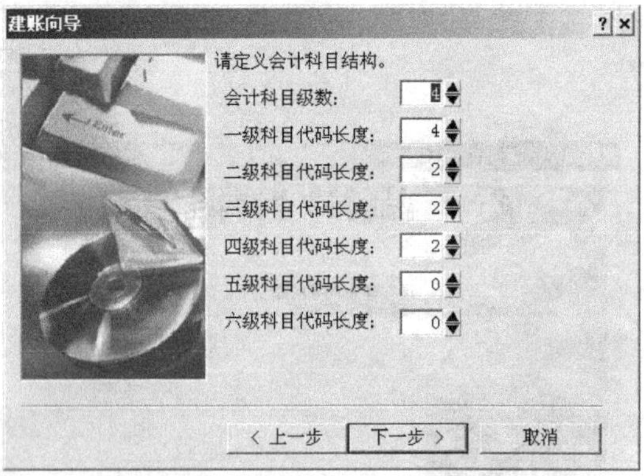

图 10-19

会计科目由科目编码和科目名称两部分组成。其中，科目编码的最大级别数为 6 级，最大位数为 15 位。我国现行会计制度要求一级科目代码的长度定为 4 位，但若您在前面选择了某个行业的预设会计科目，则一级科目代码长度由系统给出，用户将无法修改。

会计科目的级别及各级长度的确定，应综合考虑各方面的因素，既要便于操作又要为今后的发展留有余地。单击【下一步】按钮，进入会计期间的设定。

会计期间的设定操作如图 10-20 所示，包括会计期间界定方式、会计年度开始日期及账套启用会计期间三项内容。我国会计制度规定是以公历年度作为企业的会计年度，自然月份作为会计分期的。会计年度开始日期是与会计期间紧密相连的一个重要概念，它用以确定账套会计年度的起始日期，此日期将是一个会计年度开始和结束的标志。例如，如果选择会计年度开始日期为 4 月 1 日，则在每年 3 月底结账时，系统就会做年结处理。一般情况下，企业会计年度开始日期为 1 月 1 日。

账套启用期间是指用户开始使用金蝶软件处理账务数据的那一个期间，通俗地讲，就是用户开始输入数据的那一个年月时间。例如，您想用金蝶软件处理从 2008 年 3 月份开始的账务资料，账套启用期间就应该是 2008 年 3 期。

账套启用期间应注意与会计年度开始日期区别开，这两个概念一个是标明账务数据由计算机开始处理的期间，而另一个则是账务处理进行年结的标志；另外还要注意将账套启用期间和当前机内日期区别开，系统在输入账套启用期间时一般是默认当前机内日期的，多数情况下这两者是不同的，在进行此项输入时应加以留意。单击【下一步】按钮，进入结束建立账套工作，如图 10-21 所示。

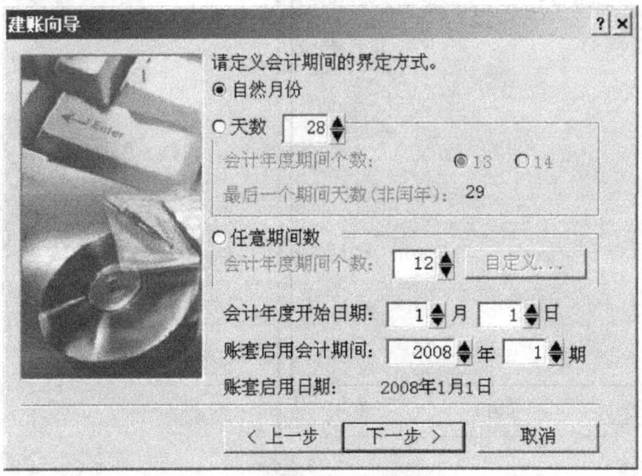

图 10-20

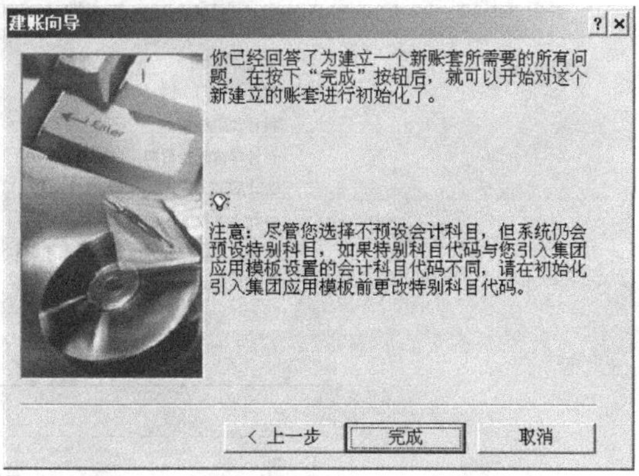

图 10-21

单击【完成】按钮，结束建账工作。接下来进行系统的初始设置工作了。

10.3.3 系统初始设置

新账套建立之后，进入系统的初始设置，如图 10-22 所示。

1. 设置账套参数

单击图 10-22 中的“账套选项”图标，打开“账套选项”对话框，如图 10-23 所示。“账套选项”设置了包括账务处理中一些重要信息，如“账套参数”、“特别科目”、“凭证”、“账簿”、“合并报表”中一些参数的设定。

在“账套参数”选项卡中可以修改账套的名称，但不能修改记账本位币、科目结构、会计期间等内容。

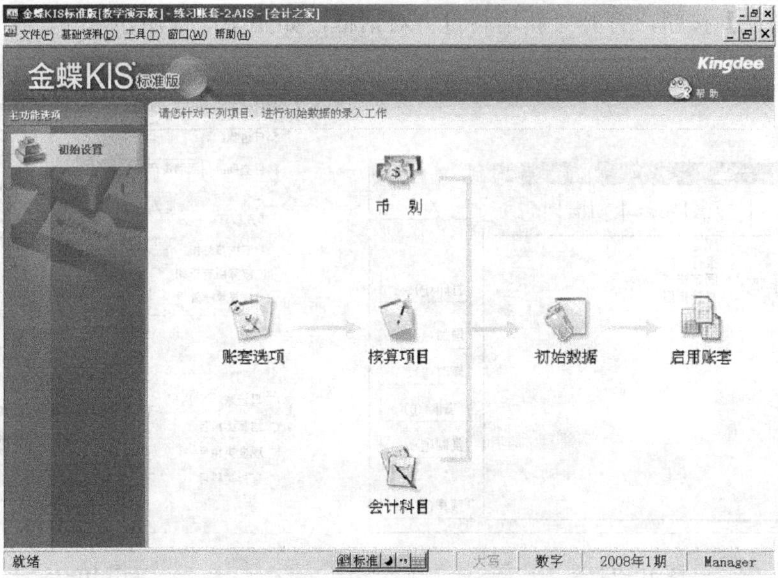

图 10-22

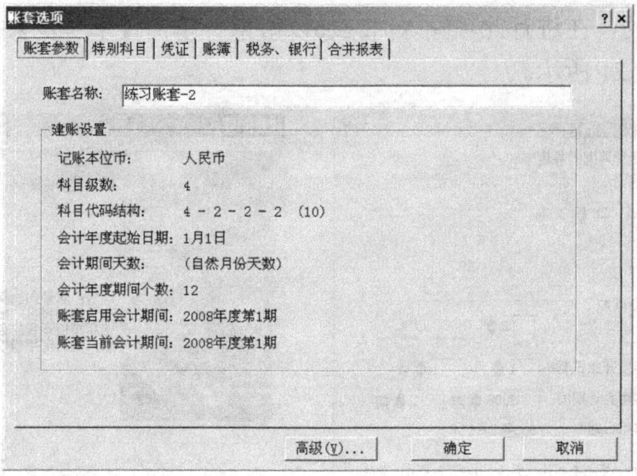

图 10-23

“特别科目”是系统进行账务处理时特别设置的科目，这些科目在系统中有特定的含义和限制条件，如固定资产，不能下设明细科目，只能修改其名称，但不能被删除。

在“凭证”选项卡中，有很多选项设置，如“增加和修改凭证时允许改变凭证字号”、“凭证录入时自动填补断号”、“凭证需要凭证字”、“凭证过账前必须经过审核”等。

选择“账簿”选项卡，有“账簿余额方向”、“账簿排列顺序”、“明细账打印”等选项。

选择“税务、银行”选项卡，有登记企业税务、银行方面的有关信息、确定出纳系统启用期间及确定是否进行银行对账等内容。

“合并报表”是金蝶公司开发的另外一个财务软件系统，主要用于集团公司会计报表的合并与汇总。如果企业需要参与报表合并，就要选择此选项卡。

2. 会计科目设置

单击图 10-22 中的“会计科目”图标，打开“会计科目”对话框，如图 10-24 所示。

单击【增加】按钮，打开“新增科目”对话框，如图 10-25 所示。

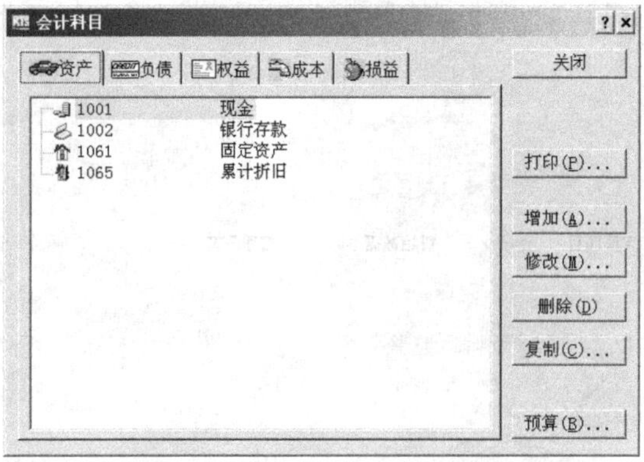

图 10-24

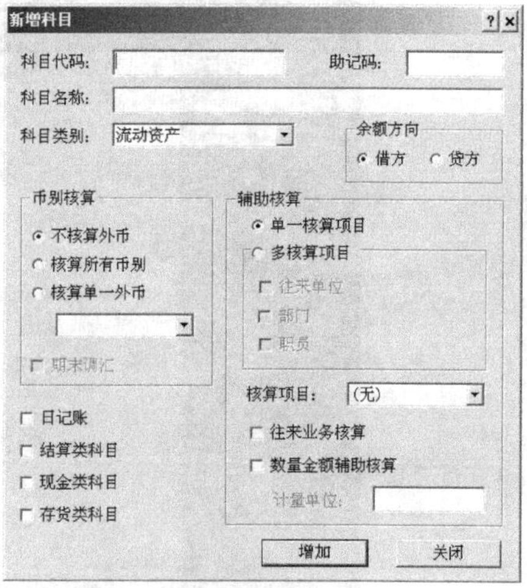

图 10-25

输入新增科目的信息资料，根据需要选择单选钮或复选框。输入完毕后，单击【增加】按钮保存新增科目的资料。增加会计科目必须由上级至下级逐级增加，即必须首先增加上级科目，只有上级科目存在才能增加下级科目，否则系统会提示上级科目不存在。

在会计科目设置对话框中，单击【修改】按钮，进入“修改”对话框，操作方法与会计科目增加类似。

3. 初始数据录入

在账套选项、币别、核算项目和会计科目的初始设置完成之后，就可以开始初始数据的录入工作了，单击图 10-22 中的“初始数据”图标，打开如图 10-26 所示的窗口。

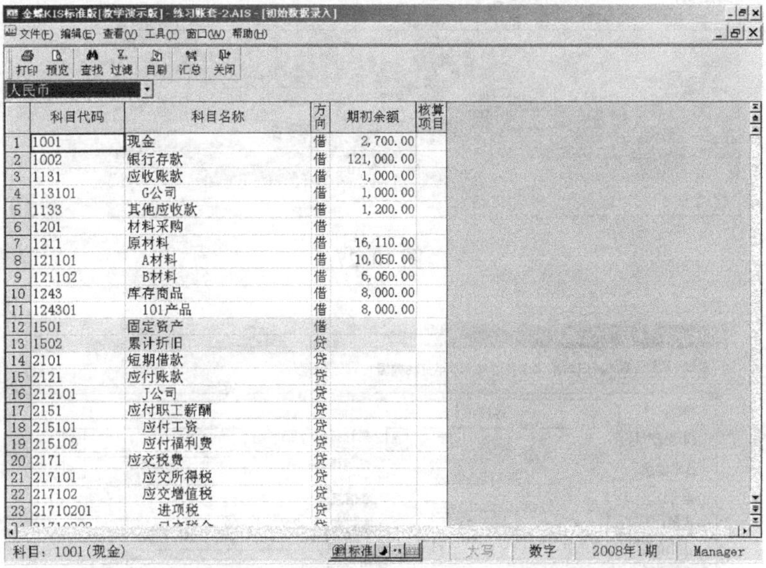

图 10-26

在此窗口左上角有一个下拉列表框，可以选择要录入的数据。其中预设了不同的货币、综合本位币、数量、试算平衡、固定资产等选项。

在初始数据输入窗口中，系统以不同的颜色来标识不同的数据。白色区域表示可以直接录入的账务数据资料，它们是最明细级普通科目的账务数据；黄色区域表示为非最明细科目的账务数据或者表示挂了核算项目的会计科目，这里的数据是系统根据最明细级科目的账务数据自动汇总计算出来的，或根据核算项目的数据自动计算出来的；绿色区域表示含有固定资产初始数据资料，涉及“固定资产”和“累计折旧”两个科目，其中的数据由固定资产卡片的数据处理产生；蓝色区域表示有关存货类科目的数据资料，存货类科目的数据可以直接在标准版中输入，也可以在业务版中输入；灰色区域表示所对应的科目不能使用该项数据，数据无法录入。

当初始数据全部录入完成后，可以在“初始数据录入”左上角小窗口中选择“试算平衡”，系统对输入的所有数据试算平衡，由于试算平衡是将所有的有关数据全部合在一起进行，因此，只有将所有的本位币、外币、辅助账、数量金额账、固定资产账的初始数据全部输入完成后才能试算平衡。试算平衡后，显示的平衡表中会出现所有一级科目的年初、期初、累计借贷双方的各项数值。系统根据试算结果，会显示“试算平衡表已平衡”或“试算平衡表不平衡”字样，对不平衡的账套，必须查出原因予以修改，直至正确。

4．固定资产初始数据录入

金蝶财务软件在固定资产的核算方面有自己的特色，在“初始数据录入”窗口左上方的下拉列表框中，选择“固定资产”，系统会打开固定资产初始数据显示窗口，如图 10-27 所示。

单击【新增】按钮，打开“固定资产卡片”对话框，如图 10-28 所示。

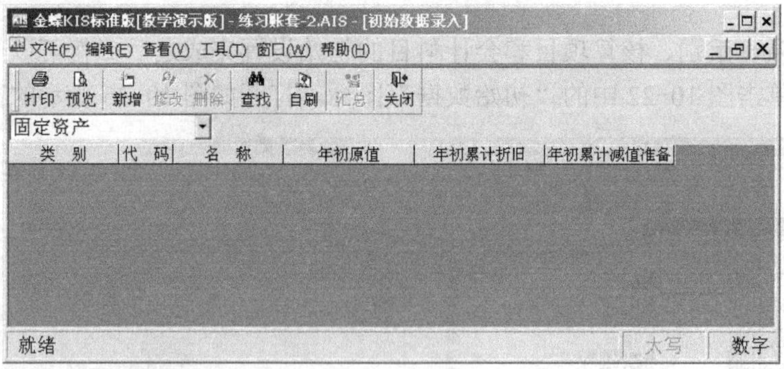

图 10-27

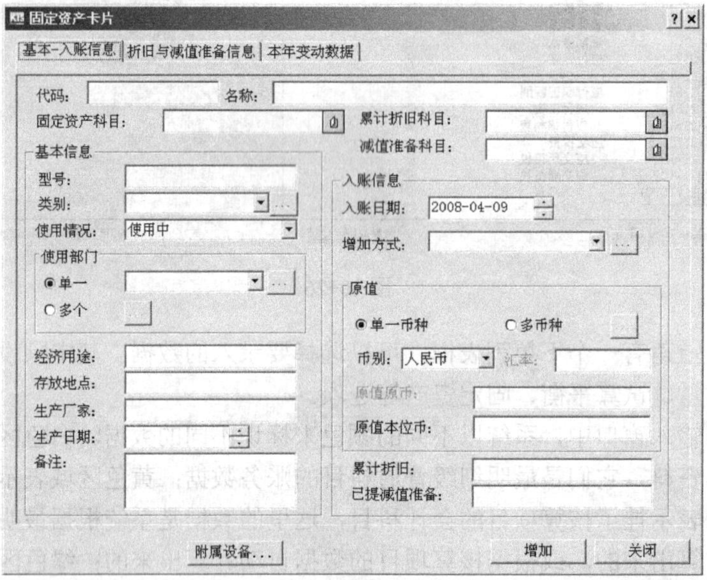

图 10-28

“固定资产卡片”包括三方面内容：基本-入账信息、折旧与减值准备信息、本年变动数据。在“基本-入账信息”中，“减值准备科目”可以在“账套选项-高级-固定资产”中产生。由于卡片的数据比较多，每个数据的录入方法可参考软件系统提供的“帮助”说明。录入一张“固定资产卡片”的各项数据后，单击【增加】按钮保存录入的数据。

10.3.4 启用账套

初始化处理的最后一项工作就是启用账套，启用账套就是将初始化工作中所输入的数据进行处理和转化，将其转变为账务日常处理所需的格式，为日常处理提供初始数据来源。这里必须注意的是：一旦启用账套，就意味着关闭初始化界面，这一过程是不可逆的。启用账套之后任何初始化资料都不能修改，因此，在您完成初始化工作之后，应该再仔细检查一下初始化数据，确保无误后再启用账套。

在初始设置窗口图 10-22 中，单击“启用账套”图标，系统开始启用账套的处理，如图 10-29 所示。

单击【继续】按钮，系统会提示做好初始账套的数据备份工作。启用账套时，系统会自动进行总账数据的平衡校验及固定资产数据与总账数据勾稽平衡的检查。如果在启用账套过程中发现校验关系不平衡，系统会出现提示信息，待修改完成再重新执行“启用账套”功能。启用账套全部工作完成后，系统就可以进行日常账务处理工作了，如图 10-30 所示。

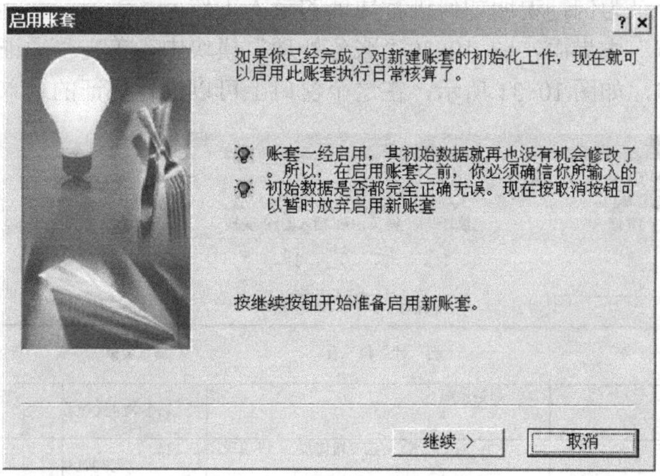

图 10-29

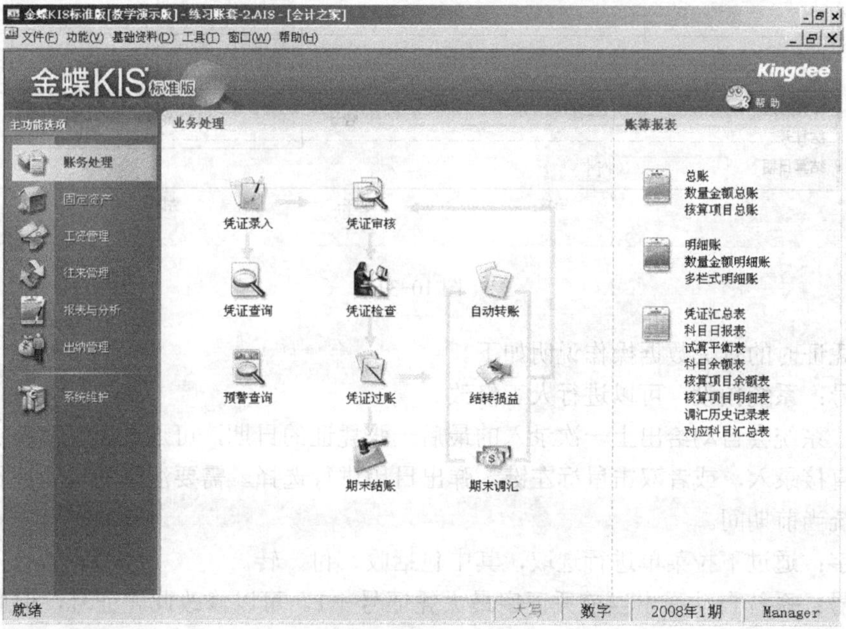

图 10-30

10.4 日常账务处理

账务处理模块包括凭证处理、凭证过账、期末处理和账簿报表查询等。

10.4.1 凭证处理

1. 凭证录入

在进行凭证录入操作前，通过选择“文件”→“更换操作员”命令切换到有凭证录入权限的操作人员。例如，更换操作员为“张会计”。下面以“上机综合练习资料之二”中1月发生的业务及会计分录为例，说明如何进行凭证的录入工作。

在“会计之家”主界面，图10-30“账务处理”模块中，单击“凭证录入”图标，系统进入凭证录入窗口，如图10-31所示，在这个窗口上可以进行凭证的录入工作。

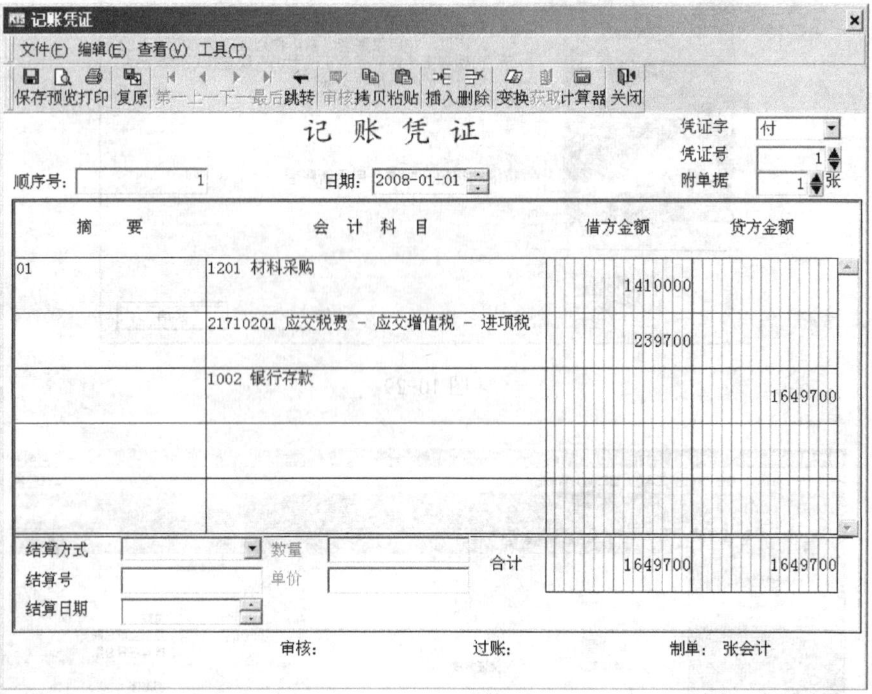

图10-31

录入凭证时的有关数据操作说明如下。

顺序号：系统预设，可以进行人工修改。

日期：系统会自动给出上一次录入的最后一张凭证的日期，可通过上下箭头进行修改，也可手工直接录入，或者双击鼠标左键，弹出日历进行选择。需要注意的是凭证日期一定大于等于系统当前期间。

凭证字：通过下拉菜单进行选取，其中包括收、付、转。

凭证号：系统自动弹出当前凭证字最大凭证号+1。可以修改此凭证号，但修改的凭证号不能与当前已有的凭证号重复；如果重号，系统会发出警告，重号凭证不能够存盘。

附单据张数：可手工录入，也可通过上下箭头进行修改。

摘要：可手工输入，也可通过【F7】键从摘要库中提取。

录入借/贷方会计科目：会计科目的录入，有 2 种方式，第一，输入科目代码后按【Enter】键，系统自动弹出科目名称；还可通过按【F7】键获取。

输入借/贷方金额：手工录入。每条分录的金额只能在借方或贷方，不能在借贷双方同时存在。

保存：输入完凭证，单击左上方的【保存】按钮即可保存这张凭证。在保存之前，系统会首先对凭证的合法性进行检查，要检查凭证借贷是否平衡，科目代码是否存在，是否最明细科目，以及记账日期是否符合要求等。

插入分录：若需要插入分录可通过菜单“编辑”→“插入分录”命令，在当前行的前面插入一条空白的记录，此时可以录入一条新的科目及金额等项数据。

打印：需要打印时，可将本次录入的记账凭证，按照设定的格式从打印机打印出来。

关闭：关闭正在输入的记账凭证窗口，结束凭证输入，返回“会计之家”窗口。

2. 凭证审核

当输入记账凭证后，就需要相关人员对这些凭证进行审核。在这里请注意的是制单人与审核人不能为同一操作员，否则系统拒绝审核签章。凭证一旦进行了审核，就不允许对其进行修改和删除，用户必须进行反审核操作后才能对凭证进行修改和删除。

对输入的凭证进行审核，有单张审核和成批审核两种方式。操作方法如下。

选择“文件”→“更换操作员”命令，切换到有凭证审核权限的系统操作员，如更换操作员为“吴扬俊”。

单击账务处理模块的“凭证审核”图标，系统进入“凭证过滤”界面，如选择制单人为“张会计”的所有凭证，如图 10-32 所示。

单击【确定】按钮后，打开如图 10-33 所示的窗口。

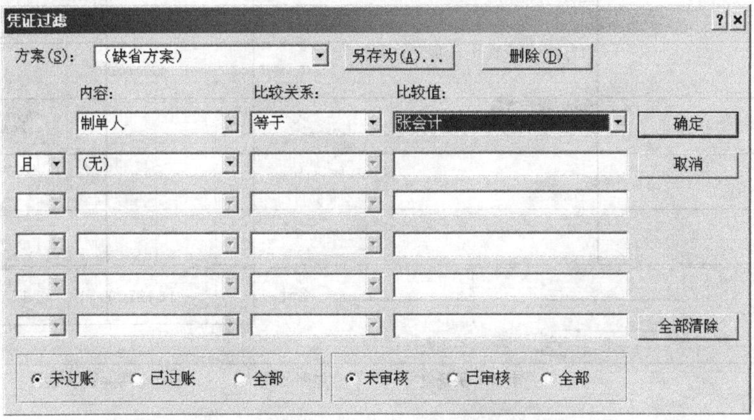

图 10-32

将光标定位于 01 号凭证，若进行单张审核，单击工具栏中的【单审】按钮，系统进入如图 10-34 的凭证审核界面，单击工具栏上的【审核】按钮，凭证下方的审核人即打上“吴扬俊”的名字，表示这张凭证已经被审核。

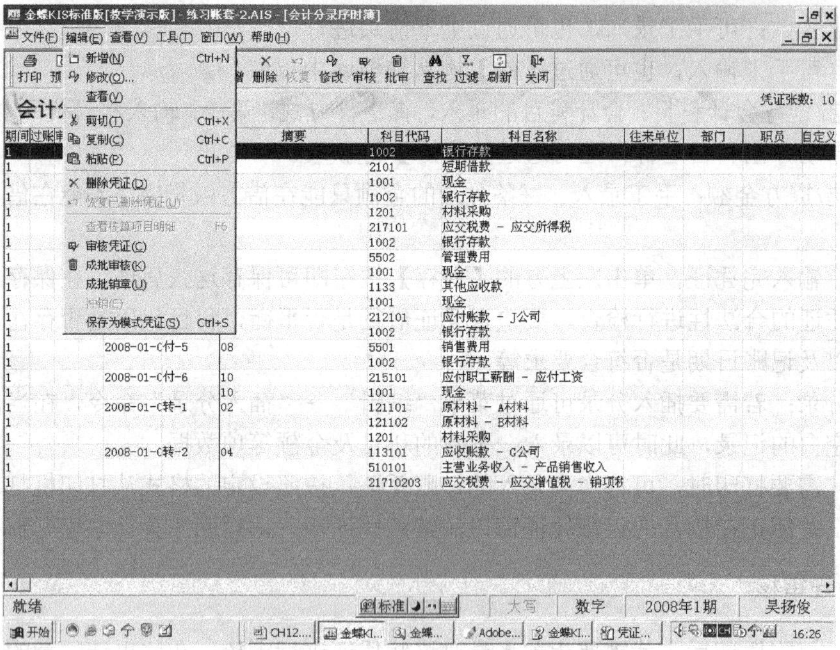

图 10-33

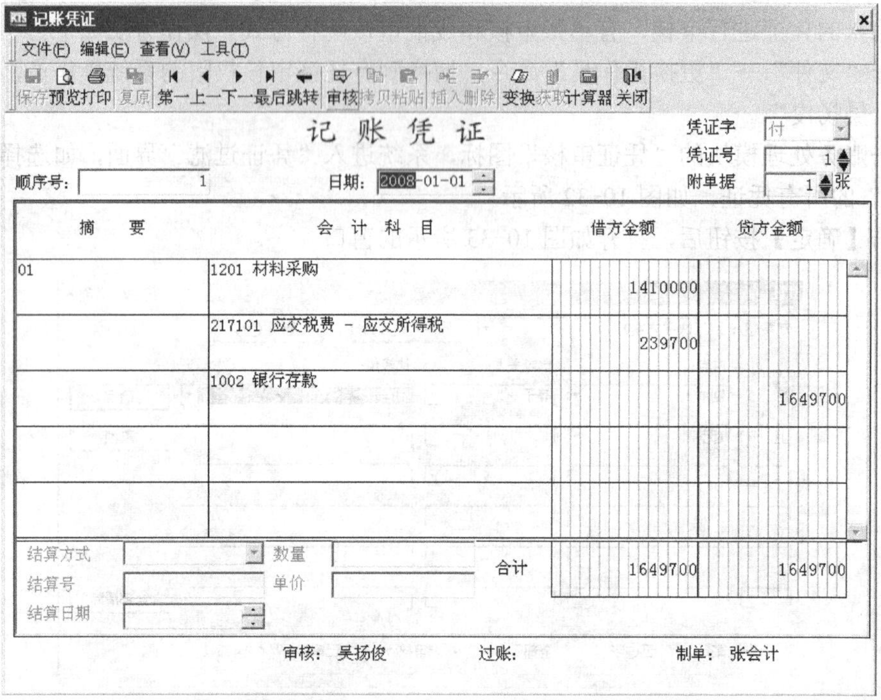

图 10-34

若要进行成批审核，单击工具栏【批审】按钮或选择“编辑”→“成批审核”命令，系统弹出提示框“批量审核序时簿中的凭证吗?”，如图 10-35 所示。若单击【是】按钮后，系统会进行批量审核，随即出示一份审核报告，如图 10-36 和图 10-37 所示。

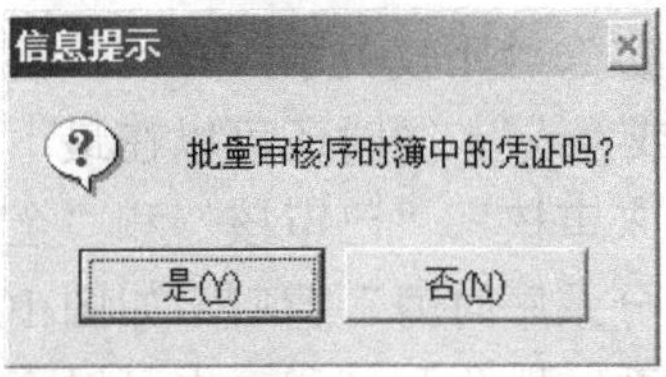

图 10-35

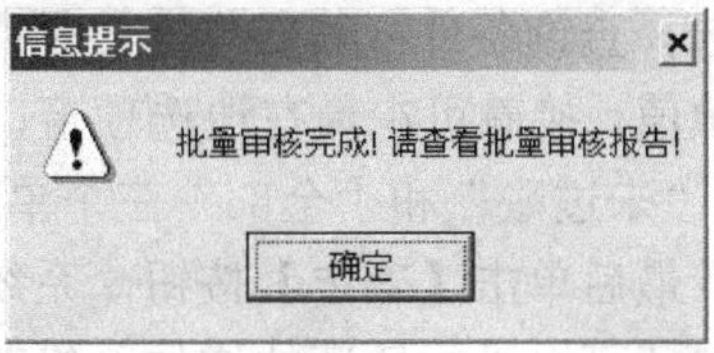

图 10-36

要修改已审核过的记账凭证时，必须先撤销审核，然后才能修改。记账凭证审核后，当再次单击【审核】按钮，审核人的名字将会去掉，表示该凭证变为未经审核状态。“成批销章”的操作类似“成批审核”。

3．凭证检查

凭证检查是系统针对输入凭证的合理、合法性检查的简称。在会计凭证输入完成后，随时可以检查凭证，单击【凭证检查】按钮即可弹出如图 10-38 所示的“凭证检查”对话框，可以输入相应的条件，检查当前期间的凭证，并显示检查结果。

4．凭证查询

在账务处理模块中单击“凭证查询”图标，系统打开“凭证过滤”对话框，如图 10-39 所示。

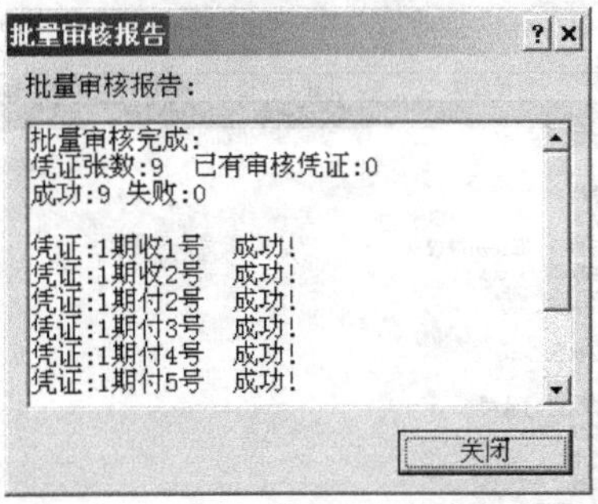

图 10-37

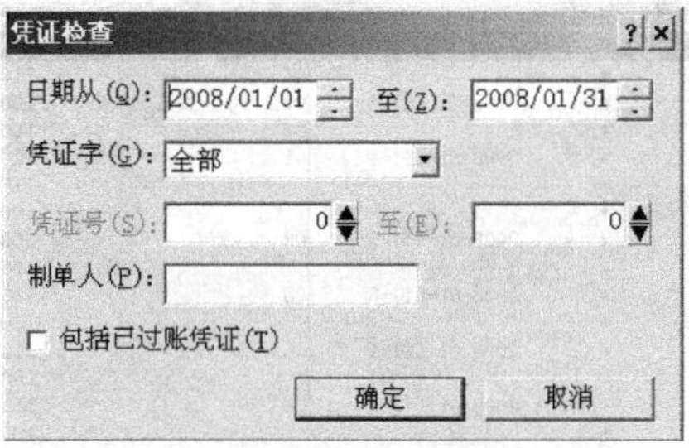

图 10-38

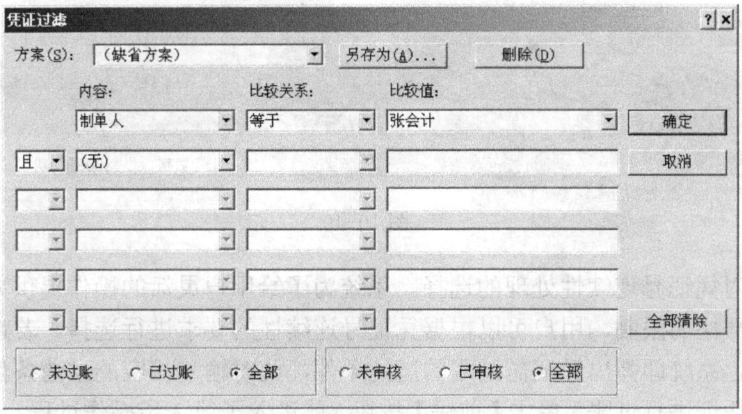

图 10-39

首先选择查询条件，其操作方法是：分别在“内容”、“比较关系”、“比较值”下拉列表中选择或填值，接着可在最左边选项窗口选择“且”或“或”，同时还可以在最下一行中选择“已过账”、“未过账”和“全部”三个单选钮之一；“未审核”、“已审核”和“全部”三个单选钮之一。最后单击【确定】按钮，系统进入“会计分录序时簿”窗口，如图 10-40 所示。在这个窗口还可以进行凭证的增加、修改、审核、查看、删除和打印，也可以查找或复制记账凭证。

10.4.2 凭证过账

凭证过账就是系统将已录入的记账凭证，根据其会计科目登记到相关的账簿中的过程。经过过账的凭证以后将不再允许修改，只能采取补充凭证或红字冲销凭证的方式进行更正。因此，在过账前应该对记账凭证的内容仔细审核，系统只能检验记账凭证中的数据关系错误，而无法检查业务逻辑关系，这些内容只能由有关人员自己检查。过账操作步骤如下。

第 1 步，在账务处理窗口中单击“凭证过账”图标，系统进入提示信息窗口，如图 10-41 所示。在窗口中，系统会提示凭证过账之前需要完成的准备工作，如果还没有准备好，可以单击【取消】按钮，停止过账。单击【前进】按钮，系统就进入到凭证过账的第 2 个操作步骤，如图 10-42 所示。

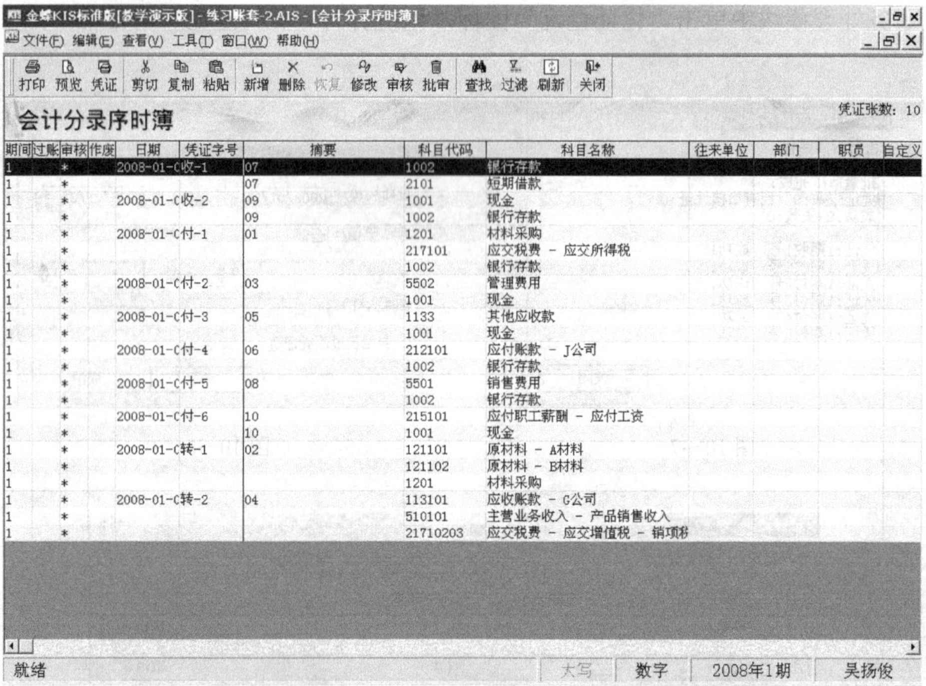

图 10-40

第 2 步，对凭证号连续性处理的选择。系统为了给用户灵活的操作提供方便，未对凭证号的连续性做严格的限制，用户可以根据凭证号连续性的要求进行选择。若选取“部分凭证过账”复选框，系统即弹出凭证需过账的过滤条件，此时输入相应的过滤条件，系统将对满足过滤条件的凭证进行过账。单击【前进】按钮，就进入了第 3 步操作过程，出现如图 10-43 所示的对话框。

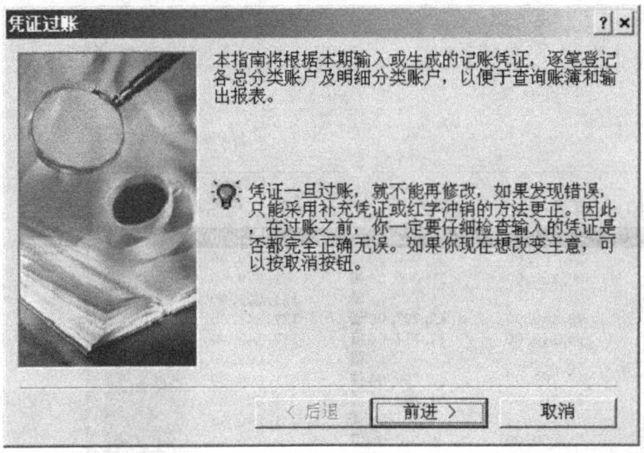

图 10-41

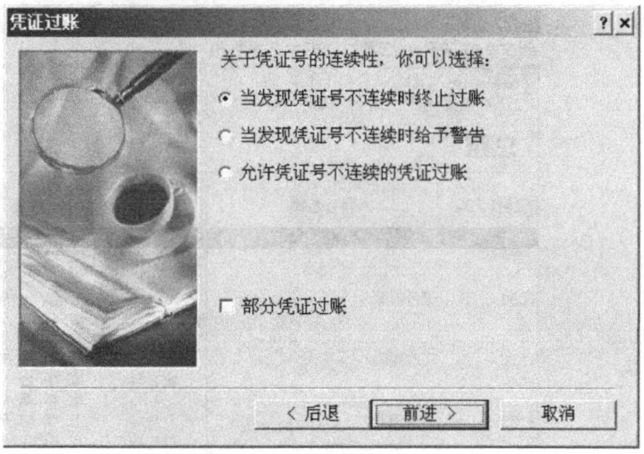

图 10-42

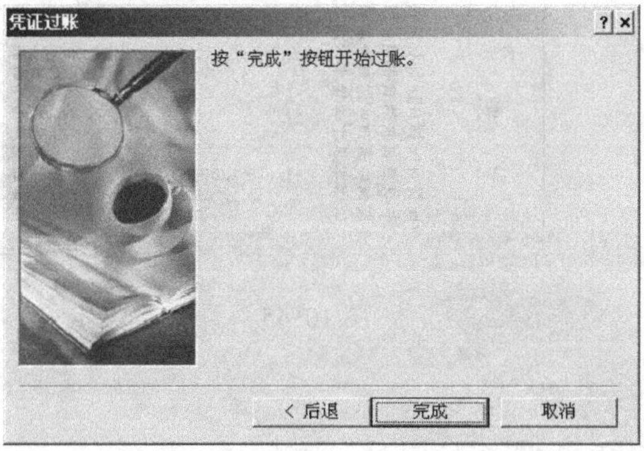

图 10-43

第 3 步，单击【完成】按钮，系统开始过账。在过账过程中，系统要对所有的记账凭证及业务资料的数据关系进行检查，一旦发现错误，系统会给出错误提示信息，并中止过账。在修正完错误之后重新过账。过账完毕之后，系统进入第 4 步操作。

第 4 步，显示过账凭证信息。系统会将本次所过账的表内科目和表外科目凭证及各种业务资料的数量、金额等项内容显示在窗口中。

10.4.3 账簿报表查询

1. 总账查询

总账查询功能可用于查询总账科目的本期借方发生额、本期贷方发生额、本年借方累计、本年贷方累计、期初余额、期末余额等项目的总账数据。

在“账务处理”窗口中单击“总账”图标，系统打开“总账”对话框，如图 10-44 所示。

查询条件输入完毕后，单击【确定】按钮，系统即按所设定的条件显示总账，打开如图 10-45 所示的总账查询窗口，可以对总账进行打印、过滤、页面设置及引出等项操作。

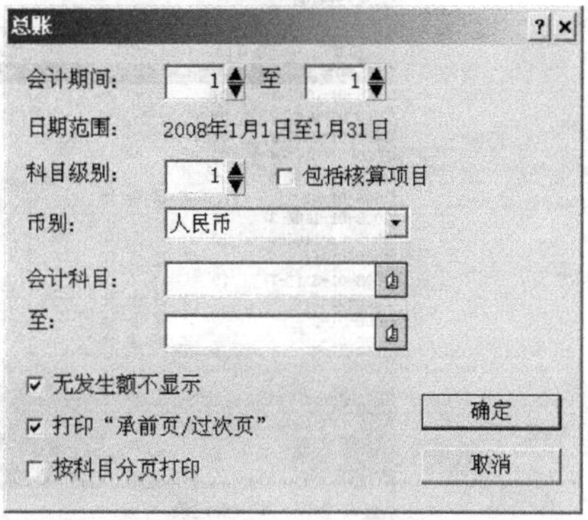

图 10-44

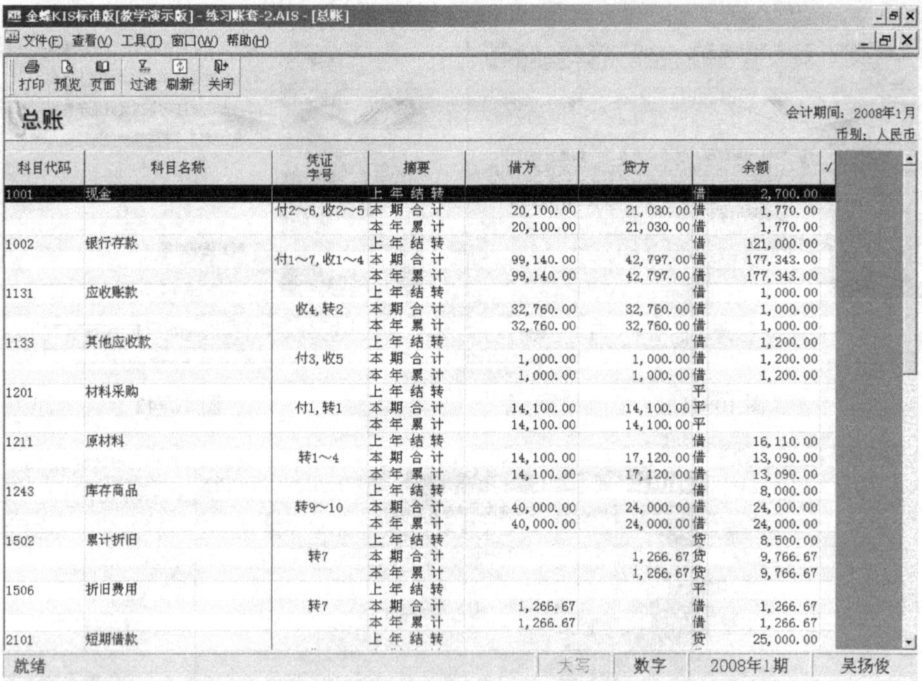

科目代码	科目名称	凭证字号	摘要	借方	贷方	余额
1001	现金		上年结转			借 2,700.00
		付2～6, 收2～5	本期合计	20,100.00	21,030.00	借 1,770.00
			本年累计	20,100.00	21,030.00	借 1,770.00
1002	银行存款		上年结转			借 121,000.00
		付1～7, 收1～4	本期合计	99,140.00	42,797.00	借 177,343.00
			本年累计	99,140.00	42,797.00	借 177,343.00
1131	应收账款		上年结转			借 1,000.00
		收4, 转2	本期合计	32,760.00	32,760.00	借 1,000.00
			本年累计	32,760.00	32,760.00	借 1,000.00
1133	其他应收款		上年结转			借 1,200.00
		付3, 收5	本期合计	1,000.00	1,000.00	借 1,200.00
			本年累计	1,000.00	1,000.00	借 1,200.00
1201	材料采购		上年结转			平
		付1, 转1	本期合计	14,100.00	14,100.00	平
			本年累计	14,100.00	14,100.00	平
1211	原材料		上年结转			借 16,110.00
		转1～4	本期合计	14,100.00	17,120.00	借 13,090.00
			本年累计	14,100.00	17,120.00	借 13,090.00
1243	库存商品		上年结转			借 8,000.00
		转9～10	本期合计	40,000.00	24,000.00	借 24,000.00
			本年累计	40,000.00	24,000.00	借 24,000.00
1502	累计折旧		上年结转			贷 8,500.00
		转7	本期合计		1,266.67	贷 9,766.67
			本年累计		1,266.67	贷 9,766.67
1506	折旧费用		上年结转			平
		转7	本期合计	1,266.67		借 1,266.67
			本年累计	1,266.67		借 1,266.67
2101	短期借款		上年结转			贷 25,000.00

图 10-45

2. 明细账查询

在“账务处理”窗口，单击“明细账”图标，系统打开“明细分类账”对话框，查询条件输入完毕后，单击【确定】按钮，系统即按所选条件生成明细分类账，如图 10-46 所示。

在“明细分类账”窗口中，您可以用光标移动和滚动条来翻阅，查看明细分类账中各项数值。在此窗口中可用记录移动器来查看“上一科目”、“第一科目”、“下一科目”、“最末科目”的明细分类账。在明细分类账查询中，系统还提供了方便快捷的账证一体化查询功能，选择“记账凭证”选项，系统即调出相应的记账凭证。还可查看“对方科目明细账”等。

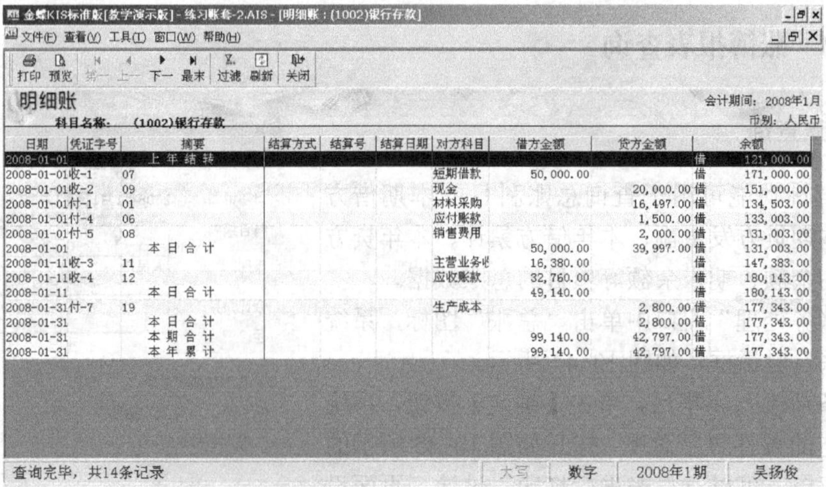

日期	凭证字号	摘要	结算方式	结算号	结算日期	对方科目	借方金额	贷方金额	余额
2008-01-01		上年结转							借 121,000.00
2008-01-01	收-1	07				短期借款	50,000.00		借 171,000.00
2008-01-01	收-2	09				现金		20,000.00	借 151,000.00
2008-01-01	付-1	01				材料采购		16,497.00	借 134,503.00
2008-01-01	付-4	06				应付账款		1,500.00	借 133,003.00
2008-01-01	付-5	08				销售费用		2,000.00	借 131,003.00
2008-01-01		本日合计					50,000.00	39,997.00	借 131,003.00
2008-01-11	收-3	11				主营业务收	16,380.00		借 147,383.00
2008-01-11	收-4	12				应收账款	32,760.00		借 180,143.00
2008-01-11		本日合计					49,140.00		借 180,143.00
2008-01-31	付-7	19				生产成本		2,800.00	借 177,343.00
2008-01-31		本日合计						2,800.00	借 177,343.00
2008-01-31		本期合计					99,140.00	42,797.00	借 177,343.00
2008-01-31		本年累计					99,140.00	42,797.00	借 177,343.00

图 10-46

3. 查凭证汇总表

凭证汇总就是将记账凭证按照指定的范围和条件汇总其一级科目的借贷方发生额。按不同条件对会计凭证进行汇总，查询结果如图 10-47 所示。

4. 查科目余额表

在账务处理窗口中，单击“科目余额表”图标，系统即打开“科目余额表”对话框，根据设定的各项条件值生成“科目余额表”，如图 10-48 所示。

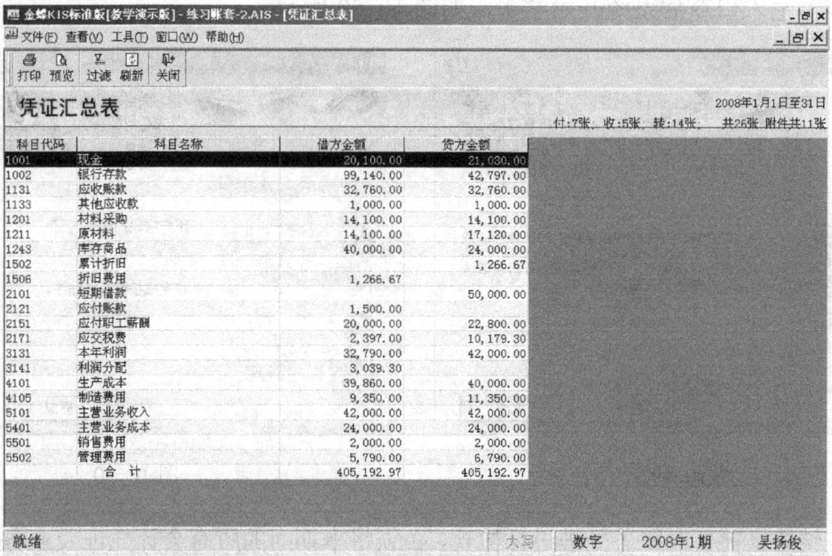

科目代码	科目名称	借方金额	贷方金额
1001	现金	20,100.00	21,030.00
1002	银行存款	99,140.00	42,797.00
1131	应收账款	32,760.00	32,760.00
1133	其他应收款	1,000.00	1,000.00
1201	材料采购	14,100.00	14,100.00
1211	原材料	14,100.00	17,120.00
1243	库存商品	40,000.00	24,000.00
1502	累计折旧		1,266.67
1506	折旧费用	1,266.67	
2101	短期借款		50,000.00
2121	应付账款	1,500.00	
2151	应付职工薪酬	20,000.00	22,800.00
2171	应交税费	2,397.00	10,179.30
3131	本年利润	32,790.00	42,000.00
3141	利润分配	3,039.30	
4101	生产成本	39,860.00	40,000.00
4105	制造费用	9,350.00	11,350.00
5101	主营业务收入	42,000.00	42,000.00
5401	主营业务成本	24,000.00	24,000.00
5501	销售费用	2,000.00	2,000.00
5502	管理费用	5,790.00	6,790.00
	合　计	405,192.97	405,192.97

图 10-47

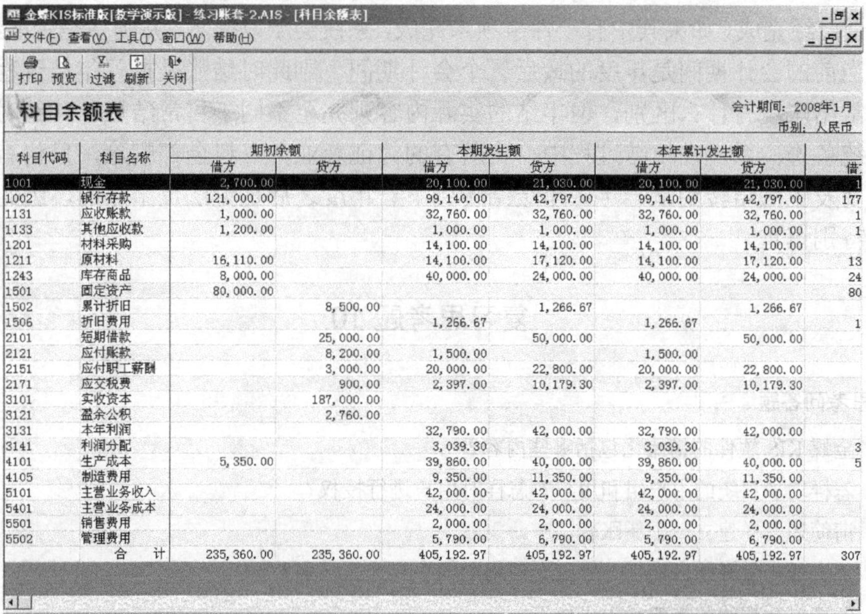

科目代码	科目名称	期初余额		本期发生额		本年累计发生额		借
		借方	贷方	借方	贷方	借方	贷方	
1001	现金	2,700.00		20,100.00	21,030.00	20,100.00	21,030.00	1
1002	银行存款	121,000.00		99,140.00	42,797.00	99,140.00	42,797.00	177
1131	应收账款	1,000.00		32,760.00	32,760.00	32,760.00	32,760.00	1
1133	其他应收款	1,200.00		1,000.00	1,000.00	1,000.00	1,000.00	1
1201	材料采购			14,100.00	14,100.00	14,100.00	14,100.00	
1211	原材料	16,110.00		14,100.00	17,120.00	14,100.00	17,120.00	13
1243	库存商品	8,000.00		40,000.00	24,000.00	40,000.00	24,000.00	24
1501	固定资产	80,000.00						80
1502	累计折旧		8,500.00		1,266.67		1,266.67	
1506	折旧费用			1,266.67		1,266.67		1
2101	短期借款		25,000.00		50,000.00		50,000.00	
2121	应付账款		8,200.00	1,500.00		1,500.00		
2151	应付职工薪酬		3,000.00	20,000.00	22,800.00	20,000.00	22,800.00	
2171	应交税费		900.00	2,397.00	10,179.30	2,397.00	10,179.30	
3101	实收资本		187,000.00					
3121	盈余公积		2,760.00					
3131	本年利润			32,790.00	42,000.00	32,790.00	42,000.00	
3141	利润分配			3,039.30		3,039.30		3
4101	生产成本	5,350.00		39,860.00	40,000.00	39,860.00	40,000.00	5
4105	制造费用			9,350.00	11,350.00	9,350.00	11,350.00	
5101	主营业务收入			42,000.00	42,000.00	42,000.00	42,000.00	
5401	主营业务成本			24,000.00	24,000.00	24,000.00	24,000.00	
5501	销售费用			2,000.00	2,000.00	2,000.00	2,000.00	
5502	管理费用			5,790.00	6,790.00	5,790.00	6,790.00	
	合　计	235,360.00	235,360.00	405,192.97	405,192.97	405,192.97	405,192.97	307

图 10-48

10.4.4 期末结账

本期所有的会计业务处理完毕之后，就可以进行期末结账处理了。系统的数据处理都是针对本期的，要进行下一期间的处理，必须将本期的账务全部进行结账处理，系统才能进入下一期间。其操作步骤如下。

第 1 步，在“账务处理”窗口中单击“期末结账”图标，系统打开“期末结账”对话框，如图 10-49 所示。在此窗口中系统对结账工作中需要注意的事项进行说明。单击【前进】按钮，系统要求输入用户口令，如图 10-50 所示。

第 2 步，输入口令后系统开始结账，如图 10-50 所示。

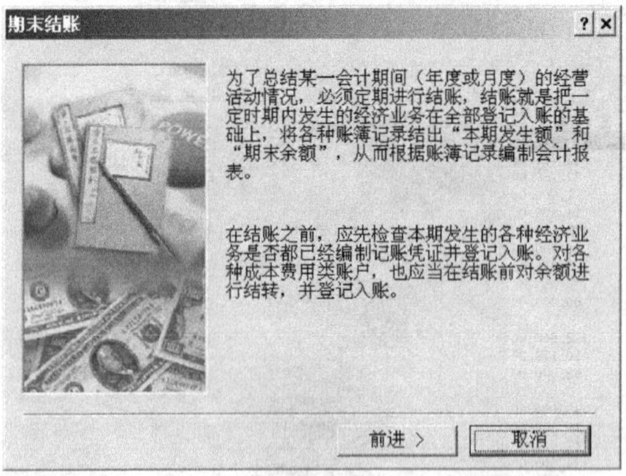

图 10-49

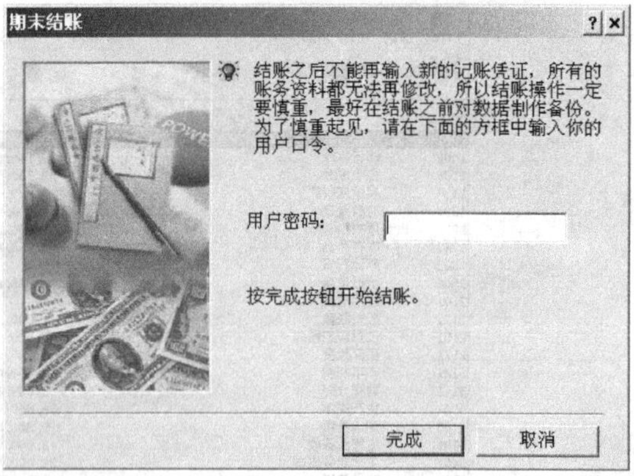

图 10-50

系统在结账之前要对账务处理进行检查，必须将本期间的所有会计凭证及业务资料全部输入计算机并且过账之后才能结账。如果发现本期内还有未过账的记账凭证，系统会发出警告，然后中断结账。此外还要检查“期末调汇”、“结转损益”、“出纳扎账”及“计提折旧”四项处理事项是否已经完成。如果其中有一件事项未完成，系统会予以提示，并确认是否要继续结账。

如果当前的会计期间是年度的最后一个会计期间，则此时结账是执行年结过程。年结基本上与日常结账没有什么区别，但年结的实际内容则完全不同于日常结账。年结时，会强制用户做系统备份。系统在年结过程中，将所有的凭证及业务资料全部删除，只将有关账务数据的余额及发生额结转到下一年。年结结转到下一年度之后是无法反结账的，因此，在进行年结时要特别慎重。

复习思考题 10

一、思考问答题

10.1 金蝶 KIS 软件的初始化包括哪些内容？

10.2 怎样增加系统的用户组和用户？怎样对用户进行授权？

10.3 请简述怎样建立一个新账套。

10.4 “会计年度开始日期”与“账套启用期间”有什么区别？

10.5 怎样进行初始数据的录入工作？

10.6 什么是启用账套？启用账套应注意的是什么？

10.7 什么是凭证过账？凭证过账中应该注意的是什么？

10.8 什么是期末结账？请简述期末结账的过程。

二、上机练习内容和步骤

第一部分　系统的安装、启动和了解（Sample.ais）演示账套

10.9 金蝶 KIS 系统的安装和启动（按教材 10.2 节的操作步骤）。

10.10 了解（Sample.ais）演示账套各级菜单的内容，进入主菜单“功能”，了解系统有哪些功能模块。

10.11 从菜单“基础资料”→“会计科目”浏览所有的科目代码和科目名称。

10.12 进入主菜单“基础资料”，了解（Sample.ais）账套的凭证类型、结算方式、常用摘要。

10.13 进入主菜单“基础资料”，了解（Sample.ais）账套有哪些核算项目，并了解：往来单位、部门、职员、产品等项目的具体内容和编码。

10.14 从菜单“工具”→“用户管理”了解账套的用户组和操作人员，并了解各操作人员的权限。

10.15 从系统的主界面，进入“账务处理”→“凭证查询”，了解（Sample.ais）账套“已过账”的全部凭证内容，并从“凭证过滤”界面了解凭证的条件查询方法。

10.16 从系统的主界面，进入“账务处理”的“账簿报表”，了解（Sample.ais）账套的“科目汇总表”、“科目余额表”的内容。

10.17 从系统的主界面，分别进入“报表与分析”、“固定资产”、“工资管理”、“往来管理”等模块，了解各模块有哪些功能。

第二部分　全面完成附录 E 上机综合练习资料之二的内容

10.18 上机前的会计资料准备（参考教材的内容），包括以下几点。

（1）账套基本资料：账套名称（学生自已定）、企业类型（工业企业）、账套主管（学生姓名）、单位地址、邮政编码等内容学生自定。

（2）账务处理系统开始启用的时间（如 2008 年 1 月 1 日）、会计年度（12 个月自然年度）。

（3）操作人员名单及他们的操作权限，包括账套主管、会计和出纳。

（4）会计科目级数（四级核算，级长分别为 4-2-2-2）。

（5）会计科目、辅助核算、各科目的初始余额（见附录 E 上机综合练习资料之二）。

10.19 在操作系统【开始】菜单的“所有程序”组中单击 “金蝶 KIS 标准版”就可以启动金蝶 KIS 系统。

10.20 第一次使用时以“Manager”（系统管理员）的身份注册登录（密码为空），进入系统的“初始设置”界面。

10.21 单击菜单“工具”→“用户管理”，进入用户管理，参考教材内容增加用户组和操作员，并分别给他们赋权。

10.22 单击菜单“文件”→“新建账套”，参考教材内容建立一个新账套。

10.23 结束建账工作后进行系统的初始设置。包括检查账套参数、设置会计科目（按附录 E 上机综合练习资料之二）、会计科目初始余额的录入，并试算平衡、启用账套等。

10.24 根据附录 E 资料之二，填制所有凭证（摘要可以简略），学习未记账凭证的查询。

10.25 完成凭证的审核与过账。

10.26 使用“账务处理”窗口中“账簿报表”部分，学习各种账簿的查询，包括总账、明细账、日记账和科目余额表等。

10.27 在本期所有的会计业务全部处理完毕之后，可以进行期末结账。

第三部分　完成附录 E 上机综合练习资料之一的建账和系统初始化

参考教材内容，注意增加部门核算、项目核算、往来核算等内容。

第 11 章　金蝶报表处理系统的操作使用

11.1　金蝶报表系统简介

会计报表是以货币为计量单位，总括反映企业在某一时点的资产状况及一定时期内的财务状况和经营成果的表式报告。会计报表所提供的数据，比其他会计资料更具综合性，它系统和全面地反映企业经营活动的情况和成果，是企业宝贵的信息资源，无论对企业自身，还是对投资者、金融、财税和经济管理部门，都具有重要的作用，将为他们的经营和决策提供可靠的依据。

选择系统菜单"功能"→"报表与分析"命令，或在"会计之家"窗口中单击"报表与分析"，系统即进入报表与分析处理窗口，如图 11-1 所示。

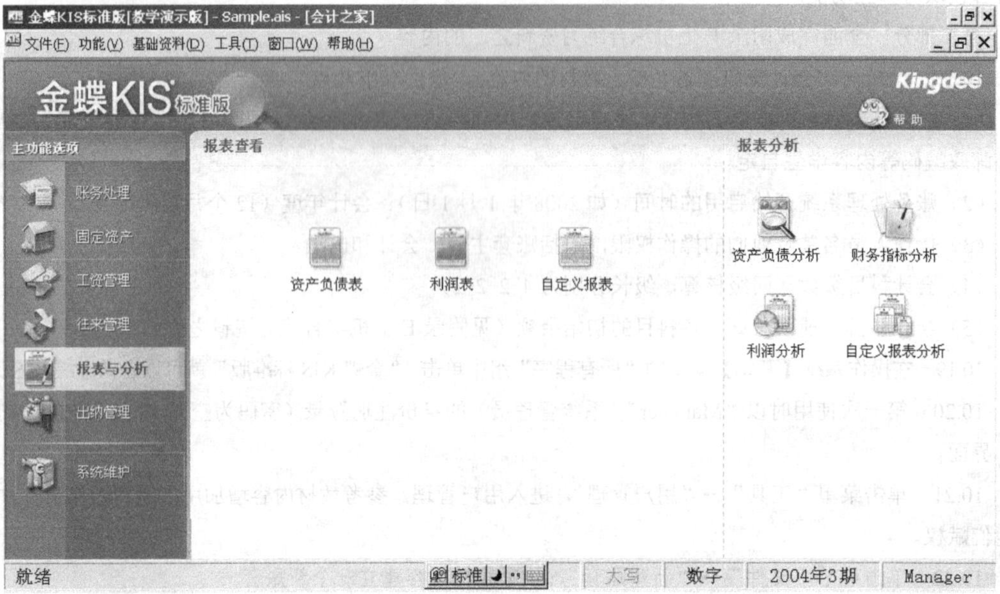

图 11-1

在金蝶 KIS 系统中，总账和其他子系统都已经处理了各种各样的报表，如日报表、科目余额表、固定资产报表、工资报表等。金蝶 KIS 的报表系统的功能主要是处理自定义报表，其中也提供了"资产负债表"和"利润表"两张常用的固定格式的报表，可对它们进行查看和修改。自定义报表的功能很强，不仅数据处理很方便，也提供了报表数据的转化功能，可以通过"引出"功能将金蝶的报表变成多种格式的独立文件，如 DBF、Excel、Text 等文件，以供其他系统共享和二次开发使用。报表中有数十种取数公式，可以从账务、工资、固定资产等系统中取数。自定义报表的操作与通用的 Excel 报表软件类似，用户经过简单学习就能够独立编制自己所需要的报表，满足各种会计及管理报表的需求。

“报表分析”部分提供了“资产负债分析”、“利润分析”、“财务指标分析”及“自定义报表分析”。各种分析报表均可采用结构分析、比较分析、趋势分析三种方法进行，分析结果既可用表格方式输出，也可以图形的方式输出。

11.2 资产负债表的查看及修改

资产负债表是反映企业一定时期全部资产、负债和所有者权益情况的报表。只要用户进行了账务处理，并对凭证进行了过账操作，即可随时查看到当期及以前期间各种时段的资产负债表，非常方便。

1. 查看资产负债表

在“报表与分析”窗口，单击“资产负债表”即可查看到当前期间的资产负债表。例如，当前打开了Sample.ais账套，该账套已经进行了账务处理，并对凭证进行了过账操作，单击“窗口”→“资产负债表”即出现如图11-2所示的窗口。如果要查看报表的数据，可选择“查看”→“显示数据”命令。

图 11-2

如果要查看以前期间的资产负债表，首先可以选择“查看”→“会计期间”命令，如图11-3所示，选择要查看的会计期间，然后进行“报表重算”操作后，就可以得到需要的资产负债表。

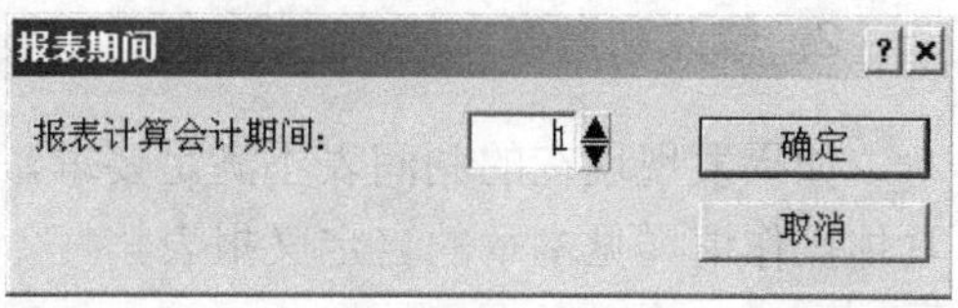

图 11-3

2. 修改资产负债表

如果发现现在的资产负债表不满足要求，可对资产负债表进行修改，包括报表项目和公式的修改。具体操作详见本章的自定义报表部分。

11.3 利润表的查看及修改

利润表是反映企业在一定期间内实现利润（亏损）的实际情况。只要用户进行了账务处理，并对凭证进行了过账操作，即可随时查看到当期及以前期间各种时段的利润表，非常方便。

1. 查看利润表

在“报表与分析”窗口，单击“利润表”即可查看到当前期间的利润表。例如，当前打开 Sample.ais 账套，单击窗口的“利润表”即出现如图 11-4 所示的窗口，如果要查看报表的数据，可通过“查看”菜单中的“显示数据”。

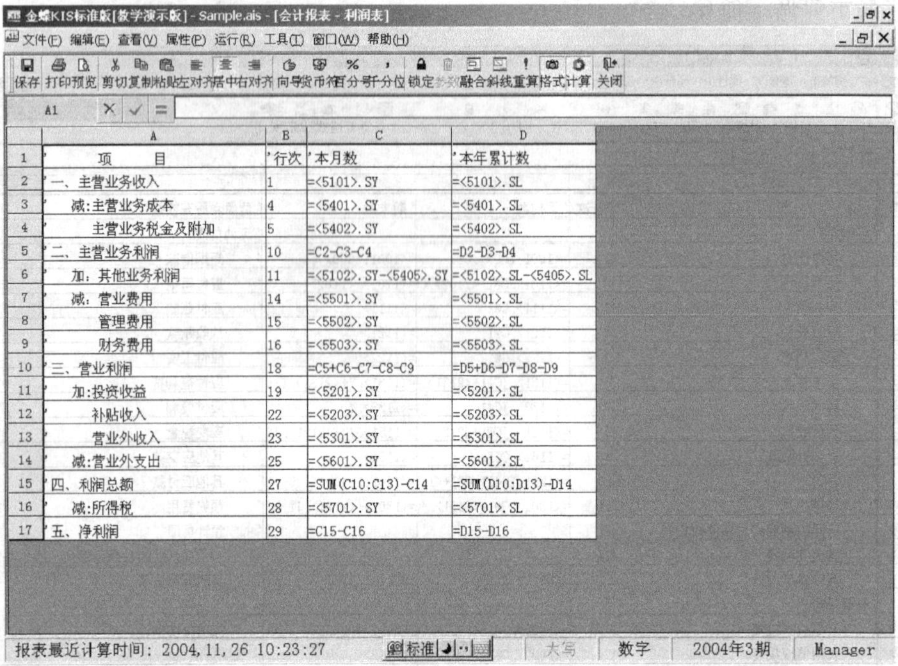

图 11-4

如果要查看以前期间的利润表，首先选择“查看”→“会计期间”命令，如图 11-3 所示，选择要查看的期间，然后进行“报表重算”操作后，就可以得到需要的利润表。

2. 修改利润表

如果发现现在的利润表不满足要求，可对利润表进行修改，包括报表项目和公式的修改。具体操作请详见本章的自定义报表。

11.4 自定义报表

金蝶 KIS 提供了类同 Microsoft Excel 报表处理功能的“自定义报表”，表头、表体、表尾的格式可任意制定，十分灵活，并利用以往所提供的取数公式，能方便灵活地设计报表。在“报表与分析”处理窗口，单击“自定义报表”，打开“会计报表”对话框，如图 11-5 所示。在此窗口中，可以通过【新建】、【打开】按钮来建立一张自定义报表，也可通过【删除】、【引入】等按钮进行操作。下面对自定义会计报表的操作使用进行分别说明。

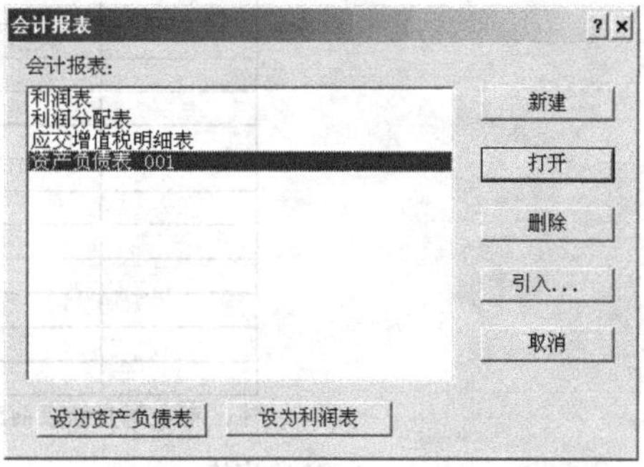

图 11-5

11.4.1 报表的新建

在图 11-5 中单击【新建】按钮，出现空白表体的报表处理窗口，如图 11-6 所示。

图 11-6

空白表体处可输入报表行项目及列项目标题内容。表体的列号用 A、B、C 等字母表示，系统预设 15 列，最大列数达 702；报表的行号用阿拉伯数字表示，系统预设 25 行。每个单元的名称用“列号”在前、“行号”在后的方法表示，如左上角单元用 A1 表示。选中的单元的名称显示在报表的左上角，随着选中单元的变化，该显示的内容也随着变化。

在实际工作中，常用的会计报表一般是由表头、列标题、表体、表尾几项构成，如图 11-7 所示。

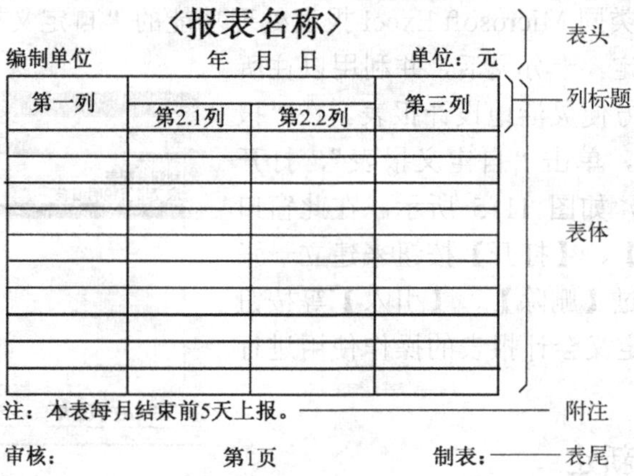

图 11-7

11.4.2 报表格式设计

1. 报表属性设置

在自定义报表窗口中，选择“属性”→“报表属性”命令，打开如图 11-8 所示的对话框。

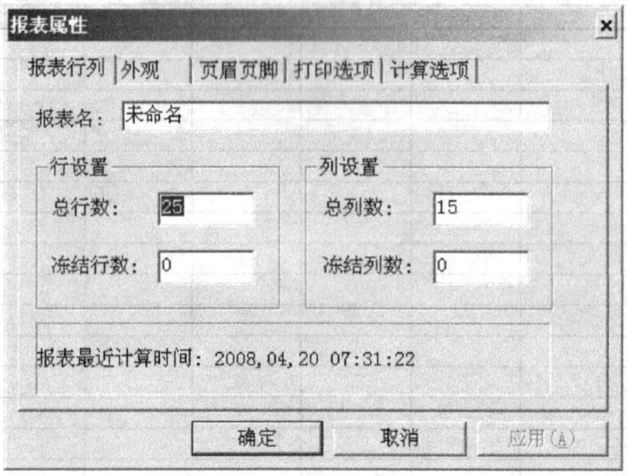

图 11-8

（1）报表行列属性设置。在图 11-8 中第 1 个选项卡是“报表行列”属性设置，其中的基本参数设置说明如下。

报表名：输入需定义的报表名称，如“利润分配表”。

总行数：自定义报表的总行数，系统预设 25 行。

总列数：自定义报表总列数，系统预设 15 列。

冻结行数：冻结行数（报表显示滚动用）。

冻结列数：冻结列数（报表显示滚动用）。

（2）外观属性。选择图 11-8 中的“外观”选项卡，可以设置前景色（默认值为黑色）、背景色（默认值为白色）、网格色（默认值为黑色）、默认字体（设置报表表体的字体）、默认行高（报表默认行高，单位为 0.1mm（如当默认行高为 55 时，默认行高度为 0.1×55＝5.5mm，也就是当打印报表时，报表体行高为 5.5mm）、显示网格（选择该选项，表示报表将显示或打印网格）。

（3）页眉页脚设置。选择图 11-8 中的“页眉页脚”选项卡，出现图 11-9 所示的对话框。

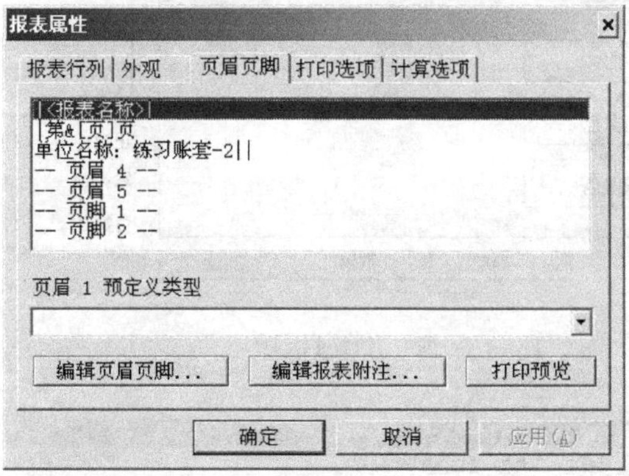

图 11-9

当用鼠标选择页眉页脚时，画面同时显示出“页眉 1 预定义类型”，此时可通过页眉预定义类型下拉框进行预定义，然后单击「编辑页眉页脚...」对其进行编辑，包括报表的名称、报表页码、总的页数、报表年月日取数、显示预览、页眉页脚的字体大小、前景色、背景色设置等。

在报表附注编辑窗口中，即可编辑文字说明，又可取报表公式及单元数据。

打印预览与工具栏中的打印预览功能相同。

（4）打印选项设置。“打印选项”可设置打印页的固定标题行数（默认行数为 1）、打印页的固定标题列数（系统默认列数为 0）、全页眉页脚、表格延伸、页脚延伸等。

（5）计算选项。“计算选项”包括“自动计算”、“手动计算”和“重算引用表”等设置，说明如下。

自动计算：表示改变任意单元格的公式或数值后，系统自动计算此单元及相关单元。

手动计算：改变单元格的公式后，系统不自动计算此单元公式及相关单元。当编辑大量单元公式并且计算较慢时，该选项较为适用。

重算引用表：如果当前报表有表间取数公式时，选择该选项，表示系统将按当前报表会计期间，重新计算被引用表的相应单元格（重算不影响被引用表的实际数据），这将使得当前报表的计算速度变慢；如果不选择该选项，为保证当前报表计算结果的实时性，需先重算，并保存当前报表所引用的其他所有报表。

2. 单元属性设置

对自定义报表所激活的单元属性进行设置。

选择“属性”→“单元属性”→“单元属性”命令，打开如图 11-10 所示的对话框。

在图 11-10 中，可设置单元字体和颜色、文本对齐方式、单元格中的数字格式、单元格边框的样式进行定义等。

为满足某些特殊表格样式的需要，在“单元属性”中还有“定义斜线”、“删除斜线”、单元“融合”、单元“锁定”等命令，如图 11-11 所示。

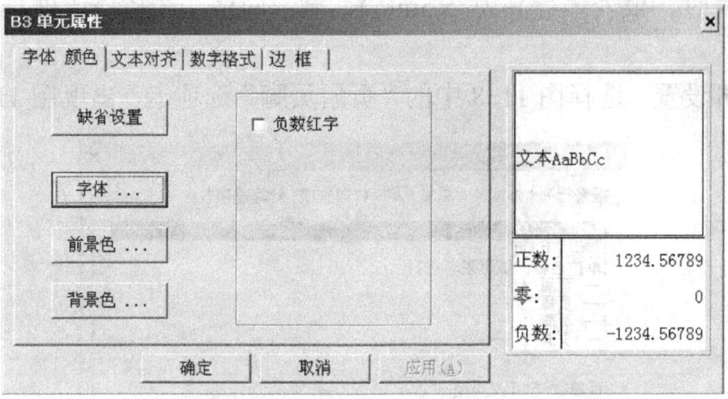

图 11-10

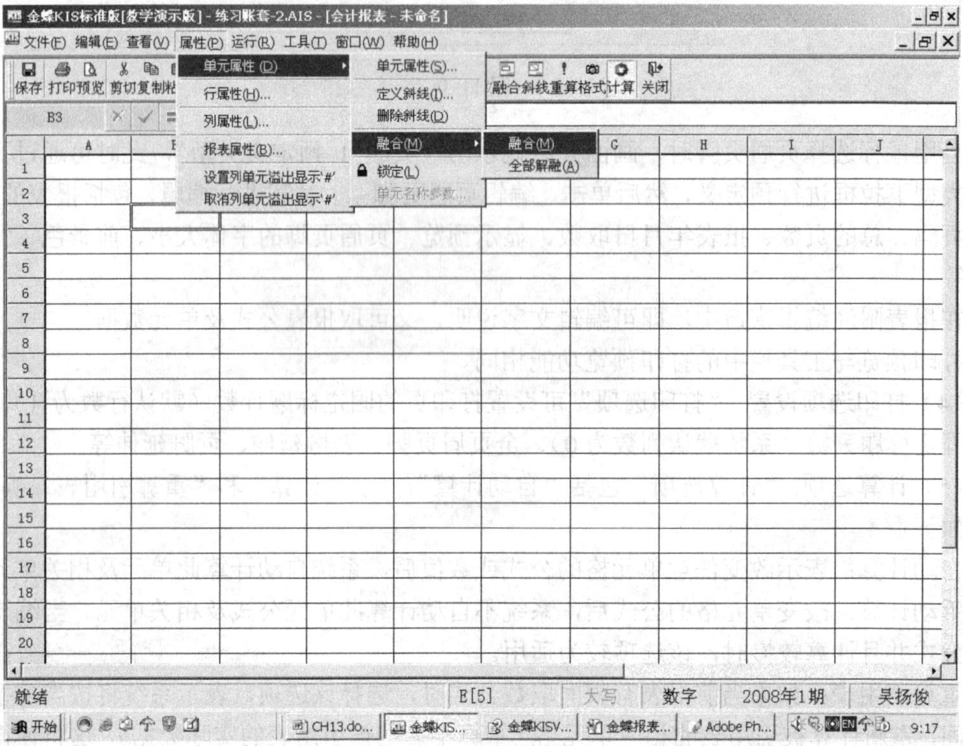

图 11-11

3. 单元融合处理

在自定义报表中，经常要进行单元融合处理，以设计出符合用户要求的报表， 首先用鼠标选定 $N \times M$ 个单元格，此时这些单元格变成黑色，然后选择“属性”→“单元属性”→“融合”命令，或单击工具栏中的【融合】按钮后，系统即时将所选单元中的纵横线删除。

当要求解除某融合的单元时，选择“属性”→“单元属性”→“解融”命令，或单击工具栏中的【解融】按钮后，系统即时将所选单元中的纵横线恢复。如果要求对整个自定义报表全部解除被融合单元时，选择“属性”→“单元属性”→“全部解融”命令，系统即时将所有被融合的单元纵横线恢复。

4．单元锁定/单元解锁

分别表示对所选单元进行锁定或单元解除锁定。当单元被锁定后，不能对锁定的单元内容进行修改。

11.4.3 报表的取数公式

自定义报表中的数据录入和表间取数是十分方便灵活的，系统会自动根据单元内输入的数据，判断数据类型，同时还可以使用强大的“公式向导”功能取得公式。如果输入的是 0～9 的数字，则该单元会自动定义为数字型，可以参加运算；如果输入的是字母，则该单元为字符型，不能参加运算；如果输入的内容是以“＝”打头的，则该单元系统自动定义为取数公式。有关报表取数公式说明如下。

1．科目取数公式

科目取数公式的格式如下。

＝〈科目代码 1：科目代码 2〉[$ 币别][.SS][@n]

或＝〈科目代码 1：科目代码 2〉[$ 币别][.SS][@(y，p)]

其中的参数说明如下。

“科目代码 1：科目代码 2”：会计科目代码范围。“：科目代码 2”可以省略。

币别：币别代码，如 RMB。省略为综合本位币。

SS：取数标志，省略为本期期末余额。取数标志的含义说明如下。

C	期初余额	JC	借方期初余额
DC	贷方期初余额	AC	期初绝对余额
Y	期末余额	JY	借方期末余额
DY	贷方期末余额	AY	期末绝对余额
JF	借方发生额	DF	贷方发生额
JL	借方本年累计发生额	DL	贷方本年累计发生额
SY	损益表本期实际发生额	SL	损益表本年实际发生额
B	取科目预算数据	TC	折合本位币期初余额
TJC	折合本位币借方期初余额	TDC	折合本位币贷方期初余额
TAC	折合本位币期初绝对余额	TY	折合本位币期末余额
TJY	折合本位币借方期末余额	TDY	折合本位币贷方期末余额
TAY	折合本位币期初绝对余额	TJF	折合本位币借方发生额
TDF	折合本位币贷方发生额		
TJL	折合本位币借方本年累计发生额		
TDL	折合本位币贷方本年累计发生额		
TSY	折合本位币损益表本期实际发生额		
TSL	折合本位币损益表本年实际发生额		

n：会计期间。（若 0：本期，－1：上一期，－2：上两期，...），省略为本期。

y：会计年份。（若 0：本年，－1：前一年，－2：前两年，...）

p：指定年份的会计期间。

例如，

＝〈1001:1009〉.C@1（表示 1001 科目至 1009 科目本年度 1 月份期初余额总和）

＝〈1131〉$RMB.JY@2（表示 1131 科目人民币本年度二月份借方期末余额）

2．核算项目取数

核算项目取数，与科目取数公式兼容。公式描述如下。

＝〈科目代码 1：科目代码 2|项目类别|项目代码 1：项目代码 2〉 $ 币别.ss@n

或

＝〈科目代码 1：科目代码 2|项目类别|项目代码 1：项目代码 2〉 $ 币别.ss@(y，p)

取数公式中除“〈〉”内有所区别，其余与科目取数中的描述完全相同。下面只针对“〈〉”中的内容进行补充说明。

“〈〉”中内容用于选择科目和核算项目，公式中的科目代码，项目类别和项目代码，在字符“|”和“：”的分隔下可以进行 20 种组合，得到不同范围的科目和核算项目。组合情况如下。

〈a〉〈a:〉〈:a〉〈a1:a2〉〈a|b〉〈a:|b〉〈:a|b〉〈a1:a2|b〉〈a|b|c〉〈a:b|c〉〈:a|b|c〉〈a1:a2|b|c〉〈a|b|c:〉〈a:|b|:c〉〈:a|b|c：〉〈a1:a2|b|c:〉〈a|b|c1:c2〉〈a:|b|c1:c2〉〈:a|b|c1:c2〉〈a1:a2|b|c1:c2〉

其中：

“a”，“a1”，“a2”表示科目代码；

“b”表示核算项目类别名称；

“C”，“C1”，“C2”表示核算项目代码；

“a：”表示代码大于或等于科目 a 的所有科目；

“：a”表示代码小于或等于 a 的所有科目；

“a1：a2”表示代码大于或等于 a1 并且小于或等于 a2 的所有科目；

“C：”表示代码大于或等于 C 的所有核算项目；

“：C”表示代码小于或等于 C 的所有核算项目；

“C1：C2”表示代码大于或等于 C1 并且小于或等于 C2 的核算项目。

当核算项目类别 b 和代码 C，C1，C2 都默认时，表示指定科目下设所有的核算项目类别。当核算项目类别不省略，而核算项目代码默认时，表示指定核算项目类别 b 中所有核算项目。例如，

＝〈：1211|客户|003：〉$HKD.JF

表示科目代码小于或等于 1211，下设客户项目，项目代码大于或等于 003 的港币借方发生额。

＝〈2151|职员|0001：0012〉.C

表示科目 2151 下设职员核算，职员代码 0001～0012 之间的本位币期初余额。

注意：系统在对核算项目进行取数或计算时，是不区分项目代码的大小写的，如果取数公式中将代码设置为带小写字母，有可能导致结果不正确或获取数据失败。

此外，报表除可取数值外，还可取字符值、日期值、逻辑值，可取用户自定义的核算项目属性值。

3. 数量取数

取数标志　　描述
QC　　期初结存数量
QY　　期末结存数量
QJF　　当期收入数量
QDF　　当期发出数量
QJL　　本年累计收入数量
QDL　　本年累计发出数量
另外，核算项目也可以进行数量的取数。

4. 表内单元取数

表内单元取数一般格式为：

=单元 1[[+单元 2]+…]

例如，

=C5+C6−C7

表示所选单元等于 C5 单元数与 C6 单元数之和，减 C7 单元数。

归集公式见表 11-1。

表 11-1

描　述	公　式
求和公式	=SUM（起始单元：终止单元）
求平均值	=AVG（起始单元：终止单元）
舍位函数	=ROUND（X，小数位数）
计数公式	=COUNT（起始单元：终止单元）
求最大值	=MAX（起始单元：终止单元）
求最小值	=MIN（起始单元：终止单元）

5. 表间取数公式

表间取数公式的格式为：

=表名!单元

建议在使用表间取数公式时，最好将表名用方括号“[”和“]”括起来，这样可以保证取数公式的可靠性。

6. 四舍五入公式

为满足报表中数据处理的需要，系统提供了四舍五入取整公式。此公式非常灵活，它不仅可以对小数进行取整操作，而且还可以指定任意位数取整。

四舍五入取数公式格式: \n（n 用于指定取整开始位置）, \（是取整标记）。例如，

=〈145〉 的值为 267634.6874，那么=〈145〉\2　的值为 267634.69

=〈145〉\−2　取小数点前两位，即其值为 267600.00

以上各种公式可使用+，−，*，/，( )进行组合。

7．使用公式向导

在“自定义报表”窗口先选中单元格，然后选择“编辑”→“公式向导”命令，或单击工具栏中的【公式向导】按钮，即进入如图 11-12 所示的对话框。

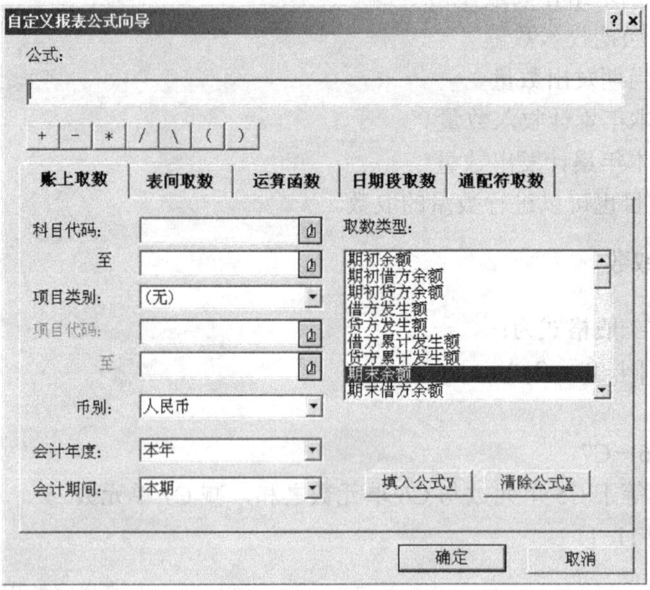

图 11-12

选项卡包括账上取数、表间取数、运算函数、日期段取数、通配符取数等类公式向导。首先在“账上取数”向导界面中，根据向导的提示，输入相应的科目代码、取数类型、起止日期等数据，按“填入公式”自动产生该单元的取数公式，再单击【确定】按钮认可。

8．打印报表公式

金蝶 KIS7.5 系统提供报表公式打印功能。具体操作是连接好打印机，选择“文件”→“打印报表公式”命令。在打印前可以进行报表的“打印设置”和“页面设置”。

11.4.4 报表的重算和输出

1．手动计算与自动计算

金蝶 KIS7.5 有“手动计算”与“自动计算”两种运行模式，在手动计算模式下，修改单元格式公式后不引发报表重算，单元编辑后再重新计算报表即可。两种运行模式的转换操作，可单击工具栏【手动/自动计算】按钮来实现二者切换，按钮成突出状态时为手动状态，否则为自动计算状态。

2．报表的重算

当自定义报表在手动计算模式下，可选择“运行”→“报表重算”或单击工具栏【报表重算】按钮重新计算报表，并将计算所用的时间显示在报表窗口底部。如果报表计算所用时间较长时，可通过选择“运行”→“终止计算”命令或按下【Ctrl+Z】组合键终止计算。如果当屏幕出现一些不正常的线或点等情况时，可选择“查看”→“刷新屏幕”命令来刷新屏幕，该功能不作任何报表运算。

3. 显示数据与显示公式

当在自定义报表编辑过程中，经常需要查看报表公式或数据，此时可使用【Ctrl+F】、【Ctrl+D】组合键分别实现显示公式、显示数据功能，或选择“查看”→“显示公式”/“显示数据”命令，也可通过工具栏中的【显示数据/公式】按钮来实现“显示数据/显示公式”相互切换，突出状态为显示数据，陷入状态为显示公式。

11.4.5 报表的保存/引入/引出

1. 报表的保存

每个报表文件经过建立或修改后，都需要保存。选择“文件”→“保存”或“另存为”，系统将提示输入报表的名称，确认后保存文件。若选择“另存为独立报表文件”，可将当前打开的报表文件另存为一个独立的二进制文件，文件类型为“金蝶报表（*.KDS）”。

2. 引入报表

当建立多个账套后，需在各个账套中设置会计报表，而各个账套间的报表格式基本上是相同的，可以在一个账套中将报表设置格式，然后复制至其他账套，减少重复工作，提高工作效率。在“会计报表”窗口，如图 11-5 所示，单击窗口中的【引入】按钮，进入选择“引入报表的源账套”窗口。在此窗口中选择要引入报表的源账套，源账套必须是同类版本的金蝶财务软件所建立的账套，而且必须已经关闭了初始化。选择完文件名后，单击【确定】按钮，系统即把源账套中的报表引入到当前账套中。引入完毕后，显示引入报表成功。

3. 设为资产负债表、利润表

如果在自定义报表中自己设计了资产负债表和利润表，希望直接通过主界面中的“资产负债表”和“利润表”功能进行查看，可以通过【设为资产负债表】和【设为利润表】两个功能按钮进行设定。下面以设定资产负债表为例，说明其操作步骤如下。

（1）在自定义报表打开界面选中需要设定的报表，选择“资产负债表_001”，如图 11-13 所示。

（2）单击【设为资产负债表】按钮，系统提示如图 11-14 所示，单击【是】按钮，系统即提示设置成功，如图 11-15 所示。

（3）原“资产负债表_001”即在“会计报表”窗口中消失，“资产负债表”加入到该列表中，如图 11-16 所示。

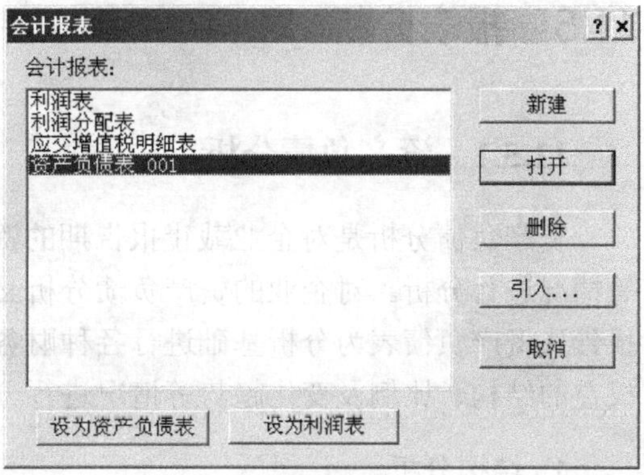

图 11-13

利润表的设置与资产负债表的设置相同。

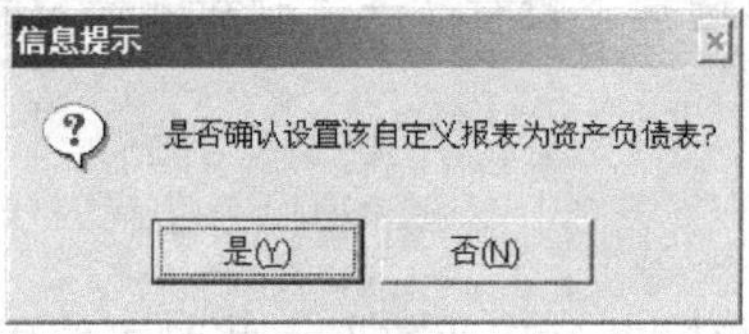

图 11-14

图 11-15

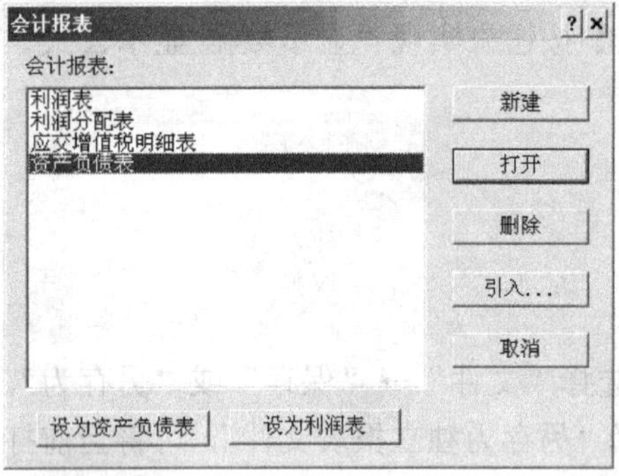

图 11-16

4. 引出自定义报表

金蝶 KIS7.5 的“文件”菜单中提供了数据“引出”功能，引出的数据可作二次开发或作其他数据加工处理，其数据类型有 Access MDB、dBase Ⅲ、FoxPro 2.6、Paradox 4.x、Excel、Text 等 14 种，在打开的自定义报表中，选择“文件”→“引出”命令，系统弹出如图 11-17 所示的对话框。

依照说明填充内容后，单击【确定】按钮，打开“引出‘报表’”对话框，如图 11-18 所示。

在此选择好数据类型，如选择“Text”数据类型后，单击【确认】按钮即进入引出报表的保存窗口，可以自愿命名报表的名称，并选择其保存路径，然后单击【保存】按钮，一直确认下去，直至系统提示：已成功引出报表。确定后退回到打开的自定义报表即可。

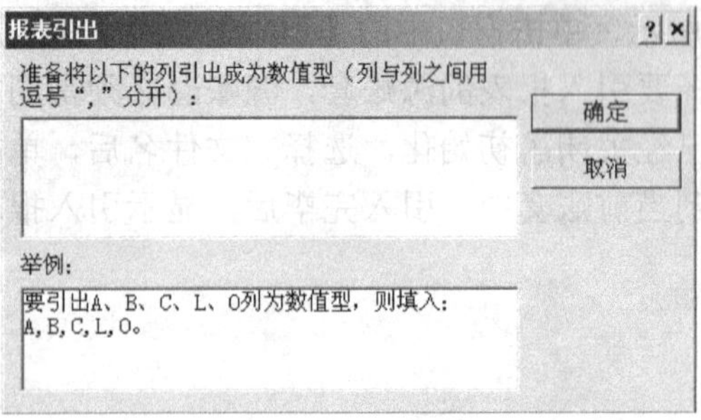

图 11-17

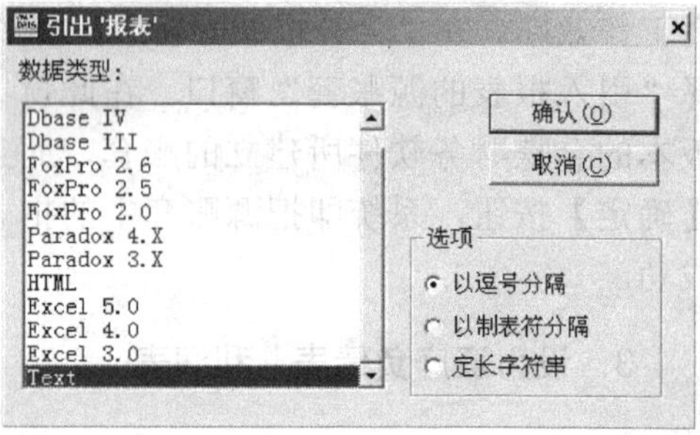

图 11-18

11.5 报表分析

11.5.1 资产负债分析

资产负债分析是对企业截止报告期的资产、负债及所有者权益的结构、比例及变化趋势等情况进行分析。对企业的资产负债分析又可分为结构分析、比较分析、趋势分析等。现以报告式资产负债表为分析基础进行各种财务分析。对企业截止报告期的资产、负债及所有者权益的结构、比例及变化趋势等情况进行分析。

1. 结构分析

结构分析是对企业资产、负债及所有者权益中每一具体项目占该类项目及与总体项目的结构、比重进行分析，从而揭示该类财务指标的结构是否合理。

报表分析的操作方法如下：在“报表与分析”处理窗口单击“资产负债分析”，系统即首先显示资产负债表的结构分析表，如图 11-19 所示。

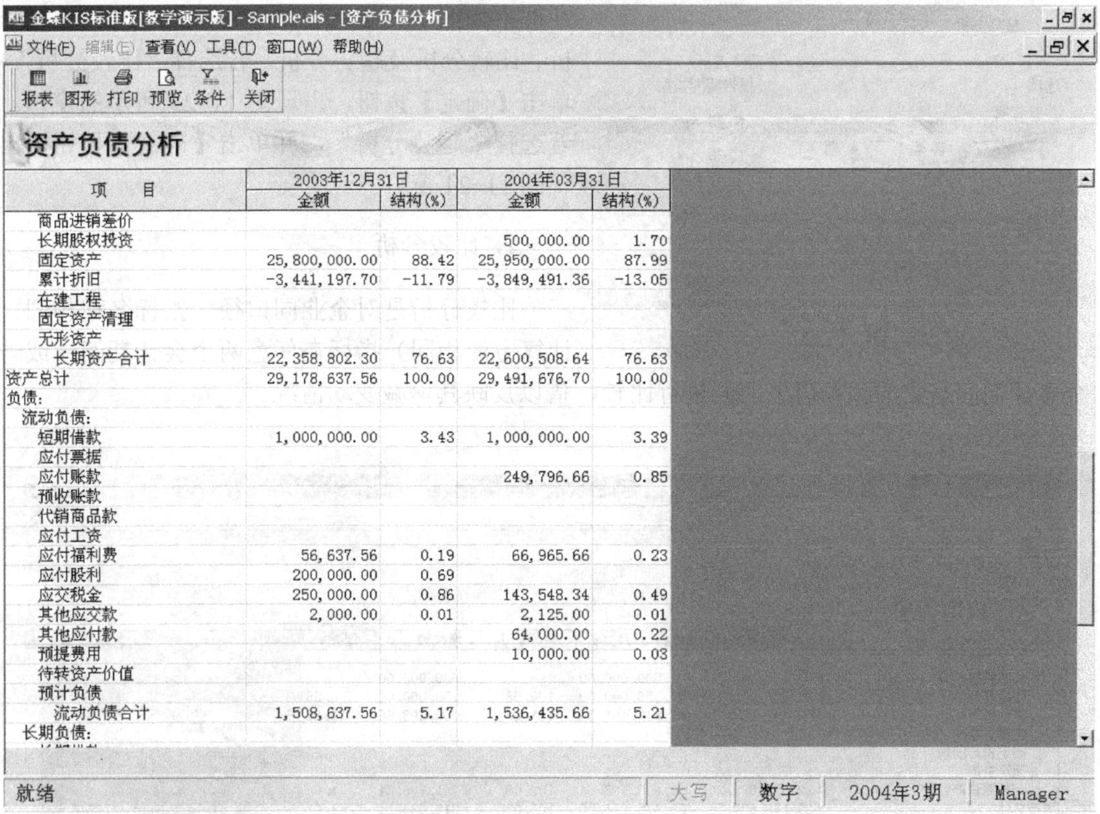

项　　目	2003年12月31日		2004年03月31日	
	金额	结构(%)	金额	结构(%)
商品进销差价				
长期股权投资			500,000.00	1.70
固定资产	25,800,000.00	88.42	25,950,000.00	87.99
累计折旧	-3,441,197.70	-11.79	-3,849,491.36	-13.05
在建工程				
固定资产清理				
无形资产				
长期资产合计	22,358,802.30	76.63	22,600,508.64	76.63
资产总计	29,178,637.56	100.00	29,491,676.70	100.00
负债:				
流动负债:				
短期借款	1,000,000.00	3.43	1,000,000.00	3.39
应付票据				
应付账款			249,796.66	0.85
预收账款				
代销商品款				
应付工资				
应付福利费	56,637.56	0.19	66,965.66	0.23
应付股利	200,000.00	0.69		
应交税金	250,000.00	0.86	143,548.34	0.49
其他应交款	2,000.00	0.01	2,125.00	0.01
其他应付款			64,000.00	0.22
预提费用			10,000.00	0.03
待转资产价值				
预计负债				
流动负债合计	1,508,637.56	5.17	1,536,435.66	5.21
长期负债:				

图 11-19

图 11-19 是以报表形式显示分析结果。单击工具条中的【图形】按钮或选择“查看”→“图形”命令。结果如图 11-20 所示，显示企业资产的构成结构。若单击图 11-20 中的【负债】按钮，则显示企业的负债构成结构，如图 11-21 所示。

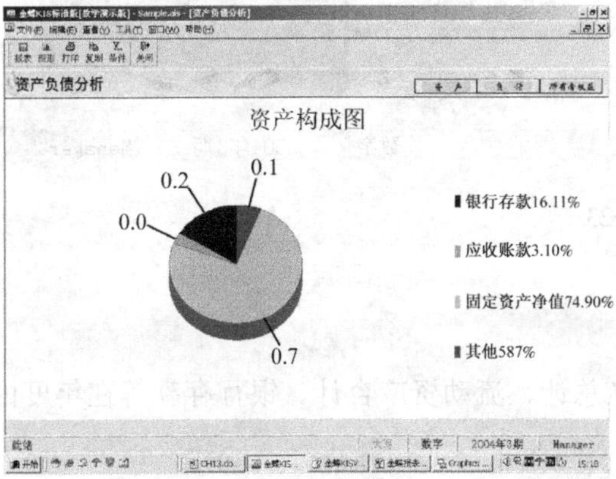

图 11-20

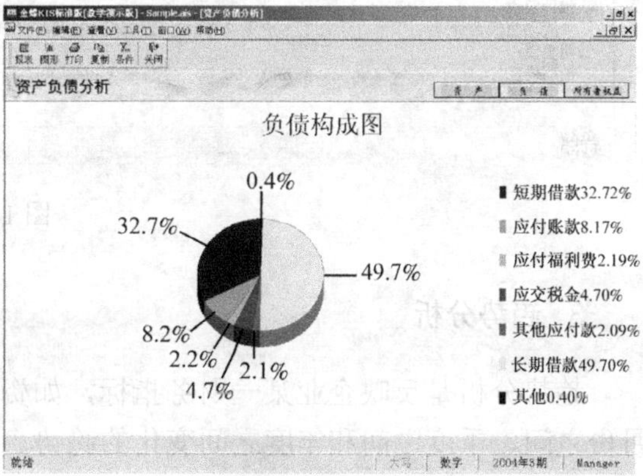

图 11-21

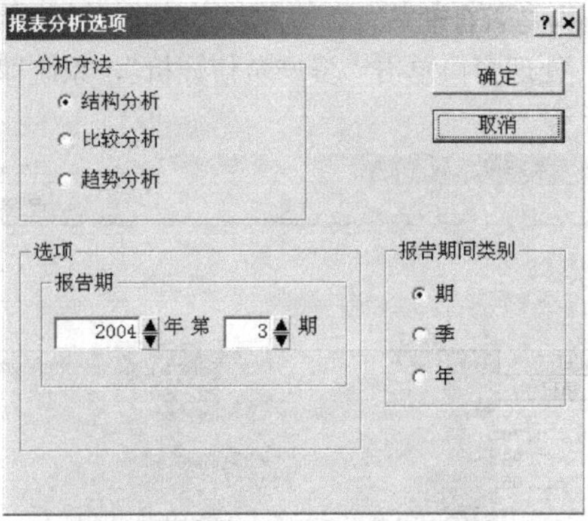

图 11-22

若要进行其他方法分析，在报表形式显示窗口，单击工具条中【条件】按钮或选择“查看”→“分析条件”命令，打开“报表分析选项”对话框，如图 11-22 所示。分析条件分为：结构分析、比较分析及趋势分析。若选择“比较分析”，单击【确定】按钮，出现图 11-23 所示的窗口。若选择“趋势分析”，并单击【确定】按钮，出现图 11-24 窗口。

2. 比较分析

比较分析是对企业同口径（指标名称相同、计算方法相同）指标在任意两个会计期间（或一个会计期间与它的预算值之间）进行比较，借以反映其增减变动情况。

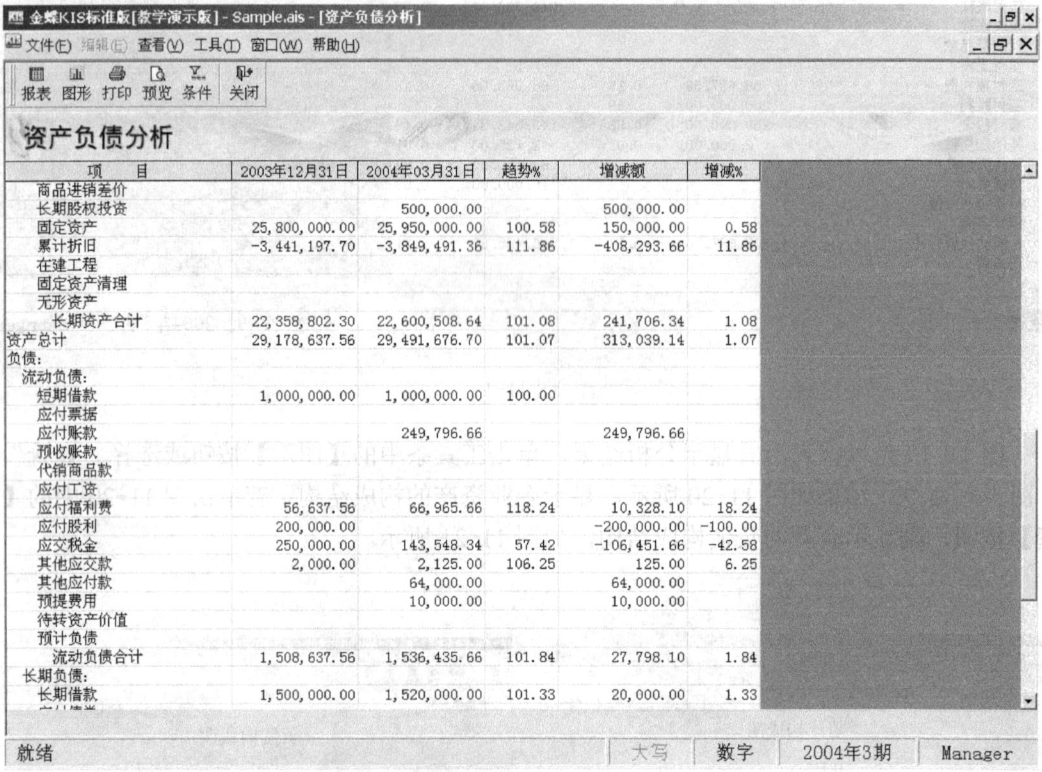

项　目	2003年12月31日	2004年03月31日	趋势%	增减额	增减%
商品进销差价					
长期股权投资		500,000.00		500,000.00	
固定资产	25,800,000.00	25,950,000.00	100.58	150,000.00	0.58
累计折旧	-3,441,197.70	-3,849,491.36	111.86	-408,293.66	11.86
在建工程					
固定资产清理					
无形资产					
长期资产合计	22,358,802.30	22,600,508.64	101.08	241,706.34	1.08
资产总计	29,178,637.56	29,491,676.70	101.07	313,039.14	1.07
负债:					
流动负债:					
短期借款	1,000,000.00	1,000,000.00	100.00		
应付票据					
应付账款		249,796.66		249,796.66	
预收账款					
代销商品款					
应付工资					
应付福利费	56,637.56	66,965.66	118.24	10,328.10	18.24
应付股利	200,000.00			-200,000.00	-100.00
应交税金	250,000.00	143,548.34	57.42	-106,451.66	-42.58
其他应交款	2,000.00	2,125.00	106.25	125.00	6.25
其他应付款		64,000.00		64,000.00	
预提费用		10,000.00		10,000.00	
待转资产价值					
预计负债					
流动负债合计	1,508,637.56	1,536,435.66	101.84	27,798.10	1.84
长期负债:					
长期借款	1,500,000.00	1,520,000.00	101.33	20,000.00	1.33

图 11-23

3. 趋势分析

趋势分析是反映企业某一财务指标，如资产总计、流动资产合计、银行存款等在年度内月份之间、季度之间和年度之间变化的趋势。

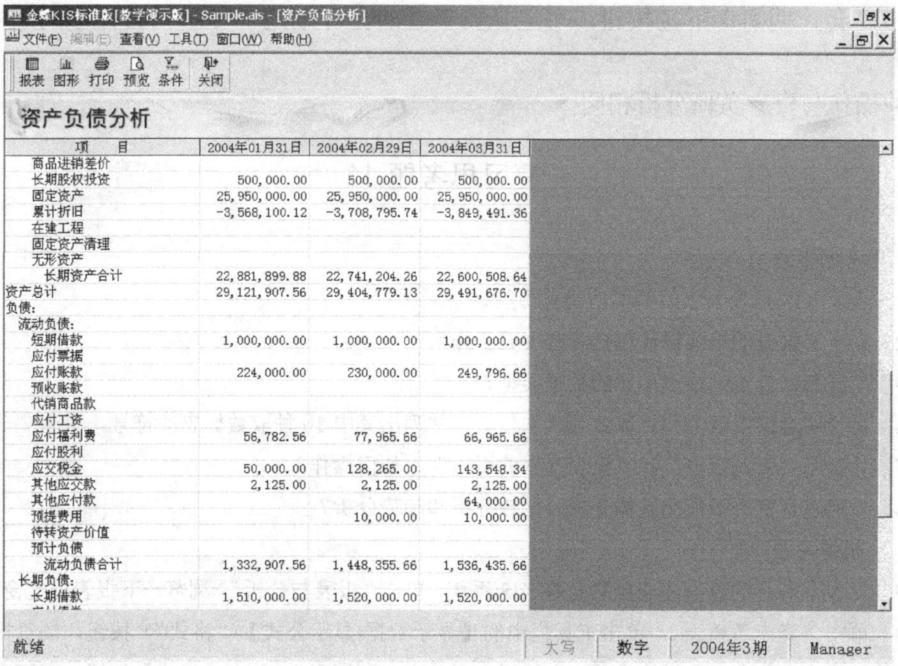

图 11-24

11.5.2 财务指标分析

金蝶 KIS 设置了能反映企业财务状况、资金运作能力、偿债能力及盈利能力的 20 个财务指标。通过对这些指标的分析，可以对企业的财务状况和经营成果做一总结，并为以后的生产经营活动提供宝贵的经验和素材。具体的操作方法如下：在“报表与分析”处理窗口，单击“财务指标分析”进入主要财务指标显示窗口，如图 11-25 所示。

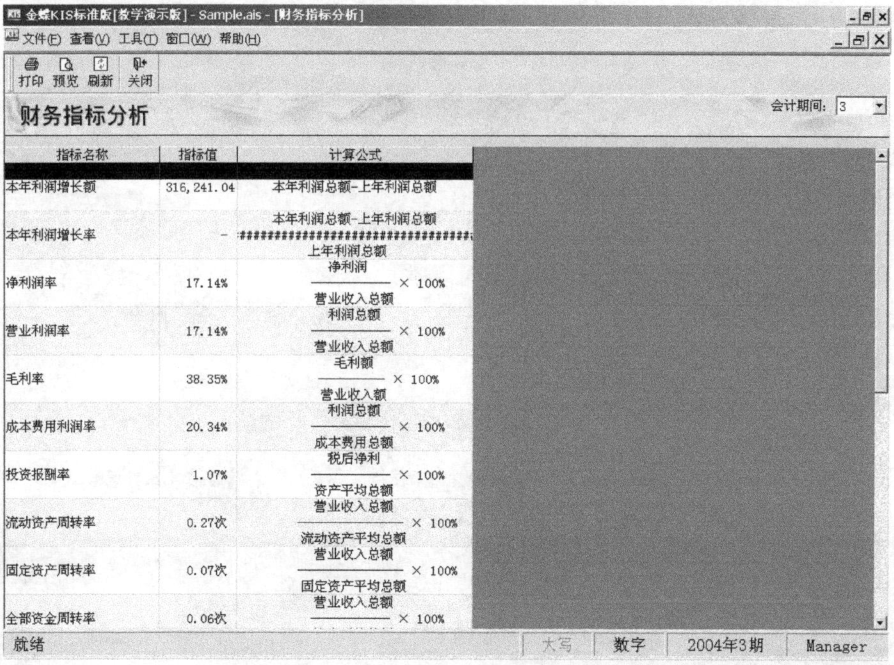

图 11-25

单击“会计期间”下拉按钮，可选择要查看的会计期间。显示该会计期间的主要财务指标。

其他操作与资产负债分析相同。

复习思考题 11

一、思考问答题

11.1 金蝶 KIS 报表系统的基本功能有哪些？

11.2 自定义报表的格式设计包括哪些主要工作？

11.3 怎样判断自定义报表单元的数据类型？

11.4 请说明金蝶报表的科目取数公式的格式，并列出其中 10 种取数标志的符号。

11.5 什么是“引入报表”和“报表文件的引出”？如何操作？

11.6 如何进行资产负债的结构分析、比较分析和趋势分析？

二、上机练习题

11.7 以 Manager 的身份注册登录金蝶 KIS 系统，单击“报表与分析”，浏览一下报表处理窗口的内容。

11.8 单击“资产负债表”，单击工具栏中的【显示数据/显示公式】（“格式”）按钮，浏览报表的格式和报表的单元公式。单击工具栏的【关闭】按钮。再单击“利润表”，单击【格式】按钮，观察表体内容的变化。

11.9 用自定义报表的功能，完整制作一张新的资产负债表，包括报表新建、报表格式设计、设置报表公式、进行报表的重算和输出等。

11.10 单击“资产负债分析”，并分别进行结构分析、比较分析和趋势分析的操作练习。

附录A　企业会计信息化工作规范

（财政部文件，财会[2013]20号）

第一章　总　　则

第一条　为推动企业会计信息化，节约社会资源，提高会计软件和相关服务质量，规范信息化环境下的会计工作，根据《中华人民共和国会计法》、《财政部关于全面推进我国会计信息化工作的指导意见》（财会〔2009〕6号），制定本规范。

第二条　本规范所称会计信息化，是指企业利用计算机、网络通信等现代信息技术手段开展会计核算，以及利用上述技术手段将会计核算与其他经营管理活动有机结合的过程。

本规范所称会计软件，是指企业使用的，专门用于会计核算、财务管理的计算机软件、软件系统或者其功能模块。会计软件具有以下功能：

（一）为会计核算、财务管理直接采集数据；

（二）生成会计凭证、账簿、报表等会计资料；

（三）对会计资料进行转换、输出、分析、利用。本规范所称会计信息系统，是指由会计软件及其运行所依赖的软硬件环境组成的集合体。

第三条　企业（含代理记账机构，下同）开展会计信息化工作，软件供应商（含相关咨询服务机构，下同）提供会计软件和相关服务，适用本规范。

第四条 财政部主管全国企业会计信息化工作，主要职责包括：

（一）拟订企业会计信息化发展政策；

（二）起草、制定企业会计信息化技术标准；

（三）指导和监督企业开展会计信息化工作；

（四）规范会计软件功能。

第五条 县级以上地方人民政府财政部门管理本地区企业会计信息化工作，指导和监督本地区企业开展会计信息化工作。

第二章　会计软件和服务

第六条　会计软件应当保障企业按照国家统一会计准则制度开展会计核算，不得有违背国家统一会计准则制度的功能设计。

第七条　会计软件的界面应当使用中文并且提供对中文处理的支持，可以同时提供外国或者少数民族文字界面对照和处理支持。

第八条　会计软件应当提供符合国家统一会计准则制度的会计科目分类和编码功能。

第九条　会计软件应当提供符合国家统一会计准则制度的会计凭证、账簿和报表的显示和打印功能。

第十条　会计软件应当提供不可逆的记账功能，确保对同类已记账凭证的连续编号，不得提供对已记账凭证的删除和插入功能，不得提供对已记账凭证日期、金额、科目和操作人的修改功能。

第十一条　鼓励软件供应商在会计软件中集成可扩展商业报告语言（XBRL）功能，便于企业生成符合国家统一标准的 XBRL 财务报告。

第十二条　会计软件应当具有符合国家统一标准的数据接口，满足外部会计监督需要。

第十三条　会计软件应当具有会计资料归档功能，提供导出会计档案的接口，在会计档案存储格式、元数据采集、真实性与完整性保障方面，符合国家有关电子文件归档与电子档案管理的要求。

第十四条　会计软件应当记录生成用户操作日志，确保日志的安全、完整，提供按操作人员、操作时间和操作内容查询日志的功能，并能以简单易懂的形式输出。

第十五条　以远程访问、云计算等方式提供会计软件的供应商，应当在技术上保证客户会计资料的安全、完整。对于因供应商原因造成客户会计资料泄露、毁损的，客户可以要求供应商承担赔偿责任。

第十六条　客户以远程访问、云计算等方式使用会计软件生成的电子会计资料归客户所有。软件供应商应当提供符合国家统一标准的数据接口供客户导出电子会计资料，不得以任何理由拒绝客户导出电子会计资料的请求。

第十七条　以远程访问、云计算等方式提供会计软件的供应商，应当做好本厂商不能维持服务情况下，保障企业电子会计资料安全以及企业会计工作持续进行的预案，并在相关服务合同中与客户就该预案做出约定。

第十八条　软件供应商应当努力提高会计软件相关服务质量，按照合同约定及时解决用户使用中的故障问题。

会计软件存在影响客户按照国家统一会计准则制度进行会计核算问题的，软件供应商应当为用户免费提供更正程序。

第十九条　鼓励软件供应商采用呼叫中心、在线客服等方式为用户提供实时技术支持。

第二十条　软件供应商应当就如何通过会计软件开展会计监督工作，提供专门教程和相关资料。

第三章　企业会计信息化

第二十一条　企业应当充分重视会计信息化工作，加强组织领导和人才培养，不断推进会计信息化在本企业的应用。

除本条第三款规定外，企业应当指定专门机构或者岗位负责会计信息化工作。

未设置会计机构和配备会计人员的企业，由其委托的代理记账机构开展会计信息化工作。

第二十二条　企业开展会计信息化工作，应当根据发展目标和实际需要，合理确定建设内容，避免投资浪费。

第二十三条　企业开展会计信息化工作，应当注重信息系统与经营环境的契合，通过信息化推动管理模式、组织架构、业务流程的优化与革新，建立健全适应信息化工作环境的制度体系。

第二十四条　大型企业、企业集团开展会计信息化工作，应当注重整体规划，统一技术标准、编码规则和系统参数，实现各系统的有机整合，消除信息孤岛。

第二十五条　企业配备的会计软件应当符合本规范第二章要求。

第二十六条　企业配备会计软件，应当根据自身技术力量以及业务需求，考虑软件功能、安全性、稳定性、响应速度、可扩展性等要求，合理选择购买、定制开发、购买与开发相结合等方式。

定制开发包括企业自行开发、委托外部单位开发、企业与外部单位联合开发。

第二十七条　企业通过委托外部单位开发、购买等方式配备会计软件，应当在有关合同中约定操作培训、软件升级、故障解决等服务事项，以及软件供应商对企业信息安全的责任。

第二十八条　企业应当促进会计信息系统与业务信息系统的一体化，通过业务的处理直接驱动会计记账，减少人工操作，提高业务数据与会计数据的一致性，实现企业内部信息资源共享。

第二十九条　企业应当根据实际情况，开展本企业信息系统与银行、供应商、客户等外部单位信息系统的互联，实现外部交易信息的集中自动处理。

第三十条　企业进行会计信息系统前端系统的建设和改造，应当安排负责会计信息化工作的专门机构或者岗位参与，充分考虑会计信息系统的数据需求。

第三十一条　企业应当遵循企业内部控制规范体系要求，加强对会计信息系统规划、设计、开发、运行、维护全过程的控制，将控制过程和控制规则融入会计信息系统，实现对违反控制规则情况的自动防范和监控，提高内部控制水平。

第三十二条　对于信息系统自动生成、且具有明晰审核规则的会计凭证，可以将审核规则嵌入会计软件，由计算机自动审核。未经自动审核的会计凭证，应当先经人工审核再进行后续处理。

第三十三条　处于会计核算信息化阶段的企业，应当结合自身情况，逐步实现资金管理、资产管理、预算控制、成本管理等财务管理信息化。

处于财务管理信息化阶段的企业，应当结合自身情况，逐步实现财务分析、全面预算管理、风险控制、绩效考核等决策支持信息化。

第三十四条　分公司、子公司数量多、分布广的大型企业、企业集团应当探索利用信息技术促进会计工作的集中，逐步建立财务共享服务中心。

实行会计工作集中的企业以及企业分支机构，应当为外部会计监督机构及时查询和调阅异地储存的会计资料提供必要条件。

第三十五条　外商投资企业使用的境外投资者指定的会计软件或者跨国企业集团统一部署的会计软件，应当符合本规范第二章要求。

第三十六条　企业会计信息系统数据服务器的部署应当符合国家有关规定。数据服务器部署在境外的，应当在境内保存会计资料备份，备份频率不得低于每月一次。境内备份的会计资料应当能够在境外服务器不能正常工作时，独立满足企业开展会计工作的需要以及外部会计监督的需要。

第三十七条　企业会计资料中对经济业务事项的描述应当使用中文，可以同时使用外国或者少数民族文字对照。

第三十八条　企业应当建立电子会计资料备份管理制度，确保会计资料的安全、完整和会计信息系统的持续、稳定运行。

第三十九条　企业不得在非涉密信息系统中存储、处理和传输涉及国家秘密，关系国家经济信息安全的电子会计资料；未经有关主管部门批准，不得将其携带、寄运或者传输至境外。

第四十条　企业内部生成的会计凭证、账簿和辅助性会计资料，同时满足下列条件的，可以不输出纸面资料：

（一）所记载的事项属于本企业重复发生的日常业务；

（二）由企业信息系统自动生成；

（三）可及时在企业信息系统中以人类可读形式查询和输出；

（四）企业信息系统具有防止相关数据被篡改的有效机制；

（五）企业对相关数据建立了电子备份制度，能有效防范自然灾害、意外事故和人为破坏的影响；

（六）企业对电子和纸面会计资料建立了完善的索引体系。

第四十一条　企业获得的需要外部单位或者个人证明的原始凭证和其他会计资料，同时满足下列条件的，可以不输出纸面资料：

（一）会计资料附有外部单位或者个人的、符合《中华人民共和国电子签名法》的可靠的电子签名；

（二）电子签名经符合《中华人民共和国电子签名法》的第三方认证；

（三）满足第四十条第（一）项、第（三）项、第（五）项和第（六）项规定的条件。

第四十二条　企业会计资料的归档管理，遵循国家有关会计档案管理的规定。

第四十三条　实施企业会计准则通用分类标准的企业，应当按照有关要求向财政部报送XBRL财务报告。

第四章　监　督

第四十四条　企业使用会计软件不符合本规范要求的，由财政部门责令限期改正。限期不改的，财政部门应当予以公示，并将有关情况通报同级相关部门或其派出机构。

第四十五条　财政部采取组织同行评议，向用户企业征求意见等方式对软件供应商提供的会计软件遵循本规范的情况进行检查。

省、自治区、直辖市人民政府财政部门发现会计软件不符合本规范规定的，应当将有关情况报财政部。

任何单位和个人发现会计软件不符合本规范要求的，有权向所在地省、自治区、直辖市人民政府财政部门反映，财政部门应当根据反映开展调查，并按本条第二款规定处理。

第四十六条　软件供应商提供的会计软件不符合本规范要求的，财政部可以约谈该供应商主要负责人，责令限期改正。限期内未改正的，由财政部予以公示，并将有关情况通报相关部门。

第五章 附　　则

第四十七条　省、自治区、直辖市人民政府财政部门可以根据本规范制定本地区具体实施办法。

第四十八条　自本规范施行之日起，《会计核算软件基本功能规范》（财会字〔1994〕27号）、《会计电算化工作规范》（财会字〔1996〕17号）不适用于企业及其会计软件。

第四十九条　本规范自 2014 年 1 月 6 日起施行，1994 年 6 月 30 日财政部发布的《商品化会计核算软件评审规则》（财会字〔1994〕27 号）、《会计电算化管理办法》（财会字〔1994〕27 号）同时废止。

附录B 上机综合练习资料

上机综合练习资料之一

本附录提供了两套上机操作练习资料，其中第一套资料比较全面，采用的是 2014 年的新会计科目及科目编码，第二套比较简单。各单位可根据教学的不同要求、上机的环境自行选择。

一、练习目的与要求

通过本套资料的上机练习，要求学员了解账务处理系统的基本操作过程，掌握具体的计算机操作方法，培养耐心、细致、严谨、肯于钻研的学习作风，完成如下作业要求：

（1）账务处理系统初始设置，着重掌握建账、对操作员赋权、引入并修订会计科目、建立基础档案。着重练习部门代码、客户分类、往来代码的设置，建立企业员工和客户、供应商的档案；输入会计、部门、往来的初始余额并试算平衡。

（2）根据会计业务资料，完成全月会计记账凭证的编制与修正，掌握自定义转账、对应结转、期间损益结转以及自动转账凭证的编制方法。建议根据教学目标和学生学习基础，在期末工资及福利费、制造费用、生产成本、税费、期间损益的计提和分摊等核算业务，可以分层次、有选择地布置练习。

（3）对会计凭证进行审核、记账，并完成月末结转账目的方法。

（4）掌握未记账凭证的科目汇总表综合查询和凭证细项查询、记账后各种账册的查询、以及结账后账表中总账、余额表、明细账、序时账、日记账以及分部门、往来的辅助核算查询与追溯查询方法。

（5）编制资产负债表与利润表。

二、练习资料

（1）本资料是假设某企业 2014 年 11 月发生的经济业务，请按如下要求完成该企业的账套设置。

① 企业名称、主管会计（账套主管）、会计操作员姓名和权限、企业员工档案等自定。

② 会计期间个数为 12 期，启用日期为 2014 年 11 月 1 日。

③ 外币期初汇率 1 美元＝6.1525 元人民币。

④ 科目代码采用 4-2-2-2 结构。

⑤ 部门代码采用 1-2 结构。

⑥ 客户分类代码采用 2-3 结构。

⑦ 部门设置如下：

1 总经理办公室

2 生产部

201 第一车间
3 财务部
4 销售部
5 采购部
6 科技开发部
7 基建开发部

⑧ 客户分类。

01 本地、02 区域、03 国内、04 国际、05 港澳台

⑨ 客户档案。

001 北京青山有限公司、002 北京天利有限公司
003 天津三英企业集团、004 香港梅特有限公司

⑩ 供应商档案。

001 北京新兴材料厂、002 求精制造公司、003 深圳兴隆材料有限公司

⑪ 赋予操作员“公用目录设置”和“总账”的全部权限，赋予审核员“凭证审核”、“记账”、“结账”的权限。

⑫ 凭证类别及其凭证限制科目可以根据教学需要自定。

⑬ 结算方式：可以选设现金结算、支票结算、商业汇票、银行本票等。

（2）会计科目代码与期初余额表（见附表 B-1）。

附表 B-1 会计科目代码与期初余额表 单位：元

科目代码			科目名称	借方余额	贷方余额	备注
1001			库存现金	900.00		日记账
	100101		人民币	900.00		日记账
1002			银行存款	450 702.00		银行账
	100201		工商银行存款	380 702.00		银行账
	100202		中国银行存款（美元）	70 000.00		外币金额式（复币式） USD：11377.49
1012			其他货币资金	95 250.00		
	101201		外埠存款			
	101204		信用卡	10 000.00		
	101206		存出投资款	85 250.00		
1101			交易性金融资产	203 400.00		
	110101		股票	203 400.00		
	110102		债券			
1121			应收票据	630 000.00		
1122			应收账款	872 600.00		客户往来
1123			预付账款	11200.00		供应商往来
1131			应收股利			
1132			应收利息			
1221			其他应收款	2 600.00		个人往来（张山 1500 元；李勇 1100 元）
1231			坏账准备		4 371.00	

续表

科目代码			科目名称	借方余额	贷方余额	备　注
1401			材料采购			数量金额（吨）
	140101		A 材料			数量金额（吨）
	140102		B 材料			数量金额（吨）
1403			原材料	687 000.00		数量金额（345 吨）
	140301		A 材料	380 000.00		数量金额（38 吨）（单价 10000 元）
	140302		B 材料	307 000.00		数量金额（307 吨）（单价 1000 元）
1404			材料成本差异		2 947.00	
1405			库存商品	1 326 930.00		数量金额（110 件）（12063 元/件）
1411			周转材料	8 860.00		
1471			存货跌价准备			
1511			长期股权投资	6 200 000.00		
	151101		股票投资			
	151102		债券投资	6 200 000.00		
1601			固定资产	6 029 700.00		部门核算
1602			累计折旧		883 092.00	部门核算
1603			固定资产减值准备		20 000.00	部门核算
1604			在建工程	135 600.00		项目核算
	160401		工资及福利费	47 460.00		
	160402		物耗	81 360.00		
	160403		其他	6 780.00		
1605			工程物资	200 000.00		
	160501		专用材料	100 000.00		
	160502		专用设备	100 000.00		
1606			固定资产清理			
1701			无形资产	132 000.00		
1702			累计摊销		3 000.00	
1703			无形资产减值准备			
1901			待处理财产损益			
	190101		待处理流动资产损益			
	190102		待处理固定资产损益			
2001			短期借款		2000000.00	
2201			应付票据		998 480.00	
2202			应付账款		36 500.00	供应商往来
2203			预收账款			客户往来
2211			应付职工薪酬			
	221101		应付工资			
	221102		应付福利费			
	221103		应付工会经费			

续表

科目代码			科目名称	借方余额	贷方余额	备　注
2221			应交税费		208 573.00	
	222101		应交增值税		189 340.00	
		22210101	进项税额			
		22210102	已交税金			
		22210105	销项税额		189340.00	
		22210107	进项税额转出			
	222106		应交所得税			
	222108		应交城市维护建设税		13 463.00	
	222112		应交个人所得税			
	222113		教育费附加		5 770.00	
2231			应付利息		28750.00	
2232			应付股利			
2241			其他应付款			
2501			长期借款		1 000 000.00	
	250101		工商银行借款		1 000 000.00	
4001			实收资本		10000000.00	
4002			资本公积		300 000.00	
	400201		资本（或股本）溢价		300000.00	
	400204		股权投资准备			
	400207		其他资本公积			
4101			盈余公积		1 006 242.00	
	410101		法定盈余公积		1 006 242.00	
	410102		任意盈余公积			
4103			本年利润			
4104			利润分配		494 787.00	
	410402		提取法定盈余公积			
	410409		提取任意盈余公积			
	410410		应付普通股股利			
	410415		未分配利润		494 787.00	
5001			生产成本			
	500101		工资及福利费			
	500102		材料及低值易耗品			
	500103		制造费用			
	500104		其他			
5101			制造费用			
	510101		工资及福利费			
	510102		材料及低值易耗品			
	510103		折旧			
	510104		其他			
6001			主营业务收入			
6051			其他业务收入			
6101			公允价值变动损益			

续表

科目代码			科目名称	借方余额	贷方余额	备注
6111			投资收益			
6301			营业外收入			
6401			主营业务成本			
6402			其他业务支出			
6403			营业税金及附加			
6601			销售费用			
6602			管理费用			部门核算
	660201		工资及福利费			部门核算
	660202		折旧			部门核算
	660203		差旅费			部门核算
	660204		其他			
6603			财务费用			
6701			资产减值损失			
	670101		计提固定资产跌价准备			
	670102		计提存货跌价准备			
	670103		计提坏账准备			
6711			营业外支出			
6801			所得税费用			
			合计	16986742.00	16986742.00	

（3）期初应收账款（见附表 B-2）。

附表 B-2 期初客户应收款 单位：元

日　期	凭证号数	客户编码	客户名称	摘　要	方　向	本币期初余额
2014.10.30		001	青山公司	上期转来	借	300 000.00
2014.10.30		002	天利公司	上期转来	借	250 000.00
2014.10.30		003	三英集团	上期转来	借	322 600.00

（4）期初其他应收款（见附表 B-3）。

附表 B-3 期初员工个人往来款 单位：元

日　期	凭证号数	部门名称	个人名称	摘　要	方　向	本币期初余额
2014.10.30		销售部	李勇	上月转来	借	1100
2014.10.30		采购部	张山	上月转来	借	1500

（5）各部门期初固定资产、累计折旧与减值准备（见附表 B-4）。

附表 B-4 期初各部门固定资产及折旧、减值准备 单位：元

部门编码	部门名称	期初固定资产		期初累计折旧		期初固定资产减值准备	
1	总经理办公室	借	1 809 700.00	贷	177 492.00	贷	6 000.00
201	第一车间	借	3 600 000.00	贷	576 000.00	贷	11 940.00
4	销售部	借	400 000.00	贷	54 000.00	贷	1 330.00
7	基建开发部	借	220 000.00	贷	75 600.00	贷	730.00

（6）期初应付款（见附表 B-5）。

附表 B-5 期初应付款 单位：元

日　　期	凭证号数	供应商编码	供应商名称	摘　　要	方　　向	本币期初余额
2014.10.30		001	新兴厂	上月转来	贷	12 300.00
2010.10.30		002	求精公司	上月转来	贷	24 200.00

（7）期初预付款（见附表 B-6）。

附表 B-6 期初预付款 单位：元

日　　期	凭证号数	供应商编码	供应商名称	摘　　要	方　　向	本币期初余额
2014.10.30		003	深圳兴隆材料有限公司	上月转来	贷	11200.00

（8）企业 11 月份发生如下业务（见附表 B-7）。

附表 B-7

1	1 日，向上海某工厂销售产品 100 件，每件售价 18750 元，货款 1875000 元，应交增值税 318750 元，货已发出，收到银行汇票一张，已送存银行
2	1 日，购入 A 材料 200 吨，9 850 元/吨；B 材料 100 吨，1 025 元/吨；增值税额 352 325 元，货款及税金已开具支票一张，材料尚未入库
3	2 日，1 号厂房工程领用工程物资 150 000 元投入使用
4	3 日，用银行存款 3 000 元支付本月购入 A、B 材料的运杂费，按材料的重量比例分配。材料验收入库。结转计划成本及差异额
5	4 日，仓库发出材料，用途如下：生产产品耗用 A 材料 230 吨，计划成本 2 300 000 元，B 材料 380 吨，计划成本 380 000 元，车间一般性耗用 B 材料 10 吨，计划成本 10 000 元
6	4 日，收到境外投资者追加投资美元 10 万元，存入中国银行，即期汇率为 1 美元=6.1345 元人民币
7	5 日，收到开户行通知，已用存款支付到期的银行承兑汇票 50 万元
8	7 日，采购部张山出差归来报差旅费 1 420 元，余款退回现金（原借款 1 500 元）
9	10 日，第一车间购入一台不需安装的包装机，买价 180 000 元，增值税款 30600 元，运杂费 1 500 元，包装费 500 元，全部款项已用银行存款支付。已投入使用，预计使用年限 10 年，净残值率 10%，由第一生产车间保管
10	11 日，收到银行通知，应收天利公司到期的商业承兑汇票 500 000 元，已收妥入账
11	13 日，转让一批短期股票，所得价款 155 000 元存入银行，该批股票成本为 130 000 元
12	15 日，销售产品 100 件，单价 18 500 元，价款 1 850 000 元，增值税 314 500 元，开给天津三英企业集团增值税专用发票，收到期限三个月的商业承兑汇票一张
13	18 日，将应收青山公司货款 30 000 元冲减应付新兴厂账款 12300 元，冲减应付求精公司账款 24200 元，余款 6 500 元用银行存款付清
14	21 日，出售销售部所属卡车一辆，收到价款 125 000 元，卡车原价 200 000 元，已使用 2 年，已计提折旧 3 600 元
15	22 日，取得三英集团合同违约金罚款 2 000 元，已存入银行。
16	25 日，应收青山公司货款 100 000 元，确实无法收回，作为坏账处理
17	26 日，用银行存款支付创意广告公司广告费 20 000 元
18	28 日，企业接受捐赠全新生产设备一台，价值 60 000 元，预计使用年限 10 年，净残值率 10%，由第一车间直接投入使用
19	29 日，从银行提取现金 96 715 元，准备发放工资

续表

20	29 日，以现金支付本月职工工资 96 715 元，用银行存款交代扣个人所得税 15525 元
21	29 日，计算分配本月应付职工工资 112 240 元，其中产品生产工人 18 000 元，车间管理人员 9 000 元，厂部管理人员工资 38 300 元，1 号厂房工程人员工资 26 940 元，销售人员 20 000 元
22	29 日，按职工应付工资总额的 14%提取应付福利费
23	29 日，按职工应付工资总额的 2%提取工会经费
24	30 日，提取本月固定资产折旧 38 445.5 元，其中：生产车间固定资产折旧 24 000 元，行政管理部门固定资产折旧 8 895.5 元，施工机械 3 300 元，销售部门 2 250 元
25	30 日，企业以前为 1 号厂房取得的长期借款 1 000 000 元，年利率为 6%，计算提取应由本月负担的长期借款的利息费用 5 000 元
26	30 日，月末结转本月发出材料的成本差异（按本月差异率计算）
27	30 日，结转已售产品销售成本（按先进先出法，先卖库存 110 件，后卖当月生产的 90 件）
28	30 日，计提本月固定资产减值准备 20 000 元
29	30 日，计提坏账准备 99 347.5 元
30	30 日，由于部分存货不能适应生产的需要，计提存货跌价准备 2 000 元
31	30 日，摊销无形资产 1 100 元，
32	30 日，结转外币项目汇兑差额，期末汇率 1 美元=6.1369 元人民币
33	30 日，结转本月车间制造费用
34	30 日，本月产品（225 件）全部完工，结转完工产品实际成本
35	30 日，计算提取企业城市维护建设税，税率为 7%，教育费附加，提取率为 3%
36	30 日，将本月成本费用结转“本年利润”账户，将本月收入结转“本年利润”账户
37	30 日，计算应交所得税并结转。所得税率 25%
38	30 日，结转税后净利润并进行利润分配，分别按税后利润的 10%提取法定盈余公积金，应付普通股股利 15 万元

注：22、23、33～36 笔业务可试用系统的期末自定义转账、对应转账、期间损益结转和记账凭证的自动生成。

三、练习参考答案

（1）会计分录。见附表 B-8。

附表 B-8 单位：元

业务顺序号	借贷方向	科目代码	科目名称	金额
1	借	100201	工商银行存款	2,193,750.00
	贷	6001	主营业务收入	1,875,000.00
	贷	22210105	销项税额	318,750.00
2	借	140101	A 材料	1,970,000.00
	借	140102	B 材料	102,500.00
	借	22210101	进项税额	352,325.00
	贷	100201	工商银行存款	2,424,825.00
3	借	160402	物耗	150,000.00
	贷	160501	专用材料	150,000.00
4	借	140101	A 材料	2,000.00
	借	140102	B 材料	1,000.00
	贷	100201	工商银行存款	3,000.00
	借	140301	A 材料	2,000,000.00
	借	140302	B 材料	100,000.00
	贷	140101	A 材料	1,972,000.00
	贷	140102	B 材料	103,500.00
	贷	1404	材料成本差异	24,500.00
5	借	500102	材料及低值易耗品	2,680,000.00
	借	510102	材料及低值易耗品	10,000.00
	贷	140301	A 材料	2,300,000.00
	贷	140302	B 材料	390,000.00
6	借	100202	中国银行存款（美元）	613,450.00
	贷	4001	实收资本	613,450.00
7	借	2201	应付票据	500,000.00
	贷	100201	工商银行存款	500,000.00
8	借	660203	差旅费	1,420.00
	借	100101	人民币	80.00
	贷	1221	其他应收款	1,500.00
9	借	1601	固定资产	182,000.00
	借	22210101	进项税额	30,600.00
	贷	100201	工商银行存款	212,600.00
10	借	100201	工商银行存款	500,000.00
	贷	1121	应收票据	500,000.00
11	借	100201	工商银行存款	155,000.00
	贷	110101	股票	130,000.00
	贷	6111	投资收益	25,000.00

续表

业务顺序号	借贷方向	科目代码	科目名称	金额
12	借	1121	应收票据	2,164,500.00
	贷	6001	主营业务收入	1,850,000.00
	贷	22210105	销项税额	314,500.00
13	借	2202	应付账款	12,300.00
	借	2202	应付账款	24,200.00
	贷	1122	应收账款	30,000.00
	贷	100201	工商银行存款	6,500.00
14	借	1606	固定资产清理	196,400.00
	借	1602	累计折旧	3,600.00
	贷	1601	固定资产	200,000.00
	借	100201	工商银行存款	125,000.00
	贷	1606	固定资产清理	125,000.00
	借	6711	营业外支出	71,400.00
	贷	1606	固定资产清理	71,400.00
15	借	100201	工商银行存款	2,000.00
	贷	6301	营业外收入	2,000.00
16	借	1231	坏账准备	100,000.00
	贷	1122	应收账款	100,000.00
17	借	6601	销售费用	20,000.00
	贷	100201	工商银行存款	20,000.00
18	借	1601	固定资产	60,000.00
	贷	6301	营业外收入	60,000.00
19	借	100101	人民币	96,715.00
	贷	100201	工商银行存款	96,715.00
20	借	221101	应付工资	112,240.00
	贷	100101	人民币	96,715.00
	贷	222112	应交个人所得税	15,525.00
21	借	222112	应交个人所得税	15,525.00
	贷	100201	工商银行存款	15,525.00
22	借	500101	工资及福利费	18,000.00
	借	510101	工资及福利费	9,000.00
	借	660201	工资及福利费	38,300.00
	借	160401	工资及福利费	26,940.00
	借	6601	销售费用	20,000.00
	贷	221101	应付工资	112,240.00
23	借	500101	工资及福利费	2,520.00
	借	510101	工资及福利费	1,260.00
	借	660201	工资及福利费	5,362.00
	借	160401	工资及福利费	3,771.60
	借	6601	销售费用	2,800.00
	贷	221101	应付工资	15,713.60
24	借	500101	工资及福利费	360.00

续表

业务顺序号	借贷方向	科目代码	科目名称	金额
	借	510101	工资及福利费	180.00
	借	660201	工资及福利费	766.00
	借	160401	工资及福利费	538.80
	借	6601	销售费用	400.00
	贷	221103	应付工会经费	2,244.80
25	借	510103	折旧	24,000.00
	借	660202	折旧	8,895.50
	借	160403	其他	3,300.00
	借	6601	销售费用	2,250.00
	贷	1602	累计折旧	38,445.50
26	借	160403	其他	5,000.00
	贷	250101	工商银行借款	5,000.00
27	借	1404	材料成本差异	26,491.72
	贷	500102	材料及低值易耗品	26,393.24
	贷	510102	材料及低值易耗品	98.48
28	借	6401	主营业务成本	2,414,461.20
	贷	1405	库存商品	2,414,461.20
29	借	670101	计提固定资产跌价准备	20,000.00
	贷	1603	固定资产减值准备	20,000.00
30	借	670103	计提坏账准备	99,347.50
	贷	1231	坏账准备	99,347.50
31	借	670102	计提存货跌价准备	2,000.00
	贷	1471	存货跌价准备	2,000.00
29	借	660204	其他	1,100.00
	贷	1702	累计摊销	1,100.00
32	借	100202	中国银行存款（美元）	62.52
	贷	6603	财务费用	62.52
33	借	500103	制造费用	44,341.52
	贷	510101	工资及福利费	10,440.00
	贷	510102	材料及低值易耗品	9,901.52
	贷	510103	折旧	24,000.00
34	借	1405	库存商品	2,718,828.28
	贷	500101	工资及福利费	20,880.00
	贷	500102	材料及低值易耗品	2,653,606.76
	贷	500103	制造费用	44,341.52
35	借	6403	营业税金及附加	25,032.50
	贷	222108	应交城市维护建设税	17,522.75
	贷	222113	教育费附加	7,509.75
36	贷	4103	本年利润	1,078,527.82
	借	6001	主营业务收入	3,725,000.00
	借	6111	投资收益	25,000.00
	借	6301	营业外收入	62,000.00

续表

业务顺序号	借贷方向	科目代码	科目名称	金额
	贷	6401	主营业务成本	2,414,461.20
	贷	6403	营业税金及附加	25,032.50
	贷	6601	销售费用	45,450.00
	贷	660201	工资及福利费	44,428.00
	贷	660202	折旧	8,895.50
	贷	660203	差旅费	1,420.00
	贷	660204	其他	1,100.00
	贷	6603	财务费用	-62.52
	贷	670101	计提固定资产跌价准备	20,000.00
	贷	670102	计提存货跌价准备	2,000.00
	贷	670103	计提坏账准备	99,347.50
	贷	6711	营业外支出	71,400.00
	借	6801	所得税费用	269,631.96
37	贷	222106	应交所得税	269,631.96
	借	4103	本年利润	269,631.96
	贷	6801	所得税费用	269,631.96
38	借	4103	本年利润	808,895.86
	贷	410415	未分配利润	808,895.86
	借	410402	提取法定盈余公积	80,889.59
	贷	410101	法定盈余公积	80,889.59
	借	410410	应付普通股股利	150,000.00
	贷	2232	应付股利	150,000.00
	借	410415	未分配利润	230,889.59
	贷	410402	提取法定盈余公积	80,889.59
	贷	410410	应付普通股股利	150,000.00

（2）11 月份各项业务发生额平衡表。见附表 B-9。

附表 B-9　　单位：元

科目编码	科目名称	期初借方	期初贷方	本期发生借方	本期发生贷方	期末借方	期末贷方
1001	库存现金	900.00		96,795.00	96,715.00	980.00	
1002	银行存款	450,702.00		3,589,262.52	3,279,165.00	760,799.52	
1012	其他货币资金	95,250.00				95,250.00	
1101	交易性金融资产	203,400.00			130,000.00	73,400.00	
1121	应收票据	630,000.00		2,164,500.00	500,000.00	2,294,500.00	
1122	应收账款	872,600.00			130,000.00	742,600.00	
1123	预付账款	11,200.00				11,200.00	
1221	其他应收款	2,600.00			1,500.00	1,100.00	
1231	坏账准备		4,371.00	100,000.00	99,347.50		3,718.50
1401	材料采购			2,075,500.00	2,075,500.00		
1403	原材料	687,000.00		2,100,000.00	2,690,000.00	97,000.00	
1404	材料成本差异		2,947.00	26,491.72	24,500.00		955.28

续表

科目编码	科目名称	期初借方	期初贷方	本期发生借方	本期发生贷方	期末借方	期末贷方
1405	库存商品	1,326,930.00		2,718,828.28	2,414,461.20	1,631,297.08	
1411	周转材料	8,860.00				8,860.00	
1471	存货跌价准备				2,000.00		2,000.00
1511	长期股权投资	6,200,000.00				6,200,000.00	
1601	固定资产	6,029,700.00		242,000.00	200,000.00	6,071,700.00	
1602	累计折旧		883,092.00	3,600.00	38,445.50		917,937.50
1603	固定资产减值准备		20,000.00		20,000.00		40,000.00
1604	在建工程	135,600.00		189,550.40		325,150.40	
1605	工程物资	200,000.00			150,000.00	50,000.00	
1606	固定资产清理			196,400.00	196,400.00		
1701	无形资产	132,000.00				132,000.00	
1702	累计摊销		3,000.00		1,100.00		4,100.00
资产小计		16,986,742.00	913,410.00	13,502,927.92	12,049,134.20	18,495,837.00	968,711.28
2001	短期借款		2,000,000.00				2,000,000.00
2201	应付票据		998,480.00	500,000.00			498,480.00
2202	应付账款		36,500.00	36,500.00			
2211	应付职工薪酬			112,240.00	130,198.40		17,958.40
2221	应交税费		208,573.00	398,450.00	943,439.46		753,562.46
2231	应付利息		28,750.00				28,750.00
2232	应付股利				150,000.00		150,000.00
2501	长期借款		1,000,000.00		5,000.00		1,005,000.00
负债小计			4,272,303.00	1,047,190.00	1,228,637.86		4,453,750.86
4001	实收资本		10,000,000.00		613,450.00		10,613,450.00
4002	资本公积		300,000.00				300,000.00
4101	盈余公积		1,006,242.00		80,889.59		1,087,131.59
4103	本年利润			1,078,527.82	1,078,527.82		
4104	利润分配		494,787.00	461,779.18	1,039,785.45		1,072,793.27
权益小计			11,801,029.00	1,540,307.00	2,812,652.86		13,073,374.86
5001	生产成本			2,745,221.52	2,745,221.52		
5101	制造费用			44,440.00	44,440.00		
成本小计				2,789,661.52	2,789,661.52		
6001	主营业务收入			3,725,000.00	3,725,000.00		
6111	投资收益			25,000.00	25,000.00		
6301	营业外收入			62,000.00	62,000.00		
6401	主营业务成本			2,414,461.20	2,414,461.20		
6403	营业税金及附加			25,032.50	25,032.50		

续表

科目编码	科目名称	期初借方	期初贷方	本期发生借方	本期发生贷方	期末借方	期末贷方
6601	销售费用			45,450.00	45,450.00		
6602	管理费用			55,843.50	55,843.50		
6701	资产减值损失			121,347.50	121,347.50		
6711	营业外支出			71,400.00	71,400.00		
6801	所得税费用			269,631.96	269,631.96		
损益小计				6,815,166.66	6,815,166.66		
合计		16,986,742.00	16,986,742.00	25,695,253.10	25,695,253.10	18,495,837.00	18,495,837.00

（3）资产负债表。见附表 B-10。

附表 B-10　资产负债表

会企 01 表

编制单位：北京爱格瑞科技有限公司　　2014 年 11 月 30 日　　单位:元

资　产	行次	期末余额	年初余额	负债和所有者权益（或股东权益）	行次	期末余额	年初余额
流动资产：				流动负债：			
货币资金	1	857,029.52	546,852.00	短期借款	32	2,000,000.00	2,000,000.00
交易性金融资产	2	73,400.00	203,400.00	交易性金融负债	33		
应收票据	3	2,294,500.00	630,000.00	应付票据	34	498,480.00	998,480.00
应收账款	4	738,881.50	868,229.00	应付账款	35		36,500.00
预付款项	5	11,200.00	11,200.00	预收款项	36		
应收利息	6			应付职工薪酬	37	17,958.40	
应收股利	7			应交税费	38	753,562.46	208,573.00
其他应收款	8	1,100.00	2,600.00	应付利息	39	28,750.00	28,750.00
存货	9	1,734,201.80	2,019,843.00	应付股利	40	150,000.00	
一年内到期的非流动资产	10			其他应付款	41		
其他流动资产	11			一年内到期的非流动负债	42		
流动资产合计	12	5,710,312.82	4,282,124.00	其他流动负债	43		
非流动资产：				流动负债合计	44	3,448,750.86	3,272,303.00
可供出售金融资产	13			非流动负债：			
持有至到期投资	14			长期借款	45	1005000.00	1000000.00
长期应收款	15			应付债券	46		
长期股权投资	16	6,200,000.00	6,200,000.00	长期应付款	47		
投资性房地产	17			专项应付款	48		
固定资产	18	5,113,762.50	5,126,608.00	预计负债	49		
在建工程	19	325,150.40	135,600.00	递延所得税负债	50		
工程物资	20	50,000.00	200,000.00	其他非流动负债	51		

续表

资　产	行次	期末余额	年初余额	负债和所有者权益	行次	期末余额	年初余额
固定资产清理	21			非流动负债合计	52	1005000.00	1000000.00
生产性生物资产	22			负债合计	53	4453750.86	4272303.00
油气资产	23			所有者权益（或股东权益）：			
无形资产	24	127,900.00	129,000.00	实收资本（或股本）	54	10,613,450.00	10,000,000.00
开发支出	25			资本公积	55	300,000.00	300,000.00
商誉	26			减：库存股	56		
长期待摊费用	27			盈余公积	57	1,087,131.59	1,006,242.00
递延所得税资产	28			未分配利润	58	1,072,793.27	494,787.00
其他非流动资产	29			所有者权益（或股东权益）合计	59	13,073,374.86	11,801,029.00
非流动资产合计	30	11,816,812.90	11,791,208.00				
资产总计	31	17,527,125.72	16,073,332.00	负债和所有者权益（或股东权益）总计	60	17,527,125.72	16,073,332.00

（4）利润表。见附表 B-11。

附表 B-11　利润表

会企 02 表

单位名称：北京爱格瑞科技有限公司　　2014 年 11 月　　单位:元

项　　目	行数	本期金额	上期金额
一、营业收入	1	3,725,000.00	
减：营业成本	2	2,414,461.20	
营业税金及附加	3	25,032.50	
销售费用	4	45,450.00	
管理费用	5	55,843.50	
财务费用	6	62.52	
资产减值损失	7	121,347.50	
加：公允价值变动收益（损失以“-”号填列）	8		
投资收益（损失以“-”号填列）	9	25,000.00	
其中:对联营企业和合营企业的投资收益	10		
二、营业利润（亏损以“-”号填列）	11	1,087,927.82	
加：营业外收入	12	62,000.00	
减：营业外支出	13	71,400.00	
其中：非流动资产处置损失	14		
三、利润总额（亏损总额以“-”号填列）	15	1,078,527.82	
减：所得税费用	16	269,631.96	
四、净利润（净亏损以“-”号填列）	17	808,895.86	
五、每股收益:	18		
（一）基本每股收益	19		
（二）稀释每股收益	20		

四、几点说明

（1）用友、金蝶两种财务软件在核算方法上各有特色，在期初余额、期末余额及借贷发生额的处理上分别采用了“借方余额＝贷方余额”或“资产＝负债＋所有者权益”的平衡公式，由于某些科目（如往来类科目）的余额方向有正也有负，两种平衡公式对其处理方法是不同的，因此，同一套会计资料用不同核算软件的平衡公式进行处理，甚至同一套会计资料用同一种核算软件进行运算，由于处理过程和处理方法有区别，其余额总数会有差异，但都不会影响账户本身的平衡。

（2）用友、金蝶两种财务软件在辅助核算上各有特色，从发展趋势看，财务核算软件的管理功能、辅助核算功能随着版本的升高日趋完善，部门核算、往来核算、个人核算、项目核算、固定资产核算、预算管理越来越深化和细化，在核算中可以交叉运用，每个单位具体采用哪些辅助核算，应视业务量的多少和管理的需要而定，一般情况下，只有少量业务的单位，可将部门和往来客户设为明细科目；业务较多的单位，可将往来客户、部门及个人、项目等核算项目部分或全部纳入辅助核算管理；往来单位特别多且变化频繁，需要进行较高层次核算的，应选择应收、应付核算模块进行单独核算。如果启用用友或金蝶软件的辅助核算模块，将有助于深入理解其对财务管理的重要作用，当然，练习答案也将会有更多的表现结果。

（3）“自动转账”凭证的设置和生成，是电算化会计区别于手工会计的重要特点，掌握设置“自动转账”凭证，将大大简化会计期末结转工作，两种核算软件有各自的自动转账方式和引导公式，应在掌握基本使用方法的基础上灵活应用，本练习没有直接启用期末自动结转功能，如有条件，应循序渐进，掌握“期末”自动生成各种“转账凭证”的设置方法。

（4）在教学中由于采用的核算软件及版本不同、对调整科目的处理方法不同、对账务处理中分部门、分往来、分项目核算的要求不同，最后的计算结果也会有所不同，以上练习答案仅供参考。

（5）为了方便学生在上机综合练习过程中的操作，并对会计核算的全程有一个初步了解和认识，练习资料设置了往往只有年底才会发生的年终决算、利润分配和股利分红，不管学生上机实际操作是几月份发生，均可作为当月经济业务的一部分予以模拟核算，对财务状况发生的真实性这里不做更多的解释和辨析，特此说明。

上机综合练习资料之二

（注：本资料参考于文元主编“会计电算化”，东北财经大学出版社）

1. 练习目的与要求

练习目的与要求与资料之一基本相同，但由于本套资料科目设置比较简单，不要求分部门核算，也不要求编制自动转账凭证，所以需要的上机时数比较少。

2. 某企业的会计科目与年初余额

某企业的会计科目与年初余额见表 B-12。

表 B-12　　单位：元

科目代码	科目名称	借方余额	贷方余额	备　注
1001	库存现金	2 700.00		日记账
1002	银行存款	121 000.00		银行账
1131	应收账款	1 000.00		
113101	G 公司	1 000.00		
1133	其他应收款	1 200.00		
1201	材料采购			数量
1211	原材料	16 110.00		数量
121101	A 材料	10 050.00		数量
121102	B 材料	6 060.00		数量
1243	库存商品	8 000.00		
124301	101 产品	8 000.00		
1501	固定资产	80 000.00		
1502	累计折旧		8 500.00	
2101	短期借款		25 000.00	
2121	应付账款		8 200.00	
212101	J 公司		8 200.00	
2151	应付职工薪酬		3 000.00	
215101	应付工资			
215102	应付福利费		3 000.00	
2171	应交税费		900.00	
217101	应交所得税		1 300.00	
217102	应交增值税		−400.00	
21710201	进项税		−1 900.00	
21710202	已交税金			
21710203	销项税		1 500.00	
3101	实收资本		187 000.00	
3121	盈余公积		2 760.00	
3131	本年利润			
3141	利润分配			
314101	应交所得税			
314102	提取盈余公积			
4101	生产成本	5 350.00		
410101	101 产品	5 350.00		
41010101	直接材料	3 000.00		
41010102	直接人工	1 350.00		
41010103	制造费用	1 000.00		

续表

科目代码	科目名称	借方余额	贷方余额	备　注
4105	制造费用			
5101	主营业务收入			
510101	产品销售收入			
5401	主营业务成本			
540101	产品销售成本			
5402	主营业务税金及附加			
5501	营业费用			
5502	管理费用			
合计		235 360.00	235 360.00	

3. 该企业2000年1月发生的业务及会计分录

（1）1日，购入A材料2 000千克，每千克4元，B材料3 000千克，每千克2元，两种材料运杂费100元，货款14 000元，增值税额2 397元，以银行存款支付。

借：材料采购（1201）　　14 100

　　应交税金—应交增值税—进项税（21710201）　　2 397

　贷：银行存款（1002）　　16 497

（2）1日，上述A、B两种材料运到本厂验收入库，并按实际成本入账。

借：原材料—A材料（121101）　　8 040

　　原材料—B材料（121102）　　6 060

　贷：材料采购（1201）　　14 100

（3）1日，以现金30元支付行政管理部门办公用品费。

借：管理费用（5502）　　30

　贷：现金（1001）　　30

（4）1日，向G公司销售101产品200件，每件售价140元，货款28 000元及增值税4 760元尚未收到。

借：应收账款—G公司（113101）　　32 760

　贷：产品销售收入（510101）　　28 000

　　应交税金—应交增值税—销项税（21710203）　　4 760

（5）1日，厂部李红出差，预借差旅费1 000元。

借：其他应收款（1133）　　1 000

　贷：现金（1001）　　1 000

（6）5日，以支票支付前欠J公司货款1 500元。

借：应付账款—J公司（212101）　　1 500

　贷：银行存款（1002）　　1 500

（7）5日，向银行借入短期借款50 000元，存入银行。

借：银行存款（1002）　　50 000

　贷：短期借款（2101）　　50 000

（8）5日，以支票支付101产品销售费2 000元。

借：营业费用（5501）　　2 000

贷：银行存款（1002） 2 000

（9）10 日，开现金支票向银行提取现金 20 000 元，准备发放职工工资。

借：现金（1001） 20 000

贷：银行存款（1002） 20 000

（10）10 日，以现金 20 000 元支付本月职工工资。

借：应付工资（215101） 20 000

贷：现金（1001） 20 000

（11）11 日，销售 101 产品 100 件，每件 140 元，货款 14 000 元及增值税额 2 380 元，收到支票存入银行。

借：银行存款（1002） 16 380

贷：产品销售收入（510101） 14 000

应交税金—应交增值税—销项税（21710203） 2 380

（12）16 日，收到 G 公司还来前欠货款 28 000 元及增值税 4 760 元，存入银行。

借：银行存款（1002） 32 760

贷：应收账款—G 公司（113101） 32 760

（13）20 日，厂部李红出差归来报销差旅费 900 元，退回余款 100 元现金。

借：管理费用（5502） 900

现金（1001） 100

贷：其他应收款（1133） 1 000

（14）20 日，仓库发出 A 材料 2 000 千克，每千克 4.02 元，计 8 040 元；B 材料 3 500 千克，每千克 2.02 元，计 7 070 元，投入 101 产品生产。

借：生产成本—101 产品—直接材料（41010101） 15 110

贷：原材料—A 材料（121101） 8 040

原材料—B 材料（121102） 7 070

（15）21 日，车间一般用途领用 A 材料 500 千克，每千克 4.02 元，价值 2 010 元。

借：制造费用（4105） 2 010

贷：原材料—A 材料（121101） 2 010

（16）30 日，结转本月应付职工工资 20 000 元，其中 101 产品生产工人工资 10 000 元，车间管理人员工资 6 000 元，厂部管理人员工资 4 000 元。

借：生产成本—101 产品—直接人工（41010102） 10 000

制造费用（4105） 6 000

管理费用（5502） 4 000

贷：应付工资（215101） 20 000

（17）31 日，按职工工资总额的 14%提取职工福利费。

借：生产成本—101 产品—直接人工（41010102） 1 400

制造费用（4105） 840

管理费用（5502） 560

贷：应付福利费（215102） 2 800

（18）31 日，提取本月固定资产折旧 3 000 元，其中：生产车间固定资产折旧 2 000 元，行政管理部门固定资产折旧 1 000 元。

借：制造费用（4105）　　　　　　　　　　　　　　　2 000
　　管理费用（5502）　　　　　　　　　　　　　　　1 000
　贷：累计折旧（1502）　　　　　　　　　　　　　　　　　3 000

（19）31 日，以支票支付本月水电费，其中生产产品用 2 000 元，车间用 500 元，管理部门耗用 300 元。

借：生产成本—101 产品—直接材料（41010101）　　　2 000
　　制造费用（4105）　　　　　　　　　　　　　　　500
　　管理费用（5502）　　　　　　　　　　　　　　　300
　贷：银行存款（1002）　　　　　　　　　　　　　　　　　2 800

（20）31 日，结转本月产品负担的制造费用。

借：生产成本—101 产品—制造费用（41010103）　　　11 350
　贷：制造费用（4105）　　　　　　　　　　　　　　　　11 350

（21）31 日，本月 101 产品 500 件，结转完工产品成本，单位成本 80 元（其中：直接材料 34.40 元，直接工资 24 元，制造费用 21.60 元）。

借：库存商品—101 产品（124301）　　　　　　　　40 000
　贷：生产成本—101 产品—直接材料（41010101）　　　17 200
　　　生产成本—101 产品—直接人工（41010102）　　　12 000
　　　生产成本—101 产品—制造费用（41010103）　　　10 800

（22）31 日，结转已售产品销售成本（300 件，单位成本 80 元）。

借：产品销售成本（540101）　　　24 000
　贷：产成品—101 产品（124301）　　　24 000

（23）31 日，将本月管理费用 6 790 元结转本年利润账户。

借：本年利润（3131）　　　　　　6 790
　贷：管理费用（5502）　　　　　　　6 790

（24）31 日，将产品销售成本和产品销售费用结转本年利润账户。

借：本年利润（3131）　　　　　26 000
　贷：产品销售成本（540101）　　　　24 000
　　　产品销售费用（5501）　　　　　2 000

（25）31 日，将产品销售收入结转本年利润账户。

借：产品销售收入（510101）　　　　42 000
　贷：本年利润（3131）　　　　　　　　42 000

（26）31 日，按利润总额 9210 元的 33%计算全年应交所得税，并结账本月应交部分。

借：利润分配—应交所得税（314101）　　　3 039.3
　贷：应交税金—应交所得税（217101）　　　3 039.3

附录C 综合模拟试题

本附录提供四套综合模拟试题，适合于教学内容安排为：第1、2、8、3、9、4、5章，总课时约40学时（不含学生课外上机时间）。

模拟试题 1

一、名词解释（每题 3分，共15分）

1. 计算机信息系统
2. 科目的级数与级长
3. 报表的单元
4. 销售净利率
5. 固定资产卡片样式

二、填空题（每题2分，共20分）

1. 在我国第一次提出“会计电算化”的概念，是在（　　）年。

2. 核算型信息系统的主要服务对象是（　　）。

3. 记账凭证上的日期应随凭证号的递增而递增，不应出现日期（　　）。

4. 报表单元的内容可以是：数值、字符、公式和（　　）。

5. 运营能力是指企业运用资金进行经营活动的能力，具体分析指标有：（　　）、应收账款周转率和总资产周转率等。

6. 双倍余额递减法：月折旧率 R=2/(使用年限×12)；月折旧额=（　　）。

7. 从信息系统的角度来考虑，系统维护包括硬件维护、软件维护和（　　）三个方面。

8. 在所有记账凭证数据和明细分类账数据都存储在计算机内的情况下，总分类账可用“总分类账本期发生额及余额对照表”（　　）。

9. 安装 SQL Server 数据库，要运行安装盘中的（　　）文件。

10. 银行对账的任务，就是将银行记载的银行存款收付记录和企业总账系统生成的银行日记账进行核对，找出（　　），这项工作是企业查错防弊、保证企业资金安全的重要工作，需要按时定期进行。

三、单选题（每小题2分，共30分）

1. 下面有关信息系统与业务系统的叙述，哪一个是不正确的（　　）。
   A. 任何一个单位或组织，都有自己的业务系统
   B. 与业务系统同时存在的必定有一个信息系统
   C. 业务系统输出的是经过系统处理的产品
   D. 一个单位的业务系统与信息系统有各自的系统目标

2. 下面有关计算机网络系统的叙述，哪一个是不正确的（　　）。
   A. 计算机网络是计算机技术与通信技术相结合的产物
   B. 计算机网络可分为局域网、城域网和广域网
   C. 计算机网络系统与单机系统有同样的操作系统

D. 计算机网络系统是计算机信息系统的物质支撑系统

3. 下面的设备哪一个不是信息系统的输出设备。（　）

A. 扫描仪　B. 显示器　C.扬声器　D.打印机

4. 管理型会计信息系统的主要服务对象是。（　）

A. 业务操作层人员　B. 财务管理人员

C. 计划决策人员　D. 上述所有人员

5. 使用账务处理软件，正确的工作顺序是（　）。

A. 建立账簿→系统设置→日常处理→期末处理

B. 系统设置→建立账簿→日常处理→期末处理

C. 建立账簿→期末处理→系统设置→日常处理

D. 期末处理→建立账簿→系统设置→日常处理

6. 下列哪一项不属于账户格式。（　）

A. 普通三栏　B. 复币　C. 数量金额　D. 辅助核算

7. 在设置收款凭证时，可以设（　）。

A. 贷方必有的科目是现金　B. 贷方必有的科目是银行存款

C. 借方必有的科目是现金　D. 借方必无的科目是银行存款

8. 自第 8 行第 2 列的单元到第 8 行第 5 列单元所组成的组合单元，下列名称哪一个是不正确的。（　）

A. B8　B. C8　C. E8　D. B8:E8

9. 资产的减少方式为报废，其对应入账科目是（　）。

A. 待处理固定资产损益　B. 固定资产清理

C. 资本公积　D. 长期投资

10. 对于磁性介质的会计档案资料，正确的管理方法是（　）。

A. 需要备份一套数据，并妥善保管　B. 存储的数据不要进行复制

C. 必须进行双备份，并放在不同地点　D. 大型企业的会计数据应该存储在软盘中

11. 进入用友 ERP-U8.52 系统管理窗口后，执行【系统】—【注册】命令，出现“注册”对话框，系统管理员的默认名称是（　），他的密码为空。

A. admin　B. system　C. ufsoft　D. erpu8

12. 用友 ERP-U8.52 系统增加不同角色的用户，应执行（　）菜单。

A. 【权限】—【角色】　B. 【权限】—【用户】

C. 【权限】—【权限】　D. 【建立】—【用户】

13. UFO 报表中的固定表是指（　）。

A. 格式固定　B. 数据来源固定　C. 性质固定　D. 行列数固定

14. 在 UFO 报表系统中，一个表页固定区内要计算若干单元数据的平均值，公式中要利用一个函数是（　）。

A. AVG　B. PTOTAL　C. PAVG　D. GAVG

15. 打开 UFO 常用报表中的利润表。在“格式”状态，利润表中主营业务收入本月数（单元 C5）的公式是（　）。

A. C5= fs(5101,月,"贷",,年)　B. C5= fs(5101,月,"借",,年)

C. C5= fs(5201,月,"贷",,年)　D. C5= lfs(5101,月,"贷",,年)

四、多项选择题（每小题 2 分，共 10 分）

1．计算机信息系统中，常用的数值型数据加工处理方法有（　）。

A. 算术运算　B. 数理统计　C. 运筹优化　D. 排序分类

2．在电算化会计信息系统中，下列对凭证的审核的叙述，正确的有（　）。

A. 有二种审核方式，一是计算机程序自动纠错，二是审核人员人工审核

B. 上述二种审核方式必须都进行

C. 上述二种审核方式，只选择其中的一种就可以了

D. 人工审核必须由有审核权限的操作人员进行

3．组合单元可以是（　）。

A. 同一列不相邻的几个单元的组合　B. 同一行几个相邻的单元组成的区域

C. 一个多行多列组成的一个平面区域　D. 不同表页的同一行几个相邻的单元

4．计算机会计软件与手工会计业务处理并行运行阶段的主要任务有（　）。

A．检查所建立的电算化会计信息系统是否满足要求

B．为制定会计电算化的实施计划做好准备

C．验证电算化会计信息系统的正确性、可靠性和安全性

D．检查操作使用人员是否已经掌握了软件的操作使用方法

5．用友财务软件"系统管理"模块的主菜单中包括（　）。

A．文件　B. 系统　C. 账套　D. 帮助

五、判断题（每小题 2 分，共 10 分，正确的打"√"，错误的打"×"。）

1．任何一个单位或组织，都有自己的业务系统，与业务系统同时存在的必定有一个信息系统。（　）

2．损益类一级会计科目的编码第一位数是 4 。（　）

3．工资管理系统人员档案不能与总账系统中的职员档案共享，需要单独设置。（　）

4．系统管理员和账套主管都可以进入系统管理模块。（　）

5. 在 UFO 报表系统，在数据状态下可以设置报表的关键字。（　）

六、问答题（每小题 5 分，共 15 分。）

1．请阐述一般计算机信息系统有哪些基本功能，并加以简要说明。

2．什么是固定资产折旧？固定资产折旧费有哪些基本计算方法？

3．一个单位要实施会计电算化信息系统应具备哪些基本条件，为什么？

模拟试题 1 的部分参考答案

二、填空题（每题 2 分，共 20 分）

1．1981　2．业务操作人员　3．倒流现象　4．关键字　5．存货周转率　6．期初账面余额×R

7．数据维护　8．替代　9．MSDEStp2000.exe　10．未达账项

三、单选题（每小题 2 分，共 30 分）

1. D　2. C　3. A　4. B　5. A　6. D　7. C　8. B　9. B　10. C

11．A　12．B　13．D　14．C　15．A

四、多项选择题（每小题 2 分，共 10 分）

1．ABC　2．ABD　3．BC　4．ACD　5．BCD

五、判断题（每小题 2 分，共 10 分）

1．√　2．×　3．√　4．√　5．×

模拟试题 2

一、名词解释（每题 3 分，共 15 分）

1．会计信息系统　2．银行对账　3．报表的关键字　4．环比分析　5．固定资产

二、填空题（每题 2 分，共 20 分）

1．信息系统要把输入的数据组织成为各种数据文件，存储在计算机的（　　）中。

2．决策型信息系统的主要功能是（　　）。

3．如果已经记账或结账仍需修改凭证，只能采用（　　）或补充凭证的方法进行更正，而不能对记账凭证进行修改了。

4．在 UFO 报表系统中，建立一个新表时，单元类型的缺省是（　　）。

5．盈利能力是指企业获得利润的能力，具体分析指标有（　　）、资本金利润率、资产净利率等。

6．单位的主要领导对此必须有足够的认识，并亲自参加领导是实施会计电算化信息系统的(　　)。

7．对于使用商品化会计软件的单位，软件的修改、版本升级等程序维护是由（　　）负责的。

8．在原始凭证直接录入计算机并打印输出的情况下，记账凭证上应有会计主管人员的（　　）。

9．每到年末，账套主管要在主菜单（　　）下建立下一年度的新账。

10．UFO 将含有数据的报表分为两大部分来处理，即报表格式设计工作与报表（　　）工作。

三、单选题（每小题 2 分，共 30 分）

1．我国“会计电算化”一词最早来源于（　　）年。

A. 1979　B. 1981　C. 1983　D. 1984

2．下面有关数据与信息的叙述，哪一个是不正确的（　　）。

A. 数据是信息系统的处理对象　B. 数据有各种不同的类型

C. 两个概念没有本质的区别　D. 数据是客观的，而信息带有主观性

3．计算机信息系统中，常用的数据加工处理方法包括（　　）。

A. 算术运算与排序分类　B. 排序分类与数理统计

C. 数理统计与图象处理　D. 数值型数据的处理与非数值型数据的处理

4．管理型会计信息系统支持（　　）决策问题。

A. 结构化　B.半结构化　C. 非结构化　D. 智能化

5．一般财务软件的初始设置包括(　　)。

A. 系统基础参数设置和账簿初始设置　B. 设置会计科目和凭证类型

C. 输入科目期初余额和试算平衡　D. 设置系统的启用时间

6．成本类一级会计科目的编码第一位数是（　　）。

A. 2　B. 3　C. 4　D. 5

7．下列哪一项不属于凭证类型的内容（　　）。

A. 记账凭证　B. 付款凭证　C. 自动转账凭证　D. 银行付款凭证

8．财税部门可以利用会计报表的信息，主要分析企业的（　　）。

A. 经济效益　B. 偿债能力和获利能力

C. 信贷资金的偿还能力　D. 是否及时完成各项应交的税金

9．固定资产的增加方式为直接购入，其对应入账科目是（　　）。

A．银行存款　B．实收资本　C．资本公积　D．在建工程

10．不属于电算主管员的直接责任是：（　　）。

A. 负责电算化系统的日常管理工作　B. 参加银行对账工作

C. 制定岗位责任制与人员的分工　D. 协调本系统各类人员的工作关系

11．在安装用友 ERP-U8 管理软件之前必须先行安装（　　）数据库，并在安装完成后重新启动计算机。

A．Access　B．Foxpro　C．SQL Server　D．Oracle

12．若要求凭证编号不是系统自动编号，而是由手工进行编号，可在总账系统界面，选择“设置”中的（　　）进行设定。

A. 选项　B. 凭证类别　C. 明细权限　D. 会计科目

13．UFO 报表用友账务函数中的累计发生额函数名是：（　　）。

A．FS　B．LFS　C．LJFS　D．LJFSE

14．可变表是指（　　）。

A. 单元格式可变　B. 单元类型可变

C. 报表内容可变　D. 屏幕显示的行数或列数可变

15．在 UFO 报表系统中，函数 PAVG 的作用是（　　）。

A. 若干单元的数据进行合计　B. 不同报表文件间取数

C. 本表他页取数　D. 计算若干单元数据的平均值

四、多项选择题（每小题 2 分，共 10 分）

1．根据计算机网络系统覆盖的地理范围，可分为（　　）。

A. 局域网　B. 城域网　C. 综合业务网　D. 互联网

2．模拟记账功能是（　　）。

A. 某些通用账务处理系统的新功能

B. 在凭证尚未记账的情况下，显示借、贷方的科目余额表

C. 可以查看总账、明细账的余额和发生额，看其是否平衡

D. 若发现问题，可以在凭证未记账之前进行修改

3．自第 5 行第 4 列到第 6 列所组成的组合单元，它的名称可以是（　　）。

A. D5　B. F5　C.　D5:F5　D.　E4:E6

4．固定资产管理系统应具备的主要功能有（　　）。

A．固定资产的维修　B．管理固定资产卡片

C．管理固定资产的增减变动情况　D．计提折旧、计算净值

5．在设置付款凭证时，可以设（　　）。

A．借方必有的科目是现金　B．贷方必有的科目是银行存款

C．借方必无的科目是现金和银行存款　D．贷方必无的科目是银行存款

五、判断题（每小题 2 分，共 10 分，正确的打“√”，错误的打“×”。）

1．在我国“会计电算化”一词最早来源于 1982 年 8 月。（　　）

2．国家财政部统一规定了一、二级会计科目的名称和代码。（　　）

3．采用磁性介质保存的会计资料，要定期检查和定期复制（　　）

4．在账簿选项设置，“凭证”栏目的制单控制中，选择“制单序时控制”，制单时凭证号必须按日期顺

序排列。（　　）

5. 在 UFO 报表系统，固定表是指格式和数据都固定的报表。（　　）

六、问答题（每小题 5 分，共 15 分。）

1. 请举例说明一个单位的业务系统与信息系统之间的关系。

2. 试述会计报表有哪些作用？

3. 实施会计电算化前需要进行哪些数据的准备工作？

模拟试题 2 的部分参考答案

二、填空题（每题 2 分，共 20 分）

1. 外存储器　2. 事前预测和决策　3. 红字冲正法　4. 数值型　5. 销售净利率　6. 前提　7. 软件开发厂家　8. 签名或盖章　9. 年度账　10. 数据处理

三、单选题（每小题 2 分，共 30 分）

1. B　2. C　3. D　4. A　5. A　6. C　7. C　8. D　9. A　10. B　11. C　12. A　13. B　14. D　15. D

四、多项选择题（每小题 2 分，共 10 分）

1. ABD　2. ABCD　3. ABC　4. BCD　5. BC

五、判断题（每小题 2 分，共 10 分）

1. ×　2. ×　3. √　4. √　5. ×

模拟试题 3

一、名词解释（每题 3 分，共 15 分）

1. 管理信息系统　2. 报表的组合单元　3. 绝对数分析　4. 会计信息系统控制　5. 舍位平衡公式

二、填空题（每题 2 分，共 20 分）

1. 在会计信息系统的数据处理中，主要操作是输入（　　），其他的记账、结账和编制财务报表都是由计算机自动完成的。

2. 成本类一级会计科目的编码第一位数是（　　）。

3. 审核人员对记账凭证进行审核，审核工作内容包括：各类代码的合法性、摘要的规范性、会计科目和会计数据的正确性、以及（　　）的完整性。

4. 在UFO报表系统中，如果将多个相同的二维表叠在一起，这一叠表称为（　　）。

5. 在工资管理系统中，各单位都必须设置的工资项目有：应发合计、扣款合计和（　　）。

6. 为了实现会计信息系统控制的目标，会计信息系统控制必须具有预防、检测和（　　）等三种功能。

7. 电算化会计档案包括：存储在计算机中的会计数据和计算机（　　）的各种会计数据。

8. 用友ERP－U8系列软件采用3 层架构体系，逻辑上分为数据库服务器、应用服务器和（　　）。

9. 对于使用固定汇率，以月初汇率作为记账汇率的用户，在每月填制凭证前，应预先录入该月的（　　）。

10. 在UFO报表系统中，关键字是在（　　）状态下进行设置的。

三、单选题（每小题 2 分，共 30 分）

1. 有关计算机信息系统的叙述，哪一个是不正确的。（　　）

A. 计算机信息系统的英文缩写是 CIS　　B. 计算机信息系统的输入是原材料

C. 计算机信息系统的输出是有用的信息　　D. 计算机信息系统是一个人机结合的系统

2．“输入是垃圾，则输出也是垃圾。”的意思是（　　）。

A. 数据的输入和输出都是不重要的

B. 如果输入的原始数据是错误的，输出的信息也不可能是正确的

C. 数据的输入和输出的正确性依赖于数据的加工处理能力

D. 该系统没有数据处理的功能

3．会计信息系统与其他计算机信息系统的主要区别在于（　）。

A. 硬件系统的组成不同　　B. 系统的操作人员不同

C. 系统处理的对象是会计数据　　D. 系统软件的结构不同

4．会计信息系统的功能结构是指（　　）。

A. 系统是由什么计算机硬件组成　　B. 系统由哪些子系统和功能模块组成

C. 系统由什么操作系统和应用软件组成　　D. 属于核算型、管理型还是决策型

5．下列哪一项不属于账簿初始设置的内容（　　）。

A. 设置会计科目　　B. 设置凭证类型和结算方式

C. 科目期初余额输入　　D. 设置系统的启用时间

6．会计科目采用4-2-2编码方案时，科目代码21210201表示（　　）。

A. 该科目采用二级核算　　B. 该科目的二级明细科目级长为 3 位数

C. 该科目采用三级核算　　D. 该科目的三级明细科目级长为 3 位数

7．在账务处理中，当会计科目有余额发生时，（　　）。

A. 该科目的名称可以被修改　　B. 该科目可以增加下级科目

C. 该科目可以增加会计凭证　　D. 该科目可以增加辅助核算

8．报表的单元类型是指（　　）。

A .单元的数据类型　　B. 单元、组合单元或区域

C. 每个单元的单位类型　　D. 单元的显示格式

9．不属于固定资产管理系统初始设置内容的是（　　）。

A. 卡片项目定义　　B. 卡片样式定义　　C. 使用状况设置　　D. 折旧的计提

10．下列不属于电算化维护员责任的是：（　　）。

A. 负责系统的安装和调试工作　　B. 协作软件开发人员进行软件功能的改进

C. 消除系统运行时发生的软、硬件故障　　D. 负责输出数据的正确性检查

11．未经审核的记账凭证（　　）。

A．可以跨月登记　　B．可以记账　　C．可以在账簿中查询　　D．可以被报表引用

12．用友 ERP-U8.52、U8.61 等院校教学版，自建账之日起，账套的教学使用时间限制在（　　）之内。

A．一个月　　B．三个月　　C．六个月　　D．一年

13．UFO 报表在“数据”状态下，在屏幕的（　）显示“第 1 页”。

A．左上方　　B．右上方　　C．右下方　　D．左下方

14．长期投资期末数的取数公式是（　　）。

A．QM(“1401”,月,001)　　B．QC(“1401”,年,001)

C．QM(1105,月,001)　　D．QM(“1301”,年,001)

15．在 UFO 报表中，要对一个表页内若干单元的数据进行合计，公式中要利用（　　）函数。

A．RELATION　　B．SELE　　C．PTOTAL　　D．PAVG

四、多项选择题（每小题 2 分，共 10 分）

1. 会计信息系统在凭证输入的控制措施有（　　）。

A. 会计科目定义必须在期初余额输入之后

B. 记账凭证的序号，由计算机自动生成，防止重复输入

C. 若一张凭证的借贷方不平衡，计算机拒绝接收这张凭证

D. 没有经过审核人签字的记账凭证不能进入记账

2. 结账工作（　　）。

A. 一个月只能进行一次　　B. 上个月未结账本月不能结账

C. 可以多个月进行一次　　D. 结账后把所有科目余额结转到下个月

3. 报表处理系统中单元的数据可来源于（　　）。

A. 从记账凭证中取数　　B. 从其他系统中取数

C. 从下属基层单位的报表取数　　D. 从其他表取数

4. 为了保证系统的安全可靠，有关操作人员管理的叙述，正确的有：（　　）。

A. 通过操作权限的设定，可以分清操作人员的业务范围，明确职责

B. 被赋予操作权限的操作人员，首次进入系统的口令是系统管理员赋予的

C. 操作人员进入系统后，应该修改自己的口令，注意保密，不能告诉任何人

D. 系统管理员可以增加操作人员，也可以随时删除操作人员

5. 有关系统管理员的叙述，正确的有（　　）。

A. 系统管理员的口令应注意保密并适时进行更改

B. 系统管理员有权用操作人员的口令进入系统

C. 系统管理员有权修改操作人员的使用权限

D. 系统管理员有权注销操作人员的使用权限

五、判断题（每小题 2 分，共 10 分，正确的打“√”，错误的打“×”）

1. 一个系统的范围可大可小，系统边界以外的空间，称为系统的环境。（　　）

2. 在设置转账凭证时，可以设必无的科目是现金或银行存款。（　　）

3. 操作人员不能将操作口令告诉他人，但可以告诉财务主管。（　　）

4. 总账系统的启用日期不能在系统的启用日期之前。（　　）

5. UFO 一个报表文件只能生成一个图表。（　　）

六、问答题（每小题 5 分，共 15 分）

1. 为什么说账务处理系统是整个会计信息系统的基础？

2. 什么是会计信息系统的一般控制？它包括哪些内容？

3. 用友财务软件中，系统管理员与账套主管的权限有何区别？

模拟试题 3 的部分参考答案

二、填空题（每题 2 分，共 20 分）

1. 记账凭证　2. 4　3. 附件　4. 三维表　5. 实发工资　6. 纠正　7. 打印出来　8. 客户端　9. 月初汇率　10. 格式

三、单选题（每小题 2 分，共 30 分）

1. B　2. B　3. C　4. B　5. D

6．C　　7．C　　8．A　　9．D　　10．D

11．A　　12．B　　13．D　　14．A　　15．C

四、多项选择题（每小题 2 分，共 10 分）

1．BC　　2．ABD　　3．BCD　　4．ABC　　5．ACD

五、判断题（每小题 2 分，共 10 分）

1．√　2．√　3．×　4．√　5．×

模拟试题 4

一、名词解释（每题 3 分，共 15 分）

1．会计核算系统　2．流动比率　3．工资分摊　4．制单序时控制　5．报表数据的透视

二、 填空题（每题 2 分，共 20 分）

1．会计信息系统与其他计算机信息系统的主要区别在于它的处理对象是（　　）。

2．损益类一级会计科目的编码第一位数是（　　）。

3．财税部门可以利用会计报表的信息，检查企业是否及时完成各项应交的税金和其他应交的款项，以保证国家的（　　）。

4．UFO 会计报表公式包括计算公式、审核公式和（　　）。

5．平均年限法（一）：月折旧率 R=(1－净残值率)/(使用年限×12)；月折旧额=（　　）。

6．实现会计电算化的小企事业单位，可由会计主管兼任电算主管和（　　）岗位。

7．重要会计档案应准备双份，存放在两个不同的地点，最好在两个不同的（　　）。

8．在安装用友 ERP-U8 管理软件之前必须先行安装（　　）数据库，并在安装完成后重新启动计算机。

9．作废的凭证不能修改，不能审核，但仍保留凭证的内容和（　　）。

10．由于账务函数的公式比较复杂，报表系统都提供了定义公式的（　　），引导用户一步一步地输入账务函数。

三、单选题（每小题 2 分，共 30 分）

1．下面有关系统的叙述，哪一个是不正确的（　　）。

A. 任何一个系统都有系统的结构

B. 系统有它的边界，边界以外的空间，称为系统的环境

C. 世界上任何事物都处在一个系统之中

D. 系统内部的各个组成部分是独立的

2．计算机信息系统的功能最终体现在（　　）。

A. 数据的输入和存储功能　　B. 数据的输出功能

C. 数据的加工处理能力　　D. 数据的传递速度

3．下面哪一项是属于凭证输入的内部控制措施。（　　）

A. 摘要的输入要简明扼要

B. 操作人员都要设置相应的操作权限

C. 若一张凭证的借贷方不平衡，计算机拒绝接收这张凭证

D. 科目的期初余额输入完毕，要确认试算平衡

4．不属于财务部门级会计信息系统特征的是（　　）。

A. 软件只安装在财务部门

B. 不能与其他子系统实现信息共享

C. 输入数据主要来源于系统的内部

D. 企业的财务业务一体化系统

5. 下列哪一项不属于会计科目设置的内容（　　）。

A. 科目代码　　B. 科目名称　　C. 科目的级数及级长　　D. 账页格式

6. 会计科目建立的顺序是（　　）。

A. 先建立下级科目，再建立上级科目　　B. 先建立明细科目，再建立一级科目

C. 先建立上级科目，再建立下级科目　　D. 建立时不分先后

7. 下列哪一项不属于账务处理系统日常业务处理的内容。（　　）

A. 科目期初余额输入　　B. 输入记账凭证　　C. 审核记账凭证　　D. 记账结账

8. 下列哪一项不属于银行对账的内容。（　　）

A. 未达账的初始录入　　B. 银行对账单的录入

C. 自动对账和手工对账　　D. 查询现金日记账

9. 自第 4 行第 2 列的单元到第 4 行第 3 列单元所组成的组合单元，它的名称哪一个是正确的（　　）。

A.B3　　B.C4　　C.B3：C4　　D.B4：C3

10. 用友工资管理系统的扣零设置是指（　　）。

A. 设置扣零尾数的单位　　B. 把工资的尾数四舍五入

C. 把工资的数据取为整数　　D. 把工资零头扣掉

11. 系统管理员可以（　　）。

A. 修改会计软件程序　　B. 使用操作员口令

C. 代替操作员进行相应的操作　　D. 更改操作员权限

12. 凭证一旦保存，其凭证的（　　）将不能再修改。

A. 类别、科目名称　　B. 摘要、凭证编号

C. 类别、凭证编号　　D. 摘要、科目名称

13. 通过启动用友 ERP-U8.52 的【业务】→【财务会计】→【UFO 报表】后的系统主菜单包括（　　）。

A. 文件、工具、帮助　　B. 文件、格式、工具、帮助

C. 文件、格式、帮助　　D. 文件、数据、工具、帮助

14. 应账付款期末数的取数公式是（　　）。

A. QM(“2121”,月,001)　　B. QM(“2121”,年,001)

C. QM(2121,月,001)　　D. QC(“2121”,月,001)

15. 在 UFO 中，图表与数据的关系是（　　）。

A. 图表与数据都是独立的文件　　B. 图表是利用报表文件的数据生成的

C. 打开报表文件后，才能打开图表文件　　D. 报表数据被删除后，图表可以存在

四、多项选择题（每小题 2 分，共 10 分）

1. 会计信息系统与其他管理信息子系统相比有以下的特征。（　　）

A. 数据处理量大　　B. 数据结构复杂

C. 数据处理方法要求严格　　D. 与其他子系统的数据关联密切

2. 账务处理系统的工作日志记录（　　）。

A. 进入、离开系统的时间　　B. 进入时使用的操作员姓名

C．查询工作日志的次数　　　　　　　　D．进行或完成了哪些操作命令

3．有关财务报表公式的叙述，正确的是（　　）。

A. 通用报表软件中的公式分为运算公式和审核公式

B. 运算公式需要确定会计数据的借贷时期与借贷方向

C. 借贷所属时期一般采用汉字字首汉语拼音简写

D. 报表公式只能直接在单元格中输入

4．下列关于数据备份的叙述，正确的是（　　）。

A. 数据备份是指将系统产生的会计数据文件复制到硬盘或软盘中保存起来。

B. 硬盘备份通常是由系统在每次记账前强制性完成

C. 软盘备份工作是由有权限的操作人员完成

D. 一个年度的会计数据应该做二套或二套以上的备份。

5. UFO 系统提供了各类文件管理功能，并且能够将报表文件转换为其他不同格式文件，包括（　　）。

A. 文本文件　　B. DBF 文件　　C. LOTUS 文件　　D. EXE 文件

五、判断题（每小题 2 分，共 10 分，正确的划“√”，错误的划“×”,）

1. 信息就是数据，数据就是信息。（　　）

2. 在设置付款凭证时，可以设借方必有的科目是现金或银行存款。（　　）

3. 固定资产卡片的编号由系统根据初始化设置的编码方案进行自动编号，不能修改，如果删除其中一张卡片，则系统保留其空号。（　　）

4. 在用友账务处理系统中账套主管可以增加系统操作人员。（　　）

5. UFO 报表系统，在数据状态下可以录入报表关键字的值。（　　）

六、问答题（每小题 5 分，共 15 分）

1．请说明我国会计信息系统的发展过程。

2．请写出一个单位的各种财务报表中数据的主要来源。

3．请阐述会计信息系统主管的基本职责。

模拟试题 4 的部分参考答案

二、填空题（每题 2 分，共 20 分）

1．会计数据　　2．5　　3．财政收入　　4．舍位平衡公式　　5．月初原值×R

6．审核记账　　7．建筑物内　　8．SQL Server　　9．凭证的编号　　10．函数向导

三、单选题（每小题 2 分，共 30 分）

1．D　　2．B　　3．C　　4．D　　5．C

6．C　　7．A　　8．D　　9．B　　10．A

11．D　　12．C　　13．A　　14．A　　15．B

四、多项选择题（每小题 2 分，共 10 分）

1．ABCD　　2．ABD　　3．ABC　　4．ABCD　　5．ABC

五、判断题（每小题 2 分，共 10 分）

1．×　　2．×　　3．√　　4．×　　5．√

参 考 文 献

[1] 庄明来，傅元略．会计电算化教程．天津：天津大学出版社，1994.

[2] 于文元等．会计电算化．辽宁：东北财经大学出版社，1997.

[3] 王景新，郭新平．计算机在会计中的应用．北京：经济管理出版社，1998.

[4] 刘瑞新等．Visual FoxPro 6.0 中文版教程．北京：电子工业出版社，1999.

[5] 黄梯云等．管理信息系统（修订版）．北京：高等教育出版社，2000.

[6] 章培林，杨宝刚．ERP 财务管理系统应用专家培训教程．北京：中国物资出版社，2003.

[7] 黄世祥．电算化会计．北京：中国农业出版社，2003.

[8] 王新玲，汪刚．会计信息系统实验教程．北京：清华大学出版社，2005.

[9] 靳慧勇，王方，陶磊．ERP 培训教程——财务篇．北京：中国物资出版社，2005.

[10] 杨周南．会计信息系统——面向财务部门应用．北京：电子工业出版社，2006.

[11] 沈文华．对高校普及推广 ERP 教育的若干思考（“ERP 教育在中国——360 度谈信息化人才的需求与培养”论文集）．北京：清华大学出版社，2006.

[12] 张瑞君，蒋砚章．会计信息系统．北京：中国人民大学出版社，2006.

[13] 财政部会计资格评价中心．初级会计实务．北京：中国财政经济出版社，2007.

[14] 湖北财经高等专科学校．会计信息系统精品课程网站．http://www.jpkc.cn/kejian/hbcj/hbjp2007/wenzhang.asp?NewsID=254

[15] 王新玲，汪刚. 会计信息系统实验教程. 北京：清华大学出版社，2013.

[16] 会计从业资格考试教材编委会. 初级会计电算化. 北京：中国财政经济出版社，2014.

反侵权盗版声明